2 Neue Anstöße
FÜR DEN POLITIK- UND SOZIALKUNDEUNTERRICHT

Annette Homann
Peter Lambertz
Frank Langner
Klaus Mond
Peter Weinbrenner

Ernst Klett Schulbuchverlag Leipzig

Leipzig   Stuttgart   Düsseldorf

Neue Anstöße
für den Politik- und Sozialkundeunterricht

Herausgeber:	Peter Lambertz, Peter Weinbrenner
Autoren:	Annette Homann Peter Lambertz Frank Langner Klaus Mond Peter Weinbrenner
Grafiken:	Norbert Anspach, Spremberg Marcus Frey, Mainz Karin Mall, Berlin Krause Büro, Leipzig
Piktogramme:	Erhardt Müller, Leipzig
Einbandgestaltung:	Sabine Panster, Leipzig

1. Auflage   A1 [5] | 2005

Alle Drucke dieser Auflage können im Unterricht nebeneinander benutzt werden, sie sind untereinander unverändert. Die letzte Zahl bezeichnet das Jahr dieses Druckes.

© Ernst Klett Schulbuchverlag Leipzig GmbH, Leipzig 2001. Alle Rechte vorbehalten.
Internetadresse: http://www.klett-verlag.de

Redaktion: Stefanie Schilling, Leipzig

Layout: Rose Hartmann, Leipzig
Satz: Ernst Klett Schulbuchverlag Leipzig GmbH, Leipzig
Druck: Appl, Wemding

ISBN: 3-12-065200-8

Liebe Schülerinnen und Schüler,

vor euch liegt das Buch „Neue Anstöße" für den Politik- und Sozialkundeunterricht. Die zehn Kapitel dieses Buches sind alle in der gleichen Weise aufgebaut. Ihr könnt euch also schnell darin zurechtfinden. Dazu ein paar Tipps:

Einstieg in das Kapitel
Am Anfang eines Kapitels steht immer eine **Auftaktdoppelseite** mit vielen Bildern und wenig Text. Auch wenn es auf den ersten Blick nicht immer so scheinen mag, stehen diese Bilder in einem sehr engen Zusammenhang mit dem Kapitel. Vielleicht tauchen beim Betrachten der Bilder bereits Fragen auf, über die ihr dann in den folgenden Unterrichtsstunden sprechen werdet.

Themen erarbeiten
Den größten Teil des Kapitels nehmen die **Themendoppelseiten** ein. Der Einführungstext in der linken Spalte enthält oft schon wichtige Informationen und führt euch in das Thema ein. Rechts unten stehen die Arbeitsvorschläge. Ihr könnt an den beigefügten farbigen Ziffern erkennen, auf welchen Text oder welches Bild sich der Arbeitsvorschlag bezieht.

Methoden lernen
Gelb unterlegte Seiten enthalten immer eine Anleitung zum selbstständigen Arbeiten. Wir nennen sie **Methodendoppelseiten**. Methoden sind so etwas wie Werkzeuge, die man benutzt, um zu Erkenntnissen zu gelangen. Es gibt die unterschiedlichsten Methoden, je nachdem, wer etwas wissen will und was der- oder diejenige wissen will.

Leseseiten
Mit den blau unterlegten **Leseseiten** schließt jedes Kapitel ab. Diese Seiten sind wirklich zum Lesen gedacht, nicht zum Arbeiten! Nachdenken ist natürlich erlaubt. Denn die Geschichte hat immer etwas mit dem Thema des Kapitels zu tun. Vielleicht habt ihr nach dem Lesen dieser beiden Seiten ja Lust weiterzulesen.

Wenn man das Buch durchblättert, fallen kleine Symbole (Fachwort: Piktogramme) auf. Sie sollen helfen, sich in dem Buch leichter zurechtzufinden.

steht für **Information**. Überall, wo dieses Zeichen steht, findet ihr Hinweise auf Quellen, die Informationen zu dem jeweiligen Thema bereitstellen. Das können z. B. Bücher, Zeitschriften oder Kontaktadressen sein. Besonders wichtig sind hierbei die Internetadressen. Sie erscheinen in blauer Schrift und sind unterstrichen.

ist das Zeichen für **Verknüpfung**. An diesen Stellen wird auf Verbindungen zu anderen Kapiteln des Buches aufmerksam gemacht. Die meisten politischen Themen kann und sollte man von verschiedenen Seiten betrachten. Außerdem gibt das Zeichen Hinweise, wenn sich bei bestimmten Aufgaben Methoden aus anderen Kapiteln einsetzen lassen.

findet ihr dort, wo es sinnvoll ist **fächerverbindend** zu arbeiten. Denn oft lassen sich Erkenntnisse und Methoden anderer Fächer für Themen des Faches Politik nutzen. Es könnte z. B. sein, dass ihr einen offenen Brief in der Zeitung veröffentlichen wollt. Dann wäre die Zusammenarbeit mit dem Deutschunterricht ergiebig.

Glossar
In den Texten werdet ihr Wörter finden, die ihr vielleicht noch nicht erklären könnt. Einige wichtige oder schwierige Begriffe sind in den Texten mit einem Sternchen gekennzeichnet, also z. B. Parlament*. Ihr findet die Erklärung dieser Begriffe in einem Verzeichnis der Worterklärungen, dem so genannten **Glossar** am Ende des Buches. Es enthält auch weitere wichtige Begriffe zum Fach Politik und Sozialkunde.

Wichtiger Hinweis: Alle Texte, die nicht eigens durch eine Quellenangabe gekennzeichnet sind, haben die Autorinnen und Autoren dieses Buches geschrieben.

Inhalt

Das Richtige finden im WWW
Systematische Recherche im Internet 6

1
Wie soll ich sein – wie kann ich sein?
Jungen und Mädchen in Schule und Gesellschaft 8

Wie sehen die anderen das?
Wir machen eine Meinungsumfrage 10
Ab wann war Mogli ein Mensch?
Sozialisation 12
Gehorsam oder Selbstständigkeit?
Erziehungsziele im Wandel 14
Welche Fächer sind die wichtigsten?
Erwartungen von Gesellschaft und Wirtschaft an die Schule 16
Achtung vor der Überzeugung des anderen?
Soziales Lernen in der Schule 18
Die Clique – wichtiger als die Familie?
Die Bedeutung der Freundesgruppe 20
Spielen Jungen anders als Mädchen?
Über männliche und weibliche Interessen und deren Herkunft 22
Indianer weinen nicht
Männliche und weibliche Ideale, Erwartungen, Klischees 24
Sind Mädchen in der Schule benachteiligt?
Pro und Kontra getrennter Unterricht 26
Eigentlich bin ich ganz anders
Selbstbild und Fremdbild 28
Schule ohne Pflicht?
Eine Erzählung und ein Bericht 30

2
Reklame ist das halbe Geschäft
Werbung in der Marktwirtschaft 32

Hat Strom eine Farbe?
Ablauf einer Werbekampagne 34
...aber immer öfter!
Wie Werbung funktioniert 36
Und nun mit freundlicher Unterstützung von...
Werbung, Markt und Medien 38
Werbung und Wirklichkeit
Wir fertigen eine Kontrast-Collage an 42
Es muss schon cool sein
Jugendliche und Werbung 44
Werbung ohne Grenzen?
Probleme des Werberechts und der Werbeethik 46
Miauwauwau-Unfallschutz-Versicherung
von Maria Gornikiewicz 50

Auf die schiefe Bahn geraten
Jugendkriminalität und Rechtsstaat 52

Ist einmal keinmal?
Regelverstöße und Jugendkriminalität 54
Ein Leben ohne Chancen?
Ursachen von Jugendkriminalität 56

3
Strafbar oder nicht?
Umgang mit dem Strafrecht 58
Strafe muss sein! Wirklich?
Strafziele und Sanktionen des Jugendgerichtsgesetzes 60
Zwischen Anklage und Verteidigung
Ein Simulationsspiel zum Jugendgerichtsverfahren ..62
Hilfe statt Strafe?
Alternative Wege aus der Jugendkriminalität 66
„Aber es ist doch nun mal passiert!"
von Reiner Engelmann 70

4
Miteinander leben lernen
Einwanderung nach Deutschland 72

Was können uns Lebensläufe sagen?
Die Methode der Biografieforschung 74
Leben in der Fremde
Schwierigkeiten von Ausländern in Deutschland ... 76
Wir haben sie gerufen
Arbeitskräfte für Deutschland 78
... denn es gibt keine zweitklassigen Menschen
Fremdenfeindlichkeit in der Mitte der Gesellschaft .. 80
Wie wird man Deutscher?
Das Staatsbürgerschaftsrecht 84
Erhalten politisch Verfolgte Asyl?
Absicht und Folgen des Asylrechts 86
Deutschland ohne Grenzen?
Europa wächst zusammen: das Schengener Abkommen 88
...Menschen haben Beine
Wandern und Zusammenleben in einer multikulturellen Gesellschaft 90
Deutschland – wie im Film
von Petra Aldenrath 92

5
Wenn ich will, dann hör ich auf
Jugendliche und Drogensucht 94

Drogenmissbrauch in unserer Stadt
Expertenbefragung 96
Drogen und ihre Wirkungen
Eine Übersicht über Rausch- und Genussmittel 98
Trink, trink, Brüderlein, trink...
Alkohol – Suchtmittel oder Genussmittel? 100
„Mir geht es ja nicht schlecht"
Alkoholismus – ein Fallbeispiel 102
„Besser drauf" sein und länger tanzen
Ein neuer Leistungsdruck durch Ecstasy 104
Was hat Sucht mit suchen zu tun?
Ursachen für Drogenmissbrauch 106
Ein Fall für den Experten
Möglichkeiten, Sucht zu verhindern 108
Haschisch aus der Apotheke?
Diskussionen zur Drogenpolitik 110
Der stärkste Typ in unserer Klasse
von Christiane F. 112

Inhalt

1000 Stunden und noch mehr...
Beherrscht der Bildschirm unseren Alltag? 114

6

Dann mach' ich mir die Kiste an
Mediennutzung durch Kinder und Jugendliche ... 116
Jeden Tag einer neuer Kampf
*Die Konkurrenz privater
und öffentlich-rechtlicher Anbieter* 118
Was wisst ihr eigentlich über Amerika?
Wie Bildmedien Wirklichkeit herstellen 120
Only bad news are good news!?
Fernsehen als Informationsmedium 122
Fernsehen – und was sonst noch?
Wir produzieren ein Video-Feature 124
Das Netz ist nicht von selber klug!
Internetnutzung bei Jugendlichen 126
User or loser?
Voraussetzungen für Medienkompetenz 128
Gewalt? – Kommt alles vom Bildschirm!?
Machen Medien aggressiv? 130
Die Adoptivtochter auf dem Bildschirm
von Monika Pelz 132

Erst stirbt der Wald...
Ursachen und Folgen des Waldsterbens 134

7

Stirbt der Wald oder stirbt er nicht?
*Darstellung und Manipulation von Zahlen
und Grafiken* 136
Gesund oder krank?
Der politische Streit um das Waldsterben 138
Wozu brauchen wir den Wald?
Bedeutung und Funktionen des Waldes 140
Das haben wir nicht gewollt!
Ursachen und Folgen des Waldsterbens 142
Was kostet der Wald?
Probleme der Bewertung des Waldnutzens 146
Wie der Wald geschützt werden kann
Ziele und Maßnahmen der Waldpolitik 148
Rettet den Wald!
*Was Jugendliche gegen das Waldsterben
tun können* 150
Der Wald unterm Dach
von Rudolf Herfurtner 152

Wir mischen uns ein
Probleme der Kommunalpolitik 154

8

Wir wählen eine Gemeindevertretung
Planspiel Kommunalwahl 156
Ohne Moos nix los
Aufgaben und Ausgaben der Gemeinde 160
Vom Bürgerwunsch zur Wirklichkeit
*Institutionen in der kommunalen
Selbstverwaltung* 162
Andrea Menke in der Klemme
Freies Mandat der Abgeordneten 164
Was kommt auf den Kreuzacker?
*Kommunale Bauleitplanung
und Interessengegensätze* 166
Den Politikern (auf die Sprünge) helfen
Mitbestimmung durch Bürgerentscheid 168
Wahlrecht für Teenies, Wahlrecht für Babies?
Pro und Kontra Absenkung des Wahlalters 170
In Willich können Jugendliche mitreden
von Willi Schöfer 172

Die Reichen reicher – die Armen ärmer?
Probleme des Sozialstaats in Deutschland 174

9

Was heißt denn eigentlich Armut?
Definition und Klärung von Begriffen 176
Wenige haben viel – viele haben wenig
Armut und Reichtum in Deutschland 178
Arbeitslos, mittellos, hoffnungslos?
Armutsschicksale und ihre Ursachen 180
Kinderreich und bettelarm?
Kinder als Armutsrisiko 182
Reich und jung – arm und alt?
Die Krise der Alterssicherung 184
Anspruch oder Almosen?
Die Sozialhilfe 186
Das „soziale Netz" hat viele Knoten
Prinzipien der sozialen Sicherung in Deutschland . 188
Manchmal gehört mir die ganze Welt
von Mecka Lind 190

Erste Welt, Dritte Welt – Eine Welt?
Probleme der Unterentwicklung 192

10

Arm gewesen? Arm geworden?
Geschichtliche Ursachen der Armut 194
Entwicklung oder Unterentwicklung?
Der schwierige Begriff der Entwicklung 196
Zu viele Menschen auf zu engem Raum?
Bevölkerungswachstum und Entwicklung 198
Ein Geschäft mit der Armut?
Die Entwicklungsländer in der Schuldenfalle 200
Zum Beispiel Mosambik
*Wie ein Entwicklungsland in die Schuldenfalle
geraten ist* 202
Entwicklung braucht Entschuldung
Die Entschuldungskampagne „Erlassjahr 2000" .. 204
Global denken – lokal handeln
*Der Zusammenhang zwischen Umwelt
und Entwicklung* 206
Sollen wir helfen: ja oder nein?
Pro-Kontra-Diskussion 208
Friede war etwas, wovon wir nur träumen konnten
von Meja Mwangi 210

Glossar *212*
Stichwortverzeichnis *222*
Bildquellenverzeichnis *224*

Das Richtige finden

Im Internet findet man zu jedem Thema etwas. Nur wie? Es gibt schließlich Millionen und Abermillionen von Internetseiten und täglich werden es mehr. Auf diesen zwei Seiten erfahrt ihr ein paar grundlegende Dinge, die ihr bei einer gezielten Suche (Recherche) im Internet wissen solltet.

I. Internetadressen

Am einfachsten gelangt man an gesuchte und brauchbare Informationen, wenn man die genaue Adresse eines Anbieters im Netz kennt. Viele solcher Adressen findet ihr in diesem Buch.

Wenn ihr also wisst, welche Adresse zu einem bestimmten politischen Thema, z.B. zu „Waldsterben", gute und aktuelle Informationen bereit hält, beginnt ihr eure Recherche am besten dort. Mithilfe einer Adresse gelangt man auf die *Homepage* eines Anbieters. Es dauert oft einige Zeit, bis sich die gesamte Startseite aufbaut. Von der Startseite eines Anbieters aus könnt ihr euch meistens wieder zu vielen anderen *Websites* bewegen, die unterschiedliche Aspekte der aufgerufenen Seite behandeln. Auf den meisten Websites befinden sich *Links* zum Anklicken, die verschiedene Seiten miteinander verbinden.

II. Die Eingabe der Adresse

Man muss eine Internetadresse immer ganz genau in die dafür vorgesehene Adressenzeile des *Browsers* eingeben. Eine Adresse besteht aus mehreren Abschnitten, die durch Punkte oder Schrägstriche getrennt sind: Nach http:// kommt www. (für world wide web), dann der Name des Anbieters, auch *domain* genannt, z.B. dainet. und schließlich folgt ein Kürzel, das sich auf eine übergeordnete Ebene bezieht, die so genannte *toplevel domain*. Es kann ein Länderkürzel sein (de für Deutschland, fr für France usw.) oder auf die Art der Website verweisen (com für *commercial*, edu für *educational*). Nach diesem Kürzel und weiteren Schrägstrichen folgen oft noch Hinweise auf das Verzeichnis der Website, aber die müsst ihr in der Regel nicht eingeben. Zusammengesetzt sieht eine Adresse dann so aus:

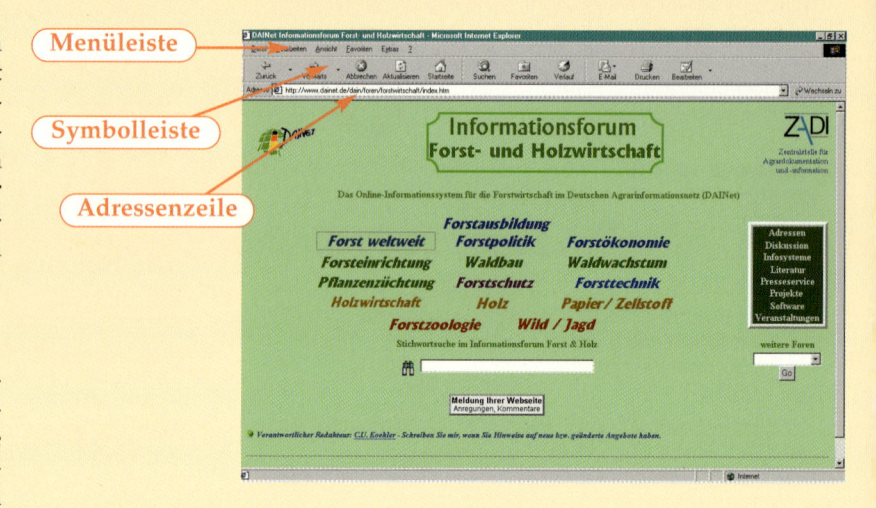

http://www.dainet.de.

Die Satzzeichen dürfen nicht vergessen werden, sonst findet der Browser nicht die richtige Adresse.

Eine komplette Adresse nennt man auch URL (*Uniform Resource Locator*). Ihr solltet gute und wichtige Adressen unter „Lesezeichen" oder „Favoriten" speichern. Dann könnt ihr sie beim nächsten Mal schnell wieder aufrufen.

III. Suchmaschinen und Kataloge

Wenn man keine bestimmte Adresse weiß, ist die Suche schwieriger. Man muss recherchieren. Zu diesem Zweck gibt es Suchmaschinen, die das gesamte Internet nach Websites durchforsten, in denen ein gesuchter Begriff vorkommt. Hier sind einige Beispiele für Suchmaschinen:

www.altavista.com
www.lycos.de
www.hotbot.com
www.google.com
www.fireball.de
www.directhit.com
www.yahoo.de usw.

Außerdem gibt es Web-Kataloge, die sich meistens auf den Suchmaschinen selbst befinden. Das sind Übersichten zu bestimmten Themenbereichen.

Eine interessante Katalog-Adresse ist www.paperball.de. Paperball sucht in allen Online-Archiven deutscher Zeitungen nach Artikeln zu einem gewünschten Thema.

im WWW

Systematische Recherche im Internet

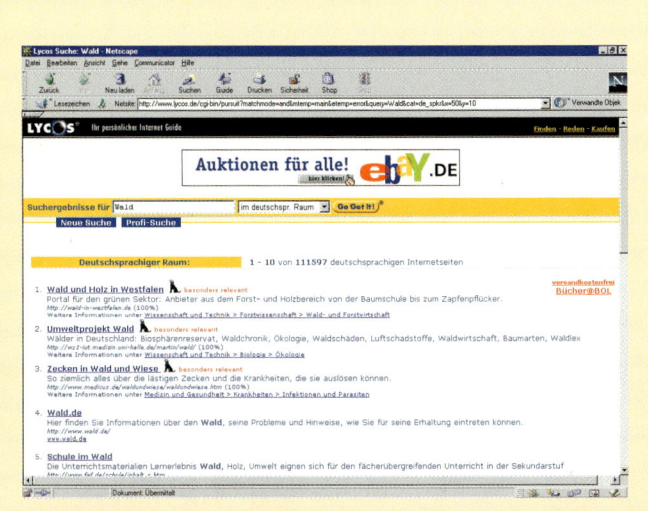

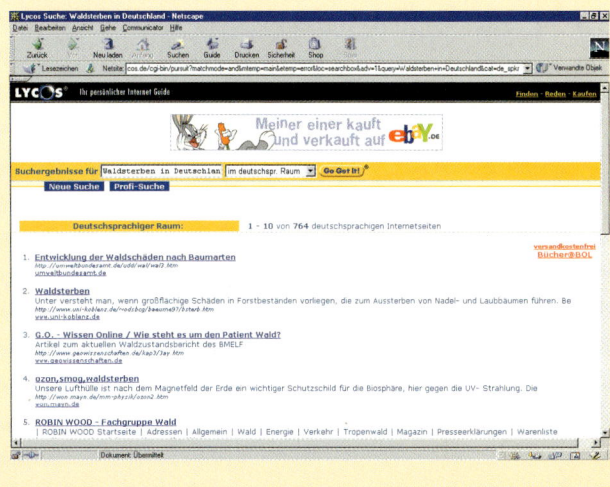

IV. Suchen und Finden

Auch wenn ihr Kataloge und Suchmaschinen einsetzt, kostet eine gute Internet-Recherche viel Zeit. Ihr solltet also vor der Recherche euer Thema mit einem oder mehreren Stichwörtern einkreisen und diese in die Suchmaschine eingeben.

Wenn das Stichwort sehr allgemein gefasst ist – z. B. „Wald" –, werdet ihr als Ergebnis viele tausend Adressen erhalten.

Meistens sucht man ja etwas Genaueres. Wenn ihr nun die Stichwörter „Waldschäden" oder „Waldsterben" eingebt, dann wird die Auswahl schon nicht mehr so riesig sein – trotzdem wahrscheinlich immer noch ein paar Hundert Adressen. Aber beim Stichwort „Waldzustandsbericht" oder „Waldsterben in Deutschland" erhaltet ihr über die Suchmaschinen eine kleine Auswahl von Adressen – wahrscheinlich mit den gesuchten Informationen zum Thema.

Andererseits: Wenn die Stichwörter sehr eng gefasst sind, kann es sein, dass sie auf keiner Website auftauchen. Bei der Suche nach „Entwicklung der Waldschäden in NRW" werdet ihr über eine Suchmaschine vermutlich kein Ergebnis erhalten. Der Computer meldet „nichts gefunden". Es kommt also darauf an, eine möglichst gute Kombination von Stichwörtern zu finden.

Alle Suchmaschinen haben eine erweiterte Suchfunktion: „Erweiterte Suche", „Profi-Suche", oder „Advanced Search". Hier könnt ihr Stichwörter kombinieren, also z. B. „Waldschäden" und „NRW". Allerdings hat auch jede Suchmaschine ihre eigene „Grammatik": Kreuze, Sternchen, Anführungszeichen und Verbindungswörter haben eine besondere Bedeutung. Dafür gibt es eine Anleitung, die auf der Startseite der Suchmaschinen angeboten wird und die sich ausdrucken lässt.

V. Projektvorschlag

Bildet Kleingruppen: Teilt für eine Recherche die Adressen der Suchmaschinen unter den Gruppen auf und arbeitet euch dann in die jeweilige Suchmaschine ein. Die Aufgabe an alle Gruppen lautet, aktuelles und informatives Material zu einem bestimmten Thema aus dem Unterricht zu suchen. Die Gruppen können am Ende vergleichen, wie gut sie mit der jeweiligen Suchmaschine zurechtgekommen sind.

Beachtet: Die Zuverlässigkeit von Informationen aus dem Internet hängt von der Quelle ab. Lest dazu Text 4 auf Seite 127.

Wenn der Regen niederbraust,
wenn der Sturm das Feld durchsaust,
bleiben Mädchen oder Buben
hübsch daheim in ihren Stuben. –
Robert aber dachte: Nein!
Das muss draußen herrlich sein! –
Und im Felde patschet er
mit dem Regenschirm umher.

Hui, wie pfeift der Sturm und keucht,
dass der Baum sich niederbeugt!
Seht! Den Schirm erfasst der Wind,
und der Robert fliegt geschwind
durch die Luft so hoch, so weit;
niemand hört ihn, wenn er schreit.
An die Wolken stößt er schon,
und der Hut fliegt auch davon.

Schirm und Robert fliegen dort
durch die Wolken immerfort.
Und der Hut fliegt weit voran,
stößt zuletzt am Himmel an.
Wo der Wind sie hingetragen,
ja, das weiß kein Mensch zu sagen.
Heinrich Hoffmann, Der Struwwelpeter, Erlangen 1996.

Wie soll ich sein – wie kann ich sein?

Jungen und Mädchen in Schule

Mit dem Schirme in der Hand

fliegt der Robert übers Land,

fliegt im Bogen übern Main,

fliegt bis in das Fenster rein,

freut sich wie ein Teddybär,
und der Vater staunt so sehr:

„Das ist eine Große Kunst!
So was macht man nicht umsunst!"

Und so fahrn sie um die Welt
und der Robert fliegt für Geld,
und das Geld wird immer mehr,
und den Vater freut das sehr.

Doch der alte Spaß am Fliegen,
der ist nicht mehr herzukriegen,
bald hat Robert alles satt,
weil er keine Freunde hat.

Doch in einer finstern Nacht
hat er sich davongemacht,
fliegt er übers große Meer
mit zwei Brötchen zum Verzehr
bis nach Hause zu Mama,
und die Freunde schrein: „Hurra!"
Später sagt der Vater: „Ach,
Robert macht mich wirklich
schwach.
Fliegend Geld verdienen, das
ist doch wohl der größte Spaß!"

Doch der Robert sagt: „So so.
Mich macht nun mal was andres
froh.
Zum Beispiel so ein Flug zu zweit
schenkt eine Menge Fröhlichkeit."
Friedrich Karl Waechter, Der Anti-Struwwelpeter, Zürich 1982, S. 27–30.

und Gesellschaft

Wie sehen die

Eine Partei möchte wissen, inwiefern sich Jugendliche für Politik interessieren und wie sie besser angesprochen werden können. Ein Bekleidungshersteller möchte wissen, welche Farben und Stile Jugendliche gut finden, um darauf seine neue Kollektion abstimmen zu können.

Dies sind zwei typische Beispiele für einen Untersuchungsauftrag an die Soziologen* eines Meinungsforschungsinstituts.

Nun können diese aber nicht alle Jugendlichen in Deutschland befragen. Deshalb wählen sie eine **repräsentative Stichprobe** (meist ca. 2000) aus, also eine Anzahl Jugendlicher, deren Meinungen **stellvertretend** sind für die aller Jugendlichen.

Eine Möglichkeit ist die Zufallsauswahl, z.B. mithilfe des Telefonbuchs. Eine andere ist das Quotenverfahren. Dabei werden Quoten (Anteile) festgelegt, nach welchen Jugendliche befragt werden sollen, z.B. 50% Jungen und 50% Mädchen oder ein Drittel 12–14-Jährige, ein Drittel 15–17-Jährige, ein Drittel 18–20-Jährige.

Die Forscher führen dann eine Vorstudie durch, in der sie durch persönliche Gespräche herausbekommen, welche Aspekte des Themas wichtig sind. Hier können sie schon testen, wie Fragen formuliert sein müssen, damit sie verständlich sind und geeignete Antworten entstehen.

Schließlich wird der Fragebogen erstellt und dann wird die Hauptuntersuchung durchgeführt.

Hier gibt es drei Möglichkeiten:
1. Der Befragte füllt den Fragebogen aus, während er alleine ist, und steckt ihn in einen Umschlag, den er zurückgibt oder abschickt. Dann ist die Befragung anonym. Die Sozialforscher und ihre Auftraggeber wissen nicht, wer welche Antwort gegeben hat, und der Befragte fühlt sich nicht beobachtet.
2. Der Befragte füllt den Fragebogen selbst aus, der Befrager ist aber dabei und kann Fragen erklären oder die Vollständigkeit der Antworten kontrollieren.
3. Dem Befragten werden die Fragen vorgelesen, der Befrager schreibt die Antworten auf (oder hält sie auf Tonband bzw. Video fest).

Bei der Auswertung der Untersuchung werden zunächst alle Ergebnisse ausgezählt und zusammengestellt. Dann können die Forscher bestimmte Zusammenhänge (Fachwort: Korrelationen) untersuchen, z.B. ob Mädchen sich mehr oder anders für Politik interessieren als Jungen oder ob die Jüngeren andere Farben bevorzugen als die Älteren.

Die Ergebnisse der Untersuchung werden in einem Bericht vorgestellt, in dem die Sozialwissenschaftler die ihnen wichtig und bedeutsam erscheinenden Ergebnisse beschreiben. Der Bericht enthält auch den Fragebogen und alle Ergebnisse, meist in einem Anhang.

Wir führen eine Meinungsumfrage durch

I. Vorbereitung

1. Ziel der Umfrage
Zunächst müsst ihr euch auf ein Thema einigen: Was wollt ihr herausbekommen? Hier sind einige Möglichkeiten:
- ob und warum Schüler und Eltern dafür sind, dass Jungen und Mädchen in bestimmten Fächern getrennt unterrichtet werden (lest hierzu erst S. 26–27),
- die Meinung von Schülern, Eltern und Lehrern dazu, was man in der Schule lernen sollte, was man nicht lernt, welche Fächer fehlen oder überflüssig sind (davon handeln auch die Seiten 16 bis 19),
- welche Werte und Eigenschaften Jugendliche und Erwachsene, Jungen und Mädchen wichtig und unwichtig finden (Ideen findet ihr auf S. 14–15).

2. Auswahl der zu Befragenden
Dann müsst ihr festlegen, wen ihr fragen wollt. Ihr könnt zwar keine repräsentative Stichprobe von 2000 Personen auswählen, aber ihr solltet darauf achten, dass unterschiedliche Menschen in ausreichender Anzahl befragt werden, damit das Ergebnis auch glaubwürdig ist. Wenn jeder von euch nur zwei Personen befragt, sind das immerhin schon ca. 60.

3. Fragebogen erstellen
Dann könnt ihr darangehen, Fragen für den Fragebogen auszuarbeiten. Überlegt, welche Arten von Fragen ihr stellen wollt (siehe Beispiel rechts), und entwerft verschiedene Formulierungen. Denkt daran, dass offene Fragen (Beispiel 6 und 7) schwierig auszuwerten sind. Man kann sie nicht einfach auszählen. Andererseits haben die Befragten hier die Möglichkeit, selbst Antworten zu formulieren und vielleicht etwas Neues oder Überraschendes zu sagen. Bevorzugt einen kurzen, aber gut gemachten Text.

anderen das?

1 Wie soll ich sein – wie kann ich sein?

Wir machen eine Meinungsumfrage

Arten von Fragen	Beispiel für einen Fragebogen
1. Allgemeine Angaben	Dein Alter: ☐ Junge ☐ Mädchen ☐ Klasse ☐
2. Ja-Nein-Fragen	Gehst du gern zur Schule? ☐ Ja ☐ Nein
3. Auswahlfragen mit einer Antwortmöglichkeit	Welches der folgenden Schulfächer ist wichtiger? ☐ Geschichte ☐ Erdkunde ☐ Politik/Sozialkunde
4. Auswahlfragen mit mehreren Antwortmöglichkeiten	Wie wirst du von deinen Mitschülern behandelt? ☐ freundlich ☐ unfreundlich ☐ mal so mal so ☐ hilfsbereit ☐ beachten mich nicht ☐ höflich ☐ grob
5. Skalenfragen	Wie ist das Gruppenklima in deiner Klasse? ☐ sehr gut ☐ gut ☐ mittel ☐ schlecht
6. Teiloffene Fragen	Welche Eigenschaften vermisst du an deinen Lehrern? _____
7. Offene Fragen	Was würdest du ändern, wenn du Kultusminister wärst? _____

II. Durchführung

4. Test
Wenn ihr euch auf einen Fragebogen geeinigt habt, solltet ihr überprüfen, ob mit der Fragestellung das herausgefunden werden kann, was ihr wissen wollt. Führt dann einige Testbefragungen mit Freunden und Bekannten durch um herauszufinden, ob die Fragen und Antworten verstanden werden oder Unklarheiten auftreten.

Spätestens nach dem Test müsst ihr auch festlegen, ob ihr die Befragung schriftlich und anonym oder schriftlich in Anwesenheit des Befragers oder mündlich (dann liest dieser vor und trägt selbst ein) durchführen wollt.

5. Befragung
Bevor ihr die Hauptuntersuchung durchführt, solltet ihr besprechen und im Rollenspiel üben, wie ihr die zu Befragenden ansprecht, um ihre Mitarbeit bittet, und wie ihr das Ziel eurer Befragung erläutert. Eure eigenen Meinungen dürfen dabei nicht deutlich werden, damit die Befragten nicht beeinflusst werden. Prüft am Ende der Befragung, ob der Fragebogen vollständig ausgefüllt ist, sonst kann er bei der Auswertung nicht verwendet werden.

III. Auswertung

6. Auszählen
Wenn ihr alle Daten und Antworten ausgezählt habt und die Ergebnisse der offenen Fragen zusammenfassend ausgewertet sind, ist es meist sinnvoll, die Zahlen in Prozentzahlen umzurechnen.

7. Zusammenhänge untersuchen
Um herauszubekommen, ob die Jungen anderer Meinung sind als die Mädchen, die Älteren die Dinge anders sehen als die Jüngeren, muss nochmals ausgezählt werden. Dabei empfiehlt es sich, die Fragebögen in mehreren Stapeln auf den Tisch zu legen oder eine detaillierte Tabelle für Strichlisten zu entwerfen.

8. Ergebnis der Untersuchung
Nun habt ihr alle Antworten ausgewertet und könnt ein Ergebnis zum Thema eurer Befragung formulieren. Welche Form die ausführliche Darstellung des Ergebnisses haben soll, hängt davon ab, an wen sie gerichtet ist. Ihr könnt z. B. ein Plakat oder eine Wandzeitung machen oder einen Artikel für die Schülerzeitung schreiben.

Ab wann war Mogli

Ihr kennt vielleicht die Geschichte von Mogli, der von Wölfen aufgezogen wurde. Diese Geschichte hat Rudyard Kipling erfunden, es gab aber tatsächlich einen ähnlichen Fall (1). An diesem könnt ihr sehen, was ein neugeborener Mensch alles lernen muss. Tiere haben für die meisten Verhaltensweisen angeborene Instinkte, die sie steuern. Deshalb sind sie bald nach der Geburt fähig zu überleben. Aber was kann ein Säugling? Er ist lange auf Hilfe und Versorgung angewiesen und muss fast alles lernen. Es genügt nicht, dass Kinder alle körperlichen Organe und Funktionen besitzen. Genauso wichtig ist es für sie, die menschliche Kultur kennen zu lernen und ihren Platz in der Gesellschaft zu finden. In diesem Kapitel geht es darum, wie ein Mensch in Gesellschaft und Kultur hineinwächst, d.h. um die Sozialisation.

1   Die Wolfskinder von Midnapore, Indien 1920

Am 9. Oktober 1920 hört Hochwürden Singh, der sich auf einer Missionsreise befindet, von Bauern des Dorfes Godamuri, dass es im Wald „gespenstische Menschen" gebe. Singh, der sich an Ort und Stelle führen lässt, sieht in der Dämmerung drei ausgewachsene Wölfe, zwei Wolfsjunge, sowie zwei „Ungeheuer" auftauchen, deren Gesichter sich hinter einer wirren Mähne verbergen und die auf allen vieren laufen. Alle beide verhalten sich beim Verlassen der Höhle genau wie Wölfe: Sie strecken lauernd den Kopf hervor, blicken nach allen Seiten, entschließen sich endlich, mit einem Satz herauszuspringen. […]

Kurze Zeit später kommt Singh mit einer kleinen Gruppe von Leuten noch einmal zur Wolfsgrube. Im hintersten Winkel der Grube befinden sich zwei junge Wölfe und zwei kleine Mädchen. Während die Wölfe in Verteidigungsstellung gehen, reagieren die Kinder drohend und aggressiv. Singh bringt die Mädchen in einem Ochsenkarren zum Waisenhaus von Midnapore, das er leitet.

Von nun an wird die jüngere Amala, die ältere Kamala genannt – Mädchen mit breiten Schultern, langen Armen und gerader Wirbelsäule. Beide haben eine dicke Hornhaut an Handballen, Ellbogen, Knien und Fußsohlen. Sie lassen ihre Zunge aus dicken und aufgeworfenen Lippen hängen, keuchen heftig und sperren manchmal ihre Kiefer übermäßig weit auf. Beide sind ausgesprochen lichtscheu und tagblind, verkriechen sich den Tag über im Schatten oder kauern reglos vor einer Wand; nachts erwachen sie aus ihrer Erstarrung, heulen wiederholt laut auf, stöhnen beständig in dem Wunsch zu entfliehen. Amala (eineinhalb Jahre) und Kamala (achteinhalb Jahre) schlafen sehr wenig, vier Stunden am Tag, und bewegen sich auf zweierlei Weise fort: auf Ellbogen und Knien bei kleinen und langsamen Ortsveränderungen, auf Händen und Füßen für weite Strecken und zum Laufen, bei dem sie im Übrigen eine große Geschwindigkeit entwickeln. Flüssigkeit wird aufgeleckt und Nahrung mit hängendem Kopf in hockender Stellung eingenommen. Ihre ausschließliche Vorliebe für fleischliche Nahrung bewegt die Mädchen zu der einzigen Tätigkeit, deren sie fähig sind: Sie jagen Hühner und graben Knochen oder Innereien aus. Sie sind menschenscheu und mürrisch, schenken nur kleinen Hunden und Katzen ein wenig Aufmerksamkeit, sind Kindern gegenüber gleichgültig, vor allem Mrs. Singh gegenüber aggressiv, krümmen den Rücken in einer Haltung angespannter Abwehr, sobald man ihnen näher kommt, und bringen ihre Feindseligkeit und Wachsamkeit durch rasches Zurückwerfen des Kopfes zum Ausdruck.

Amala stirbt am 21. September 1921 nach zweiwöchigem Leiden an einer Nierenentzündung, und Kamala erliegt seltsamerweise derselben Krankheit am 14. November 1929. […]

Schlagen wir das Tagebuch von Singh auf: Allmählich, doch sehr langsam ist die Motorik [= die Bewegungen] des Kindes menschlicher geworden. Nach zehn Monaten streckt Kamala die Hand aus, um eine Nahrung zu erbitten; nach sechzehn Monaten, Februar 1922, richtet sie sich auf ihren Knien auf, im März bewegt sie sich auf diese Weise fort; im Mai kann sie auf ihren Füßen stehen, gegen eine Bank gestützt; ein Jahr später kann sie zum ersten Mal aus eigener Kraft stehen: Im Januar 1926 kann sie gehen, und in den beiden letzten Jahren ihres Lebens lässt sie erkennen – obwohl die Art ihres Laufens wölfisch bleibt –, dass ihre ursprüngliche „vierfüßige Fortbe-

ein Mensch?
Sozialisation

wegung" nur dem Fehlen einer normalen Schulung zu verdanken war.

Kamalas Verhalten wird von Jahr zu Jahr anpassungsfähiger und vielfältiger. Nach und nach beherrscht sie Handlungen, die sie an ihrer unmittelbaren Umgebung teilhaben lassen.

Auch die Intelligenz von Kamala ist allmählich aus dem Nebel emporgetaucht. Zuerst besaß sie nur zwei Wörter, „ma" für Mama, womit Mrs. Singh gemeint war, und „bhoo", womit sie Hunger oder Durst zum Ausdruck brachte. 1923 sagt sie durch Kopfnicken ja oder nein, und mit dem Mund ja („hoo"). 1924 benennt und verlangt sie Reis („bha") und begeht sie zum ersten Mal einen Willensakt, indem sie sagt: „am jab", ich will. 1926 verfügt Kamala, die ihre persönlichen Sachen wiedererkennt – ihren Teller, ihr Glas –, über ein Vokabular von etwa dreißig Wörtern. Anweisungen versteht sie gut. Wenn ihr die Wörter fehlen, verwendet sie Zeichen. Mit einem Wortschatz von fünfzig Wörtern gelingt es ihr am Ende ihres Lebens, im November 1929, recht flüssig mit den sie behandelnden Ärzten zu sprechen, deren Namen sie im Übrigen gut kennt. Wirklich lässt sich […] sagen, dass nichts darauf hindeutete, dass sie eine geborene Idiotin gewesen sei, dass im Gegenteil ihr geistiges Niveau im Alter von acht Jahren, verglichen mit dem, was sie später zeigte, deutlich bewies, dass ihr trauriges Los nur auf dem Mangel oder auf dem Fehlen einer Familie in frühester Kindheit beruhte.

Lucien Malson u. a., Die wilden Kinder, Frankfurt/Main 1972, S. 79–83.

Mogli (aus dem Film zum „Dschungelbuch")

Sozialisation (2)

Sozialisation bezeichnet den Prozess, in dem der Mensch in die ihn umgebende Gesellschaft und Kultur hineinwächst, also ein eigenständiges handlungsfähiges soziales Wesen wird. Dieser Prozess beginnt mit dem Erlernen der Verständigung mit anderen Menschen und mit dem Lernen von grundlegenden Regeln, Werten und Normen (siehe S. 15) des Zusammenlebens. Hier sind Eltern und Familie die wichtigen Bezugspersonen. Später findet Sozialisation auch in Kindergarten und Schule statt. Und ebenso spielen die Gleichaltrigengruppen eine sehr wichtige Rolle bei der Entwicklung der Persönlichkeit eines Menschen (S. 20f.). So kommt es zur Herausbildung der Identität, das heißt des Bewusstseins von dem, was einen Menschen persönlich ausmacht, was ihm wichtig ist und was ihn unverwechselbar sein lässt. Ein bedeutsamer Aspekt der Sozialisation ist z. B. die Auseinandersetzung mit der Geschlechtsrolle (zu „Rolle" siehe S. 25), also mit der Frage, wie verhalte ich mich als Mädchen oder Junge bzw. als Frau oder Mann.

Arbeitsvorschläge

1. Lest **1** und schreibt Stichworte auf, mit deren Hilfe ihr die folgenden Fragen beantworten könnt:
   a) Welche Motorik (Bewegungen) hat Kamala bei den Wölfen gelernt? Welche für das Zusammenleben von Menschen wichtigen Bewegungen lernt sie später?
   b) Wie entwickelt sich Kamalas Vertrauen zu Menschen?
   c) Wie und wozu benutzt sie die menschliche Sprache?

2. Setzt euch in Gruppen zusammen und schreibt auf, welche Fähigkeiten, Gefühle und Verhaltensweisen sie noch hätte lernen müssen, um beim Spielen mit Gleichaltrigen und in der Schule zurechtzukommen (wenn sie nicht gestorben wäre).

3. Lest **2** und erläutert den folgenden Satz: Kamala ist eigentlich zweimal sozialisiert worden.

13

Gehorsam oder

"Bist du aber ein liebes Kind" sagen Tanten gerne zu Babies, die ruhig im Kinderwagen liegen, oder zu Kindern, die geduldig dabeisitzen, wenn die Erwachsenen beim Kaffeeklatsch ihre Neuigkeiten erzählen.

Wie sollten Kinder sein? „Wenn sie hübsch und artig sind, kommt zu ihnen das Christkind", heißt es im Struwwelpeter, einem alten Kinderbuch. Seid ihr „artig" oder „frech"? Wie sollten Jugendliche sein? Wie wollt ihr später einmal eure Kinder erziehen? Was ist dabei wichtig?

Um Erziehungsziele und Wertvorstellungen von Eltern und Jugendlichen geht es auf diesen Seiten. In **1** und **2** könnt ihr sehen, welche Erziehungsziele die Erwachsenen für wichtig halten und wie sich das in den letzten Jahrzehnten verändert hat. Dies könnt ihr mit eurer Meinung vergleichen oder auch mit der Meinung eurer Eltern oder Freunde (Projektvorschlag).

1 Erziehungsziele im Trend 1951–1998

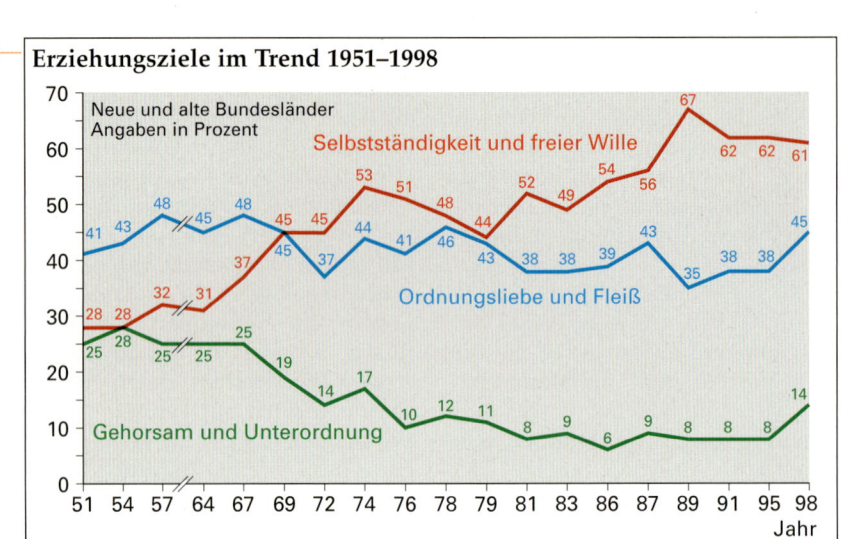

Neue und alte Bundesländer, Angaben in Prozent

- Selbstständigkeit und freier Wille: 28, 28, 32, 31, 37, 45, 45, 53, 51, 45, 48, 44, 52, 49, 54, 56, 67, 62, 62, 61
- Ordnungsliebe und Fleiß: 41, 43, 48, 45, 48, 45, 45, 37, 44, 41, 46, 43, 38, 38, 39, 43, 35, 38, 38, 45
- Gehorsam und Unterordnung: 25, 28, 25, 25, 25, 19, 14, 17, 10, 12, 11, 8, 9, 6, 9, 8, 8, 8, 14

Jahre: 51, 54, 57, 64, 67, 69, 72, 74, 76, 78, 79, 81, 83, 86, 87, 89, 91, 95, 98

Das Meinungsforschungsinstitut EMNID führt in regelmäßigen Abständen eine repräsentative Umfrage in der deutschen Bevölkerung durch zu der Frage: „Wozu sollen die Kinder in der Schule in erster Linie erzogen werden?" Zur Auswahl stehen sechs Eigenschaften, von denen bei der Auswertung je zwei zusammengefasst wurden. (Die größere Unterbrechung zwischen 1957 und 1964 ist durch zwei Striche gekennzeichnet.)

Quelle: EMNID, Umfrage & Analyse, 11/12, 1998, S. 34.

2 Erziehungsziele – eine Umfrage

Frage: „Eine Frage zur Erziehung. Wir haben einmal eine Liste zusammengestellt mit den verschiedenen Forderungen, was man Kindern für ihr späteres Leben alles mit auf den Weg geben soll, was Kinder im Elternhaus lernen sollen. Was davon halten Sie für besonders wichtig?" (1996, in %)

1. Höflichkeit und gutes Benehmen — 82
2. Ihre Arbeit ordentlich und gewissenhaft tun — 77
3. Sich durchsetzen, sich nicht so leicht unterkriegen lassen — 73
4. Andersdenkende achten, tolerant sein — 70
5. Sparsam mit Geld umgehen — 68
6. Menschenkenntnis, sich die richtigen Freunde und Freundinnen aussuchen — 61
7. Gesunde Lebensweise — 60
8. Wissensdurst, den Wunsch, seinen Horizont ständig zu erweitern — 55
9. Sich in eine Ordnung einfügen, sich anpassen — 39
10. Freude an Büchern haben, gern lesen — 39
11. Technisches Verständnis, mit der modernen Technik umgehen können — 39
12. Interesse für Politik, Verständnis für politische Zusammenhänge — 33
13. Bescheiden und zurückhaltend sein — 31
14. Festen Glauben, feste religiöse Bindung — 24
15. An Kunst Gefallen finden — 17

Quelle: Allensbacher Jahrbuch für Demoskopie, 10/1993–1997, S. 118.

Selbstständigkeit?
Erziehungsziele im Wandel

1 Wie soll ich sein – wie kann ich sein?

3

A. Berghaus, Rentner, 72 Jahre

Wenn man sich die jüngere Generation ansieht, kann einem schon angst und bange werden. Viele wollen keine Kinder, damit sie sich ungehindert allen möglichen Hobbys widmen können und genug Geld dafür haben. Alles muss Spaß machen und Genuss bereiten. Jeder sieht nur noch seine eigenen Vorteile und möchte seine eigenen Interessen durchsetzen. Wer sich dagegen freiwillig für das Allgemeinwohl einsetzt, gilt vielen als weltfremder Spinner. In der Welt der jungen, schönen, gut verdienenden, aktiven und gebildeten Spaß-Menschen haben Kranke, Arme und Kinderreiche keinen Platz. Und wir Alten? Wir haben nach dem Krieg den Staat wieder aufgebaut, für unsere Kinder und deren Zukunft gesorgt und unsere Eltern selbst betreut. Doch von solchen Aufgaben wollen die Jungen nichts wissen.

4

Werte, Normen

Werte sind allgemeine Zielvorstellungen von dem, was wünschenswert, wichtig und richtig ist. Es sind die Grundideen, an denen sich das Handeln der Menschen orientiert (oder gegen das es verstößt). Konkrete Verhaltensanweisungen, die aus Werten abgeleitet werden, nennt man Normen.

Wert	Norm
menschliches Leben	A Du darfst nicht töten.
privates Eigentum	B Du darfst nicht stehlen.
Menschenwürde, Achtung	C Du sollst nicht gehässig und verletzend sein.
Freundlichkeit, Höflichkeit	D Du sollst grüßen, wenn du Menschen triffst, die du kennst.
Solidarität, Mitmenschlichkeit	E Du sollst Menschen helfen, die in Not sind.

Wer sich an Normen hält, benimmt sich „normal". Wer gegen Normen verstößt, kann bestraft werden. Wenn die Normen in Gesetzen oder Ordnungen festgelegt sind (A und B), sind meist auch die entsprechenden Strafen dort bestimmt. Es gibt auch Normen, deren Nichteinhaltung eher indirekt bestraft wird – z. B. durch Kritik, Missachtung, einen schlechten Ruf (C und D). Und es gibt Normen, deren Erfüllung indirekt belohnt wird (E). Daher sprechen die Soziologen in diesen Fällen nicht von Strafen, sondern von positiven und negativen Sanktionen.

Arbeitsvorschläge

1. Wie hat sich die Bedeutung der Erziehungsziele verändert? Versucht in einem kurzen Text (Zeitungsnotiz) die wichtigsten Informationen aus **1** aufzuschreiben, ohne viele Zahlen zu nennen.

2. Wie werden Jugendliche später im Leben wohl zurechtkommen, wenn ihnen diese Eigenschaften fehlen:
a) Selbstständigkeit und freier Wille,
b) Ordnungsliebe und Fleiß,
c) Gehorsam und Unterordnung?

Schreibt jeweils eine Geschichte über die Erziehung und den späteren Lebenslauf für die drei Beispiele.

3. Seht euch die Ergebnisse der zweiten Umfrage (**2**) an. Die ersten acht Eigenschaften wurden von über der Hälfte der Befragten für wichtig gehalten. Welche sind eurer Meinung nach die acht wichtigsten? Schreibt sie in einer Rangfolge auf.

4. Wie beurteilt ihr die Äußerungen von Herrn Berghaus (**3**)? Seht ihr diese Entwicklungen ähnlich? Ist das nur ein Problem der älteren Generation oder findet ihr diese Entwicklung auch bedenklich?

5. Lest **4** und überlegt euch für jeden der genannten fünf Werte mindestens eine weitere Norm.

Projektvorschlag:

Habt ihr andere Vorstellungen als eure Eltern (und deren Generation) von dem, was wichtig in der Erziehung ist?

Wählt etwa drei bis fünf der Werte aus **1** und **2** aus, für die ihr dies überprüfen wollt. Ihr könnt auch andere Werte einbeziehen. Informiert euch auf S. 10–11 darüber, was bei einer Befragung beachtet werden muss. Bildet Gruppen, plant die Umfrage und führt sie durch.

Welche Fächer sind

Erwartungen von Gesellschaft

Welches eurer Schulfächer ist denn völlig überflüssig? Welche Schulfächer sind sehr wichtig?

„Was sollten Kinder unbedingt in der Schule lernen?"

Dies wurde in einer Umfrage erforscht. Und die Frage wurde Unternehmern gestellt, die Auszubildende und Arbeitskräfte einstellen. Die Ergebnisse findet ihr in 1. Wenn ihr besprochen habt, was die Gesellschaft und die Wirtschaft von der Schule erwarten, könnt ihr überlegen, was ihr selbst anderes lernen, erfahren oder trainieren möchtet. Zum Vergleich: Nur 22 % aller Deutschen antworteten „Ja" auf die Frage „Wird den Schülern in der Schule heute das Wissen vermittelt, das sie wirklich brauchen?". 65 % hatten da „Zweifel". Wie hättet ihr geantwortet?

1 Die Industrie- und Handelskammer (IHK) in Nordrhein-Westfalen hat ihre Mitglieder, die Unternehmen, gefragt, welche Fähigkeiten und Eigenschaften Auszubildende mitbringen sollten. Die Ergebnisse dieser Umfrage wurden stichwortartig zusammengefasst:

Fachkompetenz

Sprache:
- grundlegende Beherrschung der deutschen Sprache in Wort und Schrift
- einfache Sachverhalte mündlich und schriftlich klar formulieren und aufnehmen
- Unterscheidung von Sprachebenen (Alltagssprache, Fachsprache)

Rechentechniken:
- Beherrschung der vier Grundrechenarten, Rechnen mit Dezimalzahlen und Brüchen, Umgang mit Maßeinheiten und Beherrschung von Dreisatz sowie Prozentrechnung
- Umgang mit Taschenrechnern

Naturwissenschaften:
- elementare Kenntnisse in Physik, Chemie, Biologie und Informatik für Berufe mit moderner Technik

Wirtschaft:
- Einblick in die Wirtschafts- und Arbeitswelt – durch Praktika
- Basis-Informationen über das Funktionieren des marktwirtschaftlichen Systems

Englisch:
- Beherrschung der englischen Sprache

Kultur:
- Grundkenntnisse über die deutsche und europäische Geschichte, über gesellschaftliche und politische Rahmenbedingungen

Persönlichkeit

Zuverlässigkeit:
- Grundbedingung für erfolgreiches Zusammenarbeiten

Lernbereitschaft:
- die richtige Einstellung, Neugier und Erfolgswillen

Belastbarkeit:
- auch durchhalten, wenn Arbeit als Belastung angesehen wird

Sorgfalt:
- Genauigkeit und Ernsthaftigkeit, Selbstdisziplin, Ordnungssinn und Pünktlichkeit

Selbstständigkeit:
- in der Lage sein selbstständig zu arbeiten
- Kreativität und Flexibilität
- das eigene Tun selbstkritisch werten und sich und anderen eigene Fehler eingestehen

Sozialverhalten

Teamfähigkeit:
- Mitarbeiter, deren Tun auf Kooperation, den Austausch von Informationen, Verbesserungsvorschläge und das Sammeln von Erfahrungen ausgerichtet ist
- Teamwork ist zwingend erforderlich

Umgangsformen
- gute Umgangsformen beim Kontakt mit Kunden und Kollegen

Konfliktfähigkeit
- Differenzen müssen friedlich und konstruktiv verarbeitet werden können

Toleranz
- abweichende Einstellungen, Verhalten und Meinungen bei anderen hinnehmen

Rheinische Post, 24.9.1997, gekürzt.

die wichtigsten?

1 Wie soll ich sein – wie kann ich sein?

und Wirtschaft an die Schule

2
Was sollten Kinder unbedingt in der Schule lernen?
Frage: „Hier steht einmal Verschiedenes, was man in der Schule lernen kann. Was meinen Sie, was sollten Kinder unbedingt in der Schule lernen, damit sie für die Zukunft fit sind, was ist für die Ausbildung der Kinder besonders wichtig? Bitte nennen Sie mir die fünf wichtigsten Punkte."

Alle Angaben in Prozent   Gesamtdeutschland

1. Sehr gute Deutschkenntnisse, gute Rechtschreibung — 73
2. Moderne Sprachen wie Englisch, Französisch und Spanisch — 53
3. Selbstständig arbeiten — 48
4. Umgang mit dem Computer, mit dem Internet — 45
5. Selbstbewusstsein entwickeln — 44
6. Sehr gute Mathematikkenntnisse, gut rechnen können — 38
7. Teamfähigkeit, dass man mit anderen gut zusammenarbeiten kann — 31
8. Umgangsformen wie Höflichkeit, Rücksichtnahme, gute Manieren usw. — 29
9. Umweltbewusstsein — 24
10. Naturwissenschaftliche Kenntnisse in Biologie, Chemie u. Physik — 24
11. Sich gut durchsetzen können — 23
12. Selbstbeherrschung, Selbstdisziplin — 21
13. Toleranz, Verständnis für andere Religionen und Kulturen — 20
14. Ehrgeiz entwickeln — 20
15. Demokratieverständnis erwerben, demokratische Spielregeln erlernen — 19
16. Phantasie und Kreativität entwickeln — 19
17. Die Zusammenhänge zwischen Politik und Wirtschaft verstehen — 18
18. Kritikfähigkeit, Protestfähigkeit — 18
19. Politische Bildung — 18
20. Historische Kenntnisse, Geschichte — 16
21. Wirtschaftliches Verständnis — 15
22. Praktische Fertigkeiten wie Kochen, Handarbeiten, Werken — 14
23. Musische Erziehung, Musik und Kunst — 11
24. Religion — 8
25. Geisteswissenschaften wie Philosophie und Soziologie — 5
26. Alte Sprachen wie Latein und Altgriechisch — 4

Umfrage des Instituts für Demoskopie, Allensbach, zit. in GEO Wissen 1/99, S. 22.

Arbeitsvorschläge

1. Lest euch **1** genau durch, setzt euch in Gruppen zusammen und überlegt, inwiefern eure Schule versucht, euch die 15 dort genannten Fähigkeiten und Eigenschaften zu vermitteln. Dann gebt eurer Schule Noten für: Vermittlung von Fachkompetenz, von Persönlichkeit und von Sozialverhalten.

2. Vergleicht die Erwartungen der Gesellschaft (**2**) mit denen der Unternehmen (**1**). Schreibt in einer Liste auf, welche Fähigkeiten von der Gesellschaft genannt werden, von der Wirtschaft aber nicht. Wie wichtig findet ihr diese?

3. Welche eurer Schulfächer müssten mehr Wochenstunden bekommen, welche könnten ganz wegfallen, welche neuen Fächer müssten an eurer Schule eingerichtet werden?

Projektvorschlag:
Der Landtag berät über die Änderung der Stundentafeln der Schulen:
a) Bildet Gruppen (Landtagsfraktionen), die konkrete Vorschläge erarbeiten und aufschreiben (Anträge).
b) Wenn die Anträge an alle verteilt sind und ein Diskussionsleiter gefunden ist, begründen die Fraktionen ihre Anträge.
c) Nach der Debatte wird abgestimmt.

Achtung vor der Über

Hat die Schule nur die Aufgabe, Kenntnisse und Fähigkeiten zu trainieren? Oder soll sie auch Werte und Einstellungen vermitteln, die Persönlichkeit und das Sozialverhalten schulen?

Die Antworten der Bevölkerung (1) und der Landesverfassung von Nordrhein-Westfalen (2) sind eindeutig.

Aber welches Verhalten wird tatsächlich in der Schule gelernt:
– Rücksichtnahme oder Durchsetzungsfähigkeit?
– Anpassung oder Kritikbereitschaft?
– Egoismus oder Solidarität?

Und wenn das soziale Verhalten wirklich wichtig ist, sollte es dann nicht – wie die anderen Fächer auch – auf dem Zeugnis erscheinen? Meinungen dazu findet ihr auf der rechten Seite.

1 Vermittlung von Werten?

Frage: „Die Schule hat die Aufgabe, Wissen und Kenntnisse zu vermitteln. Hat sie darüber hinaus auch die Aufgabe, die Schüler zu erziehen, ihnen wichtige Werte zu vermitteln und die Entwicklung der Persönlichkeit zu fördern?"

Angaben in %

Schule hat auch diese Aufgabe	78
Diese Aufgabe wird gut erfüllt	6
Schule tut zu wenig dafür	53
Unentschieden	19
Ist nicht Aufgabe der Schule	13
Unentschieden	9

Quelle: GEO Wissen 1/99, S. 23.

2 Artikel 7: (Grundsätze der Erziehung)

1. Ehrfurcht vor Gott, Achtung vor der Würde des Menschen und Bereitschaft zum sozialen Handeln zu wecken, ist vornehmstes Ziel der Erziehung.
2. Die Jugend soll erzogen werden im Geiste der Menschlichkeit, der Demokratie und der Freiheit, zur Duldsamkeit und zur Achtung vor der Überzeugung des anderen, zur Verantwortung für die Erhaltung der natürlichen Lebensgrundlagen, in Liebe zu Volk und Heimat, zur Völkergemeinschaft und Friedensgesinnung.

Landesverfassung Nordrhein-Westfalen

3 Lernen für den Konkurrenzkampf

Es kommt der Schule also nicht nur darauf an, Fertigkeiten zu vermitteln, es geht auch darum, Verhalten zu schulen. Für alle Schüler, ohne Ausnahme, Grund- und Hauptschüler, Realschüler und Gymnasiasten, gilt es, sich gemäß der herrschenden Ordnung, zunächst der Schule, zu verhalten; wer sich an diese gewöhnt, bietet eine gewisse Gewähr dafür, dass er sich überhaupt reibungslos einordnet und Anordnungen Folge leistet; er spurt.

Schüler sind denn dann auch besonders erfolgreich, wenn sie sich gut angepasst haben, das heißt, wenn sie genau wissen, was ihnen gerade bevorsteht und abverlangt wird.

Dass sich Karriere machen lässt, wenn man Vorgesetzte nicht kritisiert, sondern erfüllt, was sie wollen, lernt man zuerst in der Schule.

Um zu glänzen und mit Noten belohnt zu werden, die später zählen, kommt es in der Schule darauf an, besser als andere zu sein. Gelernt wird nicht, um einer Aufgabe gewachsen zu sein; gelernt wird, sich an der Leistung der anderen zu messen. Das Verhaltenstraining in der Schule jedenfalls soll uns befähigen im individuellen Konkurrenzkampf der Gesellschaft zu siegen; die meisten verlieren freilich.

„Der Schüler lernt alles, was nötig ist, um im Leben vorwärts zu kommen; es ist dasselbe, was nötig ist, um in der Schule vorwärts zu kommen. Es handelt sich um Unterschleif [= Betrug], Vortäuschung von Kenntnissen, Fähigkeit, sich ungestraft zu rächen, schnelle Aneignung von Gemeinplätzen, Schmeichelei, Unterwürfigkeit, Bereitschaft, seinesgleichen an die Höherstehenden zu verraten usw. usw." (B. Brecht: Flüchtlingsgespräche)

Rainer Vowe in: Gerhard Breidenstein, Unser Haus brennt, Reinbek 1982, S. 177, gekürzt.

zeugung des anderen?

1 Wie soll ich sein – wie kann ich sein?

Soziales Lernen in der Schule

4

Merkel für Kopfnoten

Angela Merkel hat sich für die Wiedereinführung von Kopfnoten auf den Schulzeugnissen ausgesprochen. In einem Interview sagte die CDU-Chefin: „Fleiß ist eine Voraussetzung, um in einer Leistungsgesellschaft, in der Werte geschaffen werden, bestehen zu können. Deshalb bin ich auch dafür, im Schulzeugnis wieder so genannte Kopfnoten zu vergeben – für Fleiß, Ordnung, Betragen."

Rheinische Post, 25.03.2000.

Mangelhafte Kenntnisse werden mit Rohrstock bestraft, Szene aus einer Dorfschule im 19. Jh.

5

Kopfnoten in Niedersachsen

Als erstes SPD-regiertes Bundesland will Niedersachsen vom kommenden Schuljahr an wieder Kopfnoten auf den Schulzeugnissen einführen. Wie Kultusministerin Renate Jürgens-Pieper betonte, geht es dabei allerdings weder darum, alte Kategorien wie Fleiß, Ordnung oder Mitarbeit wieder einzuführen, die Anfang der Siebzigerjahre abgeschafft wurden, noch darum, das Schülerverhalten in Noten zwischen eins und sechs festzuhalten.

Dem Vorschlag der Ministerin zufolge, der nun mit Lehrern, Schülern und Eltern diskutiert wird, sollen das Arbeits- und das Sozialverhalten der Schüler bewertet werden.

Kriterien für die Bewertung des Arbeitsverhaltens sind unter anderem Leistungsbereitschaft, Mitarbeit, Selbstständigkeit und Teamfähigkeit. Die Lehrer sollen besonders auf Zusammenarbeit, Hilfsbereitschaft, die Vereinbarung und das Einhalten von Regeln sowie den Respekt anderen gegenüber achten.

Rheinische Post, 8.9.1999, gekürzt.

6

Wie soll die Note zustande kommen?

Ich sehe nicht, dass diese neuen Noten erzieherisch wirken. Sie haben nur zwei Funktionen – sie sollen disziplinieren und Lehrherren helfen, Bewerber zu selektieren [=auszusondern].

Mir graust bei der Vorstellung, was da laut Entwurf in einer Note alles zusammengefasst werden soll: Selbstbewusstsein, Reflexionsfähigkeit, Vereinbarung und Einhaltung von Regeln, Konfliktfähigkeit, Hilfsbereitschaft, Respektieren des anderen, Übernehmen von Verantwortung, Mitgestaltung des Gemeinschaftslebens … Alles Ziele, die ich vom Ansatz her teile. Aber wie soll die Note zustande kommen? Da sind 6 Kriterien, 12 Leute, 6 mal 12 sind 72, und der Mittelwert ergibt dann eine Note – oder wie?

In der Praxis sehe ich außerdem große Schwierigkeiten, die Fähigkeiten des Einzelnen zu erkennen, wenn 30 Kinder in der Klasse sitzen. Eigentlich müssten wir Leistung ganz anders messen. Erziehung soll doch ermutigen!

Torsten Post, GEW Niedersachsen, in: Die Zeit, 19.7.1999, gekürzt.

Arbeitsvorschläge

1. Stimmt über die Frage aus **1** in der Klasse ab und vergleicht eure Meinung mit dem Ergebnis der Umfrage.

2. Warum taucht im Umfrageergebnis zweimal „unentschieden" auf? Wir haben diese etwas verwirrende Darstellung aus der Zeitschrift übernommen. Mit Blick auf die Zahlen (welche ergeben zusammen 100?) und einigem Knobeln könnt ihr sie verbessern.

3. Auf welche Werte (Erläuterungen zum Begriff auf S. 15) sollte in der Schule geachtet werden? Lest **2**, überlegt, ob ihr das so für richtig und wichtig haltet. Falls nicht, formuliert den Text so um, dass er für euch besser passt.

4. Ist das, was Herr Breidenstein (**3**) schreibt, richtig? Stimmt kurz ab mit einer skalierten Antwortvorgabe (ja – zum Teil – eher nicht – nein) und diskutiert über eure unterschiedlichen Beurteilungen.

5. Welche drei Eigenschaften sollen nach Frau Merkels Meinung (**4**) bewertet werden? Stellt diesen die drei wichtigsten Eigenschaften gegenüber, die nach Frau Jürgens-Pieper bewertet werden sollen (**5**).

6. Beschreibt die Einwände von Herrn Post (**6**) gegen die Einführung von Kopfnoten und findet weitere.

Die Clique – wichtiger

1

Wie wichtig ist deine Freundesgruppe für dich?

Sandra, 14 Jahre: Für mich ist das sehr wichtig. Eigentlich mit das Wichtigste. Solche Gruppen sind sehr wichtig, wenn man sich vom Stress zu Hause oder in der Schule ablenken möchte. Und wenn es dann auch mal Streit innerhalb der Gruppe gibt, ist es für mich eigentlich schlimmer, als wenn ich Ärger mit meiner Familie habe. Ich muss auch meine Probleme jemandem anvertrauen und das ist immer meine beste Freundin.

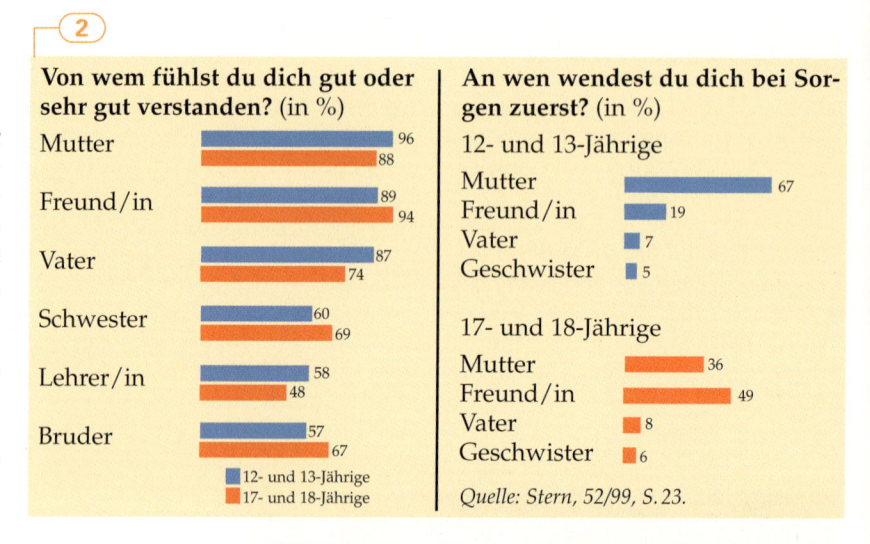

2

Von wem fühlst du dich gut oder sehr gut verstanden? (in %)

	12- und 13-Jährige	17- und 18-Jährige
Mutter	96	88
Freund/in	89	94
Vater	87	74
Schwester	60	69
Lehrer/in	58	48
Bruder	57	67

An wen wendest du dich bei Sorgen zuerst? (in %)

12- und 13-Jährige
- Mutter 67
- Freund/in 19
- Vater 7
- Geschwister 5

17- und 18-Jährige
- Mutter 36
- Freund/in 49
- Vater 8
- Geschwister 6

Quelle: Stern, 52/99, S. 23.

3

Die Kinderwelt der so genannten Peer groups [=Gleichaltrigengruppen] ist für Judith Harris die wahre Arena der Sozialisation. Ausschließlich hier, behauptet die Psychologin, lernten Kinder das, worauf es im Leben ankommt: mit anderen Menschen umzugehen.

Nicht das Elternhaus, sondern die Gruppe drücke dem heranwachsenden Menschen ihren Stempel auf: Der Außenseiter bleibe mit hoher Wahrscheinlichkeit sein Leben lang gehemmt, während der Klassenclown noch als Erwachsener im Mittelpunkt stehen werde.

Auch das hat Judith Harris am eigenen Leib erfahren. Als kleines Mädchen zerrte sie an den Nerven ihrer Eltern, war unbändig, laut und extrovertiert. Alle Versuche, den Wirbelwind in eine entzückende junge Dame zu verwandeln, blieben fruchtlos – bis die Familie aus der Provinz in eine reiche Vorstadt an der Ostküste zog.

Dort wurde das Landei aus Arizona jahrelang von den Mitschülern geschnitten. Das Mädchen zog sich zurück, wurde zum schüchternen Bücherwurm. „Die höheren Töchter an der Schule schafften, was meinen Eltern nicht gelungen war", erzählt die Psychologin, „sie änderten meine Persönlichkeit."

Der Spiegel 47/98.

als die Familie?

1 Wie soll ich sein – wie kann ich sein?

Die Bedeutung der Freundesgruppe

4

Experiment im Ferienlager

Der amerikanische Psychologe Sherif hat mit 12-jährigen Jungen ein hochinteressantes Experiment durchgeführt.

Stufe I: Ungefähr zwei Dutzend Jungen, die sich vorher nicht kennen, treffen sich in einem Ferienlager. Nach drei bis vier Tagen werden, wie üblich, einige Freundschaften geschlossen.

Stufe II: Nun teilt man die Jungen in zwei Gruppen ein, wobei man die Freunde bewusst auseinander reißt, was zunächst etwas Protest auslöst. Nach einigen weiteren Tagen verstehen sich die Jugendlichen innerhalb der Gruppe recht gut. Die einen nennen sich die „Bulldoggen", die anderen die „Roten Teufel". Jeder glaubt in der Gruppe zu sein, die tüchtiger, sportlicher und kameradschaftlicher ist.

Stufe III: Jetzt lässt der Psychologe die beiden Gruppen bei sportlichen Wettkämpfen gegeneinander antreten, so etwa beim Tauziehen. Es kommt zur offenen Feindschaft zwischen den „Bulldoggen" und den „Roten Teufeln". Jeder hält die anderen für unfair und schließlich prügelt man sich. Später kommt es zu Überfällen auf die jeweils andere Unterkunft. Man befragt die Jugendlichen, was sie von den beiden Gruppen halten. Wie erwartet: die „Wir-Gruppe" ist die kameradschaftlichere, die tapferere und nettere, die andere, die „Fremdgruppe", ist die unsportlichere, die spielverderbende.

Stufe IV: Der Leiter des Experiments möchte die Beziehungen der beiden Gruppen wieder in Ordnung bringen. Er verwirklicht nach reiflichem Überlegen vier der folgenden Vorschläge. Dadurch gelingt es ihm tatsächlich, die Spannungen abzubauen und Frieden herzustellen.

a) Er erinnert sich, wer anfangs befreundet war, und setzt die „Bulldoggen" und die „Roten Teufel" dementsprechend neu zusammen.
b) Eine Mannschaft aus beiden Gruppen trägt ein Fußballspiel gegen eine Mannschaft aus einer benachbarten Stadt aus.
c) Man bietet einen spannenden Spielfilm an; weil er viel Geld kostet, greift man auf beide Gruppenkassen zurück.
d) Der Leiter erklärt allen das Experiment und bittet darum, sich zu vertragen.
e) Durch einen „Zufall" bricht die Wasserversorgung für die beiden Gruppen zusammen, und nur mit gemeinsamen Anstrengungen gelingt es, Wasser zu beschaffen.
f) Man unternimmt einen gemeinsamen Ausflug in ein Naturschutzgebiet.

Wolfgang Redwanz in: Zeitlupe 33, April 1996, S. 4f.

Arbeitsvorschläge

1. Lies die Aussage von Sandra genau durch (**1**): Welche Wörter oder Sätze musst du ändern, damit sie genau deine Meinung darstellt? Schreibe den geänderten Text auf und vergleiche deine Änderungen mit denen deiner Mitschüler/innen.

2. Welche Gemeinsamkeiten und Unterschiede zwischen Kindes- und Jugendalter zeigt das Umfrageergebnis (**2**)? Schreibt dazu eine kurze Zeitungsnotiz mit Überschrift.

3. Inwiefern gibt die Psychologin Harris (**3**) eine Antwort auf die Frage in der Überschrift dieser Seite? Wie belegt sie ihre Aussage am Beispiel ihrer eigenen Entwicklung? Kennt ihr andere Argumente oder Beispiele, die die These von Frau Harris belegen oder infrage stellen?

4. Stellt euch vor, ein Journalist würde den Psychologen Sherif fragen, was er mit seinem Experiment (**4**) herausfinden wollte und was er herausgefunden hat. Was könnte Sherif antworten?

5. Welche zwei von den sechs genannten Maßnahmen zum Spannungsabbau hat Sherif wohl nicht verwirklicht? (Lösung auf S. 23)

6. Gibt es verfeindete oder konkurrende Cliquen in eurer Schule oder Klasse? Wer könnte was tun, um auch hier Spannungen abzubauen?

Spielen Jungen anders
Über männliche

Macht eine Blitzumfrage: Jeder schreibt zwei persönliche Traumberufe an die Tafel, die Jungen rechts, die Mädchen links. Gibt es deutliche Unterschiede? Und wenn ja – woher kommen diese?

Unterschiedliche Wünsche und Vorstellungen zwischen Jungen und Mädchen bzw. Männern und Frauen beschränken sich nicht auf die Berufswünsche. Denkt z. B. an bevorzugte Spielsachen, Hobbys oder Unterrichtsfächer.

Auf diesen Seiten erfahrt ihr von verschiedenen und sogar widersprüchlichen Erklärungsansätzen dafür.

① Mädchen spielen anders als Jungen
Jungen scheinen häufig mehr daran interessiert zu sein, Dinge zu bewegen, zu manipulieren und deren Funktion zu verstehen. Oft steuern sie, kaum dass sie krabbeln können, zielsicher auf alles zu, was Räder und Knöpfe hat und irgendwie Wrrummmm! machen kann. Mädchen dagegen lieben eher Gesichter, Figuren, Sprachlaute – alles, was zu sozialer Interaktion [= Miteinander, Austausch] einlädt. Deshalb lassen sie im Zweifel die Wagenparks ihrer Brüder links liegen und vertiefen sich ins Zwiegespräch mit ihrer Puppe.

Die Verhaltensunterschiede zeichnen sich umso klarer ab, je mehr sich das Sprachvermögen der Kinder entwickelt. Mädchen benutzen Sprache eher im „klassischen" Sinne – zum Austausch von Gedanken und Ideen, zum Aufbau von Beziehungen, zur Schaffung eigener Spiel-Welten. Für Jungen ist Sprache dagegen eher ein Vehikel im täglichen Kampf um Machtpositionen. Ihre Spiele sind wortärmer, dafür körperlicher und raumgreifender als die der Mädchen. Beim gemeinsamen Spiel verlieren beide Geschlechter leicht die Lust aneinander: die Mädchen, weil sie erleben, dass Jungen ständig kommandieren, auf Vorschläge nicht eingehen und jede Meinungsverschiedenheit gleich mit Handgreiflichkeiten austragen, die Jungen, weil die Mädchen wenig Lust an Rangkämpfen zeigen und schon bei kleineren Rangeleien verschreckt reagieren.

Johanna Romberg, „Was ist männlich – was ist weiblich?", in: Geo-Wissen 1/99, S.159.

② Berufsberatung: Die Wünsche der jungen Leute
Von je 100 Ratsuchenden waren interessiert an:

Jungen		Mädchen	
Computer/Elektronik/Technik	48	Menschen/soziale Fragen	76
Menschen/soziale Fragen	36	Fremdsprachen/Reisen	26
Holz/Metall/Baustoffe	28	Medien/Werbung/Unterhaltung	23
Autos/Fahrzeuge/Verkehrsmittel	23	Computer/Elektronik/Technik	22
Sport	19	Mode/Einrichtung/Gestaltung	22
Medien/Werbung/Unterhaltung	19	Musik/Kunst/Kultur	16
Forschung/Wissenschaft	18	Tiere/Pflanzen/Umweltschutz	15
Fremdsprachen/Reisen	15	Gesetze/Schriftverkehr	12
Tiere/Pflanzen/Umweltschutz	14	Forschung/Wissenschaft	9
Musik/Kunst/Kultur	11	Sport	8
Mode/Einrichtung/Gestaltung	8	Lebensmittel/Gastronomie	8
Lebensmittel/Gastronomie	7	Holz/Metall/Baustoffe	4
Gesetze/Schriftverkehr	7	Autos/Fahrzeuge/Verkehrsmittel	4

Mehrfachnennungen. © Globus, Stand Ende 1996. Quelle: Infratest/IAB

③ Erbe oder Umwelt?
Ist menschliches Verhalten eher das Produkt der Gene, also des biologischen Erbes, oder wird es vielmehr durch soziale Einflüsse, also Umwelt und Kultur, geprägt? Wohl auf keinem Gebiet, außer dem der Intelligenz, haben Biologen, Psychologen und Pädagogen diesen Streit so ausführlich und auch so verbissen geführt wie in der Geschlechterforschung. Hier geht es um das Rätsel: Was ist „typisch männliches", was „typisch weibliches" Verhalten, und wie entsteht es?

Antwort der „Biologie"-Fraktion: Wenn die Natur mit der „Erfindung" der Sexualität schon zwei grundverschiedene Menschentypen hervorgebracht hat, mit klar erkennbaren körperlichen Eigenheiten und physiologischen [= körperlichen] Unterschieden, dann müssen sich diese beiden Menschentypen auch im Wesen eindeutig voneinander unterscheiden.

Antwort der „Kultur"-Fraktion: Solche Eindeutigkeit gibt es nicht. Was „männlich" und was „weiblich" ist, wird von Kultur zu Kultur, von Epoche zu Epoche anders definiert – und zwar so willkürlich und in so vielen Variationen, dass es sich unmöglich auf einen biologischen Kern zurückführen lässt.

Romberg, a.a.O.

22

als Mädchen?

1 Wie soll ich sein – wie kann ich sein?

und weibliche Interessen und deren Herkunft

4

Untersuchungsergebnisse

Hunderte von Tests haben ergeben, dass Jungen im Lösen mathematischer Aufgaben sowie im räumlichen Vorstellungsvermögen den Mädchen im Durchschnitt tatsächlich leicht, aber konstant überlegen sind. Mädchen wiederum schneiden bei sprachlichen Tests besser ab.

Befragungen von Angehörigen mehrerer Kulturkreise haben zudem gezeigt, dass, über alle Unterschiede hinweg, eine Reihe von Charaktereigenschaften überdurchschnittlich häufig Männern oder Frauen zugeschrieben werden: den einen Aggression, Tatendurst und Furchtlosigkeit, den anderen Sanftheit und Emotionalität [= gefühlsbetontes Denken und Handeln].

Romberg, a.a.O.

5

„Männer kochen nicht!"

Die Psychologin Harris widerspricht der landläufigen Ansicht, ein Kind lerne typisch männliches oder weibliches Verhalten, indem es sich mit dem Elternteil gleichen Geschlechts identifiziere. Vielmehr grenzten sich Jungen und Mädchen schon in frühem Alter freiwillig voneinander ab und legten großen Wert auf die Unterschiede zwischen den Geschlechtern. In ihren jeweiligen Gruppen verinnerlichten Jungen wie Mädchen dann, wie sich eine richtige Frau oder ein ganzer Kerl zu benehmen habe.

Tatsächlich dokumentierten Forscher, wie schon zwölfjährige Mädchen sich dem Klischee typisch weiblichen Verhaltens anpassen, mehr kichern, tuscheln und sich beim Sport ungeschickter anstellen, sobald Jungen den Schauplatz betreten. Und nicht selten schockieren Kinder ihre emanzipierten Eltern mit Feststellungen wie: „Männer kochen nicht!"

Ähnliche Verhaltensweisen zeigen Kinder in den verschiedensten Kulturen – Yanomami-Indianer im brasilianischen Regenwald ebenso wie afroamerikanische Kids im Großstadt-Ghetto.

Wo sich allerdings nur so wenige Kinder zusammenfinden, dass Jungen und Mädchen gezwungenermaßen miteinander spielen, sind die Geschlechterrollen offenbar weniger zementiert. Dokumentiert haben das Anthropologen* bei den zum Teil noch nomadisch lebenden Kung in Afrika. Eine ganz andere Situation fanden die Forscher bei Angehörigen desselben Volks vor, die bereits sesshaft lebten: In ihren Dörfern gab es genug Kinder, Jungen und Mädchen gingen sich aus dem Weg und die Verhaltensunterschiede zwischen den Geschlechtern waren offensichtlich.

Der Spiegel, 47/1998, S.132.

Arbeitsvorschläge

1. Erstellt mithilfe von **1** zwei Listen: Womit und auf welche Weise spielen Jungen und Mädchen? Vergleicht diese Listen mit euren eigenen Erfahrungen und Beobachtungen.

2. Welche unterschiedlichen beruflichen Interessen von Mädchen und Jungen zeigen sich in **2**?

3. Text **3** nennt zwei grundsätzlich unterschiedliche Antworten auf die Frage nach den Ursachen der Unterschiede. Welcher stimmt ihr zu?

4. Was könnte man aufgrund der in **4** beschriebenen Tests über die Ursachen der Unterschiede sagen?

5. Was hat die Psychologin Harris (**5**) über das Entstehen von typischem Jungen- und Mädchenverhalten herausgefunden? Könnt ihr dies aufgrund eigener Beobachtungen bestätigen?

(Lösung von Arbeitsvorschlag 5 auf S. 21: a und d)

Indianer weinen
Männliche und weibliche

Wir haben alle oft ziemlich genaue Vorstellungen davon, wie ein idealer Mann oder eine ideale Frau sein sollte. Die Vorstellungen mögen hier und da unterschiedlich sein, aber in vielen Merkmalen finden sich auch erstaunlich große Übereinstimmungen. Das erklärt sich zum Teil aus den Bildern in den Medien, die weibliche und männliche Ideale präsentieren.

Aber sind das wirklich auch eure Idealvorstellungen vom anderen Geschlecht? Es lohnt sich darüber nachzudenken, was man selbst wirklich von einem Jungen bzw. Mädchen erwartet und was eigentlich nur verbreitete Klischees sind.

Brandon und Kelly aus der Fernsehserie Beverly Hills 90210

	Diese Spalte füllen die Jungen aus	Diese Spalte füllen die Mädchen aus
Jungen erwarten von Mädchen	Wie sollten Mädchen unserer Meinung nach sein?	Wie sollen wir nach Ansicht der Jungen sein?
Mädchen erwarten von Jungen	Wie sollen wir nach Meinung der Mädchen sein?	Wie sollten Jungen nach unserer Ansicht sein?
Jungen sind oft viel zu…	Was könnte an unseren Eigenschaften und unserem Verhalten besser sein?	Was stört uns oft an Eigenschaften und Verhalten der Jungen?
Mädchen sind oft viel zu…	Was stört uns oft an Eigenschaften und Verhalten der Mädchen?	Was könnte an unseren Eigenschaften und unserem Verhalten besser sein?
Mädchen können besser…	Was können Mädchen besser als wir?	Was können wir besser als die Jungen?
Jungen können besser…	Was können wir besser als die Mädchen?	Was können Jungen besser als wir?

nicht

1 Wie soll ich sein – wie kann ich sein?

Ideale, Erwartungen, Klischees

3

Männliche Identität
Nicht erst seit heute wissen wir aus der Arbeit mit Männern, dass das Bild vom zupackenden coolen Mann, der Probleme löst, statt welche zu haben und an dessen starker Schulter die schwache Frau Schutz suchen darf, ein unrealistisches Bild vom Mann wie von der Frau vermittelt.

Aber mit dieser Lüge wachsen Jungen in die Welt der Erwachsenen hinein. Jungen sollen etwas darstellen, was sie nie und nimmer sind. Und sie werden hart dafür bestraft, wenn sie sich schwach oder weinerlich zeigen: Dann zweifelt jedermann und so manche Frau an ihrer Männlichkeit.

Woher sollen die Jungs auch wissen, dass es den Erwachsenen seinerzeit ganz ähnlich ging? Also ist es unser Part als Männer, uns mit unseren eigenen Unsicherheiten und Ängsten so darzustellen, dass wir als Menschen erkennbar sind. Jungen haben nämlich sehr oft den Eindruck, dass ihre Gefühle nicht normal sind, weil sie bei Männern ähnliche Gefühlsäußerungen nie wahrnehmen konnten. Wenn der eigene Vater oder Vaterpersonen wie Lehrer u.a. nur als emotionales Phantom erlebt wurden, wird Männlichkeit als nicht anwesende Fürsorglichkeit, als Wortkargheit, Berührungslosigkeit, mangelnde Ausdrucksfähigkeit, Härte gegen sich selbst und andere, Gefühlskontrolle usw. erlebt.

Hinzu kommt oft bei Jungen das Problem, infolge der Väterabwesenheit die Fürsorge der Mutter erdrückend und bedrohlich für die eigene männliche Identität erlebt zu haben. Nur durch eine Abwertung und Abwehr von allem, was für weiblich gehalten wird, kann dann die eigene Identität als wertvoll erlebt und auch Nähe zwischen Jungen zugelassen werden. Jeder, der mit Jungen arbeitet, kennt solche Verhaltensweisen.

Jochen Hoffmann in: Erziehung und Wissenschaft, Zeitung der GEW, 2/94, S.15.

4

Rolle
Jeder Mensch, der nicht als Einsiedler lebt, hat soziale Rollen. In verschiedenen Bezugsgruppen hat er eine Position, an die die anderen Mitglieder dieser Bezugsgruppen bestimmte Erwartungen haben und für die bestimmte Verhaltensnormen gelten. Wer diese Erwartungen und Normen überhaupt nicht erfüllt, „fällt aus der Rolle", bekommt Schwierigkeiten mit der Bezugsgruppe und wird seine Position verlieren. Wer versucht alle Erwartungen und Normen zu erfüllen, wird dies gar nicht schaffen. Er verliert das Gespür dafür, was er selbst will, für seine Identität, also was ihn persönlich ausmacht und unverwechselbar macht. Die Erwartungen der anderen können sich auch widersprechen, dann entsteht ein Rollenkonflikt und das Individuum muss sich entscheiden.

Arbeitsvorschläge

1. Schaut euch das Foto von Kelly und Brandon (**1**) genau an und beschreibt Körperhaltung, Gestik und Mimik. Stellen sie ein ideales Paar dar?

2. Setzt euch in reinen Mädchen- bzw. Jungengruppen zusammen und besprecht die sechs Fragen aus **2**. Haltet die Ergebnisse auf sechs verschiedenen Zetteln stichwortartig fest.
Für die Auswertung gibt es zwei Möglichkeiten:
a) Je eine Mädchen- und Jungengruppe setzen sich zusammen und vergleichen die Ergebnisse. Später berichtet ihr der Klasse über wichtige und überraschende Unterschiede.
b) Ihr sammelt die Ergebnisse aller Jungen- und Mädchengruppen zu jeweils einer Frage und besprecht die Unterschiede.

3. Mit welcher Erwartung an Jungenverhalten befasst sich **3**? Wie gehen die Jungen damit um? Welche Ursachen für diese Erwartungen nennt der Text?

4. Erstellt mit Bildern, Zeitungsausschnitten (Schlagzeilen) und anderen Mitteln Collagen, die ein eurer Meinung nach positives Idealbild von Männern oder Frauen widerspiegeln, und andere Collagen, die ein bestimmtes Klischeebild darstellen.

Was für die Anfertigung einer Kontrast-Collage wichtig ist, erfahrt ihr auf S. 42–43.

5. Ihr habt über Erwartungen an die Jungen- und Mädchenrolle gesprochen (**2** und Arbeitsvorschlag 2). Lest **4** und erstellt eine Liste von anderen Rollen, die ihr habt. Welche füllt ihr gerne aus, welche nicht? Welche sind schwer, welche nicht?

25

Sind Mädchen in der

Ihr habt sicher schon manches von der Diskussion um die Gleichstellung von Frau und Mann in unserer Gesellschaft mitbekommen. Ihr wisst auch, dass die Generation eurer Großmütter in vieler Hinsicht benachteiligt war.

Und wie sieht es bei euch aus, heute, in der Schule: Sind Mädchen und Jungen gleichberechtigt?

Haben sie auch wirklich die gleichen Chancen? Werden sie nach denselben Maßstäben benotet? Wird ein Geschlecht bevorzugt? Setzt sich eine Gruppe auf Kosten der anderen durch? Stört oder behindert eine Gruppe die Entfaltung der anderen?

Diese und andere Fragen haben Sozialwissenschaftler* mit der Methode der Beobachtung untersucht (1).

In einigen Schulen wurden daraufhin Jungen und Mädchen getrennt unterrichtet, d.h. die Koedukation wurde rückgängig gemacht. Hier erfahrt ihr über Ziele des getrennten Unterrichts und Erfahrungen damit (2, 3), könnt euch aber auch mit der Kritik daran auseinander setzen (4).

1 Koedukationsforschung

Fakten aus der Koedukationsforschung belegen, dass es neben dem eigentlichen Lehrplan noch einen so genannten heimlichen Lehrplan gibt, der dazu führt, dass die Mädchen das Nachsehen in den Klassenzimmern haben: In gemischten Klassen beherrschen die Jungen das Unterrichtsgeschehen. Sie bestimmen, was im Unterricht läuft. Sie reden öfter und länger als die Mädchen, sie unterbrechen häufiger. Diese Dominanz der Jungen hat ihr Äquivalent [= Entsprechung] im Verhalten der Lehrer ihnen gegenüber. Zahlreiche Studien zeigen, dass die Jungen mehr Aufmerksamkeit von den Lehrerinnen und Lehrern erhalten, dass sie doppelt so häufig angesprochen und aufgerufen werden, dass sie sowohl mehr Lob als auch Tadel erhalten als die Mädchen, mehr Blickkontakt, mehr Hilfestellung, mehr Ermutigung, mehr Rückfragen und korrektive Rückmeldungen. Wenn sich Jungen melden, müssen sie weniger lang warten als die Mädchen, bis sie aufgerufen werden. Sie schreien aber auch sehr viel häufiger als die Mädchen ihren Beitrag in die Klasse, ohne aufgerufen worden zu sein. Viele Pädagogen missbrauchen ihre Schülerinnen als „sozialen Puffer": Sie setzen brave und fleißige Mädchen neben rüpelhafte Jungen um sie ruhig zu stellen.

Renate Zucht in: Freitag, 6.12.1996.

2 NRW überprüft gemeinsamen Unterricht

Der gemeinschaftliche Unterricht von Jungen und Mädchen soll in nordrhein-westfälischen Klassenzimmern auf den Prüfstand gestellt werden. In Modellversuchen habe sich eine zeitweise Trennung der Geschlechter in bestimmten Kursen als förderlich für die Mädchen erwiesen. Das berichtete die nordrhein-westfälische Schulministerin Gabriele Behler (SPD) in einem Gespräch mit der Deutschen Presse-Agentur. Im kommenden Jahr werde NRW mit neuen Richtlinien auf Abstand gehen von einer undifferenzierten Koedukation.

„Grundsätzlich halten wir an der Koedukation fest", versicherte Behler. Die Lehrer sollten ihren Unterricht aber mehr als bisher dem unterschiedlichen Lernverhalten von Jungen und Mädchen anpassen. Während Mädchen besonders in den Fächern Naturwissenschaften, Mathematik, Technik und Informatik gefördert werden müssten, gebe es bei Jungen Aufholbedarf bei den sozialen Kompetenzen*.

„Schulen können entscheiden, Jungen und Mädchen beispielsweise bei der Einführung in die Computertechnik getrennt zu unterrichten", bekräftigte die Ministerin. „Sie müssen allerdings auch wieder zusammengeführt werden."

dpa 20.2.1998.

1968

1998

Schule benachteiligt?

Pro und Kontra getrennter Unterricht

1 Wie soll ich sein – wie kann ich sein?

3

Erfahrungen in Berlin und NRW

In beiden Bundesländern hat sich in entsprechenden Modellversuchen die zeitweise Trennung in Fächern wie Chemie, Physik, Informatik und Biologie besonders für die Mädchen als förderlich erwiesen. So lagen z. B. die Zensuren der Mädchen aus den homogenen [= gleichgeschlechtlichen] Gruppen generell höher als der Durchschnitt der Zensuren von Mädchen aus heterogenen [= gemischten] Gruppen. Auch bei den Jungen war das festzustellen, wenn auch nicht so deutlich. Die subjektiven Einschätzungen der Schülerinnen und Schüler, aber auch der Lehrer, bestätigten die Vorteile dieser Unterrichtsform. Die Mädchen beurteilten sie vielfach als wichtig, sie hätten sich mehr getraut und könnten sich besser konzentrieren, ein Argument, das auch bei den befragten Jungen häufig anzutreffen war. Lehrer, die am meisten Bedenken gehabt hatten, eine reine Jungengruppe zu übernehmen, machten mit dem Lernverhalten dieser Jungen äußerst positive Erfahrungen.

Christian Goger, „Der heimliche Lehrplan muss aufgehoben werden", entnommen dem Internet: www.nadir.org.

4

Gegenstimmen zum getrennten Unterricht

Prof. Dr. Gertrud Höhler, Unternehmensberaterin:
Wenn „Motivation und Selbsteinschätzung" ohne Jungenkonkurrenz steigen, wen wundert's? Aber am Ende steht wieder der Wettbewerb. Wer diese Ernüchterung nicht wünscht, muss Frauen-Universitäten und -Labors gründen.

Josef Kraus, Deutscher Lehrerverband (DL):
Weil es die Koedukation gibt, haben Mädchen und junge Frauen das andere Geschlecht in Sachen Bildung weit hinter sich gelassen: Wir haben heute mehr Abiturientinnen als Abiturienten und die Schulabschlüsse der jungen Damen weisen bessere Noten aus als die der jungen Herren. Wenn man mehr Ingenieurinnen und Technikerinnen haben will, dann muss man den Mädchen im gemischten Physikunterricht – und in den Familien – Mut zu diesen Berufen machen und Zutrauen signalisieren.

Dr. Matthias Rößler, Kultusminister in Sachsen (CDU):
Ich als Vater zweier Kinder (11 und 15) bin meiner Elterngeneration dankbar, dass sie die Trennung der Geschlechter in der Schule aufhob. Gute Lehrer fördern individuelle Talente in gemischten Klassen, weniger gute schaffen das auch nicht in getrenntgeschlechtlichen Klassen. Die Schule soll für das Leben vorbereiten, das beide Geschlechter gemeinsam führen, und das werden sie nur meistern, wenn sie gelernt haben, dass es auch geschlechtsspezifische Talente, Ansichten und Verhaltensweisen gibt. Sie kennen zu lernen und zu akzeptieren bereichert das eigene Leben. Getrenntgeschlechtliche Klassen fördern eine Entwicklung der Geschlechter voneinander weg.

Stellungnahmen aus: Die Woche, 6.3.1998.

Arbeitsvorschläge

1. Erstellt zwei Listen: Welches Verhalten von a) Jungen und b) Lehrerinnen und Lehrern wird in **1** genannt, das Mädchen benachteiligt?

2. Entscheidet für jeden Punkt auf den Listen, ob er nach eurer Erfahrung zutrifft (+), teilweise vorkommt (0) oder nicht zutrifft (–).

3. „In NRW werden Jungen und Mädchen seit 1998 getrennt unterrichtet". Lest **2** und stellt diese Aussage richtig.

4. Text **3** berichtet allgemein über getrennten Unterricht in NRW und Berlin. Welche Argumente liefert er den Befürwortern?

5. Fasst die kritischen Meinungen aus **4** in jeweils einem Satz zusammen.

6. Würdet ihr getrennten Unterricht einmal ausprobieren wollen? Wie lange und in welchen Fächern?

Ihr könnt mithilfe der Argumente auf dieser Doppelseite auch eine Pro-Kontra-Diskussion zum Thema „Gemeinsamer oder getrennter Unterricht in bestimmten Fächern?" führen. Wie das geht, seht ihr auf S. 208–209.

Eigentlich bin ich

A Auf dieser Seite kannst du etwas Interessantes über dich selbst erfahren: Es geht um das Bild, das andere (tatsächlich) von dir haben.

Kennen dich die anderen? Haben sie ein richtiges Bild von dir? Und wenn ihre Aussagen über deine Persönlichkeit (z. B.: „du bist ziemlich ausgeglichen und zielstrebig") von deiner eigenen Meinung abweichen, wer hat dann Recht?

Wir schlagen euch drei Übungen vor, bei denen es um eure Vorstellungen von euch selbst (Selbstbild) und die Vorstellungen der anderen von euch (Fremdbild) geht.

1 Ratet mal, was ich denke

1. Wenn ich vor dem Spiegel stehe, sehe ich mich ganz gerne an und bin zufrieden.
2. Ich glaube, ich kann ein guter Freund/eine gute Freundin sein.
3. Ich finde, dass ich total uninteressant für Mädchen/für Jungen bin.
4. Ich habe viele Freunde, auf die ich mich verlassen kann.
5. Wenn mir mal eine Klassenarbeit misslingt, bin ich total verzweifelt.
6. Ich kann es gut aushalten, auch mal traurig zu sein.
7. Wenn ich etwas unbedingt haben will und nicht bekomme, werde ich kribbelig und wütend.
8. Ich habe mehr gute als schlechte Eigenschaften.
9. Ich bin mit meinem Leben zufrieden.
10. Ich möchte am liebsten nicht älter und schon gar nicht erwachsen werden.
11. In meinem Freundeskreis bin ich nicht besonders wichtig.
12. Ich denke, ich kann später mal ein guter Vater/eine gute Mutter sein.
13. Ich bin mir meist über meine Gefühle im Klaren und weiß, wo sie herkommen.
14. Wenn ich in der Schule drankomme und eine Antwort nicht weiß, schäme ich mich.
15. Ich finde, letztlich ist man alleine auf der Welt und muss alleine mit ihr fertig werden.
16. Ich will nicht, dass man mir ansieht, wie ich mich fühle.
17. Wenn ich irgendwo reinkomme und mich alle ansehen, weiß ich gar nicht, was ich machen soll.
18. Auch wenn man es mir nicht anmerkt: Ich habe oft Angst, etwas falsch zu machen und ausgelacht zu werden.
19. Ich mag die meisten Menschen, die ich kenne.
20. Eigentlich möchte ich nicht ich selbst sein, sondern jemand anderes irgendwo anders.

Spielregeln

1. Ein/e Freiwillige/r meldet sich (die „Testperson").
   Die Testperson bekommt ein Ja- und Nein-Kärtchen, die auf der Rückseite genau gleich aussehen. Die übrigen Schüler erhalten je eine rote und eine grüne Karte.
2. Die Testperson sucht sich eine der oben stehenden Aussagen aus, liest sie laut vor und legt – entsprechend ihrer Auffassung – das Kärtchen vor sich auf den Tisch.
3. Die anderen Schüler heben eines ihrer beiden farbigen Kärtchen: das grüne, wenn sie glauben, die Testperson habe mit Ja geantwortet, das rote, wenn sie meinen, die Testperson habe das Nein-Kärtchen gelegt.
4. Das Ergebnis wird an der Tafel festgehalten und die Testperson enthüllt ihre Antwort:

zu Aussage	Klasse: Ja	Klasse: Nein	Uli (=Testperson)
Nr. 16	9	17	Ja

5. Sie wird gefragt, ob sie zu ihrer Antwort oder zu den Vermutungen der Klasse etwas sagen möchte. Die Klasse wird dann gefragt, ob jemand die Testperson etwas fragen möchte. Nehmt euch Zeit zum Reden! Nehmt das Spiel ernst!
6. Dann geht es mit der nächsten Aussage weiter.

ganz anders

1 Wie soll ich sein – wie kann ich sein?

Selbstbild und Fremdbild

② Ich finde, du bist… Ich finde mich selbst…

	1	2	3	4	5	
A mutig						ängstlich
B ehrlich						unehrlich
C stark						schwach
D fleißig						faul
E klug						dumm
F selbstsicher						unsicher
G ehrgeizig						nicht ehrgeizig
H originell						langweilig
I bescheiden						überheblich
K ruhig						nervös
L sympathisch						unsympathisch
M egoistisch						nicht egoistisch
N zuverlässig						unzuverlässig
O kann gut reden						kann nicht gut reden
P zielstrebig						ziellos

Aus: Jugendwerk der Deutschen Shell (Hrsg.), Jugend 97, Opladen 1997, S. 459, gekürzt und abgewandelt.

Setzt euch zu zweit zusammen und legt eine zweispaltige Liste an:

        A B C…

Ich finde, du bist   …
Ich finde mich selbst   …

Zunächst füllt jeder die Kästchen mit Zahlen aus: Wenn ich dich also sehr mutig finde, schreibe ich eine 1 in das erste Kästchen unter A, wenn ich dich weder mutig noch ängstlich finde, eine 3. Dann vergleicht eure Beurteilungen: Wo bestehen Übereinstimmungen zwischen Selbstbild (was ich unter „ich finde mich" geschrieben habe) und Fremdbild (was du unter „ich finde, du bist" geschrieben hast)? Wo gibt es Unterschiede? Ihr könnt auch die Punktwerte für alle Unterschiede zwischen Selbstbild und Fremdbild für eine Person addieren und mit anderen vergleichen.

③ Wer kennt mich gut?

1. Kreis: Selbstbild (Wie sehe ich mich?)
2. Kreis: Fremdbild (Wie sehen andere mich?)

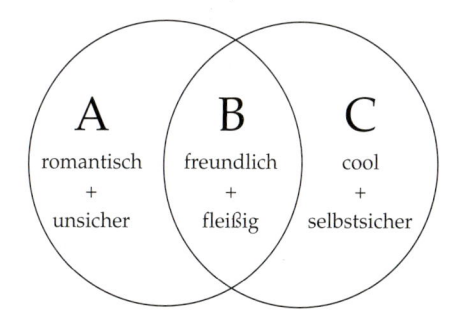

    A   B   C
romantisch freundlich cool
    +   +   +
unsicher   fleißig   selbstsicher

Zeichne die Kreise für dich persönlich und schreibe an den Fremdbildkreis, wer der „Fremde" ist, den du meinst. Du kannst auch mehrere Fremdbildkreise zeichnen für verschiedene Personen oder Personengruppen. Wie groß ist jeweils der Bereich B? Zeige und erkläre deine Kreise anderen Mitschülerinnen und Mitschülern. Versuche konkrete Beispiele (etwa Eigenschaftswörter) in die Felder A, B und C einzutragen.

Schule

Die Griechischstunde

Aber dann hörten Franz Kiens Gedanken ganz plötzlich auf, sich weiterzubewegen, denn der Rex ließ die Hand, die soeben noch auf Hugo Aletter gedeutet hatte, auf Franz' Schulter sinken und fragte: „Nun, Kien, wie sieht es denn mit deinem Griechisch aus?"

Er legte die Betonung auf das Wort „dei-nem".

Ausgeschlossen, dachte Franz. Das konnte es nicht geben. Aber dann gleich: Es hat stattgefunden. Es findet statt. Der Rex wird mich in Griechisch prüfen. Herrgottsakrament. Himmelherrgottsakrament. Ein Unglück. Ein Unglück ist geschehen. So muss es sein, wenn man von einem Auto überfahren wird. […]

Die scharfen, blauen, von dünnem Gold eingefassten Augen richteten sich auf Franz, dem bislang nichts weiter eingefallen war, als ein Stück Kreide in die Hand zu nehmen. Dann blickte der Rex auf die Tafel und fragte mit scheinheiliger Verwunderung: „Wieso steht denn der Satz noch nicht da? Ich dachte, du hättest ihn längst hingeschrieben."

„Ich sollte dich auf deinen Platz zurückschicken", sagte der Rex, „denn es steht ja schon fest, dass du nichts gelernt hast und nichts weißt. Aber wir machen noch ein bisschen weiter, Kien, es interessiert mich denn doch, das Ausmaß deiner Faulheit und Unwissenheit festzustellen."

(Dann muss Franz ein schweres griechisches Wort an die Tafel schreiben.)

„Ich habe den Wechsel von ›ai‹ zu ›ei‹ bei den Silben genau vorgesprochen", sagte der Rex. „Aber du scheinst unfähig zu sein, auch nur zuhören zu können."

„Du", sagte er, und in der Art, wie er dieses „du" akzentuierte, lag unverkennbar die Absicht, Franz schon jetzt aus der Klasse, aus der Gemeinschaft seiner Mitschüler auszuschließen. „Du wirst die Obertertia nicht erreichen."

Franz zuckte, wenn auch kaum merklich, mit den Achseln. Schon seit ein paar Minuten schwitzte er nicht mehr, jetzt war ihm eher kalt. Der Rex hatte ihn also aufgegeben.

Der Rex besah sich noch einmal die Tafel. „Dabei könntest du, wenn du wolltest", sagte er. „Du willst nur nicht."

(Später wendet sich der Direktor an den Griechischlehrer.)

„Da nehme ich mir einen Schüler aus Ihrer Klasse vor", rief der Rex voller Zorn, „und was stellt sich heraus? Er hat nicht einmal die allereinfachsten Grundlagen des Griechischen mitbekommen. Seit Ostern, seit sechs Wochen leistet er es sich, den gesamten Unterricht zu verbummeln, und Sie", seine Stimme steigerte sich in ein unverstelltes, tiefes Grollen, „Sie haben es überhaupt nicht bemerkt. Nichts haben Sie bemerkt, streiten Sie es nicht ab, sonst hätten Sie ihn nachsitzen lassen müssen, bis er schwarz geworden wäre, oder Sie hätten zu mir kommen müssen und offen und ehrlich sagen: Mit dem Kien werde ich nicht fertig."

Alfred Andersch, Der Vater eines Mörders, Zürich 1980.

ohne Pflicht?

1 Wie soll ich sein – wie kann ich sein?

Eine Erzählung und ein Bericht

Summerhill

Wie geht es nun in Summerhill zu? Nun, die Teilnahme am Unterricht ist freiwillig. Die Kinder können zum Unterricht gehen, sie dürfen aber auch wegbleiben – sogar jahrelang, wenn sie wollen. Es gibt einen Stundenplan – aber nur für die Lehrer.

Gewöhnlich richtet sich der Unterricht nach dem Alter der Kinder, manchmal aber auch nach ihren besonderen Interessen. Wir haben keine neuartigen Lehrmethoden; wir sind der Ansicht, dass der Unterricht an sich keine große Rolle spielt. Ob eine Schule eine besondere Methode hat, Kindern die ungekürzte Division beizubringen, ist völlig unwichtig, weil die ungekürzte Division – außer für die, die sie lernen wollen – selber ganz unwichtig ist. Ein Kind, das sie lernen will, lernt sie jedenfalls – gleichgültig, nach welcher Methode sie gelehrt wird.

Schüler, die im Kindergartenalter nach Summerhill kommen, nehmen von Anfang an am Unterricht teil. Kinder, die von einer anderen Schule zu uns kommen, schwören sich jedoch oft, nie wieder in ein Klassenzimmer zu gehen. Sie spielen, fahren mit dem Fahrrad, stören andere bei der Arbeit, aber sie hüten sich vor der Schulbank. In einigen Fällen dauerte das Monate. Die Zeit der „Genesung" entspricht der Stärke des Hasses, den ihnen die vorige Schule eingegeben hat. Den Rekord hält ein Mädchen, das aus einer Klosterschule kam und bei uns drei volle Jahre nur gefaulenzt hat. Im Durchschnitt dauert es drei Monate, bis ein Kind wieder bereit ist am Unterricht teilzunehmen.

Wem unsere Vorstellung von der Freiheit fremd ist, der wird sich wahrscheinlich fragen, was für ein Irrenhaus das ist, in dem die Kinder den ganzen Tag spielen, wenn sie mögen. Viele Erwachsene sagen: „Hätte man mich in eine solche Schule geschickt, ich hätte nie etwas getan". Andere meinen: „Diese Kinder werden sich mal schwer im Nachteil fühlen, wenn sie mit anderen konkurrieren müssen, die man zum Lernen angehalten hat". […]

Wir Lehrer in Summerhill hassen alle Prüfungen. Die für die Aufnahme zur Universität vorgeschriebenen Reifeprüfungen sind ein wahres Kreuz für uns. […]

Allerdings wollen gar nicht viele Schüler diese Prüfungen ablegen – nur die, die zur Universität wollen. Und diesen Schülern scheint es nicht besonders schwer zu fallen, die Prüfungen zu bestehen. Meistens fangen sie etwa im Alter von vierzehn Jahren an, sich ernsthaft darauf vorzubereiten, und sie schaffen die ganze Arbeit in rund drei Jahren. Natürlich bestehen sie nicht immer schon beim ersten Anlauf. Wichtiger ist, dass sie es dann noch einmal versuchen.

Alexander Sutherland Neill, Theorie und Praxis der antiautoritären Erziehung, Reinbek 1969.

31

Reklame ist das halbe Geschäft
Werbung

Michael Conrad & Leo Burnett GmbH, Frankfurt

32

in der Marktwirtschaft

Na, wofür wird hier geworben?
(Erst wenn ihr alles versucht habt, gibt's einen Tipp!)

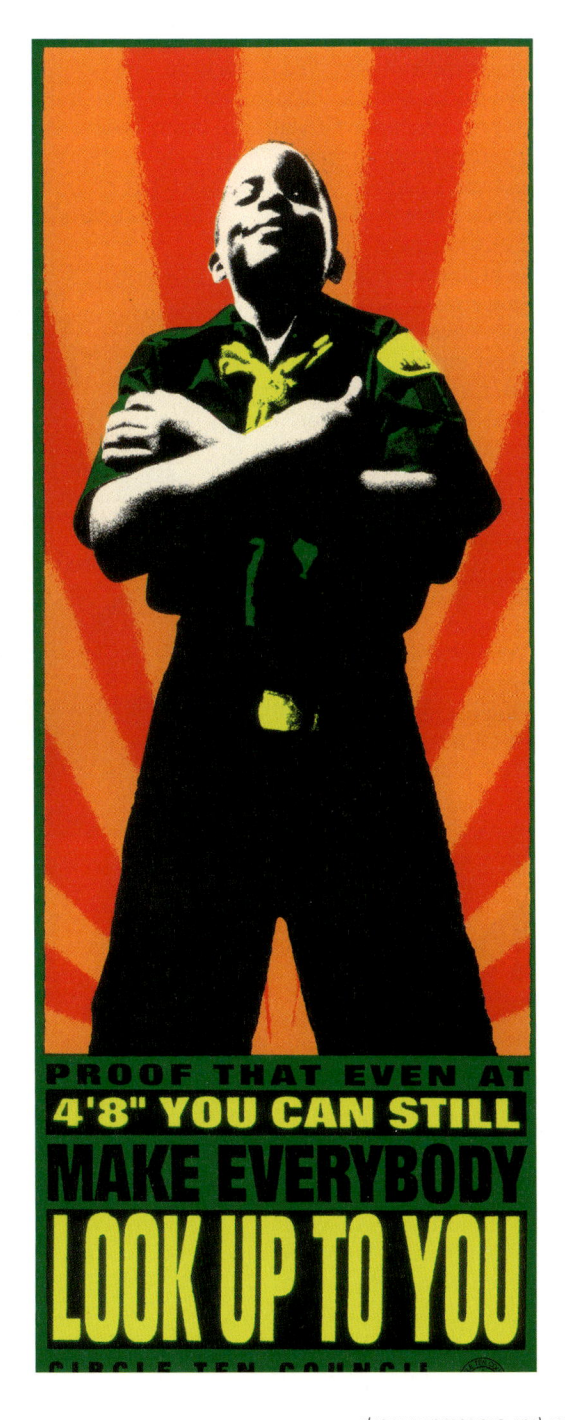

Fernsehsender, Spielautomat, Jeans, Wildwassertour, Pfadfinder (für Großstadtkinder).

33

Hat Strom

Wenn jemand – ob eine Einzelperson oder eine Firma – ohne jede Konkurrenz* sein Produkt verkaufen kann, dann spricht man von einem Monopol.

Ein Monopol ist eine feine Sache – für den, der es besitzt. Wenn es sich um ein wichtiges Produkt handelt (wie in früheren Zeiten z. B. Salz oder Kupfer oder bis vor ein paar Jahren das Telefon), kann er die Preise diktieren, Geld anhäufen und dadurch großen Einfluss bekommen. Für die Verbraucher hat ein Monopol den Nachteil hoher Preise. Außerdem behindert es die Entwicklung besserer Produkte. Denn wenn ein Monopolist sein Produkt garantiert gut verkauft, warum sollte er sich um neue Ideen und Kundenfreundlichkeit bemühen?

Das Gegenteil von einem Monopol ist der Wettbewerb auf einem freien Markt*. Hier treten mehrere Anbieter nebeneinander auf und machen sich Konkurrenz, d.h. sie wollen und müssen mit ihren Angeboten möglichst viele Kunden gewinnen.

Bis vor kurzem war elektrischer Strom in den Händen von großen Monopolisten, die bestimmte Versorgungsgebiete mit staatlicher Genehmigung unter sich aufgeteilt hatten. Das wurde durch ein Gesetz* geändert. Nun bildet sich ein Markt für Strom heraus, der auch Privatkunden die Wahl ihres Stromanbieters ermöglichen soll. Für die Stromanbieter bedeutet das eine enorme Herausforderung: Sie müssen nun um ihre Kunden werben.

EnBW steht für „Energie Baden-Württemberg AG". Das ist ein junges Unternehmen, das 1997 aus einer Fusion [=Zusammenschluss] von ehemaligen Monopolisten entstanden ist, also ohne Erfahrung im Wettbewerb. EnBW produziert als viertgrößter deutscher Erzeuger Strom und hat ihn zunächst nur an Industriekunden geliefert. Aber EnBW wollte Strom auch privaten Kunden anbieten, und zwar in ganz Deutschland. Folgende Probleme zeigen sich: Wer kennt schon EnBW? Und Strom ist doch Strom – warum sollte jemand Strom von einem neuen Anbieter beziehen? Gut, niedrige Preise sind ein Grund. Aber wie macht man Anbieter, Produkt und Preis bekannt? Wie macht man das Produkt auffällig, unverwechselbar und vielleicht sogar sympathisch?

Das ist ein Fall für die Werbung. Das junge Unternehmen EnBW wendet sich an die Werbeagentur Kreutz & Partner in Düsseldorf. Herr Kreutz sagt zu. In vielen Gesprächen mit Vertretern des Unternehmens stellt sich heraus, dass man sich von den Stromriesen (RWE, Preussen Elektra usw.) absetzen möchte. EnBW gründet zunächst eine eigene Firma für das Geschäft mit Privatkunden. Statt grau in grau sollen die neue Firma und ihr Produkt lebhaft, pfiffig, farbig wirken. Herr Kreutz erinnert sich an eine Werbung in den USA. Dort hat Fina damit geworben, dass an ihren Tankstellen rosa Luft in die Autoreifen gepumpt würde. Er hat schließlich die entscheidende Idee: „Yello – der Strom ist gelb".

Nun kann die Werbekampagne ausgearbeitet werden. Herr Kreutz stellt die Ziele klar:

– Strom der EnBW soll unter der Marke „Yello-Strom" in Deutschland bekannt gemacht werden.
– Die Marke „Yello-Strom" soll überall, vor allem in den Medien*, einheitlich auftreten und wiedererkennbar sein.
– Die Marke soll frisch und lebendig wirken
– Name, Slogan und Farbe müssen eine überzeugende Einheit bilden: Ein Markenzeichen wird entwickelt.
– Die Kampagne muss anlaufen, bevor die Konkurrenz ähnliche Ideen entwickelt.

Wer sich auf dem Markt bemerkbar machen will, muss Zeichen setzen. Große bekannte Marken haben alle ihr Markenzeichen. Herr Kreutz erläutert das Konzept des Markenzeichens für „Yello-Strom":

… eine Farbe?

Ablauf einer Werbekampagne

2 Reklame ist das halbe Geschäft

„Die Farbe Gelb hat im Vergleich zu Rot oder Blau die höchste Leuchtkraft. Mit Gelb verbinden sich Eigenschaften wie laut, fröhlich, frisch, frech, aktiv usw. Yello ist die verkürzte englische Form von Gelb. Das Wort hat eine helle und eine dunkle Silbe und entspricht damit der Gestalt des Zeichens. Der Kreis ist die vollkommenste geometrische Form. Man kann dabei an die Erde denken, an eine Steckdose oder an die Sonne (Energie) oder an das Gelbe vom Ei. Der gelb-schwarze Kontrast bringt die Farbe zum Leuchten. Man kann an hell/dunkel denken, an warm/kalt, Licht an/aus, plus/minus. Die Sinuswelle als Teilungslinie ist Sinnbild für elektrische Energie."

Im August 1999 startet die Kampagne, gerade rechtzeitig vor der Konkurrenz. Zunächst werden in Fernsehspots und in der Radiowerbung Passanten befragt: „Hat eigentlich Strom eine Farbe?" Antwort: „Also, ich glaube, Strom ist gelb." Alle Spots enden mit „Yello-Strom. Gelb. Gut. Günstig." In Tageszeitungen erscheinen ganzseitige Anzeigen und auf der Straße große Plakatwände.

Der Energie-Riese RWE reagiert mit einer großen Anzeige (siehe rechts).

Die Antwort von Yello folgt prompt: „Ich kauf doch nicht Strom von einem, der blau ist." Damit ist der Kampf um den Markt mit den Mitteln der Werbung eröffnet.

Es folgen Unternehmensanzeigen mit einem Text, der deutlich macht, dass die EnBW ein erfahrenes, zuverlässiges Unternehmen ist. Außerdem werden die Strompreise von Yello veröffentlicht. Die Werbeagentur setzt die Kampagne konsequent fort. Wichtig ist der richtige Einsatz der Medien.

Als am 11.8.99 über Deutschland eine Sonnenfinsternis herrscht, wird in allen bedeutenden Zeitungen eine Anzeige geschaltet mit dem Spruch „Sonne, Mond und Yello-Strom". Am gleichen Tag erscheint das Motiv im letzten TV-Spot vor der „Tagesschau". Große Plakatwände präsentieren wochenlang das Markenzeichen mit dem zentralen Slogan von Yello. Im Fernsehen wirbt der Komiker Ingolf Lück als „Yello-Man".

Bereits nach zwei Monaten hat Yello 100 000 neue Kunden. Ob sich ein wirklich langfristiger wirtschaftlicher Erfolg einstellt, wird sich erst zeigen. Denn die Konkurrenz schläft nicht. Deshalb wird auch die Werbekampagne fortgesetzt.

Arbeitsvorschläge

1. Was ist ein „Produkt"? Versucht eine Umschreibung in eigenen Worten. Denkt auch an Produkte von Friseuren, Gebäudereinigern, Banken, Versicherungen usw.

2. Beschreibt das Besondere am Produkt „Strom". Warum ist es schwer zu bewerben?

3. Erklärt den Unterschied zwischen einem Produkt und einer Marke.

4. Wie hat die Werbekampagne für Yello diese Erkenntnisse umgesetzt?

Wodurch sollen sich die Firma Yello und ihr Produkt von der Konkurrenz unterscheiden?

5. Fragt euch selbst: Welches Image hat Yello aufgebaut? Warum ist Sympathie wichtig?

6. Listet anhand des Beispiels Yello auf, was alles zu einer professionellen Werbekampagne gehört. Achtet besonders auf den Einsatz von Medien (mehr dazu auf S. 38–39).

7. Hättet ihr gedacht, dass ein Markenzeichen so durchdacht ist, wie es Herr Kreutz schildert? Nehmt euch bekannte Markenzeichen vor und versucht sie in ähnlicher Weise zu analysieren.

Im Internet findet ihr die Agentur, die die Yello-Kampagne gemacht hat, unter www.kreutzundpartner.de. Unter www.werbeagenturen.de sind zahlreiche weitere Werbeagenturen zu finden.

...aber immer

Werbefachleute müssen einfallsreiche Menschen sein. Täglich drängen neue Produkte auf den Markt, die verkauft werden sollen. Dazu ist es zunächst einmal nötig, die Aufmerksamkeit (engl. attention) der Konsumenten zu gewinnen – mithilfe der Werbung.

Hat der Konsument das neue Produkt zur Kenntnis genommen, kommt es darauf an, sein Interesse (interest) zu wecken, damit er nicht gleich wieder wegsieht. Außerdem muss die Werbung das Verlangen, den Wunsch (desire) des Konsumenten wecken, das Produkt zu besitzen. Schließlich soll er auch zum Handeln (action), d. h. zum Kaufen bewegt werden. Aus den Anfangsbuchstaben der englischen Begriffe haben Werbefachleute die Formel AIDA geprägt, die die wesentlichen Aufgaben der Werbung griffig zusammenfasst.

① **Produktwerbung**
Produktwerbung existiert, seit es Werbung gibt. Sie hat ihren Namen daher, weil das Produkt im Mittelpunkt der Werbung steht. Das ist keinesfalls selbstverständlich. Bei manchen Werbefilmen muss man lange warten und kann raten, für was denn nun eigentlich geworben wird. Produktwerbung will mit Argumenten von den Vorzügen des Produkts überzeugen. Oft werden Prominente oder Fachleute gezeigt, die das Produkt vorstellen und anpreisen.

Leitbildwerbung
Ganz anders funktioniert die Leitbildwerbung. Sie verknüpft das Produkt mit den Wünschen der Menschen und mit modernen Trends. Vielen Leuten sind solche Wünsche und Trends gar nicht so recht bewusst – trotzdem werden sie von ihnen mehr oder weniger beeinflusst; daher der Begriff „Leitbild". Aktuelle Leitbilder sind z. B. Unabhängigkeit, Genuss und Spaß, Wohlstand, schöner Körper, Etwas-Besonderes-Sein. Solche Leitbilder werden von der Werbung aufgegriffen. Sie sind meistens nicht auf den ersten Blick zu erkennen, aber in vielen Spots und Anzeigen enthalten. Da das Produkt zusammen mit einem modernen Leitbild erscheint, wirkt auch das Produkt modern und aktuell. Und der Käufer kommt dem Leitbild wenigstens ein kleines Stück näher, wenn er das Produkt besitzt. Das verspricht jedenfalls die Werbung.

Unterhaltende Werbung
Werbung darf nicht langweilig sein. Das wäre schlecht für das Produkt und den Verkauf. Deshalb versucht Werbung zunehmend, die umworbenen Konsumenten zu unterhalten. Die wichtigsten Mittel sind Humor und Spannung. Das muss nicht die Spannung eines Krimis sein. Es reicht schon, wenn der Konsument „gespannt" weiter liest und zuschaut. Humorvolle Werbung hat außerdem den Vorteil, dass das Produkt und der Anbieter sympathisch wirken.

Bekanntheits- und Imagewerbung, Markenwerbung
Diese Formen der Werbung zielen allesamt auf eine langfristige Wirkung. Das Produkt und der Anbieter sollen nicht nur vorübergehend im Gespräch sein, sondern möglichst Teil des alltäglichen Lebens werden. Die Werbung soll ein passendes, möglichst positives Image [= allgemeines Ansehen] erzeugen. Besonders erfolgreich ist solche Werbung dann, wenn es gelingt, eine Marke bzw. ein Markenzeichen dauerhaft bekannt zu machen. Denn dann können verschiedene Produkte auch in Zukunft unter dieser Marke angepriesen werden. Wenn sich mit einer Marke ein positives Image fest verbunden hat, können auch neue Produkte gut beworben werden. Das haben z. B. bekannte Auto-, Getränke- oder Fastfoodmarken geschafft.

Mischformen
Oft nutzen die Werbefachleute mehrere dieser Möglichkeiten gleichzeitig. So ist Produktwerbung oft unterhaltend gestaltet. Oder Leitbildwerbung dient dazu, eine Marke mit einem Image zu versehen und bekannt zu machen.

② Was er wird, hängt auch davon ab, was er sieht.

HÖRZU. Schalten Sie um auf Qualität.

öfter!

2 Reklame ist das halbe Geschäft

Wie Werbung funktioniert

3

Gestaltungsmittel

Wenn die Profis Werbung gestalten, nutzen sie natürlich die modernste Technik. Außerdem wollen sie möglichst aktuell wirken. Deshalb werden Bilder und Musik sorgfältig ausgesucht. Viele Fernsehspots nutzen heutzutage schnelle Schnittfolgen (die Bilder werden im Sekundentakt gewechselt), wie sie auch in Videoclips oder Actionfilmen verwendet werden. Auch die Lautstärke der Werbung wird genau kalkuliert (siehe **6**).

Von besonderer Bedeutung sind aber auch im Zeitalter der Computertechnik immer noch Slogans und Produkt- bzw. Markennamen und Markenzeichen.

4

Der Text lautet sinngemäß: Sie verabscheuen es, Ihre Kinder werden es lieben.

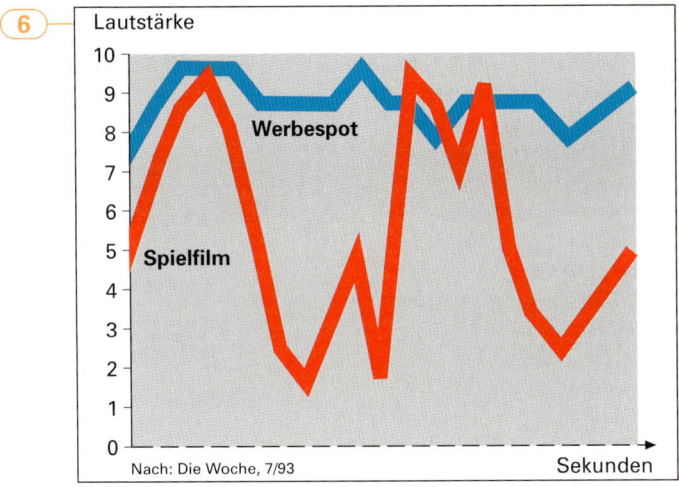

5

Im Werbespot werden auch die leisen Stellen nach oben manipuliert.

Arbeitsvorschläge

1. Wie findet ihr die Werbung auf dieser Seite (**2**, **4**, **5**)? Könnt ihr schon sagen, wie die Anzeigen funktionieren?

2. Lest euch die Erläuterungen (Einführungstext und **1**) genau durch. Erläutert die einzelnen Abschnitte anhand von Werbebeispielen, die ihr kennt (Kleingruppenarbeit).

3. Überprüft anschließend auch die Gestaltungsmittel (**3**). Achtet besonders auf Slogans und Markenzeichen.

4. Überlegt jetzt noch einmal, wie die Anzeigen (**2**, **4**, **5**) überzeugen wollen.

5. Teilt andere Werbebeispiele aus diesem Kapitel unter euch auf. Analysiert sie so, wie ihr es in Aufgabe 1 und 2 gemacht habt. Haltet eure Ergebnisse in einem kurzen Text fest.

6. Seht euch das Diagramm in **6** an. Ist euch dieser Unterschied schon aufgefallen? Wie reagiert ihr darauf?

7. Wie findet ihr die Methoden und die Tricks der Werbeprofis? Begründet eure Auffassung.

Und nun mit freundlicher

Werbung verhilft nicht nur Unternehmen dazu, ihre Produkte auf dem Markt bekannt zu machen. Werbung stellt auch selbst einen ansehnlichen Teil des Gesamtmarktes dar. Hättet ihr gewusst, dass von der Werbewirtschaft fast 400 000 Arbeitsplätze abhängig sind? Dazu kommen noch einmal ungefähr 400 000 Arbeitsplätze, die mit den Werbeeinnahmen der Medien zusammenhängen. Die Unternehmen geben jedes Jahr 20 Milliarden Euro aus, um Werbung über die Medien zu verbreiten. Ohne die Medien als Werbeträger könnte Werbung gar nicht an die Verbraucher gebracht werden.

Der Wettbewerb in der Wirtschaft wird immer härter. Daher nutzen die Werbeprofis mit viel Fantasie alle denkbaren Möglichkeiten der Medien. Besonders neue Medien wie das Internet bieten da ungeahnte Chancen. Aber auch in Film und Fernsehen wird längst nicht nur mit Werbespots geworben.

Auf den nächsten Seiten könnt ihr etwas über die enge Verbindung von Medien und Werbung erfahren. Und ihr könnt darüber nachdenken, was dies alles für euch als Verbraucher bedeutet.

① Beschäftigte in der Werbewirtschaft 1999

Kernbereiche des Werbegeschäfts	
Werbegestaltung Werbefachleute bei Werbeagenturen, Grafik-Ateliers, Schauwerbern, Werbefotografen, Film- und Lichtwerbung	130 000
Auftraggeber von Werbung Werbefachleute in Werbeabteilungen der Anbieter (Hersteller, Dienstleister, Handel)	37 000
Werbemittel-Verbreitung Werbefachleute bei Verlagen, Funkmedien, Plakatanschlagunternehmen	13 000
Abhängige Bereiche	
Zulieferbetriebe Von Aufträgen der Werbewirtschaft abhängige Arbeitsplätze, z. B. in der Papierwirtschaft und der Druckindustrie	183 000
Gesamt	363 000

Quellen: Statistisches Bundesamt (Wiesbaden), Bundesverband Druck (Wiesbaden), Verband Deutscher Maschinen- und Anlagenbau (Frankfurt/M), Verband Deutscher Papierfabriken (Bonn), ZAW-Berechnungen; Aufstellung entnommen aus dem Internet: www.interverband.com:8080/u-img/184/Beschaeftigte.htm.

② Top-10-Branchen – Brutto-Werbeausgaben

Branche	Wert (Vorjahr)
Automobilhersteller	1080,5 (943,3)
Telekommunikation	675,5 (413,8)
Handels-Organisationen	585,7 (572,8)
Schokolade u. Süßwaren	356,4 (324,4)
Pharmazie	354,4 (344,2)
Banken und Sparkassen	289,1 (297,4)
Bier	257 (295,3)
Spezialversender	222,6 (225,8)
Versicherungen	166,3 (181)
Haarpflege	161,4 (147,3)

Brutto-Werbeausgaben Januar bis August 1999. Ranking nach Produktgruppen, in Euro. (Vorjahreswert in Klammern)

Grafik nach: media & marketing 12/99

Unterstützung von...

2 Reklame ist das halbe Geschäft

Werbung, Markt und Medien

3

Netto-Werbeeinnahmen erfassbarer Werbeträger 1998		
Werbeträger	Netto-Werbeeinnahmen in Mio. Euro	Werbemarkt-Anteil in Prozent
Tageszeitungen	5868,3	28
Fernsehen	4041,7	19
Werbung per Post	3480,2	17
Publikumszeitschriften	1869,0	9
Anzeigenblätter	1761,9	8
Adressbücher	1198,0	6
Fachzeitschriften	1127,4	5
Hörfunk	604,7	3
Außenwerbung	562,8	3
Wochen-/Sonntagszeitungen	249,3	1
Kino	165,4	1
Zeitungsbeilagen	92,3	–
Gesamt	21 021,0	100

Quelle: ZAW Jahrbuch Werbung in Deutschland, 1999, in Euro umgerechnet.

4 Mit einem geheimnisvollen Zischen springt die Klinge grün leuchtend aus dem Griff des Laserschwerts. Immer wenn Luke Skywalker, jugendlicher Held des Science-Fiction-Fortsetzungsfilms „Star Wars", seine Waffe gegen den Feind erhob, wünschte sich Matthias Siebert nichts sehnsüchtiger als solch ein Schwert.

Im Internet stieß der Vater des 14-jährigen Jungen, Hans Siebert, nach nur kurzer Suche auf ein Luke-Skywalker-Schwertmodell, sogar mit Unterschrift des Schauspielers Mark Hamill und Echtheitszertifikat. Preis: 450 Dollar. „Mein Sohn zuckte nicht einmal, als der US-Händler weitere 82 Dollar Versandkosten verlangte", erzählt Siebert. Mit zusätzlichen 100 Euro für Zollgebühren und Einfuhr-Umsatzsteuer ein kostspieliger Einkauf. Immerhin konnte Matthias schon eine Woche später das begehrte Objekt endlich in Händen halten.

Focus Nr. 50/99, S.175.

Arbeitsvorschläge

1. Versucht die Tätigkeiten der in der Werbewirtschaft Beschäftigten (**1**) zu beschreiben. Geht von einem einfachen Beispiel aus (z.B. Werbung für neues Waschmittel). Zieht als Beispiel auch die Yello-Kampagne heran (S. 34–35).

2. Seht euch die werbestärksten Wirtschaftszweige (**2**) an. Warum stecken sie so viel Geld in Werbung?

Ein Tipp: Überlegt, wodurch sich eigentlich die Produkte innerhalb einer Branche voneinander unterscheiden.

Welche Produkte und Branchen vermisst ihr im Vergleich zur TV-Werbung?

3. Sucht Beispiele für Wirtschaftszweige, die scheinbar ohne Werbung auskommen. Wie kommen diese an ihre Kunden?

4. Wer könnte ohne den anderen existieren – Medien oder Werbung? (**2** und **3**)

5. Bildet Kleingruppen. Teilt die Werbeträger (**3**) unter euch auf und stellt ihre speziellen Stärken und Schwächen im Bereich der Werbung in Stichworten zusammen. Denkt an eure eigene Erfahrung mit den genannten Medien. Fasst eure Ergebnisse zusammen in einer Tabelle mit allen Werbeträgern.

Unter www.zaw.de findet ihr aktuelle Zahlen.

6. Inwiefern sind Medien am Konsumwunsch von Matthias (**4**) beteiligt.

⑤ Zum Beispiel Product Placement

Product Placement ist als Spezialform des Sponsoring inzwischen zu einer der wichtigsten Werbeformen in Film und Fernsehen geworden.

In Spielbergs Kassenknüller „E.T." wird das außerirdische Wesen von dem Jungen Elliott mit Schokolade des amerikanischen Süßwarenherstellers Hersheys gefüttert. Daraufhin stieg der Absatz der Marke um 66 Prozent.

Auch BMW erlebte eine deutliche Absatzsteigerung der „Bond-Fahrzeuge": Nach „Golden Eye" gab es Wartezeiten von acht Monaten für den Z3. Der BMW-Cruiser, den Bond 1997 in „Der Morgen stirbt nie" fuhr, war 1998 das bestverkaufte BMW-Motorrad überhaupt.

General-Anzeiger, Bonn, 8.12.1999.

⑥ Zum Beispiel Merchandising

Wie der Reichtum des Starregisseurs George Lucas zustande kam, ist allgemein bekannt. Den Erfolg des Rock'n'-Roll-Films „American Graffiti" im Rücken, handelte Lucas 1977 mit dem Hollywood-Studio 20th Century Fox einen Deal für den ersten „Star Wars"-Film aus, auf den sich bis dahin kein Regisseur eingelassen hatte: Er verzichtete auf einen großen Teil seines Honorars – und bekam dafür die Rechte für alle folgenden Episoden, Videokassetten und Spielzeuge.

Weil damals, ganz anders als heute, niemand mit solchen Rechten viel Geld verdiente, stieß der Deal auf Kopfschütteln. Doch das Geschäft erwies sich als erstaunlich weitsichtig: Bis 1997 hatten Fans vier Milliarden Dollar für „Star Wars"-Figuren und ähnliche Produkte ausgegeben – aber nur 1,3 Milliarden für Eintrittskarten. Kein Wunder: Alle drei „Star Wars"-Episoden waren schnell zu Publikumsrennern geworden.

Die Zeit, 12.8.1999, S. 22.

⑦ *„Meine Uhr (Omega), mein Rasierer (Wilkinson Sword), mein Auto (BMW), meine Sonnenbrille (Calvin Klein)." Wer auf James Bond setzt, kann sich einer starken Medienpräsenz und eines hohen Publikumsinteresses sicher sein.*

Media & Marketing, 12/99, S. 26.

⑧ „Cross Promotion"

In Deutschland erregte das neue Bond-Auto großes Aufsehen. Allerdings wurde eher gerätselt, wie viel Geld BMW wohl bezahlt hatte, um den Z3 in „Golden Eye" zu platzieren.

„Keinen Pfennig", sagt Johannes Schultz, Leiter der Abteilung für audiovisuelle Medien der BMW AG und zuständig für Product Placement Projekte. Stattdessen warb BMW in seiner weltweiten Kampagne für den Z3 auch für den Bond-Film, während in der Werbung für „Golden Eye" der BMW prominent [=hervorragend] zu sehen war. Diese Art der „Cross Promotion" ist laut Schultz auch für die Platzierung des Sportwagens Z8 in „Die Welt ist nicht genug" Geschäftsgrundlage zwischen der Produktionsfirma und der BMW AG. „Wir bezahlen niemals für die Platzierung unserer Autos", beteuert Schulz.

Da ergeht es BMW und anderen Autobauern besser als den Herstellern weniger kostspieliger und angesehener Lifestyle-Produkte. Sie müssen für ein Product Placement, also die Platzierung ihrer Produkte als Requisite in Film und Fernsehen, meist teuer bezahlen. „Es ist einfach etwas anderes, ob Sie einer Filmproduktionsfirma einen 7er BMW oder einen Kasten Sprudel hinstellen können", stellt Schultz nüchtern fest.

General-Anzeiger, Bonn, 8.12.1999.

9

Zum Beispiel Sponsoring

Wenn in München der „Compaq-Grand-Slam-Cup" stattfindet, sind Millionen Fernsehzuschauer dabei. Der Namenszug des Computerherstellers ist in fast jeder Kameraeinstellung zu sehen.

Wenn Sportler zum Interview im Fernsehen antreten, ist ihre Kleidung mit allerlei Stickern verziert.

Bevor eine Sportübertragung beginnt, versichert erst ein Werbepartner seine „freundliche Unterstützung".

10

In einem Boot

Wenn Bayern München gegen Manchester spielt oder wenn es in der Formel 1 spannend wird, dann möchten Millionen Zuschauer live dabei sein. Das garantiert hohe Einschaltquoten. Diese sorgen wiederum für hohe Werbeeinnahmen bei den Sendern. Für die werbenden Branchen bedeuten hohe Quoten, dass sie viele Konsumenten erreichen. Da die hohen Quoten so gut zu vermarkten sind, verlangen die Sportvereine und Rechtehändler immer mehr Geld für die Übertragungsrechte.

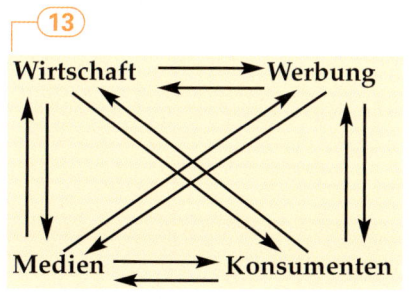

11

Zum Beispiel Personenprofile

Harald Meister will im Winter verreisen. Er ist Onlinenutzer und tippt deshalb sein Reiseziel Teneriffa in die Suchmaschine ein. Ein paar Tage später möchte er Angebote für Mountainbikes aus dem Netz holen. Und nach seiner Reise sucht er im Internet nach einem gebrauchten Mittelklasse-Wagen. Und merkwürdig: Harald Meister hat bald den Eindruck, dass das Netz ihn kennt. Da flimmern Werbebanner für Fahrräder, Zelte und Surfbretter, für preiswerten Urlaub auf sonnigen Inseln und für schicke Autos einer bestimmten Preisklasse über den Schirm. Herr Meister ist beunruhigt. Wer hat ihn so ausspioniert?

Die Antwort ist einfach. Wenn Herr Meister z. B. das Angebot eines Reiseunternehmens prüfen will, setzt dieses ein „Cookie", eine Minidatei, auf die Festplatte bei Herrn Meister. Dieses Cookie kann von jedem Internet-Computer gelesen und beschrieben werden. Herr Meister könnte so z. B. die Codenummer 334455 erhalten. Spezialisierte Firmen erstellen mithilfe solcher Cookies „Personenprofile" von Internet-Nutzern und verkaufen diese an die Werbung. Nummer 334455 z. B. gilt als sportlich, reiselustig, aktiv, mit mittlerer Kaufkraft ausgestattet usw.

12

Durch den Hund gesagt

Detlef Hartlap, Chefredakteur der Programmzeitschrift Prisma, meint zur Fernsehwerbung:

Streiten lässt sich über den Spot, in dem durch den Hund telefoniert wird. Haben Sie bestimmt schon gesehen: Das Handy-Klingeln ist, wie so oft im Leben, nicht zu orten; in diesem Fall, weil ein Mini-Yorkshire-Terrier das noch kleinere Telefon verschluckt hat… Nichts gegen schwarzen Humor, aber eigentlich tut mir nur der Hund Leid. Wer das winzige Wundergerät anpreist – Motorola, Ericsson? – gerät zur Nebensache.

Das ist überhaupt das Problem der übermäßigen TV-Werbung. Welche Biermarke welches Fußballspiel präsentiert, ist so beiläufig wie ein Witz im Karneval. Teure Werbung, aber wirkungslos.

Prisma 3/2000, S. 1.

13

Wirtschaft	↔	Werbung
↕ ⤫		↕
Medien	→	Konsumenten

Werbung, Medien und Wirtschaft sind eng miteinander verflochten. Ihr gemeinsames Interesse richtet sich auf den Leser, den Zuschauer oder Zuhörer, also auf die Konsumenten.

Arbeitsvorschläge

7. Erläutert – möglichst mit eigenen Beispielen – die Vermarktungsmethoden in **4–11**. Überlegt, warum sie überhaupt funktionieren. Denkt an die Bedeutung von „Marken" (siehe dazu auch S. 34–35).

8. Wer sitzt in einem Boot? (**10**) Versucht die Interessen der beteiligten Gruppen in einfachen Worten zu umschreiben. Sitzt der Zuschauer auch in dem Boot?

9. Teilt ihr die Einschätzung von Herrn Hartlap (**12**)?

10. Welche der in **4–11** genannten Werbemethoden würdet ihr kritisieren? Begründet eure Auffassung.

11. Seht euch das Schaubild (**13**) an. Was für Beziehungen drücken die einzelnen Pfeile aus? Formuliert für jeden Pfeil einen oder mehrere Sätze. Welche Pfeile müssten dicker, welche dünner sein? (Siehe auch S. 38–39.)

Werbung und
Wir fertigen

Werbung – das habt ihr auf den vorangehenden Seiten gesehen – soll helfen, Produkte bekannt zu machen und zu verkaufen. Deshalb stellt die Werbung die vorteilhaften Seiten des Produkts besonders heraus oder präsentiert das Produkt in einem schönen Umfeld. Werbung verspricht häufig das, was die Kundinnen und Kunden sich wünschen: Jugend, Schönheit, Gesundheit, Erfolg, Ansehen. Klar, dass in der Welt der Werbung Krankheit, Umweltzerstörung, Alter, Armut, Krieg und andere Problembereiche wenig Platz haben.

Unsere Umwelt wird immer mehr von Werbung aller Art geprägt. Man kann sich den ganzen Tag in einer Welt des schönen Scheins bewegen: ein paar TV-Spots zum Frühstück, Markenzeichen auf der Kleidung, Radiowerbung unterwegs, glänzende Einkaufspaläste am Nachmittag. Da kann es schon vorkommen, dass man den Blick für die Wirklichkeit mit ihren Problemen verliert.

I. Was ist eine Kontrast-Collage?

Die Methode, die auf dieser Seite vorgestellt wird, kann dazu beitragen, sich Gegensätze auf eine fast spielerische Art bewusst zu machen. Grundsätzlich lässt sich die Methode zur Veranschaulichung von Gegensatzpaaren (Kontrasten) aller Art verwenden: Arm und Reich, Jung und Alt, heute und früher, Technik und Natur, Regierung und Opposition usw.

Gerade in der Politik geht es immer wieder um Konflikte, die sich aus gegensätzlichen Interessen ergeben. Ob Arbeitgeber und Gewerkschaften über die Höhe der Löhne streiten, ob Regierung und Opposition sich über eine bestimmte politische Frage auseinander setzen, ob Umweltschützer gegen eine geplante Autobahn ankämpfen – diese Gegensätze werden im politischen Streit ausgetragen. Deshalb wird auch in der politischen Auseinandersetzung sehr oft mit Kontrasten gearbeitet. Das kann man dann in Karikaturen mit einer bestimmten politischen Aussage, auf Plakaten für eine Demonstration sowie auf Wahlplakaten sehen. In solchen bildlichen Darstellungen wird dann versucht, die andere, versteckte Seite zu zeigen.

In unserem Fall geht es um den Gegensatz zwischen der schönen heilen Welt der Werbung und den großen oder kleinen Problemen des Alltags – also dem, was die Werbung nicht zeigt. Als Darstellungsform eignet sich sehr gut die Collage. Darunter versteht man ein Bild, das durch Aufkleben von vielen kleinen Einzelbildern oder Bruchstücken entstanden ist.

II. Was braucht man für eine Kontrast-Collage zu unserem Thema?

Als Material benötigt ihr ein Zeichenblockblatt, am besten im DIN-A3-Format, oder einen entsprechenden Karton. Dazu Schere, einen Klebstift und ein paar kräftige Filzstifte. Das Wichtigste sind aber die Zeitungen, Zeitschriften und Illustrierten aller Art, die bekanntlich voller Werbung sind. Ältere, aber nicht zu alte Ausgaben solltet ihr zu Hause und bei Bekannten sammeln.

III. Planung einer Kontrast-Collage

Wenn ihr den Gegensatz zwischen heiler Welt der Werbung und Problemen der Wirklichkeit darstellen wollt, müsst ihr zunächst Stoff aus beiden Bereichen sammeln. Dazu gehören Schlagzeilen, Fotos, Anzeigen, aber auch bekannte Slogans und Markenzeichen. Schneidet so viel Material wie möglich aus. Die Slogans könnt ihr auch einfach auf einem Blatt notieren.

Eine Collage kann wie jede andere Form auch ganz verschiedene Absichten verfolgen. Sie könnte den Kontrast z. B. in einer humorvoll-witzigen Art darstellen. Kleine alltägliche Probleme dagegen kann man durchaus humorvoll angehen. Bei Themen wie Krieg und Katastrophen verbietet sich dies aber von

Wirklichkeit

eine Kontrast-Collage an selbst. Hier wäre eine kritische Collage eher geeignet.

Wer es besonders gut machen möchte, klebt nicht einfach verschiedene Teile wahllos auf das Blatt, sondern überlegt sich, wie man den Kontrast gut sichtbar machen kann. Gesucht wird also eine Grundidee, ein Konzept, nach dem die ganze Collage zusammengefügt wird.

Die hier gezeigte Arbeit stammt von der Schülerin Elena Engels. Ihr Konzept ist gut erkennbar: Die Welt der Werbung erscheint in Farbe, die Wirklichkeit in Schwarz-Weiß. Getrennt werden die beiden Bildteile von einem Reißverschluss. Wenn man ihn weiter aufziehen würde, käme immer mehr von den Problemen der Welt zum Vorschein. Diese werden durch die grelle Werbung (bunte Jacke) verdeckt. Die Werbeversprechen und bekannte Slogans hat Elena mit Filzstift eingezeichnet.

Ihr werdet sicher auch Ideen haben, wie eine wirkungsvolle Kontrast-Collage aufgebaut werden kann. Man könnte z. B. auch eine Brille zeichnen; durch die Gläser sieht man die Wirklichkeit, im sonstigen Feld die Welt der Werbung.

Ein Tipp: Eine Zusammenarbeit mit dem Fach Kunst könnte sehr hilfreich sein.

Es muss schon

Junge Kunden werden heftig umworben. Es lohnt sich, denn schließlich stellen die Jugendlichen zwischen 12 und 20 Jahren in Deutschland 8 Millionen Verbraucher. Pro Jahr verfügen sie über eine Kaufkraft von 8 Milliarden Euro. Außerdem wählen die Teenies in jungem Alter ihre Marken fürs Leben, jedenfalls glauben das die Werbeprofis. Das sind genug Gründe, sich um die jungen Kunden besonders zu bemühen.

Doch gerade Jugendliche machen es den Firmen und der Werbung nicht gerade leicht.

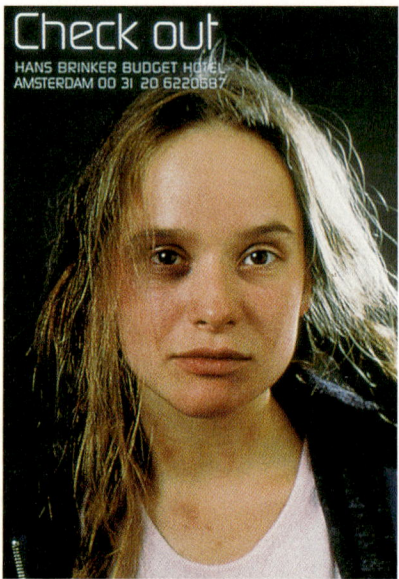

① Check in HANS BRINKER BUDGET HOTEL AMSTERDAM 00 31 20 6220687

Check out HANS BRINKER BUDGET HOTEL AMSTERDAM 00 31 20 6220687

②

Jugendliche lieben gute Werbung

Gute Werbung macht den Teenies Spaß, schlecht gemachte beleidigt sie. Im schlimmsten Fall wird die Marke bestraft – mit der Bewertung als „uncool" und mit Kaufverweigerung.

Weil die Jugendlichen selbst eben kapiert haben, wie Werbung geht, lieben sie Werbung, die sich selbst auf die Schippe nimmt. So ist eine der beliebtesten Anzeigenkampagnen in Holland die Reklame für ein Amsterdamer Billighotel mit Slogans wie „Jetzt noch mehr Hundescheiße im Haupteingang", „Jetzt ein Bett in jedem Zimmer" oder „Jetzt fünf Watt extra in jeder Lampe".

Nach: Die Zeit 2.6.1999, S. 28.

③

Heute hip, morgen mega-out

Werbeforscher haben längst herausgefunden, dass es die einheitliche Zielgruppe „Jugendliche" nicht mehr gibt. Jugendliche wollen heute einen unverwechselbaren eigenen Stil haben, der sich in Kleidung, Frisur, Musik usw. äußert. Dabei bedienen sie sich bei den verschiedensten Vorbildern und mixen diese ohne Scheu zu eigenen Kreationen.

Trotz der Zersplitterung der Zielgruppe geben die Marktforscher nicht auf. Allein in Deutschland sind in den Neunzigerjahren über 120 Studien veröffentlicht worden, die den Herstellern helfen sollen, die jungen Kunden richtig zu ködern.

Für Firmen, die sich auf Dauer im Jugendmarkt behaupten wollen, ist Authentizität oberstes Gebot. Heerscharen von Trendscouts schnüffeln in den Szenen, um neue Strömungen frühzeitig in die Firmenzentralen melden zu können. Große Werbeagenturen wie Grey oder Saatchi & Saatchi lassen ihre Umfragen längst von Jugendlichen machen, Erwachsene können die richtigen Fragen nicht mehr stellen. Wer am Ball bleiben will, muss laufend nachfragen. Das Münchner Institut für Jugendforschung etwa macht zurzeit für einen Kunden alle vier Wochen neue Marktstudien. Denn was heute hip ist, kann morgen schon mega-out sein.

Nach: Die Zeit 2.6.1999, S. 28, gekürzt.

44

cool sein

2 Reklame ist das halbe Geschäft

Jugendliche und Werbung

(4) Einfluss Jugendlicher auf die Markenwahl

In Eltern-Interviews wurde die Frage gestellt: „Hat das Kind/der Jugendliche entscheidenden Einfluss auf die Markenwahl?" Gefragt wurde auch nach dem Einfluss bei der Wahl des Urlaubsortes, beim Kauf eines neuen Autos und beim Besuch von Freizeitparks. Hier die Werte für Kinder bzw. Jugendliche von 10–17 Jahren. Lesebeispiel: 49,4 % aller 10–13-Jährigen nehmen beim Kauf von Cornflakes entscheidenden Einfluss auf die Markenwahl.

	10–13 J.	14–17 J.		10–13 J.	14–17 J.
Tafelschokolade	56,4	64,8	Dessertspeisen	26,6	34,0
Jogurt	51,7	55,6	Fischstäbchen	27,6	29,5
Limonade/Brause	48,7	50,0	Zahnpasta	37,1	48,9
Cornflakes	49,4	46,0	Haarshampoo	30,3	55,3
Knabberartikel/Chips	45,8	49,1	Wahl d. Urlaubsortes	42,6	64,1
süße Brotaufstriche	42,9	41,7	Kauf eines neuen Autos	9,5	20,1
Ketchup	41,3	50,4	Besuch v. Freizeitparks	71,6	80,1

Nach: Kids Verbraucheranalyse 1999, S. 30 f.

(5) Reichweiten ausgewählter Medien bei Jugendlichen (6–17 Jahre) und Nutzung ausgewählter Produkte

Lesebeispiel: Die Zeitschrift „Bravo" wird von 38 % der 6–17-Jährigen gelesen, die ein Deomittel benutzen.

Leser einer Durchschnitts-Ausgabe/Seher in der Durchschnitts-Halbestunde		Gesamt	Bade-zusatz[2]	Dusch-zusatz[2]	Haar-shampoo[2]	Haar-spülung[3]	Haar-spray[3]	Deo-mittel[2]	Duft-wasser[3]	Akne-mittel[3]	Körper-milch[3]
Bravo	wö	23,3	25,7	26,1	26,2	34,2	38,2	38,1	34,1	42,8	30,3
Junior	mo	8,9	8,4	9,0	9,0	8,0	6,8	7,5	8,1	6,6	8,6
Treff	mo	1,5	2,4	1,6	1,5	2,5	2,3	2,2	2,0	2,2	1,9
Simpsons	mo	4,3	5,4	4,4	4,4	4,2	4,5	4,4	3,8	4,5	4,3
Gute Zeiten, schlechte Zeiten	mo	9,1	12,5	9,9	9,7	13,6	14,1	11,8	11,7	14,2	12,0

[2] Verwendung mind. 2mal/Woche und öfter; [3] Verwendung überhaupt; entnommen aus: Kids Verbraucheranalyse 99, S. 59 (stark gekürzt).

Arbeitsvorschläge

1. Die Werbung in 1 bezieht sich auf ein Billighotel in Amsterdam. Wie findet ihr sie? Mit welchen Mitteln (siehe S. 40–41) arbeitet sie?

2. 2 und 3 wurde von Erwachsenen geschrieben. Findet ihr als Jugendliche euch richtig eingeschätzt?

3. Kennt ihr Werbung, die ihr richtig „cool" findet?

4. Warum sind Jugendliche als Zielgruppe schwierig (3)? Was unternehmen die Firmen?

5. Weshalb bemühen sich die Firmen so sehr um euch (4)?

6. Geht die Produkte in 4 einmal durch und überprüft, wie ihr es beim Einkauf selbst haltet. Seid ihr bereit für einen Markenartikel mehr zu zahlen? Warum?

7. Wie kommt es, dass Marken einen solchen Einfluss haben?

8. Beschreibt die Probleme, die der Markenwahn nach sich ziehen kann.

9. Was verrät die Studie (5) den Werbetreibenden? Wo würdet ihr z. B. eine Anzeige für Aknemittel platzieren, wo einen TV-Spot für Haarspray? Was bedeutet das für den Preis, den ihr zahlen müsstet?

Werbung ohne Problem

Da der Kampf um Kunden immer härter wird, setzen Unternehmen und Werbeprofis häufig auch umstrittene Mittel ein um Aufmerksamkeit zu erzielen. Dabei sind ihnen aber Grenzen gesetzt. Alle müssen z. B. die gesetzlichen Regelungen beachten. Dass sie das auch tun, darüber wacht schon die Konkurrenz.

Aber auch wenn die gesetzlichen Vorschriften buchstabengetreu eingehalten werden, kann Werbung die Gefühle von Menschen verletzen oder bestimmte Gruppen diskriminieren. Jeder, der sich von Werbung beleidigt, herabgesetzt oder angegriffen fühlt, kann sich beschweren: beim Deutschen Werberat (*1–3*).

Der Werberat besteht aus Vertretern der Werbeagenturen, der Werbeberufe und der werbenden Wirtschaft. Es gibt also keine Kontrolle von außen. Der Werberat achtet darauf, dass die freiwilligen Selbstverpflichtungen der Werbewirtschaft eingehalten werden. Es gibt z. B. „Verhaltensregeln für die Werbung mit und vor Kindern".

Man könnte meinen, solche freiwilligen Selbstverpflichtungen wären wirkungslos. Das ist keinesfalls so. Denn die Werbung hat auch ein großes Interesse daran, die Konsumenten nicht zu verprellen. Außerdem könnte der Staat mit strengeren Vorschriften eingreifen, wenn die Werbung ihre Grundsätze verletzt.

Auf den folgenden vier Seiten findet ihr verschiedene Beispiele für umstrittene Werbung.

1 Der Deutsche Werberat

Das Verfahren vor dem Deutschen Werberat ist unkompliziert: Geht eine Beschwerde ein oder greift das Gremium selbst einen Fall auf, wird die betroffene Firma zu einer Stellungnahme aufgefordert. Häufig ziehen aufgrund dieser Anfrage die Unternehmen die von Kritik betroffene Werbemaßnahme zurück.

Im anderen Fall prüft der Werberat die Begründung der Firma und entscheidet, ob die Werbemaßnahme zu beanstanden ist oder nicht.

Schließt sich der Werberat der Bürgerkritik an, teilt er dies dem Unternehmen mit – unter dem Hinweis, dass bei fortgesetztem Einsatz der Werbung eine öffentliche Rüge erteilt werden muss.

Das Instrument der öffentlichen Rüge bedeutet: Die Massenmedien in Deutschland werden bundesweit und bei lokalen Vorgängen regional über die Sache unterrichtet mit dem Ziel, die Öffentlichkeit darüber zu informieren.

Jahrbuch Deutscher Werberat 1998, S. 22f.

2

Eine Rüge betraf eine gemeinschaftliche Werbemaßnahme verschiedener Fitness-Clubs. In einer Postwurfsendung wurden die Rückansichten von hockenden Frauen in Tanga-Slips unter dem Werbetext „Suchen Sie sich eine aus" abgebildet. […]

Bei sechs der insgesamt zwölf von Kritik betroffenen Fitness-Clubs konnte der Werberat eine Einstellung der Werbemaßnahmen bewirken. Die anderen sechs Firmen wurden vom Werberat öffentlich gerügt, weil sie sich weder bereit erklärten, die Werbemaßnahme zu ändern noch sie einzustellen.

Jahrbuch Deutscher Werberat 1998, S. 25.

3

Eine Beschwerde richtete sich gegen diese Jeans-Reklame.

Grenzen?

es Werberechts und der Werbeethik

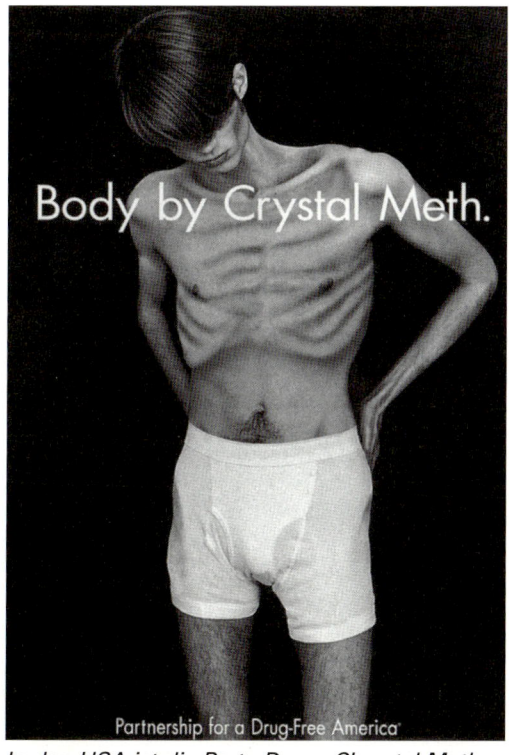

2 Reklame ist das halbe Geschäft

4

In den USA ist die Party-Droge Chrystal Meth auf dem Vormarsch. Die Organisation „Partnership for a Drug-Free America" startete eine Anzeigenkampagne.

5

Der Kirche laufen die Menschen davon. Ein Fall für die Werbung?

„Der Markt schreit und Sie halten sich die Ohren zu", grantelte Claudia Langer, Chefin der Münchner Werbeagentur Start. „Der Kunde sagt, was er braucht und die Kirche gibt keine Antwort", bescheinigte die couragierte [= mutige] Bayerin 600 Pfarrern auf dem Theologenkongress „Unternehmen Kirche".

Das Ergebnis dieser Standpauke vor gut einem Jahr ist eine Werbekampagne. Pünktlich zum Erntedankfest begann in 24 Berliner Gemeinden ein großer Auftritt: mit Printmotiven, Megapostern für die Kirchentürme, Funkspots, Telefonhotline, Autoaufklebern und Gratispostkarten, die in Szenetreffs unters Volk gebracht werden. Insgesamt soll die Kampagne ein Jahr lang laufen.

Wirtschaftswoche, 4.11.1999, S.184.

Arbeitsvorschläge

1. Wie arbeitet der Werberat (**1**)? Haltet ihr eine Rüge für effektiv?

2. Das Beispiel **2** wurde beanstandet. Versucht einmal selbst, die Begründung für die Rüge zu formulieren.

Aktuelle Fälle, die dem Werberat vorgetragen werden, findet ihr im Internet unter www.werberat.de. Dort werden auch die Verhaltensregeln für die Werbung dargelegt.

3. Hättet ihr die Reklame **3** beanstandet? Begründet euren Standpunkt.

4. Wie beurteilt ihr die Anzeige **4**? Worauf spielt der Slogan an? Wäre das ein Fall für den Werberat?

5. Was haltet ihr von der Kampagne in **5**? Mit welchen Mitteln will die Anzeige „Kunden" gewinnen? (Siehe dazu auch S.36.)

6. Darf und soll die Kirche überhaupt werben (**5**)? Wenn ja, wie?

Diese Frage könnt ihr auch im Religionsunterricht diskutieren.

Über die wichtigsten rechtlichen Grundlagen der Werbung könnt ihr euch informieren unter www.zaw.de.

6

Mit Fotos gegen die Todesstrafe

Der für seine umstrittenen Werbeplakate bekannte Modehersteller Benetton startet eine weltweite Anzeigenkampagne gegen die Todesstrafe. Auf den Postern sind ab Januar 2000 Fotos von Gefangenen in Sträflingskleidung zu sehen, die in den USA auf ihre Hinrichtung warten. Unter der Schlagzeile „zum Tode verurteilt" sind Name, Geburtsdatum, Verbrechen und die geplante Tötungsart aufgeführt. Die Idee für die Kampagne stammt von Benetton-Werbechef Oliviero Toscani.

Toscani will mit der Aktion Bewegung in die Diskussion um die Todesstrafe bringen und „die Mauer der internationalen Gleichgültigkeit niederreißen". Ihm sei das Risiko bewusst, infolge der Kampagne womöglich Kunden zu verlieren. „Wenn Werbung jeden glücklich machen würde, wäre das Heuchelei", sagte der Werbechef der englischsprachigen Tageszeitung „Italy Daily". Toscani sorgt seit Jahren mit provozierenden Plakaten zu Themen wie Aids und Rassismus weltweit für Aufsehen. Kritiker warfen dem Unternehmen vor, mit menschlichem Leid Geschäfte machen zu wollen. Für die neue Kampagne besuchte Toscani zwei Jahre lang die Todestrakte amerikanischer Gefängnisse.

General-Anzeiger, Bonn, 10.1.00, S. 32.

7

Bandenwerbung im Bundestag? Das Bild ist eine Collage aus der Wochenzeitung „Die Zeit".

8

Werbung und Politik

Der Chef der Düsseldorfer Werbeagentur Grey glaubt, dass man Politik mit einem Konsumprodukt vergleichen kann. Die Wochenzeitung „Die Zeit" interviewte ihn.

Zeit: Nach drei verlorenen Landtagswahlen hintereinander hat die SPD erkannt, dass sie ihre Politik schlecht vermittelt.

Michael: Parteien oder auch Politiker sind mit einer Marke vergleichbar. Bei einem Wahlkampf kann man sie auf den letzten Metern mit kommunikativen Mitteln [Werbemitteln] dahin bringen, wohin man sie haben möchte. Aber man muss die Marke danach weiter pflegen – und darf das Publikum nicht mit tausenderlei neuen Nachrichten verwirren. Wahlkampf ist in Zukunft eine Dauerveranstaltung, er darf nicht nur alle vier Jahre stattfinden. Man darf nie damit aufhören.

Zeit: Die Politiker finden doch permanent Beachtung in den Medien.

Michael: Genau das ist das Problem, nämlich dann, wenn die Nachrichten nicht zu den Wahlkampfbotschaften passen. Und das haben wir in den vergangenen Monaten erlebt. Kaum ist die Wahl vorbei, wird das Publikum wieder verunsichert. Das, was man vorher in schöner Form plakatiert und gedruckt hat, ist wieder infrage gestellt worden. [...]

Zeit: Trotzdem: Manche Vorhaben der Regierung sind objektiv kompliziert und schwer zu vermitteln. Beispiel Rente, Beispiel Ökosteuer.

Michael: In der Markenwerbung gibt es ähnlich komplexe Dinge. Die Mobilfunktarife zu verkaufen ist mindestens so komplex wie die Rentenversicherung. Und es gelingt auch. Dem Publikum muss gesagt werden: Was habe ich davon? Werbung darf eben nicht aus der Sicht einer Partei oder der Regierung geschrieben werden. [...]

Zeit: Lässt sich eine Figur wie Hans Eichel wirklich zu einem Onkel Dittmeyer aufbauen?

Michael: Man muss sich ja nicht in die Niederungen alltäglicher Produkte begeben. Es geht hier schließlich um eine hochkarätige, wichtige Thematik, die sich nicht in der Waschmittelsprache vermitteln lässt. Meine Botschaft heißt: Die Sätze der Politiker müssen verständlich sein, auch wenn es unangenehm ist. Jeder, auch ein Hans Eichel, kann das lernen. Die Marke, die Grundelemente des Typs Eichel, hat ja ganz viel Positives. Man würde ihm nie zutrauen, jemanden über den Tisch zu ziehen. Er wirkt wie ein guter Deutscher, der das Beste will. Wenn er das jetzt noch mit den richtigen Vokabeln rüberbringt, wirkt er so glaubwürdig wie der Pfarrer in der Kirche. Wunderbar.

Die Zeit, 16.9.99, S. 23, vereinfacht.

9

Politik – ein Konsumprodukt?

Arbeitsvorschläge

6. Über die Benetton-Werbung (**6**) wird seit Jahren gestritten. Wie beurteilt ihr das Beispiel **6**? Vergleicht Toscanis Methode mit denen der üblichen Werbung (siehe S. 36–37).

7. Würdet ihr diese Benetton-Werbung vor den Werberat bringen?

8. Dürfen Politiker bzw. die Politik wie Konsumprodukte angepriesen werden (**8** und **9**)? Stellt Chancen und Risiken stichwortartig in einer Tabelle gegenüber. Was haltet ihr von Sponsoring in der Politik?

9. Versucht in einer Collage nach dem Prinzip von **7** und **9** Politiker/innen und politische Themen als Konsumprodukte darzustellen. (Siehe S. 42–43.) Sprecht anschließend über die Wirkung, die sich dadurch ergibt.

Miauwauwau-Unfallschutz-

Sie heißt Johanna, hat eine Katze namens Karoline und wohnt in unserem Haus. Natürlich in einer kleineren Wohnung, denn eine alte Frau, sie muss schon mindestens 55 sein, mit einem kleinen Haustier, braucht nicht so viel Platz wie eine ganze Familie.

Ich möchte mir den Mund nicht zerreden, ohne was Richtiges zu sagen, auch nicht das Blaue vom Himmel herunterlügen, aber ... sie ist wirklich stark.

Nicht nur, weil ich bei ihr fernsehen kann – die Frau ist verkabelt, hat Teletext und einen Videorecorder.

Sie schaut genauso gerne Werbung wie ich und Karoline, die auch keine junge Katze mehr ist.

Oft haben wir bei der Werbung den Ton weggenommen und die seltsamsten Sachen gesehen. Besonders die schönen Frauen und Kinder in Zeitlupe haben komisch ausgesehen beim Über-die-Wiese-Laufen, beim Hopsen, Springen und Sich-in-die-Arme-Fallen. Wenn sie so langsam schauten und die Augen verdrehten, hat Johanna immer gesagt, das hebt den Umsatz der Genussmittelindustrie enorm. Sie hat gemeint, die Leute würden dann mehr Schokolade, Tee, Kaffee, Sekt und vor allem Suppenwürze kaufen.

Sie war sogar bereit zu schwören, dass die Schuhcreme, die mit dem veränderten „Banana-Song" beworben wird, den Harry Belafonte einmal gesungen hat, häufiger gekauft wird, wenn der Spot läuft.

Ich glaubte nicht daran, dass sich erwachsene Menschen von Bildern mit Tönen so beeinflussen lassen.

Johanna sagt, sie weiß es.

Woher willst du das wissen, meckerte ich oft.

Wenn Firmen bereit sind, Unsummen für die Herstellung solcher Lieder und Filme auszugeben, bekommen sie das todsicher vielfach zurück. Außerdem verdienen alle, die in der Werbung arbeiten, viel mehr als Lehrer, Krankenschwestern oder Gärtner. Nicht, weil es sinnvoll ist, es macht sich eben bezahlt. Das ist Johannas Rede.

Mir war's nicht so klar, aber irgendwann habe ich aufgehört, herumzufragen – es ist alles von alleine gekommen, hat sich ganz langsam eingeschlichen – das Erkennen.

Zuerst ist das Bild auf dem Schirm gesprungen, dann hat es gezappelt, schließlich war es in der Mitte eingebuchtet und die Frauen und Kinder waren gar nicht mehr so schön, nur mehr komisch. Die Wirkung der blondesten und seidigsten langen Haare verpuffte.

Siehst du, sagte Johanna, mit diesen Bildern ließen sich die Pflegemittel, Sprays und Färbungen nicht gut verkaufen. Und er geht, er wird absterben, sagte sie auch, und meinte den Apparat.

Du musst ihn reparieren lassen, sagte ich.

Vielleicht, vielleicht nicht, entgegnete Johanna.

Na, prompt hat sie es versäumt.

Als ich wiederkam, grinste sie dazu: Wir haben kein Bild, es kommt nicht mehr.

Ich war enttäuscht, denn Radio habe ich selber eines. Aber die Gemütlichkeit bei Johanna – sie ist selten müde und gar kein „einsamer Mensch" – und das Zärtlichkeitsbedürfnis von Karoline hielten mich ab, wieder zu gehen.

Da saß ich nun und kraulte die Katze, während ich mich davon überzeugte, dass der Fernseher wirklich nur mehr Töne zu bieten hatte, eine Tonabfolge, die ich auswendig hersagen konnte und die mich plötzlich stutzig machte.

Dasbestezumknuspernundfressengibtesjetztalsfeinebissen. Nochschmackhaftersaftigerundleichtundpraktischerzuöffnenidealportioniertundeinleckerbissenfürallevierbeinigenfreunde. Dann kam das mit den „kleinen Feinen auch für Katzenkinder" und der Supermarkt, der „Katzen und Hunde mit köstlichen Leckereien um wenig Mäuse" verwöhnt.

Weißt du, sagte meine alte Freundin plötzlich, als der teure Apparat auf einmal, besser gesagt, auf zweimal seinen Geist aufgegeben hat, war das für mich, als würde sich der Deckel über eine vollgestopfte Truhe senken. Es war, als hätte ich zehn

50

Versicherung

von Maria Gornikiewicz

2 Reklame ist das halbe Geschäft

Jahre meines Lebens eingemottet. – Ich machte nur noch große Augen, während sie mir ihre Story erzählte.

Vor zehn Jahren hatte ich die Katze noch nicht, aber ich habe mit Vorliebe Preisrätsel und Abschnitte von Werbeprospekten ausgefüllt und eingesandt. Um etwas zu gewinnen, habe ich zum Beispiel Katzenfutter bewertet, Vor- und Nachteile angekreuzt und den Namen meiner nicht vorhandenen Katze mit Karoline angegeben.

Ich erhielt für meinen fiktiven Liebling einige Dosen mit Leckerbissen, und weil ich gewonnen habe, auch eine ansehnliche Summe. Da habe ich mir Karoline angeschafft und als kleine Angestellte einer Werbeagentur nebenbei zu texten begonnen. Nach unzähligen Versuchen habe ich mit „Wolkentränen an der Front" für Wimperntusche in das Geschäft einsteigen können. Man braucht ja auch die Butter zum Brot. –

Ich glaubte zu träumen.

Und dann kam der Song vom „Wetterschenkel" für Strumpfhosen, für den ich den Text geschrieben habe. –

Nein, sagte ich und schüttelte den Kopf.

Doch, sagte sie, der „Salat mit den hitzebeständigen Riesenköpfen" ist auch von mir. –

Das war ein umwerfendes Geständnis von meiner Johanna! Auch der Salat. Was noch und wieso und warum und eigentlich wollte ich alles wissen.

Ich dachte immer, du machst dich über die „Schnaderhüpfeln" im Fernsehen lustig? –

Ich habe mich auch lustig gemacht, darum hatte ich meinen großen Durchbruch mit „Zwerge an der Regenrinne verwirren Menschen oft die Sinne". –

Das ist doch der Hit für die Schuhfirma, rief ich aus. Ich kenne natürlich die ganze Serie und spulte sie herunter: „Essigbaum erscheint im Traum, man glaubt es kaum."

Meine unschuldige Johanna mit ihrer kleinen Welt auf dem Balkon! Wenn eine ihrer Kakteen blüht, behauptet sie, gerade Mexikourlaub zu machen. Sie hat maßlose Fantasie, das ist wahr. Klammheimlich hat sie die in der großen Welt des Bildschirms eingesetzt und ich dachte, dort sind nur „Götter" zu Hause, zumindest Übermenschen.

Und warum kaufst du für Karoline nicht diese Delikatessen aus der Dose, wenn du so gut verdienst? –

Weil ihr meine Küche besser schmeckt und weil ich selbst an vielen dieser „Jingles" – so heißen die Lieder für die Werbung – mitgearbeitet habe: „Nach der Morgenpflege gehört die Wohnung uns" zum Beispiel oder: „Köstliche Stückchen von zartem Fleisch mit Sorgfalt ausgewählt und in Liebe zubereitet" und noch ein paar andere stammen aus meiner Feder. Auf meine eigenen Werbetexte kann ich wirklich nicht hereinfallen. – Da musst du aber viel Geld haben, Johanna. – Das war mehr eine Frage.

Gehabt, gehabt, jetzt habe ich mir ein Häuschen auf dem Land mit einem schönen Garten gekauft und werde nächstes Jahr ganz hinaus übersiedeln. Karoline freut sich schon darauf, dann gibt's „echte" Mäuse. Werbung ist wirklich interessant – für jene, die dafür bezahlt bekommen. Und wenn so ein „Jingle" lange genug läuft, besser noch, wenn mehrere laufen, gibt es noch ganz schöne Tantiemen, das ist eine Art Gewinnbeteiligung. Jetzt kann ich mir endlich viel Gartenarbeit leisten. –

Santa Madonna, das gab mir Einblick, ein richtiger Augenöffner war's. Wobei ich Johanna ihren Wohlstand von ganzem Herzen gönne.

Maria Gornikiewicz in: Wolfgang Wagner (Hrsg.), Total im Bild, Wien, 1992, S. 30–35, gekürzt.

Rita Schmitz meint:
„Früh übt sich", sagt ein Sprichwort. Das gilt auch für Jugendliche, die Regeln verletzen. Am Anfang sind es nur ein paar verbotene Zigaretten, Graffiti, ein Ladendiebstahl. So beginnt die kriminelle Karriere. Später kommen dann Drogen, Einbruch, Raub, Erpressung oder Gewaltverbrechen hinzu. Der Weg ist vorgezeichnet. Um Jugendliche davon abzubringen, brauchen wir harte Strafen.

Auf die schiefe Bahn geraten
Jugendkriminalität und Rechtsstaat

Vera Krause denkt so:
Jugendkriminalität ist doch eine ziemlich normale Erscheinung. Viele Menschen begehen in ihrer Jugend kleinere Straftaten ohne später kriminell zu werden. Straftaten sind eine Möglichkeit, die Grenzen der Erwachsenenwelt zu testen und stellenweise zu durchbrechen. Das gehört zur Jugend. Wenn die Jugendlichen dann älter werden, spielt das keine Rolle mehr. Sie sind dann genauso gesetzestreu wie Erwachsene. Straffälligen Jugendlichen sollte man deswegen nicht mit Härte begegnen, sondern mit Verständnis.

Ist einmal

Sascha (15) beschädigt eine Bushaltestelle. Marie (14) klaut in einem Geschäft einen Lippenstift. Carlos (17) erpresst einen Jungen aus seiner Nachbarschaft und droht ihm Prügel an. Das sind Beispiele für Jugendkriminalität, die euch zumindest aus Fernsehen und Zeitungen bekannt sind. Jugendkriminalität kommt überall vor – auch in der Schule: „Da terrorisieren beispielsweise einige Jungs einen jüngeren Schüler über Monate und schlagen ihn aus nichtigem Anlass blutig. Der eingreifende Lehrer wird selbst bedroht. Von Respekt gegenüber dem Lehrer keine Spur. Da rivalisieren Cliquen auf dem Schulhof miteinander, schlagen sich, rauben anderen Jacken oder Fahrräder. Und zu alledem machen auch Drogen vor der Schule nicht Halt."

Ob dieses düstere Bild, das der Autor Frank Weyel (siehe S. 60) zeichnet, zutrifft, mag dahingestellt sein. Immerhin werden aber jedes Jahr mehr als 600 000 Kinder, Jugendliche und Heranwachsende einer Straftat verdächtigt. Allein diese Zahl zeigt, welches Ausmaß die Jugendkriminalität in Deutschland hat.

Ihr erfahrt in diesem Kapitel,
– was Jugendkriminalität ist,
– welche Ursachen Jugendkriminalität hat,
– welche Strafen Jugendliche erhalten können,
– wie ein Jugendgerichtsprozess abläuft und
– welche Wege aus dem Teufelskreis der Jugendkriminalität führen können.

1 Der Fall Peter Abel

In der Ermittlungssache wegen mehrerer Einbrüche wird Peter Abel als Tatverdächtiger vernommen. Er gibt zu Protokoll:

Mein Name ist Peter Abel. Ich bin am 30.1.1975 in Frankfurt am Main geboren worden. […] Das Jugendheim, in dem ich seit dem 4. November 1991 untergebracht bin, habe ich am 7. Dezember 1991 ohne das Einverständnis der Heimleitung verlassen. Seitdem lebe ich auf der Straße. Um mich nachts vor der Kälte zu schützen, bin ich am 8. Dezember gegen 19 Uhr in den Keller des Hauses im Anton-Burger-Weg eingebrochen. Da sich an diesem Abend in dem Haus keiner befand, habe ich in dem Keller bis etwa 7.30 Uhr übernachtet und Lebensmittelkonserven aus dem Vorratsschrank entwendet. […] Am 9. Dezember 1991 bin ich gegen 21 Uhr abermals in den Keller eingebrochen und habe Lebensmittelkonserven, Alkohol und Werkzeug im Wert von 350,- DM [=179 €] entwendet. […] Am 11. Dezember 1991 habe ich um etwa 20 Uhr versucht, in den Keller des Hauses im Großen Hasenpfad zu gelangen. […]

Polizeiliches Vernehmungsprotokoll (Autortext).

2 Jugendkriminalität

Jugendkriminalität liegt vor, wenn ein junger Mensch gegen Strafgesetze verstößt. Die meisten Strafgesetze sind im Strafgesetzbuch niedergelegt. Typische Vergehen, die Jugendliche begehen, sind im Folgenden aufgezählt. Die häufigsten stehen an erster Stelle:
– Ladendiebstahl,
– Körperverletzung,
– Sachbeschädigung,
– „schwerer" Diebstahl,
– Rauschgiftdelikte,
– Raub,
– Betrug,
– Erpressung,
– Einbruch,
– Hehlerei,
– Straßenverkehrsdelikte,
– Raubkopieren.

3

Die Jugend liebt heutzutage den Luxus. Sie hat schlechte Manieren, verachtet Autorität, hat keinen Respekt für ältere Leute und plaudert, wo sie arbeiten sollte. Die Jungen stehen nicht mehr auf, wenn Ältere das Zimmer betreten. Sie widersprechen ihren Eltern, schwätzen in der Gesellschaft, verschlingen bei Tisch die Süßspeisen, legen die Beine übereinander und tyrannisieren ihre Lehrer.

keinmal?

Regelverstöße und Jugendkriminalität

3 Auf die schiefe Bahn geraten

4

Mir sind Jugendliche bekannt, die in den letzten 12 Monaten das getan haben:

Jemanden mit einer Waffe (Messer, Schlagring usw.) bedroht	( )
Den Unterricht erheblich gestört	( )
Einen Lehrer belogen, um nicht aufzufallen oder um nicht bestraft zu werden	( )
Bei Klassenarbeiten erheblich gemogelt	( )
Hausaufgaben von anderen abgeschrieben und als eigene vorgelegt	( )
Eine Schlägerei mitgemacht und dabei jemanden zusammengeschlagen oder arg zugerichtet	( )
Noch nach 24 Uhr in Diskotheken oder Gaststätten gewesen	( )
Gegenstände oder Geld im Wert von weniger als 5 Euro entwendet (z. B. aus einem Kaufhaus)	( )
Andere Gegenstände oder Geld im Wert von mehr als 5 Euro entwendet	( )
Einen Automaten aufgebrochen oder „geleert"	( )
Fremdes (auch öffentliches) Eigentum mit Absicht zerstört oder erheblich beschädigt	( )
Ohne einen gültigen Fahrausweis öffentliche Verkehrsmittel (Bahn, Bus usw.) benutzt	( )
In der Öffentlichkeit geraucht	( )

Bielefelder Fragebogen zur Delinquenzbelastung, nach: H. Steuber: Jugendverwahrlosung und Jugendkriminalität, Stuttgart u. a. 1998, S. 45, leicht bearbeitet und gekürzt.

5

Polizeistreife gegen Blaumacher

Wer in Nürnberg die Schule schwänzt, bekommt es mit der Polizei zu tun. Seit September vergangenen Jahres haben sämtliche Streifenpolizisten den Auftrag, nach verdächtigen Kandidaten Ausschau zu halten. Beamte in Zivil durchkämmen die Kaufhäuser nach Schulpflichtigen. Inzwischen wurden etwa hundert Schulflüchter aufgegriffen.

Die Aktion gehört zum „Sicherheitspakt der Stadt Nürnberg", der die Kinder- und Jugendkriminalität eindämmen soll.

Wenn alle disziplinarischen Maßnahmen der Schule versagen, können die Lehrer einen Schüler nach zehn Tagen unentschuldigten Fehlens durch einen Antrag ans Schulamt polizeilich vorführen lassen. Spätestens hier stellt sich die Frage nach der Verhältnismäßigkeit der Mittel.

Nicht jeder, der schwänzt, wird automatisch zum Verbrecher, so Walter Kimmelzwinger, 44, Leiter der Polizeidirektion Nürnberg und Miterfinder der Schulsheriffs. Aber die Laufbahn vieler Straftäter habe mit dem Blaumachen begonnen.

Dass Mundpropaganda auf den Schulhöfen dazu führen könnte, potenzielle Schwänzer abzuschrecken, halten die Ordnungshüter für unwahrscheinlich. Aber derjenige, der den Machtapparat der Polizei einmal zu spüren bekam und noch nicht zu den gewohnheitsmäßigen Blaumachern gehörte, könnte durch den Schock fürs Erste geheilt werden.

Der Spiegel, 19.7.1999, gekürzt.

Arbeitsvorschläge

1. Welche Straftaten hat Peter Abel verübt (**1**)? Lest auch in Text **2** nach.

2. Der Text **3** stammt von Sokrates (470–399 v. Chr.). Ist er aktuell? Habt ihr eine Erklärung dafür?

3. Handelt es sich bei der Aufzählung von Sokrates um Straftaten nach heutigem Verständnis? Lest zur Beantwortung der Frage Text **2**.

4. Überlegt zunächst für euch selbst, ob ihr schon einmal Straftaten begangen habt (**2**).

5. Kopiert den Fragebogen **4** und füllt ihn in eurer Klasse anonym aus. Gibt es einen Fragebogen, der kein Kreuz enthält?

6. Lässt sich aufgrund der Klassenumfrage sagen, dass Jugendkriminalität weit verbreitet ist?

7. Eignet sich der Fragebogen überhaupt, Jugendkriminalität zu untersuchen?

8. Weshalb sucht die Polizei in Nürnberg Schulschwänzer (**5**)?

9. Haltet ihr die Aktion für gerechtfertigt? Listet in einer Tabelle Argumente dafür und dagegen auf und diskutiert darüber.

ℹ️ Informationen zu der Entwicklung von Jugendkriminalität und der Häufigkeit von Jugendstraftaten erhaltet ihr vom Bundeskriminalamt, z.B. auf dessen Homepage: www.bka.de.

Ihr könnt auch beim Innenministerium eures Bundeslandes Informationen einholen. Sehr informativ zu diesem Thema ist folgende Seite: www.im.nrw.de/jk/jkinh.htm.

Ein Leben

1

Der Lebensweg von Peter Abel

Peter Abel wurde als das dritte uneheliche Kind der Kellnerin Regina Abel am 30.1.1975 geboren. In einem Bericht des Jugendamtes heißt es: „Die Mutter war alkoholabhängig und hatte ständig wechselnde Männerbekanntschaften. Weil sie den Säugling geradezu verkommen ließ, wurde ihr das Sorgerecht für Peter entzogen, als dieser ein Jahr alt war. Der Aufenthaltsort der Mutter ist seit Jahren unbekannt."

Peter wurde im Alter von einem Jahr zunächst zur Großmutter väterlicherseits gegeben. Dort blieb er zwei Jahre, danach lebte er im Haushalt seines Vaters. Mit sechs Jahren bereitete er erhebliche Erziehungsprobleme. Bei der Einschulung wurde er zurückgestellt, am Ende des ersten Schuljahres blieb er sitzen. Nach der dritten Klasse wechselte er zur Sonderschule.

Der Vater fühlte sich mit Peters Erziehung überfordert und beantragte die Aufnahme in ein Kinderheim. Peter war in der Gruppengemeinschaft bald untragbar. Während eines einzigen Monats entwich er zehnmal aus dem Heim. Mit zehn Jahren kam er in ein anderes Kinderheim. Als er auch dort wegen seines rüpelhaften und aggressiven Verhaltens untragbar wurde, kam er in ein Heim für verhaltensauffällige Kinder. Als er 13 Jahre alt war, kam erneut ein schwacher Kontakt zu seinem Vater zustande. Peters Verhalten im Heim besserte sich. Mit 14 Jahren zog er zu seinem Vater. Mit 15 Jahren wurde er aus der siebten Klasse der Sonderschule entlassen und begann zu arbeiten. Im Betrieb kam er zwei Monate lang gut zurecht.

Im angetrunkenen Zustand bewarf Peter von einer Autobahnbrücke aus Autos mit Steinen. Als er bei einem Fußballspiel alkoholisiert in eine Schlägerei verwickelt wurde, bat sein Vater daraufhin erneut um Rücknahme des Jungen ins Heim. Wegen Straßenverkehrsgefährdung und gemeinschaftlicher Körperverletzung wurde im September 1990 ein Jugendarrest von vier Wochen verhängt. Peter kam in ein Jugendwohnheim, auch hier entwich er. Einige Zeit später verlor er zudem seinen Arbeitsplatz.

Ende 1991 kam er in ein anderes Jugendwohnheim, aus dem er abermals entwich und in den folgenden Wochen auf der Straße lebte. Er brach mehrfach in Keller ein, teils um dort zu schlafen, teils um Lebensmittel, Alkohol und Werkzeug zu stehlen, und wurde gefasst.

Ministerium für Arbeit, Gesundheit und Soziales NRW (Hrsg.), Jugendkriminalität. Wir diskutieren, Köln 1997, S.1137, bearbeitet.

2

3

Zweimal Ladendiebstahl

Das Taschengeld von Alex, 15 Jahre, reicht nicht, um mit seiner Clique mitzuhalten. Ständig neue Klamotten, abends mit den anderen ins Kino gehen und dann noch Geschenke für seine Freundin – das ist zu viel. Trotzdem möchte er auf nichts verzichten. Als er auf die Geburtstagsfete von Gero eingeladen wird, sagt er sofort zu. Das Geschenk, eine CD, lässt er in einem großen Kaufhaus „mitgehen". „Das ist in den Preisen schon eingerechnet", sagt er.

Der 14-jährige Thomas und sein 15-jähriger Freund Christian bewohnen mit ihren Familien jeweils eine Wohnung in einer Hochhaussiedlung. Spielmöglichkeiten bietet der Spielplatz nur für die Kleineren. Thomas und Christian langweilen sich „zu Tode". Als Thomas seinem Freund vorschlägt, mit ihm in einem Kaufhaus „CDs zu holen, um wenigstens Musik hören zu können", ist dieser gleich dabei. Schon beim Betreten des Kaufhauses werden sie vom Ladendetektiv beobachtet. Als Thomas eine und Christian zwei CDs unter der Jacke verschwinden lassen, schlägt der Detektiv zu. Später sagt er: „Manchen Jugendlichen sehe ich direkt an, dass sie etwas klauen wollen. Wenn die schon in vergammelten Sachen das Kaufhaus betreten – woher sollen die denn das Geld haben, um CDs zu kaufen?"

ohne Chancen?

3 Auf die schiefe Bahn geraten

Ursachen von Jugendkriminalität

4

Der Reiz des Stehlens

Um zu erfahren, was junge Menschen dazu treibt, in die Regale zu fassen und sich dann ohne Bezahlung aus dem Staub zu machen, hatte die Geschäftsleitung eines Kaufhauses die Schulklassen 8b und 9a des Kölner Schiller-Gymnasiums, deren Lehrer, eine Staatsanwältin und einen Amtsrichter eingeladen.

Als ein Lehrer wissen wollte: „Was macht am Klauen so viel Spaß?", brachte es eine Schülerin auf den Punkt: Es sei wahrscheinlich der „Reiz des Verbotenen", vermutete sie. Wenn man in einem Geschäft stehle, sei das eben „ganz was Verbotenes" und nicht zu vergleichen mit anderen Übertretungen, wie zum Beispiel „seine Eltern zu belügen". Vorausgesetzt, man wird nicht erwischt, spiele wahrscheinlich auch das Gefühl eine Rolle: „Ich habe es geschafft", sagte ein Mitschüler.

Ein Mitarbeiter eines Kaufhauses bestätigte, dass Diebstahl eine Art Volkssport geworden sei: „Klauen gilt heute bei den Jugendlichen etwas. Wer das tut, ist eben ein cooler Hecht in den Augen der anderen." Offenbar seien heute die Wertvorstellungen verdreht.

Kölner Stadtanzeiger, 31.10.97, gekürzt.

5

„UNSERE WIRTSCHAFT ERZIEHT DIE JUGEND ZU KRIMINELLEN!"

6

Wenig Wissen über Ursachen

Die zahlreichen Umstände, die als Ursache für Kinder- und Jugendkriminalität genannt werden, sind wissenschaftlich noch nicht gesichert. Die Ursachenforschung vor allem der Kinderkriminalität steht in Deutschland erst in den Anfängen. Die meisten, die sich mit Ursachen auseinander setzen, sehen eine Zunahme von Kinder- und Jugendkriminalität darin, dass sich die Gesellschaft immer mehr spaltet. Im Einzelnen stehen folgende Punkte zur Diskussion:

1. Armut und sozialer Ausschluss
2. Fehlende Ausbildung
3. Wohnsituation, Wohnumfeld und Freizeit
4. Leitbild gegen Wirklichkeit
5. Lernprobleme und Regelverstöße
6. Instabile familiäre Verhältnisse
7. Versagen der Erziehung
8. Gewalt gebiert Gewalt
9. Kriminalität in den Medien

Aktualitätendienst 1999, Stuttgart 1999, S. 117f., gekürzt.

Arbeitsvorschläge

1. Stellt den Lebensweg von Peter Abel in einer Tabelle dar (**1**):

Jahr	Alter	Ereignisse

2. Beschreibt die Ursachen für Peters Straftaten, die sich aus **1** ergeben und fügt sie in die Tabelle ein.

3. Wo hatte Peter die Chance ein „normales" Leben zu führen? Warum hat er die Chancen nicht genutzt?

4. Lassen sich aus der Karikatur (**2**) Ursachen für Jugendkriminalität ableiten? Beachtet auch **6**.

5. Warum stiehlt Alex, warum stehlen Thomas und Christian CDs (**3**)?

6. Der Ladendetektiv sagt, manchen Jugendlichen sehe er direkt an, dass sie etwas klauen wollen (**3**). Was haltet ihr von dieser Aussage?

7. Welcher Grund für Ladendiebstahl wird in **4** genannt?

8. Tragen die Geschäfte eine Mitschuld an Ladendiebstählen (**5**)?

9. Erläutert die neun Punkte in **6** und findet zu jeder der genannten Ursachen ein Beispiel. Welche Punkte treffen vermutlich auf Peter Abel zu, welche seht ihr in **2**–**4**?

Jugendkriminalität kann nach **6** etwas mit Sozialisation und Erziehung zu tun haben. (Siehe S. 13.) Seht euch auch S. 14–15 an und versucht Bezüge herzustellen. Auf S. 106–107 seht ihr Ursachen für Drogenkonsum. Vergleicht einmal Text **6** mit Text **3** auf S. 105. Zur „Spaltung der Gesellschaft" und Armut findet ihr viele Informationen auf S. 178–185.

Strafbar

Was verboten ist und was nicht, ist in Gesetzen genau festgelegt. Was zum Beispiel Diebstahl oder Körperverletzung ist, kann, genauso wie fast alle anderen Delikte, im Strafgesetzbuch (StGB) nachgelesen werden. Für Jugendliche und Heranwachsende gilt ergänzend dazu das Jugendgerichtsgesetz (JGG). Aber der Umgang mit dem Gesetzestext ist nicht einfach. Wenn ihr prüfen wollt, ob eine konkrete Handlung gegen ein Strafgesetz verstößt und bestraft werden kann, müsst ihr in drei Schritten vorgehen.

I. Das Vorliegen einer Tat

Zuerst prüft ihr, ob die konkrete Handlung zu einer Vorschrift im Strafgesetzbuch passt: Dabei ist nicht nur wichtig, ob jemand die Tat selbst ausgeführt hat, sondern eine Straftat kann auch dann vorliegen, wenn
- jemand eine andere Person zu einer Straftat anstiftet (Anstiftung),
- jemand eine andere Person bei einer Straftat unterstützt (Beihilfe, z. B. „Schmiere stehen"),
- jemand eine Handlung, die im Gesetz verlangt wird, unterlässt (z. B. unterlassene Hilfeleistung am Unfallort).

II. Die Rechtswidrigkeit

Wenn ihr festgestellt habt, dass die untersuchte Handlung gegen eine Vorschrift des Strafrechts verstößt, ist dies in den meisten Fällen rechtswidrig (verstößt gegen das Gesetz). Es gibt aber Ausnahmen. Eine Ausnahme liegt vor, wenn
- jemand aus Notwehr gehandelt hat. Wenn jemand z.B. mit einem Messer bedroht wird und sich so zur Wehr setzt, dass der Angreifer sich verletzt, so liegt Notwehr vor. Die Tat ist keine Straftat.
- jemand zum Handeln gezwungen ist, weil die Polizei nicht rechtzeitig vor Ort ist (Selbsthilfe): Wenn z.B. ein Dieb mit einem Fahrrad losfahren möchte, der Eigentümer ihn erwischt und festzuhalten versucht, sodass der Dieb stürzt und sich verletzt, hat sich der Eigentümer keiner Straftat schuldig gemacht.
- ein Gerichtsvollzieher oder Polizeibeamter mit einem amtlichen Durchsuchungsbefehl in eine Wohnung eindringt. In diesem Fall liegt kein Einbruch vor.

III. Die Schuldfeststellung

Wenn ihr festgestellt habt, dass die Tat rechtswidrig ist, müsst ihr nachweisen, dass der Täter schuldfähig ist. Der Täter trägt nur dann Schuld, wenn er die Tat vorgenommen hat, obwohl der die Möglichkeit hatte, das zu unterlassen.

In Deutschland sind Kinder unter 14 Jahren grundsätzlich strafunmündig. Sie können deshalb strafrechtlich nicht zur Verantwortung gezogen werden. Um die Schuld eines Täters festzustellen, werden zwei Fragen gestellt:
- Hat der Täter vorsätzlich gehandelt? Hat er also die Straftat bewusst begangen und die Folgen gekannt?
- Hat der Täter fahrlässig gehandelt? Ist er also nachlässig gewesen, obwohl er zur Sorgfalt verpflichtet gewesen wäre?

Nur dann, wenn das Vorliegen einer Tat, die Rechtswidrigkeit, die Strafmündigkeit und die Schuld festgestellt worden sind, liegt eine Straftat vor, die vor Gericht gebracht werden kann.

oder nicht?
Umgang mit dem Strafrecht

3 Auf die schiefe Bahn geraten

Wer kann für welche Straftat bestraft werden?

1. Oliver (13 Jahre) und Sergio (14 Jahre) lauern Kai auf, der sie beim Lehrer verpetzt hat. Sergio möchte Kai mit dem Taschenmesser einschüchtern. Dabei sticht er so zu, dass Kai eine gefährliche Nierenverletzung erleidet.

2. Nadine und Claudia (beide 14 Jahre) beobachten den kleinen Gero, der für seine Mutter einkaufen geht. In einer stillen Seitenstraße entreißen sie ihm das Portmonee und rennen weg. Sandra (ebenfalls 14 Jahre) hat die beiden Mädchen zu der Tat überredet.

3. Ingo (15 Jahre) klettert durch das Kellerfenster in ein Haus und entwendet Würstchen und Bier. Anschließend bricht er einen Automaten auf und nimmt Zigaretten mit. Erkan (16 Jahre) passt in beiden Fällen auf, ob jemand kommt.

Begehen Jugendliche im Alter von 14 bis 17 Jahren Straftaten, so gibt das Jugendgerichtsgesetz vor, wie mit den Straftätern zu verfahren ist. Bei Heranwachsenden von 18 bis einschließlich 20 Jahren *kann* das JGG angewendet werden. Ihnen kann aber auch nach den allgemeinen strafrechtlichen Bestimmungen der Prozess gemacht werden. Das Jugendgerichtsgesetz beginnt so:

Das Jugendgerichtsgesetz (JGG)

§1 Persönlicher und sachlicher Anwendungsbereich
(1) Dieses Gesetz gilt, wenn ein Jugendlicher oder ein Heranwachsender eine Verfehlung begeht, die nach den allgemeinen Vorschriften mit Strafe bedroht wird.
(2) Jugendlicher ist, wer zur Zeit der Tat vierzehn, aber noch nicht achtzehn, Heranwachsender, wer zur Zeit der Tat achtzehn, aber noch nicht einundzwanzig Jahre alt ist.

§2 Anwendungen des allgemeinen Rechts Die allgemeinen Vorschriften gelten nur, soweit in diesem Gesetz nichts anderes bestimmt ist.

§3 Verantwortlichkeit Ein Jugendlicher ist strafrechtlich verantwortlich, wenn er zur Zeit der Tat nach seiner sittlichen und geistigen Entwicklung reif genug ist, das Unrecht der Tat einzusehen und nach dieser Einsicht zu handeln. [...]

In Paragraf 4 des Jugendgerichtsgesetzes ist festgelegt, dass die Straftaten nach den Vorschriften des allgemeinen Strafrechts eingeordnet werden. Dies gilt, wie ihr auf der nächsten Seite erfahrt, nicht für die Höhe eventueller Strafen. Die Hauptquelle des allgemeinen Strafrechts ist das Strafgesetzbuch.

Im Strafgesetzbuch finden sich z. B. folgende Vorschriften:

Das Strafgesetzbuch (StGB)

§223 Körperverletzung. (1) Wer einen anderen körperlich misshandelt oder an der Gesundheit beschädigt, wird mit Freiheitsstrafe bis zu drei Jahren oder mit Geldstrafe bestraft [...]

§223a. Gefährliche Körperverletzung. (1) ist die Körperverletzung mittels einer Waffe, insbesondere eines Messers oder eines anderen gefährlichen Werkzeugs, oder mittels eines hinterlistigen Überfalls oder von mehreren gemeinschaftlich oder mittels einer das Leben gefährdenden Behandlung begangen, so ist die Strafe Freiheitsstrafe bis zu fünf Jahren oder Geldstrafe.

(2) Der Versuch ist strafbar.

§242. Diebstahl. (1) Wer eine fremde bewegliche Sache einem anderen in der Absicht wegnimmt, dieselbe sich rechtswidrig zuzueignen, wird mit Freiheitsstrafe bis zu fünf Jahren oder mit Geldstrafe bestraft.

(2) Der Versuch ist strafbar.

§243. Besonders schwerer Fall des Diebstahls. (1) In besonders schweren Fällen wird der Diebstahl mit Freiheitsstrafe von drei Monaten bis zu zehn Jahren bestraft. Ein besonders schwerer Fall liegt in der Regel vor, wenn der Täter
1. zur Ausführung der Tat in ein Gebäude, eine Wohnung, einen Dienst- oder Geschäftsraum oder in einen anderen umschlossenen Raum einbricht, einsteigt, mit einem falschen Schlüssel oder einem anderen nicht zur ordnungsmäßigen Öffnung bestimmten Werkzeug eindringt oder sich in dem Raum verborgen hält,
2. eine Sache stiehlt, die durch ein verschlossenes Behältnis oder eine andere Schutzvorrichtung gegen Wegnahme besonders gesichert ist [...]
(2) In den Fällen des Absatzes 1 [...] ist ein besonders schwerer Fall ausgeschlossen, wenn sich die Tat auf eine geringwertige Sache bezieht.

Strafe muss sein!

Strafziele un...

Für die Maßnahmen und Strafen gegenüber jungen Menschen gelten andere Maßstäbe als für Erwachsene: Die Maßnahmen und Strafen des Jugendrichters sollen vor allem der Erziehung des Jugendlichen oder Heranwachsenden dienen. Der Erziehungsgedanke hat Vorrang vor dem Strafgedanken.

Welche Maßnahmen und Strafen infrage kommen, steht im Jugendgerichtsgesetz (JGG). Dort steht auch, auf wen es angewendet wird: Bei Jugendlichen im Alter von 14 bis 17 Jahren muss es angewendet werden, bei Heranwachsenden von 18 bis einschließlich 20 Jahren kann es angewendet werden.

① Welche Strafe droht Peter Abel?

Da Peter Abel mit 16 Jahren noch ein Jugendlicher ist, fällt er unter das Jugendgerichtsgesetz. Als Strafe kommen für Peter Abel damit nur die Möglichkeiten in Betracht, die im JGG beschrieben sind.

Bei der Festsetzung der Strafe steht nicht die Straftat im Vordergrund, sondern Peter Abel als Person. Berücksichtigt wird, welche Umstände in seiner persönlichen Entwicklung, in seinem familiären Umfeld und in seiner sonstigen Umgebung zu der Tat beigetragen haben. In das Strafmaß wird auch mit einbezogen, wie diese Umstände verändert werden können und welche Straftaten bisher verübt wurden.

Im Fall von Peter Abel, gegen den im September 1990 bereits ein Jugendarrest von vier Wochen verhängt wurde, könnte z. B. ein weiterer Jugendarrest oder eine Jugendstrafe infrage kommen. Die Jugendstrafe kann auch zur Bewährung ausgesetzt werden und muss dann nicht im Jugendgefängnis verbüßt werden.

②

Dem Richter stehen nach dem JGG verschiedene Maßnahmen zur Verfügung. Die häufigsten sind: Weisungen, Auflagen, Jugendarrest und Jugendstrafe.

Weisungen

Der Richter kann so genannte Erziehungsmaßregeln anordnen. Dazu gehören die Weisungen. Weisungen sind Gebote und Verbote, welche die Lebensführung des Jugendlichen regeln und dadurch seine Erziehung fördern und sichern sollen.

Die am häufigsten angeordneten Weisungen eines Richters sind:
– Arbeitsleistungen zu erbringen.
– Sich der Betreuung und Aufsicht einer bestimmten Person zu unterstellen.
– An einem sozialen Trainingskurs teilzunehmen.
– Sich zu bemühen, einen Ausgleich mit dem Geschädigten zu erreichen.
– An einem Verkehrsunterricht teilzunehmen.

Auflagen

Ähnlich wie die Weisungen sind auch die Auflagen zu verstehen. Rechtlich gehören sie aber nicht zu den Erziehungsmaßregeln, sondern zu den Zuchtmitteln. Auflagen werden als „Ahndung" verstanden und gelten deshalb als etwas schärfer als die Erziehungsmaßregeln.

Der Jugendrichter kann dem Jugendlichen u. a. auferlegen
– nach Kräften den durch die Tat verursachten Schaden wiedergutzumachen.
– Arbeitsleistungen zu erbringen.
– einen Geldbetrag zugunsten einer gemeinnützigen Einrichtung zu zahlen.

Der Jugendarrest

Ist Jugendarrest verhängt worden, muss der Jugendliche in die Jugendarrestanstalt. Er wird entweder als Freizeitarrest, das sind Wochenenden, als Kurzarrest, das sind 3–5 Wochentage, oder als Dauerarrest, nämlich 1, 2, 3 oder maximal 4 Wochen, angeordnet.

Der Jugendarrest wird dann verhängt, wenn nach Auffassung des Richters Auflagen und Weisungen nicht mehr ausreichen.

Die Jugendstrafe

Die Jugendstrafe dauert mindestens sechs Monate, das Höchstmaß liegt bei fünf Jahren, bei schweren Verbrechen bis zu zehn Jahren. Der Richter verhängt Jugendstrafe unter anderem wegen der „Schwere der Schuld".

Bewährung

Die Aussetzung einer Jugendstrafe zur Bewährung bedeutet: Der Jugendliche muss die Strafe nicht absitzen, wenn er sich „bewährt". Die Bewährungszeit beträgt 1 bis 2 Jahre. Verstößt er innerhalb der Bewährungszeit gegen richterliche Auflagen oder Weisungen oder begeht neue Straftaten, besteht die Möglichkeit, dass er die vorher verhängte Jugendstrafe im Jugendgefängnis absitzen muss. Ist die Jugendstrafe höher als zwei Jahre, kann sie nicht mehr zur Bewährung ausgesetzt werden.

Nach: Frank Weyel, Hilfe statt Knast? Jugend vor Kriminalität schützen, Nördlingen 1999, S. 160–167, gekürzt und leicht bearbeitet.

Wirklich?

3 Auf die schiefe Bahn geraten

...anktionen des Jugendgerichtsgesetzes

3

Zwei Positionen über den Sinn von Gefängnisstrafen für Jugendliche

Gerd Ehlers, Justizvollzugsbeamter:
Wenn ich mir vorstelle, ein Jugendlicher hätte mich überfallen oder bei mir eingebrochen, dann wäre ich nicht damit zufrieden, dass einfach nur Erziehungsmaßregeln angewendet werden. In so einem Fall fände ich die Gefängnisstrafe auch für einen Jugendlichen gerechtfertigt. Nicht nur als Vergeltung, sondern auch, um dem Jugendlichen sein Unrecht deutlich vor Augen zu führen. Das Gefängnis hilft ihm sozusagen, Grenzen zu erkennen, die notwendig sind, wenn Menschen zusammenleben. Ohne Regeln geht es nun einmal nicht.

Außerdem erhält der Jugendliche im Gefängnis viele Chancen, die er sonst vielleicht nicht hätte: Er bekommt die Möglichkeit, eine Ausbildung zu machen und sich damit eine Zukunft aufzubauen. Das funktioniert aber nur, wenn die Gefängnisstrafe nicht zu kurz ist. Sie sehen, im Knast werden Jugendliche nicht nur verwahrt, sie erhalten Möglichkeiten ihr Leben neu zu ordnen.

Jürgen Pickardt, Sozialarbeiter:
Im Jugendgerichtsgesetz ist ausdrücklich hervorgehoben, dass jugendlichen Straftätern geholfen werden soll. Wenn man dies ernst nimmt, heißt das: Gefängnisstrafen als Vergeltung von Straftaten sollten nicht verhängt werden, sie stellen allenfalls das Opfer zufrieden. Dem Straftäter helfen sie nicht. Das zeigt die große Rückfallquote: Acht von zehn Jugendlichen, die im Gefängnis saßen, verüben später neue Straftaten, sechs von ihnen müssen erneut ins Gefängnis. Das ist ein Teufelskreis: Sie kommen ins Gefängnis, lernen dort erst die Tipps und Tricks kennen, um Straftaten zu begehen, und begehen diese dann auch. Wenn sie dann erneut erwischt werden, landen sie wieder im Gefängnis usw. Davon, dass die Jugendlichen wieder in die Gesellschaft eingegliedert werden sollen, kann also beim Gefängnis nicht die Rede sein. Und die Möglichkeit, eine Ausbildung zu machen oder soziale Regeln zu lernen, verwirklichen andere Hilfsangebote wie betreute Wohngruppen für jugendliche Straftäter viel besser.

4

Jugendgefängnis – ein Weg aus der Kriminalität?

Arbeitsvorschläge

1. Welche Umstände werden bei der Festsetzung einer Strafe nach dem Jugendgerichtsgesetz berücksichtigt (**1**, **2**)?

2. Listet die Strafen auf, die für Peter Abel infrage kommen. Lest in **2** nach, was sie bedeuten.

3. Welchen Zweck verfolgt die Bestrafung eines Täters nach der Meinung von Herrn Ehlers? Welchen Zweck hat sie nach Auffassung von Herrn Pickardt (**3**)?

4. Stellt in einer Tabelle die Argumente gegenüber, die für und gegen Gefängnisstrafen für Jugendliche sprechen.

5. Führt eine Pro- und Kontra-Diskussion über den Sinn von Gefängnisstrafen bei Jugendlichen durch.

Eine Anleitung dazu findet ihr auf den Seiten 208–209.

6. Schreibt einen Zeitungskommentar zu der Überschrift „Der Weg ins Gefängnis – ein Weg aus der Jugendkriminalität?" (**3** und **4**).

Das könnt ihr auch in Zusammenarbeit mit dem Deutschunterricht machen.

Zwischen Anklage

Was ist ein Simulationsspiel?
Simulation bedeutet, dass eine Situation, die in der Wirklichkeit vorkommt, nachgestellt wird. Im Gegensatz zur Wirklichkeit handelt es sich aber ähnlich wie beim Theater um eine Inszenierung. Durch ein Simulationsspiel könnt ihr bestimmte Aspekte besonders hervorheben, während andere nicht oder nur am Rande erscheinen. Ihr übernehmt für die Dauer des Spiels andere Rollen und könnt die damit verbundenen Gefühle und Stimmungen erleben.

Wozu ein Simulationsspiel?
Ein Simulationsspiel eignet sich sehr gut dazu, in nachgestellten Situationen Erkenntnisse und Erfahrungen zu sammeln. Es hat den Vorteil, dass ihr aktiv daran beteiligt seid und dass es Spaß macht. Ihr fällt die Entscheidungen und schafft Ereignisse, auf die andere reagieren müssen. Ihr müsst aber auf einige Punkte achten, wenn das Simulationsspiel funktionieren soll.

I. Festlegung der Situation
Als Erstes müsst ihr genau vereinbaren, worum es bei dem Simulationsspiel geht. Ihr legt fest, aus welchem Anlass das Simulationsspiel beginnt und welche Personen beteiligt sind. Diese Personen beschreibt ihr möglichst genau (Beruf, Geschlecht usw.). Besonders wichtig ist, welche Interessen und Ziele jede Person verfolgt und welche Möglichkeiten sie hat, diese zu erreichen.
Diese Informationen schreibt ihr auf Rollenkarten. Auf der nächsten Doppelseite findet ihr Beispiele für Rollenkarten.

II. Einteilung der Spieler/innen
Wenn feststeht, worum es bei dem Simulationsspiel geht, könnt ihr die Rollen verteilen. Jeder erhält eine Rolle und bereitet sich gemeinsam mit den Schülern, die dieselbe Rolle haben, in einer Gruppenarbeit vor. Bei dieser Vorbereitung entwickelt ihr nicht nur eure eigenen Argumente und Strategien, sondern überlegt auch, wie ihr auf die anderen Teilnehmer im Simulationsspiel reagieren könnt und wie diese wohl auf eure Interessen reagieren werden. Wer seine Position am Ende am überzeugendsten kann, ergibt sich aber immer erst während des Simulationsspiels.

III. Durchführung
Obwohl jeder eine Rolle vorbereitet hat, können nicht alle (gleichzeitig) vorspielen. Diejenigen von euch, die nicht vorspielen, sind die Beobachter. Sie achten jeweils auf einen bestimmten Spieler und schreiben ihre Beobachtungen auf. Worauf die Beobachter sich konzentrieren sollen, steht im Beobachtungsbogen für ein Simulationsspiel.

IV. Rollendistanz aufbauen
Unmittelbar nach dem Simulationsspiel werden die Spielerinnen und Spieler befragt und erzählen, wie sie sich in ihrer Rolle gefühlt haben, wo sie sicher, unsicher waren, was ihnen gefallen hat. Diese Schilderungen helfen den Spielerinnen und Spielern, Abstand von dem Simulationsspiel zu gewinnen. Nur so können sie die Ergebnisse auswerten und identifizieren sich nicht ständig mit ihren alten Rollen.
Ergänzt werden diese Schilderungen durch die Eindrücke der Beobachter. Sie können berichten, wie die Spielerinnen und Spieler ihre Rolle ausgefüllt haben: realistisch oder unrealistisch, zurückhaltend oder dominierend usw.

V. Auswertung
Während zur Rollendistanz die Beobachtungsaufträge 1 und 2 aus dem Beobachtungsbogen wichtig sind, geht es in der Auswertung um die restlichen Beobachtungen. Im Mittelpunkt stehen nun die Interessen und Argumente der Spielerinnen und Spieler. Wenn ihr diese besprochen habt, könnt ihr die Frage stellen: War das Ergebnis des Simulationsspiels zufrieden stellend? Hätte es bessere Lösungen gegeben? Wie hätte man dahin kommen können?

VI. Wiederholung des Simulationsspiels
Handelt es sich um sehr schwierige Situationen, kann das Simulationsspiel mehrmals stattfinden. Hier sollten dann andere Schüler vorspielen.

und Verteidigung

Ein Simulationsspiel zum Jugendgerichtsverfahren

3 Auf die schiefe Bahn geraten

Beobachtungsbogen für ein Simulationsspiel

1. Wie verhält sich der Spieler oder die Spielerin in ihrer Rolle: echt/unecht, geplant/ungeplant, laut/leise usw.?
2. Passt das Verhalten zu der Rollenkarte?
3. Hat sie oder er seine bzw. ihre Interessen und Ziele vertreten?
4. Welche Argumente bringt sie oder er vor?
5. Konnte die beobachtete Person ihr Anliegen glaubwürdig vertreten? Warum haben die Argumente überzeugt oder nicht überzeugt?

Ablauf einer Jugendgerichtsverhandlung

I. Der Richter, als Vorsitzender,
   - eröffnet das Verfahren,
   - stellt fest, ob alle erschienen sind,
   - befragt den Angeklagten zur Person und zur Sache.

II. Staatsanwalt verliest die Anklageschrift.

III. Richter weist den Angeklagten darauf hin, dass seine Aussage freiwillig ist. Er vernimmt den Angeklagten und führt die Beweisaufnahme durch (hört Zeugen und Sachverständige, sichtet Beweismittel).

IV. Staatsanwalt, Angeklagter und Verteidiger können die Zeugen und die Sachverständigen nach der Einzelbefragung durch das Gericht selbst befragen, ggf. werden weitere Zeugen und Sachverständige vernommen.

V. Staatsanwalt, Angeklagter und Verteidiger können eine Erklärung abgeben, d.h. sie können weitere Anträge stellen und z.B. weitere Zeugen benennen.

VI. Die Jugendgerichtshilfe gibt ihre Stellungnahme ab. Sie erzählt, welche Auswirkungen bereits ergriffene Maßnahmen auf den Jugendlichen hatten. Sie macht einen Vorschlag, ob und ggf. welche Maßnahme nun gegen den Angeklagten verhängt werden soll. Staatsanwalt und Verteidiger halten ihr Abschlussplädoyer. Der Angeklagte erhält das Wort zur eigenen Verteidigung. Um ein angemessenes Urteil zu fällen, zieht sich das Gericht zur Urteilsfindung zurück.

VII. Der Richter verkündet und begründet das Urteil. Er fragt, ob das Urteil angenommen wird, belehrt über die Folgen bei nicht pflichtgemäßer Befolgung des Urteils, belehrt über die Rechte (Revision, Berufung) und schließt die Verhandlung.

Rollenkarte: Verteidiger/Verteidigerin

Situation: Du vertrittst die Interessen deines Mandanten vor Gericht, um Schaden von ihm abzuwenden und Nachteile gering zu halten. Du darfst aber nicht die Unwahrheit sagen, sondern musst vielmehr den Sachverhalt so darstellen, dass er für deinen Mandanten günstig ist.

Position: Für Peter Abel kommen verschiedene Möglichkeiten infrage (S. 60, 1). Dein Ziel ist es, den Richter davon zu überzeugen, dass 4 Wochen Jugendarrest als Maßnahme des Gerichts ausreichen. Eine Gefängnisstrafe möchtest du in jedem Fall verhindern.

Vorbereitung: Lies noch einmal 1 auf S. 54 und S. 56 und besprich dich mit deinem Mandanten.

Rollenkarte: Jugendgerichtshelfer/in

Situation: Du bist weder Ankläger noch Verteidiger, sondern Sozialarbeiter/in des Jugendamtes. Im Anschluss an die Beweisaufnahme trägst du deinen Bericht vor: Lebenslauf, persönliche Verhältnisse des Angeklagten, Freunde, Freizeitinteressen. Du schilderst seine Probleme und was er selbst schon versucht hat um sie zu lösen. Du erwähnst auch die Motive des Angeklagten für die Straftaten. Schließlich schilderst du, welche Möglichkeiten du siehst, Peter Abels Schwierigkeiten zu lösen.

Position: Für Peter Abel kommen verschiedene Strafen infrage (S. 60, 1). Deiner Meinung nach sollte das Gericht anerkennen, dass die gesamte Lebenssituation Peter Abels seine Straftaten begünstigt hat.

Vorbereitung: Lies noch einmal 1 auf S. 54 und S. 56.

ℹ️ Ein Jugendrichter führt nicht nur Verhandlungen und fällt Urteile. Unter folgender Adresse stellt ein Jugendrichter verschiedene Themen und vor allem aktuelle Diskussionen zur Jugendkriminalität vor: www.der-jugendrichter.de.

3 Auf die schiefe Bahn geraten

Rollenkarte: Staatsanwalt/Staatsanwältin

Situation: Du bist Anwalt/Anwältin des Staates, also vertrittst du die Interessen der Bürgerinnen und Bürger. Es ist deine Aufgabe, Anzeigen nachzugehen und Straftaten zusammen mit der Polizei aufzuklären, um dann den Beschuldigten vor Gericht anzuklagen. Dabei musst du aber auch die Umstände untersuchen, die günstig für den Angeklagten sein könnten.

Position: Für Peter Abel kommen verschiedene Strafen infrage (S. 60, **1**). Als Ziel hast du dir gesteckt, dass der Angeklagte zu 10 Monaten Jugendgefängnis verurteilt wird. Jugendarrest, wie ihn der Angeklagte bereits einmal verbüßt hat, hältst du nicht für ausreichend – zumal dieser höchstens vier Wochen dauern darf.

Vorbereitung: Verfasse die Anklageschrift und begründe die Anklage. Du kannst dich dabei auf das Vernehmungsprotokoll der Polizei stützen (S. 54, **1**).

Rollenkarte: Angeklagter

Situation: Deine Vergangenheit kannst du nicht abschütteln. Einerseits willst du einen Schlussstrich ziehen und zeigen, dass du dich bemüht hast. Du hast jedoch in der damaligen Situation keinen anderen Ausweg gewusst, weil du etwas zu essen haben wolltest. In der Verhandlung hast du das letzte Wort vor der Urteilsverkündung, musst aber nicht davon Gebrauch machen. Als Angeklagter hast du das Recht, zu jedem Zeitpunkt zu schweigen oder zu „lügen".

Position: Für Peter Abel kommen verschiedene Strafen infrage (S. 60, **1**). Dein Ziel ist es, mit dem Jugendarrest davonzukommen. Deshalb unterstützt du deinen Anwalt.

Vorbereitung: Lies noch einmal **1** auf S. 54, sprich dich mit deinem Anwalt ab und bereite deine Abschlussworte vor.

Rollenkarte: Richterin oder Richter

Situation: Deine Aufgabe besteht in der richtigen Anwendung der Gesetze. In ihrer Entscheidung sind Richter unabhängig. Die Erwartungen an dich sind von allen Seiten hoch. Es ist deine Aufgabe, für einen fairen Prozess und ein Urteil zu sorgen. Nicht der Angeklagte hat seine Unschuld, sondern das Gericht seine Schuld zu beweisen, wenn es zu einem Schuldspruch kommen soll.

Position: Für Peter Abel kommen verschiedene Strafen infrage (S. 60, **1**). Welche Strafe du verhängst, hängt vom Prozessverlauf ab.

Vorbereitung: Du solltest die Gesetze kennen und alle Akten gründlich studieren (S. 54–61).

Berufung und Revision

Gegen Gerichtsurteile eines Strafverfahrens stehen dem Angeklagten und der Staatsanwaltschaft zwei Rechtsmittel zur Verfügung, die eine Überprüfung durch ein höheres Gericht zur Folge haben können:

Berufung kann im Strafverfahren gegen ein erstmalig ergangenes Urteil eingelegt werden, wenn man meint, das Gericht habe Tatsachen nicht berücksichtigt, die zu einem anderen Urteil geführt hätten, oder das Urteil beruhe auf einer unrichtigen Anwendung des Rechts.

Revision kann gegen ein Urteil nur dann eingelegt werden, wenn man meint, das gefällte Urteil beruhe auf einer unrichtigen Anwendung des Rechts. Auch gegen Berufungsurteile kann Revision eingelegt werden.

Hilfe statt

Viele Menschen fordern härtere Strafen für jugendliche Täter, vor allem wenn es sich um Wiederholungstäter handelt. Andere wiederum möchten auf Strafen weitgehend verzichten und den Jugendlichen helfen sich ohne Straftaten in der Gesellschaft wieder zurechtzufinden. Aber wie soll das gehen? Als Möglichkeiten werden immer wieder zwei Hilfsangebote genannt: das soziale Training und der Täter-Opfer-Ausgleich. Aufgrund dieser und anderer Hilfsangebote kann auf die Einleitung eines Strafverfahrens und auf Strafen verzichtet werden. Das nennt man „außergerichtlichen Tatausgleich". Ein Täter-Opfer-Ausgleich kann auch durchgeführt werden, wenn ein Strafverfahren bereits läuft. Der Richter kann sich dann entscheiden, das Verfahren einzustellen.

1 — Der Täter-Opfer-Ausgleich

Nach Befragungen, die unter Geschädigten und Opfern von Straftaten durchgeführt wurden, haben diese oft kein besonderes Interesse mehr an einer Bestrafung des Täters, denn diese hilft ihnen nicht wirklich. Vielmehr möchten sie über die Straftat reden, den Täter nach seinen Gründen fragen, von ihm eine Erklärung für das Geschehene erhalten und ihren eigenen Ärger kundtun.

Deshalb gibt es den Täter-Opfer-Ausgleich: Er bietet eine Gelegenheit, das bei einer Straftat aufgetretene Unrecht direkt zu bereinigen. Ohne Gericht, dafür aber unter Beteiligung eines unparteiischen Dritten erhalten alle Beteiligten die Gelegenheit, über den Vorfall zu sprechen und nach einer Lösung des Konflikts zu suchen, mit der alle einverstanden sind. So erhält der Geschädigte bzw. das Opfer eine schnelle, unbürokratische Wiedergutmachung. Und auch für den Täter gibt es Vorteile: Wenn der Täter-Opfer-Ausgleich schon vor dem Gerichtsprozess durchgeführt wird, kann der Staatsanwalt das Verfahren einstellen und der Täter kommt ohne Verhandlung davon. Dafür muss er seine Schuld eingestehen und einen Ausgleich leisten.

2 — Vier Fälle für den Täter-Opfer-Ausgleich?

Johnny (16) ist Sprayer. Gemeinsam mit seinen Freunden hat er schon oft Graffiti an Hauswänden angebracht. Beim letzten Mal ist er von dem Hausbesitzer Herbert G. (41) erwischt worden, der eine Anzeige gegen ihn erstattet hat.

Weil Yvonne (14) chronisch knapp bei Kasse ist, hat sie das Auto der Familie Hendricks aufgebrochen und versucht das Autoradio zu stehlen. Womit sie nicht gerechnet hat: Die Alarmanlage war so laut, dass sofort ein Passant eingeschritten ist. Jetzt beschäftigt sich der Staatsanwalt mit Yvonnes Straftat.

Mehmet (17) hat Ingo (15) nach Schulschluss regelmäßig abgepasst und von ihm Geld erpresst. Für den Fall, dass Ingo nicht zahlen wolle oder irgendetwas verrate, drohte er ihm Schläge an. Ingo hat nach drei Monaten trotzdem mit seinem Vater geredet. Weil Mehmet der Polizei kein Unbekannter ist, hat sie geholfen, ihm eine Falle zu stellen und ihn auf frischer Tat ertappt.

Es sollte ein Spaß sein: Weil Barbara (15) „eine Streberin" sei, wollte Gregor (15) ihr eine Lektion erteilen. Als sich der Lehrer im Deutschunterricht zur Tafel drehte, zündete er ihr mit einem Feuerzeug ein paar Haare an. Doch ehe er sich versah, brannte der ganze Zopf. Glücklicherweise hat Barbara nur leichte Verbrennungen davongetragen. Die Eltern von Barbara haben Gregor angezeigt.

Strafe?

3 Auf die schiefe Bahn geraten

Alternative Wege aus der Jugendkriminalität

3 — Wir konnten uns ganz sachlich unterhalten

An einem Frühlingsabend hatten die 17-jährige Sara Schmidt und ihre Freundin eine heftige Begegnung mit drei angetrunkenen jungen Männern. Ein 21-Jähriger wollte auf einem Skateboard der Freundinnen fahren. Als Sara Schmidt sich weigerte das Brett herauszurücken, brach ihr der Mann mit einem Kopfstoß das Nasenbein. Beim Täter-Opfer-Ausgleich traf die Schülerin den Schläger wieder. Über die Begegnung berichtet sie hier:

Hattest du damals Angst vor dem Täter?
Sara Schmidt: Nein, gar nicht. Die Jungs haben uns zwar schnell beschimpft, aber dass der eine ein Schläger ist, hat man ihm nicht angesehen.

Warum hast du dem Täter-Opfer-Ausgleich zugestimmt?
Es war wohl eine einmalige Sache bei dem Täter. Ich habe mir gedacht: Warum soll ich für irgendeinen Eintrag in seine Akte sorgen?
Ich wollte ihn auch mal sehen, ich hatte keine Angst vor dem Gespräch.

Aber wütend warst du schon?
Ja, natürlich. Am Anfang habe ich gesagt: Dem würge ich was rein, der kriegt jetzt richtig Strafe. Aber das Gespräch kam ja erst Monate später. Da ist das etwas abgeebbt. Irgendwann war ich es auch leid, das Thema immer wieder aufzugreifen.

Wie lief das Gespräch ab?
Ich habe gedacht, dass ich schon Wut im Bauch habe, wenn ich ihm gegenübersitze. Aber die Atmosphäre war relativ ruhig. Wir haben uns nicht angeschrien und konnten uns ganz sachlich unterhalten. Er hat die meiste Zeit geredet, weil es ihm so Leid tat. Er hat sich geschämt, weil er sich anscheinend wegen seines Rausches an gar nichts mehr erinnerte. Er wusste nicht mal, wie ich aussah und dass ich ein Mädchen bin.

Wie hat er seine Aggressivität begründet?
Dieses „Nein", was ich gesagt habe, hat ihn wohl so gereizt, dass er gleich zugeschlagen hat.

Tolle Begründung. Gab's eine Entschuldigung?
Ja. Er wollte sogar noch einen Kaffee mit mir trinken gehen, weil es ihm so unendlich Leid tut. Er zahlt auch 2000 Mark [=1022 Euro] Schmerzensgeld in Raten. Also, er hat alles probiert, um es wiedergutzumachen. Bei dem Gespräch hat er mir seine Telefonnummer gegeben, damit wir uns treffen. Aber das war mir dann doch zu viel. Ich habe mich nicht gemeldet.

Warum?
Die Sache ist gegessen. Da muss man sich nicht extra noch mal treffen. […]

Hast du ihm seine Reue abgenommen?
Ja, schon. Er hatte wohl bereits mit anderen Delikten zu tun, aber noch nie mit Körperverletzung. Das er gerade ein Mädchen geschlagen hatte, war ein Punkt, der ihm relativ unangenehm war. Bei einem Jungen wäre das vielleicht nicht so das Problem gewesen. Der hätte ja zurückgeschlagen.

Hast du die Sache verarbeitet?
Direkt danach wurde mir immer relativ mulmig, wenn ich abends Jugendlichen begegnet bin. Und meine Eltern fanden das nicht so schön, dass ich gleich wieder abends weggehen wollte. Aber das hat sich alles gelegt.

Bist du vorsichtiger geworden?
Demnächst gebe ich meine Sachen einfach ab, wenn jemand mich bedroht. Da sage ich nicht mehr nein. Dann kriegt der halt das, was er will.
Frankfurter Rundschau, 20.4.99, bearbeitet.

Arbeitsvorschläge

1. Erläutert, was ein Täter-Opfer-Ausgleich ist. Welche Vorteile bietet er für den Geschädigten bzw. das Opfer, welche für den Täter (**1**)?

2. Welche Straftaten haben Yvonne, Johnny, Mehmet und Gregor begangen (**2**)? Zieht die Paragrafen des StGB auf S. 59 heran.

3. In welchen Fällen haltet ihr einen Täter-Opfer-Ausgleich für sinnvoll? Wie könnte er aussehen? Welche Probleme könnten sich ergeben?

4. Wie könnte ein Täter-Opfer-Ausgleich zwischen Peter Abel und den Eigentümern der Häuser, in die er eingebrochen ist, aussehen?

5. Erklärt, warum Sara Schmidt dem Täter-Opfer-Ausgleich zugestimmt hat (**3**).

6. War der Täter-Opfer-Ausgleich bei Sara Schmidt eurer Meinung nach erfolgreich?

④ Sozialer Trainingskurs
Sozialer Trainingskurs Frankfurt: eine Chance für straffällig gewordene Jugendliche und Heranwachsende, für die ansonsten vielleicht der Knast die nächste Station gewesen wäre. […]

In Frankfurt dauert der STK ein halbes Jahr und besteht aus Einzelgesprächen und einem Gruppenprogramm. Während der Einzelgespräche geht es darum, Vertrauen zu schaffen, zu klären, wo die ganz persönlichen Probleme liegen, um dann beraten und helfen zu können. In den Gruppensitzungen werden allgemeine Themen wie Gewalt, Drogen, Regeln und Grenzen, Gesetze oder Ähnliches behandelt. Es kann aber auch über die Teilnehmer selbst und/oder ihre Straftaten gesprochen werden. Bearbeitet werden die Themen in Form von Gesprächen, aber es werden auch Videos, Rollenspiele, Collagen usw. eingesetzt.

Das Gruppenprogramm kann auch mehrere Tage am Stück mit handwerklich-kreativem Schwerpunkt oder als Kanutour stattfinden.

Das Wichtigste in den Trainingskursgruppen: Alle Teilnehmer haben irgendwelche Schwierigkeiten, nicht dieselben, nicht gleich viele, der eine größere, der andere kleinere. Viele, die sich sonst als reine Außenseiter erleben, sehen, dass andere ähnliche Schwierigkeiten haben. […] Merkt man, dass das eigene Problem dem des anderen ähnelt, ist es vielleicht doch zu lösen. Hinzu kommt, dass die, die schon ein bisschen was kapiert haben, die anderen beeinflussen können. Die Teilnehmer können im STK neue Erfahrungen sammeln. Sie lernen ihre Grenzen kennen, z. B. beim Kanufahren oder beim Arbeiten in der Werkstatt. Und sie lernen durchzuhalten, weil man aufeinander angewiesen ist oder sich nicht blamieren möchte. Positives Selbstwertgefühl ist das, was hierbei entstehen soll und den meisten bisher gefehlt hat. Wenn überhaupt, haben sie Erfolgserlebnisse früher nur beim Klauen und Prügeln gehabt, sonst lief sowieso alles schief. Und Klauen und Prügeln ist auf Dauer nun mal nicht sehr anerkannt. Selbstwertgefühl ist ein Schlüsselwort in der Arbeit während des Sozialen Trainingskurses. Gelingt es, das Selbstwertgefühl zu erhöhen, ist das in der Regel schon die halbe Miete, denn nur wer sich selbst respektiert, kann Respekt vor anderen haben!

Frank Römhild in: Reiner Engelmann, (Hrsg.), …da hab ich einfach draufgehaun. Texte zum Thema Jugendkriminalität, Würzburg 1998, S. 116–123, gekürzt.

Gruppenarbeit im Rahmen eines STK der Kinder- und Jugendhilfe Frankfurt: Jugendliche entwerfen Ziele für ein Leben ohne Kriminalität.

6

Urlaub in Griechenland?

Klaus Voigt ist Geschäftsführer des „Neukirchener Erziehungsverein", der in der Jugendhilfe tätig ist. Der Verein unterhält Heime und bietet Betreuung für Kinder und Jugendliche an.

Herr Voigt, wie geht Ihr Verein mit Problemkindern um?
Voigt: Wir bieten auf den Einzelfall bezogene Hilfe. Je nach den Eigenarten der Kinder können wir sie in Gruppen unterbringen, Einzelprojekte durchführen oder vor Ort in den Familien betreuen. Maßgeschneidert auf das Kind ist alles denkbar. Ein Allheilmittel gibt es nicht.

Wann entscheiden Sie sich für Einzelmaßnahmen?
Voigt: Es gibt immer mehr Kinder und Jugendliche, die so fertig gemacht worden sind, dass sie überhaupt keinen Anlass haben, sich auf irgendwelche Regeln einzulassen. Hinter so einem Serienstraftäter steckt schließlich eine Lebensgeschichte. Ganz oft spielt da Gewalt eine Rolle.

Welche Möglichkeiten gibt es in solchen Fällen?
Voigt: Wir gehen auf die Täter zu und fragen, ob sie mit uns arbeiten wollen. Wir fragen: Willst du aus dieser Bahn raus? Und wie könnte das gehen? Und dann versuchen wir einen Weg zu entwickeln. Wenn aber gar nichts geht, muss man natürlich über eine geschlossene Unterbringung im Heim nachdenken. Das ist zwar keine gute Maßnahme, aber eine Möglichkeit, den Kindern einmal einen Rahmen zu setzen. Vielleicht kommt man so an die Kinder heran.

In welchen Fällen bieten Sie Einzelprojekte außerhalb des Elternhauses an?
Voigt: Wenn wir vor Ort keine Chance sehen den Teufelskreis zu durchbrechen. Bei jungen Serientätern, die immer wieder Kontakt zu ihren alten Klau-Kreisen suchen. Die Kumpel bieten ihnen dann die Anerkennung und Sicherheit, die sie brauchen. Andere Beziehungen interessieren die Kinder dann nicht mehr. Wenn einer aber beispielsweise ohne Sprachkenntnisse nach Griechenland geht, dann ist der darauf angewiesen, sich mit seiner Pflegefamilie auseinanderzusetzen. Und macht zum ersten Mal seit Jahren gute Beziehungserfahrungen mit Erwachsenen.

Welche Erfahrungen haben Sie mit solchen Maßnahmen gemacht?
Voigt: Das klappt sicher nicht immer. Denn da sind ja auch Lebensgeschichten davor, das sind keine Verhaltensstörungen mehr, das sind Behinderungen. Was die Kinder erlebt haben, das hat sie so betroffen, dass sie vielleicht lernen können, mit ihren Macken zu leben. Aber weg bekommt man die nicht mehr, und so kann es natürlich auch sein, dass man die Kids gar nicht mehr hinbekommt. Aber so kann es natürlich auch bei einer Heimunterbringung laufen. Nur: Wenn ein Einzelprojekt schief geht, dann löst das immer eine gewaltige Welle aus, vor allem in den Medien.

Dann wird gerne vorgerechnet, wie viel das Ganze gekostet hat.
Voigt: Ja, aber das ist völliger Blödsinn. Denn Einzelmaßnahmen sind eindeutig die preiswerteste Lösung. Geschlossene Heime kosten pro Kind und Tag zwischen 280 und 450 Mark [= 145 bis 230 Euro], unsere Einzelprojekte kosten höchstens 270 Mark [= 140 Euro] pro Tag. Und wenn wir ein solches Kind halbwegs auf die Füße stellen, dann spart die Gesellschaft dadurch langfristig sicherlich eine Menge Geld. Bei geschlossener Unterbringung besteht zudem die Gefahr, dass die Täter zunehmend aggressiv werden. Und noch eins: Wir sind es unseren Kindern schuldig, dass wir uns um sie kümmern.

Kölner Stadtanzeiger, 21.7.1998, bearbeitet.

Arbeitsvorschläge

7. Wie läuft der soziale Trainingskurs (STK) in Frankfurt ab (**4**)? Was soll der STK bei den Teilnehmern bewirken?

8. Was genau lernen die Teilnehmer des STK in der Situation auf den Fotos (**5**)?

9. In welchen Fällen bietet der Neukirchener Erziehungsverein für Straftäter Einzelprojekte im Ausland an (**6**)? Handelt es sich dabei um Urlaub für den Straftäter?

10. Herr Voigt sagt, Einzelmaßnahmen seien die preiswerteste Lösung (**6**). Was meint er damit? Denkt ihr, dass er Recht hat?

„Aber es ist doch

Die vier Stufen zum Eingang des Verwaltungsgebäudes nahm Matze in zwei Sätzen. Die doppelflüglige Glastür öffnete sich selbsttätig nach beiden Seiten und nach wenigen Schritten stand er in der Eingangshalle. Plötzlich unsicher geworden, schaute er sich um.

Aus der Gesäßtasche seiner Jeans zog er den Brief, den er wenige Tage vorher bekommen hatte. Mit zittrigen Händen faltete er ihn auseinander. Der Absender war das Jugendamt, Abteilung Jugendgerichtshilfe der Kreisverwaltung Neustadt. Fett gedruckt stand das auf dem Briefkopf. Darunter, im Adressfeld, sein Name, Matthias Pollmann, mit Anschrift, und weiter unten:

Betrifft: Ermittlungssache wegen Diebstahls. Sehr geehrter Herr Pollmann, las Matze weiter, durch Ihre verantwortliche Vernehmung bei der Polizei wird Ihnen bekannt sein, dass bei der Staatsanwaltschaft in Neustadt ein Ermittlungsverfahren gegen Sie anhängig ist.

Wo, verflixt noch mal, stand denn, wo er sich melden musste? Seine Nervosität, die er bislang noch einigermaßen im Griff zu haben glaubte, begann ihn zu beherrschen. Er wollte doch ganz cool bleiben; immer wieder in den letzten Tagen stellte er sich die Situation vor, wie er das Verwaltungsgebäude betritt, auf Anhieb die richtige Abteilung findet, wie er anklopft, nach einer knappen Begrüßung lässig auf einem Stuhl Platz nimmt, wie er seine Aussage macht – mehr als bei der Polizei würde er auch hier nicht sagen können –, eine kurze, knappe Schilderung, das war's und tschüss. Mehr würde dieser Herr Bergmann, der den Brief unterschrieben hatte und bei dem er vorsprechen sollte, nicht erfahren.

Matze hatte sich das alles einfacher vorgestellt. Dass er erwischt werden könnte, gut, das Risiko bestand, aber nach Maiks Einschätzung bestand es nur theoretisch, wenn man sich zu dämlich anstelle. Maik hatte ihm oft genug erklärt, wie er vorgehen musste. „Du nimmst dir drei Jeans vom Ständer, in der Umkleidekabine probierst du die in aller Ruhe an und die, die dir am besten passt, die behältste gleich an, ziehst die alte drüber, gehst ganz locker raus, hängst zwei Hosen zurück und dann ab. Musst nur ruhig bleiben, darfst keine Hektik an den Tag legen, dann klappt's." Matze nickte dazu. „Wenn du meinst, klar, ist doch einfach."

Saublöd hab ich mich angestellt, ging es Matze jetzt durch den Kopf, warum musste ich mir auch gleich zwei Dinge auf einmal unter den Nagel reißen. Aber noch ein zweites Mal in ein Kaufhaus zu gehen, die ganze Anspannung noch mal zu erleben, die tausend Augen, die alle sehen, dass er was mitgehen lässt, die kritischen Blicke, die sich alle auf ihn richten, als wollten sie ihn ermahnen, die auffällig und unauffällig gekleideten Frauen und Männer, hinter jeder und jedem könnte sich eine Detektivin oder ein Detektiv verbergen – nein, das wollte er so schnell kein zweites Mal mitmachen und deswegen nahm er auch gleich ein Sweatshirt mit in die Kabine. Er war zu aufgeregt, schlüpfte hastig in seine Jacke, zog den Reißverschluss hoch, nahm die beiden Jeans, die er zurückhängen wollte vom Haken, und verließ die Kabine. Schon nach wenigen Schritten hatte der Kaufhausdetektiv ihm die Hand auf die Schulter gelegt und ihn unmissverständlich aufgefordert mit ihm zu kommen.

Damit ging die ganze Prozedur los. Zuerst die Vernehmung im Kaufhaus, dann die Information an die Eltern, direkt telefonisch wurden sie benachrichtigt, die Anzeige bei der Polizei, die Vorladung dorthin mit dem Verhör und jetzt das!

„Zu wem möchten Sie?", vernahm Matze, der ganz in seine Gedanken vertieft war, eine Frauenstimme. Wie aus einer anderen Welt tauchte er langsam wieder in der Wirklichkeit auf.

nun mal passiert!"

3 Auf die schiefe Bahn geraten

von Reiner Engelmann

„Ich muss ...", stotterte er, „ich habe ..." Dann gab er es auf und hielt der Frau den Brief hin. „Dritter Stock Zimmer 311. Wenn Sie mit dem Aufzug fahren, der ist gleich da vorne, oben, rechter Flur, erste Tür links."

Unsicher schaute Matze sich in dem kleinen Büro um, nachdem er auf einem Stuhl vor dem Schreibtisch Platz genommen hatte, den Herr Bergmann ihm anwies. „So, dann wollen wir mal", sagte Herr Bergmann, nachdem er eine Aktenmappe aus dem Regal genommen und vor sich auf den Schreibtisch gelegt hatte. „Ich hab doch schon alles gesagt", warf Matze ein, „ich musste doch schon bei der Polizei eine Aussage machen."

„Ja, das ist richtig. Deine Aussage vor der Polizei habe ich hier. Da hast du die Tat geschildert", erklärte Herr Bergmann ruhig. „Hier bist du aber bei der Jugendgerichtshilfe und uns interessiert nicht nur die Tat – die zwar auch –, sondern in erster Linie deine Lebensumstände und auch die Hintergründe, warum es zu dieser Tat gekommen ist. Wie du sicher in dem Merkblatt gelesen hast, muss die Jugendgerichtshilfe bei Strafverfahren gegen Jugendliche bei der Gerichtsverhandlung beteiligt sein. Meine Aufgabe ist es, dem Gericht einen Bericht über deine Lebensverhältnisse vorzulegen, und dieser Bericht soll auch einen Vorschlag für die Strafzumessung enthalten."

„Mit welcher Strafe muss ich denn rechnen?", fragte Matze kleinlaut.

Herr Bergmann nahm seine Brille ab und lächelte ihn an.

„Die Frage kann ich dir so nicht beantworten", sagte er in ruhigem Ton, „wir sind ja noch ganz am Anfang und vieles wird auch von dir abhängen ..." „Aber es ist doch nun mal passiert", unterbrach ihn Matze, „da gibt es doch bestimmt ..." „Gut, an dem Diebstahl lässt sich jetzt nichts mehr ändern, aber nach dem Jugendgerichtsgesetz steht nicht die Strafe im Mittelpunkt, sondern es sieht vor, durch andere Maßnahmen, wie zum Beispiel die Verhängung von bestimmten Auflagen oder die Ableistung von Arbeitsstunden in einer sozialen Einrichtung oder Ähnliches, Jugendliche in Zukunft von Straftaten abzuhalten. Aber darauf kommen wir später noch zu sprechen. Zuerst muss ich die allgemeinen Daten prüfen und an einigen Stellen noch ergänzen. Dann werden wir die weiteren Dinge besprechen."

„Okay", gab Matze sein Einverständnis. Herr Bergmann stellte Fragen und Matze gab, soweit er sie beantworten konnte, die gewünschten Auskünfte. Die Fragen bezogen sich auf die Eltern, deren Beruf, wann sie geboren waren, die Namen und Geburtsdaten der Geschwister wollte er wissen, wann er eingeschult worden war und seit wann er die Hauptschule besuchte. Das wusste Matze alles. Danach war es nicht mehr so einfach, als Herr Bergmann ihn nach seinen Freunden befragte, nach seinen Freizeitinteressen, nach der Schule, nach dem Verhältnis zu seinen Eltern. Aber was blieb ihm übrig? Er erzählte vom Blaumachen, von seinen Freunden, mit denen er sich dann in der Stadt rumtrieb, wie sie durch Kaufhäuser zogen und sich in Musikläden die neuesten CDs anhörten. Er war so im Redefluss, dass er gar nicht bemerkte, wie Herr Bergmann, als Matze die Namen von ein paar Freunden nannte, die Stirn in Falten legte und stumm vor sich hin nickte.

„Und du warst an diesem Vormittag wirklich allein in dem Kaufhaus?", fragte Herr Bergmann nach einer Weile, nachdem Matze ausgeredet hatte. „Ja doch, hab ich doch schon gesagt!", antwortete er etwas patzig.

„Aber ihr habt doch gemeinsam blaugemacht an diesem Vormittag", hakte Herr Bergmann nach, „du wirst mir doch nicht erzählen wollen, dass deine Freunde nach Hause gegangen sind?"

„Okay", gab Matze nach, „wir haben zusammen blaugemacht, aber in dem Kaufhaus war ich allein. Das kam so: Die anderen haben mich oft damit aufgezogen, ich hätte Schiss mal irgendwo was abzuschleppen. Und dann wollte ich es ihnen an diesem Morgen beweisen. Ich habe denen vorher natürlich nicht gesagt, was ich vorhatte. Ich wusste ja noch nicht, ob es klappen würde. Und warum es dann 'ne Jeans wurde und 'n Sweatshirt, Gott, ich weiß es nicht. Es schien mir am einfachsten. Maik hatte es mir oft genug erklärt. Mit 'nem Päckchen Kaugummi hätte ich denen nicht kommen können. Und 'ne CD, das war mir zu heiß, da waren nicht viele Leute in der Abteilung und die Verkäuferin hatte alles im Blick."

„Warum wolltest du denen denn beweisen, dass du auch in der Lage bist was mitgehen zu lassen?", hakte Herr Bergmann nach.

„Wieso, wieso", machte Matze, „für die war ich 'ne Niete, 'ne Null, 'n Schisser, der sich nichts traute!"

„Gut", nickte Herr Bergmann, „ich habe verstanden und wie siehst du das heute?"

„Heute wäre ich nicht mehr so blöd", antwortete Matze, „ich wünschte nur, das hier alles wäre schon vorbei." „Okay, Matthias, ich denke, wir können an der Stelle für heute aufhören. Sobald der Bericht geschrieben ist, werde ich dich noch mal einladen und ihn mit dir besprechen. Das kann allerdings ein paar Wochen dauern."

Wegen mir auch noch ein paar Jahre, dachte Matze, nachdem er sich von Herrn Bergmann verabschiedet und das Büro verlassen hatte.

Reiner Engelmann, Kontaktverbot, in: ders. (Hrsg.): ...da hab ich einfach draufgehaun, a.a.O., S.71–81.

Typisch Deuts

EINBÜRGERUNG: Das neue Staatsbürgerrecht ab 1. Januar 2000.

"Ausländer, die in Deutschland leben, sollen sich anpassen!", sagen die einen. "Jeder soll so leben, wie er will – auch die Ausländer", meinen die anderen. Inwieweit Einwanderer die deutsche Lebensart übernehmen sollen, ist politisch umstritten. Uneinigkeit herrscht auch darüber, wie die deutsche Politik mit Einwanderern umgehen soll.

Und: Was ist überhaupt deutsch?

Miteinander leben lernen
Einwanderung nach Deutschland

Was können uns

Biografieforschung: Was können Lebensläufe aussagen?

Die meisten Einwohner eines Landes kennen das Gefühl, fremd zu sein, höchstens aus dem Urlaub. Sie wissen nicht, mit welchen Ängsten und Unsicherheiten Ausländer in einer ihnen fremden Umgebung oft leben – besonders dann, wenn ihnen mit Misstrauen und Vorurteilen begegnet wird. Eine Möglichkeit Vorurteile zu überprüfen und abzubauen, liegt in der Beschäftigung mit Lebensläufen.

Jeder Lebenslauf gibt ein Einzelschicksal wieder. Deshalb müssen sehr viele Personen befragt werden, um verallgemeinerbare Aussagen über eine bestimmte Personengruppe zu erhalten.

Das lässt sich im Schulunterricht nicht bewerkstelligen. Ihr könnt in der Klasse aber einige ausgewählte Lebensläufe untersuchen. Das Ergebnis wäre dann eine wichtige Vorstufe zu einer umfangreicheren Untersuchung.

Eine Studie, in der wenige Lebensläufe untersucht werden, vermittelt Hinweise auf das, worauf in einer aufwändigen Folgestudie geachtet werden muss, welche Untersuchungsfragen interessant sein könnten.

Die Lebensläufe einer Vorstudie sind nicht allgemein gültig. Sind denn die Erlebnisse, Gefühle, Einstellungen der befragten Personen nun aber typisch oder eher die Ausnahme? Daraus ergibt sich eine Frage für eine Folgeuntersuchung.

Beispiele für eine Vorstudie sind Lebensläufe bestimmter Gruppen:
– Lebensläufe von Jugendlichen ausländischer Familien, die seit Generationen in Deutschland leben;
– Lebenslauf einer Deutschen, die einen Ausländer geheiratet hat.

I. Untersuchungsfragen formulieren

Bevor ihr beginnen könnt, müsst ihr euch Leitfragen überlegen. Die Leitfragen dienen als Anhaltspunkte dafür, worauf bei der Studie geachtet werden muss. Wenn ihr zum Beispiel bestimmte Personen befragt, könnt ihr euch an den Leitfragen orientieren. Außerdem helfen euch die Leitfragen, eure eigenen Kenntnisse über das Thema und eure Einstellungen zu überprüfen (Selbstbefragung).

Passende Leitfragen zu den Lebensläufen von Migranten*, um die es in diesem Kapitel geht, findet ihr rechts unten. Wenn ihr diese Leitfragen auf das Beispiel von Güler Taskin anwendet, seht ihr, wie so eine Untersuchung funktioniert. Sicher fallen euch aber noch mehr Leitfragen ein.

II. Lebensläufe recherchieren

Wenn ihr euch auf Leitfragen geeinigt habt, kann die Studie losgehen. Nun müsst ihr Personen finden, die ihr befragen könnt. Wenn ihr niemanden kennt, der für ein Interview zur Verfügung steht, solltet ihr euch an einen Verein wenden, in dem sich Ausländer organisiert haben. Wenn es in eurer Nähe keinen solchen Verein gibt, könnt ihr euch auch an den Ausländerbeirat eurer Gemeinde wenden. Dort erhaltet ihr bestimmt Adressen von Personen, die bereit sind sich befragen zu lassen. Wichtig ist, die Ergebnisse der Befragung schriftlich, auf Tonband oder mit einer Videokamera festzuhalten. Nur so könnt ihr die Interviews hinterher auswerten.

III. Lebensläufe dokumentieren

Anhand eurer Aufzeichnungen wird nun zu jeder Person, die ihr befragt habt, ein Lebenslauf formuliert. Dabei ist es egal, ob ihr den Lebenslauf in der ersten oder der dritten Person aufschreibt. Wichtig ist aber, die Sichtweise der Betroffenen genau wiederzugeben. Wie stellen sich die Ereignisse aus ihrer Perspektive dar? Welche Erwartungen, Hoffnungen und Ängste werden geäußert?

Der schriftliche Lebenslauf kann um Fotos erweitert werden: Für bestimmte, wichtige Abschnitte in einem Lebenslauf, bei Orts-, Wohnungs-, Schul- oder Arbeitswechsel werden beschreibende Fotos oder Illustrationen hinzugefügt, die ihr auch von den Befragten erhalten könnt. Wichtig hierbei ist, den befragten Personen euer Ergebnis zu zeigen, damit sie sich dazu äußern und möglicherweise Einzelheiten richtig stellen können.

Lebensläufe sagen?

Die Methode der Biografieforschung

4 Miteinander leben lernen

Ein Beispiel: Lebenslauf von Güler Taskin

Wir kommen aus der Türkei, Aksaray heißt die Stadt. Wir sind mit unserer Familie gekommen. Mein Vater hatte eine Arbeitsstelle beim Aluminiumwerk in Hamburg, er war schon drei Jahre vor uns da. Ich war fünf Jahre alt und mein Bruder, der älteste, war acht. Ich war noch klein, aber mein Bruder sagte, das sei ein bisschen traurig, der Abschied vom Vaterland. Ich wollte immer zurück und das hat sich erst geändert, da war ich 13 oder 14.

Wir haben den deutschen Pass, 1995 haben wir ihn gekriegt. Wir haben darüber geredet, mein Mann und ich, und gesagt: Wir bleiben hier. Heimat ist Heimat, aber ich kann mir nicht vorstellen, eines Tages wieder zurückzugehen in die Türkei.

Wir haben hier viele türkische Freunde, ich habe türkische Freundinnen, aber auch deutsche. Und zu meiner Nachbarin, die kommt aus Polen, haben wir guten Kontakt. Ich bin Hausfrau, mein Mann ist Stapelfahrer und seit kurzem arbeitslos. Integration: Heißt das: gut zusammenarbeiten? Das wollen wir.

Im vergangenen Jahr hat uns meine Tochter gefragt: Mama, warum haben wir keinen Tannenbaum zu Weihnachten? Sie hat ja den Baum im Kindergarten gesehen und bei den Weihnachtsfeiern mitgemacht. Ich wollte auch hingehen, aber ich hatte keine Zeit. Ich habe ihr gesagt, wir haben im März das Opferfest, kurban bajram, das wird gefeiert mit Geschenken.

Güler Taskin, 30 Jahre, in: Spiegel reporter 2/2000, S. 33.

Güler Taskin, 30, Ehemann Erhan, 31, Kinder Betül, Ebubekir, Muhammed, Bahadir

IV. Vermutungen aufstellen

Die geringe Anzahl von Lebensläufen lässt es nicht zu, verallgemeinerbare Aussagen über Einstellungen, Verhaltensweisen, Gefühle usw. „der Ausländer" abzuleiten. Es ist jedoch möglich, Vermutungen anzustellen darüber, ob etwa Gemeinsamkeiten und Unterschiede der Lebensläufe zufällig oder für eine bestimmte Gruppe typisch sind und Gültigkeit besitzen könnten. Versucht solche Hypothesen aufzustellen.

Diese Vermutungen könnten in einer umfangreicheren Folgestudie bestätigt oder verworfen werden.

Mögliche Leitfragen für die Untersuchung

– Warum sind die Ausländer nach Deutschland gekommen?

– Was haben sie bei der Einwanderung erlebt?

– Besteht der Wunsch, in das Herkunftsland zurückzukehren?

– Wie haben sich die Ausländer in Deutschland integriert?

– Wie gehen Ausländer in Deutschland mit der deutschen Kultur um, wie mit ihrer Herkunftskultur?

– …

Leben in der

Schwierigkeiten

Ein Land, einhundertfünfzig Nationen: Auf diese kurze Formel lässt sich die Bevölkerungssituation in Deutschland bringen. Im Jahr 2000 lebten insgesamt 7,3 Millionen Ausländer in Deutschland, die aus den unterschiedlichsten Gründen hierher gekommen sind. Einige von ihnen wurden als Arbeitskräfte angeworben, andere kamen als politisch Verfolgte oder flüchteten vor Krieg und Bürgerkrieg. Wieder andere stammen aus einem Mitgliedsland der Europäischen Union. Sie haben von ihrem Recht Gebrauch gemacht, sich in einem anderen Mitgliedsland niederzulassen.

In Deutschland gibt es also sehr unterschiedliche Gruppen von Ausländern. Sie alle verbindet jedoch, dass sie in der Fremde leben müssen. Und das bedeutet: Sie müssen sich mit zwei Kulturen auseinander setzen und zwei Sprachen sprechen. Sie müssen einerseits mit den Erwartungen der Deutschen an sie zurechtkommen, andererseits mit den Erwartungen ihrer Landsleute. In Deutschland sind sie die „Ausländer", in ihrem Heimatland oft die „Deutschen".

Wie Ausländer und Deutsche mit solchen und anderen Problemen bei der Integration* umgehen, erfahrt ihr in diesem Kapitel.

1 Das Kopftuch als Zeichen des Stolzes

Als Fereshta Ludin beschloss ihren Kopf mit einem Tuch zu bedecken, war sie dreizehn. Die Russen waren in ihre Heimatstadt Kabul einmarschiert, ihr Vater hatte sein Amt als Botschafter in Bonn verloren, und die Familie wartete in Saudi-Arabien darauf, dass sich die politischen Verhältnisse in Afghanistan wieder stabilisierten. Dann starb der Vater, und die Mutter, eine belesene Frau, die lange Zeit als Lehrerin gearbeitet hatte, kam mit ihren fünf Kindern nach Deutschland.

Fereshta fühlte sich am Anfang fremd. Sie verstand die Sprache nicht, die Nachbarn beäugten ihre dunkelhaarigen Geschwister misstrauisch durch einen Gardinenspalt, und die Jungen in der Schule spotteten über die zarte Fereshta, die sich zum Gebet niederkniete, während sie sich im Freibad sonnten. „Das hat mich sehr verletzt", sagt Fereshta mit beinahe tonloser Stimme, „aber ich konnte nicht verzweifeln. Ich hatte ja meinen Glauben."

Der Glaube gab ihr die Heimat, die sie im äußeren Leben noch nicht gefunden hatte – und ein Selbstvertrauen, das für ein pubertierendes Mädchen ungewöhnlich war. „Die Fereshta schien irgendwie unantastbar", erzählt ein ehemaliger Mitschüler, „so reif, so seltsam erwachsen."

„Ich fühlte mich selbstbewusst, weil ich auf die Fragen, die alle beschäftigten, eine Antwort wusste", erinnert sich die heute 25-Jährige: Wer bin ich? Wie finde ich meinen Platz in der Gesellschaft? Die Antworten gab ihr der Koran und zum Zeichen des Stolzes trug sie das Kopftuch.

Viele andere Muslime in ihrem Alter legten die Kopftücher ab und genossen die begehrlichen Blicke der Mitschüler, die kleinen Anspielungen, die zufälligen Berührungen. Fereshta konnte und wollte das nicht. „Ich will wegen meines Inneren geschätzt werden."

Die Zeit 31/1998 (Online-Archiv), leicht bearbeitet.

2 „Unser Leben hat zwei Seiten"

Herr Buraksaje berichtet: Das Leben in Deutschland ist ein bisschen wie das von Maschinen. Alle sind sehr beschäftigt. Ich auch. Ich bin von fünf Uhr früh bis halb neun abends unterwegs. Aber das Leben ist kurz, und du musst es auch genießen. Unser Leben hat zwei Seiten, eine im Haus und eine draußen. Im Haus pflegen wir Tradition. Die Söhne bleiben bei den Eltern, die Töchter ziehen zu den Schwiegereltern. Die Familien leben zusammen. Der Vater hat das letzte Wort, die Älteren bekommen Respekt.

In Deutschland sehen wir, dass die Kinder ausziehen, sobald sie groß sind. Oft müssen sie es sogar, die Eltern wollen es so. Uns würde es das Herz brechen. Ich sage meinen Kindern, du bist Afghane, du bist Muslim, wenn deine Schulkameradinnen mit Jungen ins Kino gehen, so ist das ihre Welt. Du darfst das nicht, für uns ist es eine Schande.

Draußen passen wir uns an: Ich zahle Steuern, habe meine private Rentenversicherung, Krankenversicherung für meine Familie, unser Kapital habe ich und meine Frau und meine Töchter tragen auch kein Kopftuch.

Meine Kinder sprechen Deutsch miteinander. Die Freundschaften mit Deutschen beginnen schon im Kindergarten. Nur bei den Essgewohnheiten erkennt man dort die Ausländer. Da sagen die anderen Kinder: „Das darfst du nicht, da ist Schweinefleisch drin."

Spiegel reporter 2/2000, S. 31, gekürzt.

Fremde

von Ausländern in Deutschland

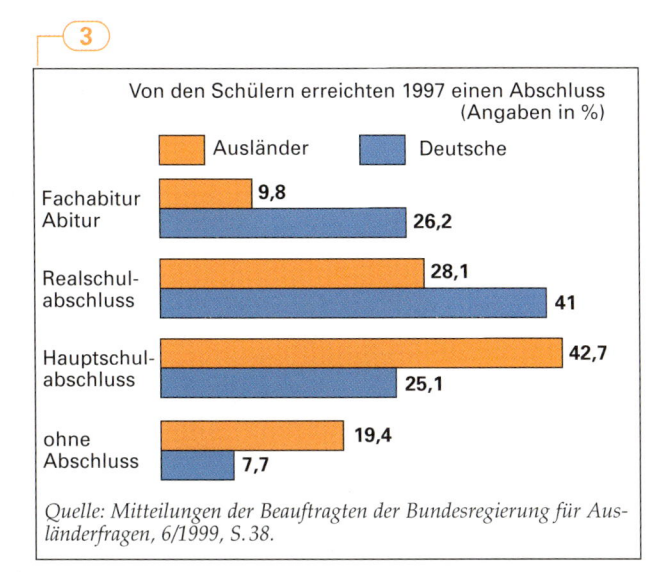

4 Miteinander leben lernen

3

Von den Schülern erreichten 1997 einen Abschluss (Angaben in %)

	Ausländer	Deutsche
Fachabitur / Abitur	9,8	26,2
Realschulabschluss	28,1	41
Hauptschulabschluss	42,7	25,1
ohne Abschluss	19,4	7,7

Quelle: Mitteilungen der Beauftragten der Bundesregierung für Ausländerfragen, 6/1999, S. 38.

4

Ursachen für den fehlenden Schulerfolg

Es werden hauptsächlich drei Ursachen dafür genannt, dass ausländische Jugendliche im Durchschnitt einen geringeren Schulerfolg haben als deutsche: Am wichtigsten sind die oft schlechten Sprachkenntnisse. Da man ohne die deutsche Sprache in der Schule keinen Erfolg hat, sind Kinder und Jugendliche im Nachteil, für die Deutsch nicht die Muttersprache ist. Hinzu kommt, dass die Schulen in Deutschland überwiegend auf die deutsche Kultur ausgerichtet sind. Ausländische Schüler können deshalb viele Beispiele im Unterricht nicht richtig nachvollziehen. Viele ausländische Schüler erhalten außerdem von ihren Eltern nur wenig Unterstützung, weil diese das deutsche Schulsystem nicht genau genug kennen, um ihren Kindern zu helfen.

Nach: Mitteilungen der Beauftragten der Bundesregierung für die Belange der Ausländer, 4/1997, S. 17–20.

5 — Eine Lehrerin mit Kopftuch?

Fereshta Ludin (1) hat nach ihrem Abitur 1993 studiert, um Grundschullehrerin zu werden. Nach dem Studium absolvierte sie ihr Referendariat, das sie mit einer Examensnote von 1,8 bestand. Als Fereshta Ludin sich als Lehrerin bewarb, wurde ihre Bewerbung abgelehnt, weil sie sich weigerte, im Unterricht auf ihr Kopftuch zu verzichten. Annette Schavan (CDU), zuständige Kultusministerin, begründet die Ablehnung:

„Erstens gehört das Tragen des Kopftuchs nicht zu den religiösen Pflichten einer islamischen Frau, deshalb benutzen weltweit die allermeisten muslimischen Frauen kein Kopftuch. Zweitens ist das Kopftuch nicht allein ein religiöses Zeichen, sondern ein Zeichen der Abgrenzung. Ich weiß aus vielen persönlichen Briefen und Berichten der Schulen, dass auch in Deutschland immer noch Mädchen und Frauen gezwungen werden, ein Kopftuch zu tragen. Eine Kopftuch tragende Lehrerin wäre für diese Mädchen ein fatales Signal."

Autortext. Zitat von Annette Schavan aus: Die Zeit 30/1998 (Online-Archiv).

Arbeitsvorschläge

1. Wieso ist Fereshta Ludin mit ihrer Familie nach Deutschland gekommen (**1**)?

2. Beschreibt die Gründe für Fereshta, ein Kopftuch zu tragen. Was meint ihr dazu?

Im Religions- oder Ethikunterricht könnt ihr noch mehr über die Bedeutung des Kopftuchs für Muslime erfahren.

3. Wieso hat das Leben der Familie Buraksaje zwei Seiten (**2**)?

4. Vergleicht die Bildungsabschlüsse der deutschen Jugendlichen mit denen der ausländischen (**3**). Was fällt auf?

5. Beschreibt die Ursachen für den in **3** dargestellten Sachverhalt (**4**).

6. Fasst zusammen, was ihr hier über die Integration von Ausländern in Deutschland erfahren habt.

Wir haben sie

① Aus zwei Jahren Deutschland sind 38 geworden

Meine Eltern sind 1961 hierher gekommen, drei Monate, nachdem sie geheiratet haben. Ihr Plan war, zwei, drei Jahre hier zu arbeiten und dann wieder in die Türkei zu gehen. Das war ganz klar deren vorgestecktes Ziel. Dann sind aus zwei, drei Jahren für meine Mutter mittlerweile 38 Jahre geworden und für meinen Vater 30 Jahre.

Ich bin in Hamburg geboren. Mein Bruder auch, 1962, der ist aber in der Türkei groß geworden, weil meine Mutter und mein Vater ja vorhatten, irgendwann zurückzukehren. Sie wollten, dass er quasi als Türke in der Türkei groß wird, sie dann zurückkommen und dort ihr Leben weiterführen. Da sich das über die Jahre verzögert hat, ist mein Bruder in der Türkei ohne seine Eltern aufgewachsen bei der Großmutter. Er hatte nie so die Eltern, die ich hatte. Er war mal hier auf einer Schule, sogar im Kindergarten, wurde aber immer wieder zurückgeschickt. [...]

Die Entscheidung [zur Rückkehr] stand fest und hat sich über drei Dekaden [=Jahrzehnte] hingezogen. Es ist kurios, weil sie eigentlich genug Geld hatten. Sie haben in der Türkei Immobilien gekauft und hätten zurückgehen können. Es war nicht der finanzielle Aspekt, der sie zurückgehalten hat, sondern, wenn sie irgendwann in die Türkei zurückkehren, bedeutet das automatisch wieder einen Neuanfang für sie dort. Wahrscheinlich hat sie das abgeschreckt. Wenn man hier in einigen Berufen sich eingearbeitet hat und in das soziale Gefüge langsam angepasst wird, dann fällt einem das natürlich immer schwerer sich zu lösen.

Auszug aus dem Porträt von Ayberk, in: Fischer, Arthur u.a.: Jugend 2000. 13. Shell-Jugendstudie, Bd. 2, Opladen 2000, S. 186.

1964 wurde der einmillionste Gastarbeiter, Armado Sa. Rodrigues aus Portugal, mit einem Blumenstrauß und einem Moped als Geschenk begrüßt.

② Phasen der Ausländerpolitik in Deutschland

I. Anwerbung

Zu Beginn der Fünfzigerjahre wurden gezielt ausländische Arbeitskräfte für deutsche Betriebe angeworben. 1955 erfolgte die erste, deutsch-italienische Vereinbarung über die Anwerbung und Vermittlung von ausländischen Arbeitskräften. Weitere „Anwerbeverträge" mit anderen Ländern folgten. Die Beschäftigung von Ausländern war als vorübergehende Erscheinung gedacht.

Die angeworbenen Arbeitskräfte erhielten in der Umgangssprache den Namen „Gastarbeiter". Die offizielle Bezeichnung lautete „ausländische Arbeitnehmer" oder „Arbeitnehmer aus den Anwerbeländern".

II. Anwerbestopp und Rückkehrförderung

Von 1955 bis 1973 kamen rund 14 Millionen Menschen nach Deutschland. Nachdem Anfang der Siebzigerjahre die Arbeitslosigkeit in Deutschland anstieg, wurde 1973 ein „Anwerbestopp" verhängt. Eine finanzielle Rückkehrförderung sollte die ausländischen Arbeitnehmer dazu bewegen, in ihre Herkunftsländer zurückzukehren.

Trotz der Rückkehrförderung verringerte sich die Zahl der ausländischen Arbeitnehmer und ihrer Familienangehörigen nicht. Im Gegenteil: Familiennachzug und natürlicher Bevölkerungszuwachs ließen die ausländische Bevölkerung in den Siebziger- und Achtzigerjahren auch ohne neue Zuwanderung wachsen – besonders in den großstädtischen Ballungsräumen.

III. Integration

Seit den Neunzigerjahren gibt es Diskussionen, wie die mittlerweile in Deutschland verwurzelten Arbeitnehmer und ihre Nachkommen am besten integriert werden können. Die Reform des Staatsbürgerschaftsrechts im Jahr 1999 ermöglicht eine zügigere Einbürgerung.

Seit Sommer 2000 gibt es eine neue Möglichkeit der Anwerbung von Ausländern: die so genannte Green Card. Es sind allerdings nur technisch hoch qualifizierte Arbeitskräfte, die eine zeitlich befristete Arbeits- und Aufenthaltserlaubnis erhalten. Seit der Green-Card-Initiative gibt es zwischen den politischen Parteien Diskussionen um ein Einwanderungsgesetz.

gerufen

Arbeitskräfte für Deutschland

4 Miteinander leben lernen

3 — Neue Gastarbeiter?

Die Bundesrepublik ist dauerhaft auf junge, tatkräftige Menschen aus Osteuropa und Übersee angewiesen. Die Bundesrepublik, soll sie wirtschaftlich weiter gedeihen, braucht noch mehr Einwanderer, ungefähr 500 000 pro Jahr, schätzt die UNO*. Nur so seien der drastische Geburtenrückgang und die Überalterung der Deutschen wettzumachen. In ihrer kürzlich erschienenen Studie zeichnet die UNO ein düsteres Bild für das Deutschland des Jahres 2050: die Bevölkerung von heute rund 80 auf knapp 60 Millionen geschrumpft, die Wirtschaft im weltweiten Wettbewerb hoffnungslos abgehängt, die Gesellschaft ausgezehrt und unfähig, ihre Rentner und Kranken zu versorgen. Ohne Einwanderung keine Zukunft.

Die Zeit 10/2000, S. 1, geringfügig bearbeitet.

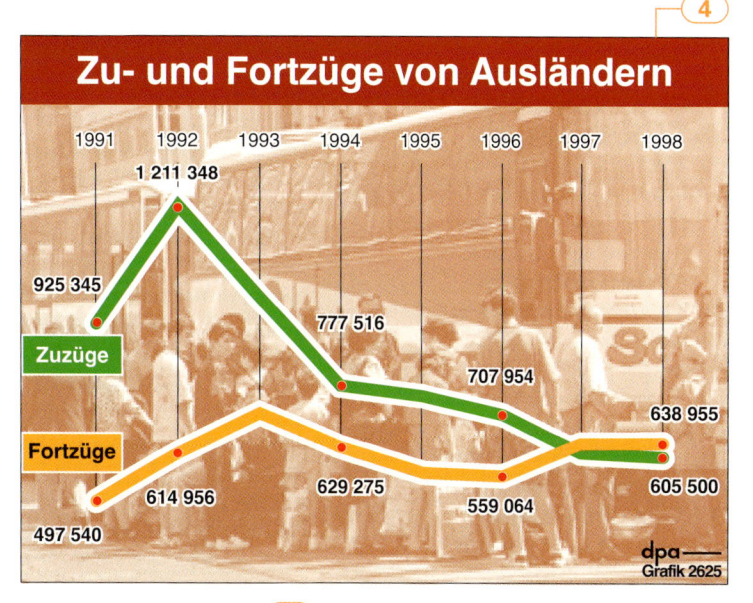

4 — Zu- und Fortzüge von Ausländern

Jahr	Zuzüge	Fortzüge
1991	925 345	497 540
1992	1 211 348	614 956
1993		
1994	777 516	629 275
1995		
1996	707 954	559 064
1997		
1998	638 955	605 500

dpa Grafik 2625

6 — Green Card für Deutschland

Viele Länder betreiben eine systematische Einwanderungspolitik. Sie überlegen sich, welche Menschen mit welchen Qualifikationen sie im Land benötigen und erteilen diesen Menschen eine unbefristete Arbeits- und Aufenthaltserlaubnis für ihr Land. Bestes Beispiel sind die USA, die nach sehr strengen Kriterien und einer genauen Prüfung des Antrags so genannte Green Cards vergeben.

Deutschland hat sich sehr lange Zeit nicht als Einwanderungsland verstanden. Doch das ändert sich allmählich. Um den Mangel an hoch qualifizierten Arbeitskräften zu beheben, hat Bundeskanzler Schröder im Frühjahr 2000 eine Initiative zur Anwerbung ausländischer Arbeitskräfte gestartet.

5

„Ich arbeite nicht mit Ihnen."

GERO

Arbeitsvorschläge

1. Beschreibt die Gründe, die die Familie von Ayberk bewogen haben, nicht wie geplant nach zwei bis drei Jahren in die Türkei zurückzukehren (**1**).

2. Wie könnte es der Familie von Ayberk in Deutschland ergangen sein? Lest in Text **2** nach und beschreibt aus der Sicht der Familie, wie sie die Veränderungen der deutschen Ausländerpolitik erlebt hat.

3. Erklärt, warum Deutschland auch heute auf den Zuzug von Ausländern angewiesen ist (**3**).

4. Wie haben sich der Zuzug nach und der Fortzug aus Deutschland in den Neunzigerjahren entwickelt (**4**)?

5. Worauf macht die Karikatur **5** aufmerksam?

6. Welchen Vorteil hätte eine geregelte Einwanderungspolitik für Deutschland (**6**, siehe auch **2** und **3**)?

... denn es gibt keine

Fremdenfeindlichkeit

Von den Nachrichten und Schlagzeilen der Presse wisst ihr, dass gewalttätige Überfälle auf Ausländer in Deutschland ein aktuelles Problem sind.

Fremdenfeindlichkeit findet aber auch jenseits der Ereignisse statt, über die Medien berichten – in alltäglichen Situationen, wenn Ausländer gemieden und diskriminiert werden.

Mit Fremdenfeindlichkeit werden ablehnende Einstellungen und Verhaltensweisen bezeichnet, durch die Menschen wegen anderer Herkunft, Sprache, Religion oder Kultur herabgesetzt werden. Begleitet wird Fremdenfeindlichkeit stets von Ausgrenzung und Benachteiligung. Im Zusammenhang damit werden oft die Begriffe Rassismus und Rechtsextremismus gebraucht. Rassismus gründet auf der (wissenschaftlich längst widerlegten) Überzeugung, dass Menschen mit heller Hautfarbe („Weiße") von Natur aus allen anderen (z. B. „Farbigen") überlegen seien; von daher stehe ihnen auch eine besondere Position in der Welt zu. Der Rechtsextremismus ist immer auch rassistisch. Denn ihm gilt allein das eigene Volk, die eigene Nation als höchstes Gut, dem alles andere, auch die Einzelperson, unterzuordnen sei. Fremde (und fremd wirkende) Menschen werden aus dieser Sicht als Bedrohung und Provokation empfunden. Rassismus und Rechtsextremismus sind also besonders ausgeprägte fremdenfeindliche Haltungen, die eine deutliche Tendenz zur offenen Gewalt erkennen lassen.

1 Fremdenfeindlichkeit im Alltag

Fatih B., Türke:
Oft vergesse ich, dass ich ein Fremder in diesem Land bin, da ich mich völlig angepasst habe. Aber manchmal werde ich zwangsweise daran erinnert. Viele deutsche Mädchen gehen nicht mit einem Türken. Ich habe gerade wieder so etwas erlebt: Ein deutsches Mädchen hielt mich für einen Italiener, weil mein Spitzname Marco ist. Sie fand mich ganz nett. Sicher wären wir auch zusammengekommen, aber das hat sich schnell geändert, als sie erfuhr, dass ich ein Türke bin. Denn gegen einen Italiener hätte sie nichts gehabt. Jetzt aber war sie wie verwandelt und sah in mir einen völlig anderen Menschen. Der nette Typ, der ich für sie war, hatte sich in einen Türken verwandelt. Ich habe mich so an mein Leben in Deutschland gewöhnt, dass ich vieles nicht mehr so ernst nehme. Aber es tut trotzdem weh, wenn man so abgestempelt wird.

Giovanna L., Italienerin:
Ich hatte noch nie richtige Probleme mit Deutschen. Meine beste Freundin ist eine Deutsche. Trotzdem bin ich für viele Deutsche „nur eine Ausländerin". Letztens war ich in einem Supermarkt. Ein Deutscher hat sich vorgedrängelt und dann auch noch so getan, als sei es sein Recht. Wen hatte er abgedrängt? Eine Ausländerin, von der ich weiß, dass sie sich in Deutschland sogar gut angepasst hat. Warum geben sich viele nicht ein bisschen mehr Mühe und versuchen uns besser kennen zu lernen, als uns nur nach dem Äußeren und nach der Meinung anderer, die man auch Vorurteil nennen könnte, zu beurteilen oder uns sogar fertig zu machen? Was haben die meisten Ausländer den Deutschen wirklich getan? Sie helfen euch mehr oder weniger bei der „Dreckarbeit". Hat es ein Ausländer doch sehr weit geschafft, kommen Ausreden wie: „Die nehmen den Deutschen die Arbeit weg." Ich hoffe nur, dass wir Ausländer auf Dauer nicht als zweitklassig angesehen werden, denn es gibt keine zweitklassigen Menschen.

Ulrike Holle/Anne Teuter (Hrsg.), Wir leben hier. Ausländische Jugendliche berichten, Frankfurt/Main 1992.

Cem Özdemir, Deutscher:
Ich kriege noch oft gesagt: Sie sprechen aber gut deutsch. Wenn ich als Kind deutsche Freunde zu Besuch hatte, habe ich meine Eltern gebeten die türkische Musik auszumachen. Ich hatte Angst, meine Freunde könnten die Nase rümpfen. Und als Bundestagsabgeordneter bin ich am Köln-Bonner Flughafen oft als Einziger rausgewunken worden. Selbst bei Vorlage meines Abgeordnetenpasses fragten mich die Beamten, wie lange ich mich in Deutschland aufhalten wolle.

Spiegel reporter 2/2000, S. 36. (Özdemir wurde 1965 als Sohn türkischer Eltern in Bad Urach geboren und ist Bundestagsabgeordneter von Bündnis 90/Die Grünen.)

2

„IHR SEID EBEN IRGENDWIE ANDERS ALS WIR!"

zweitklassigen Menschen
in der Mitte der Gesellschaft

4 Miteinander leben lernen

3 — Ungeschriebenes Gesetz?

Es gibt ein ungeschriebenes Gesetz für Leute wie Nelson: Nach sechs Uhr abends nicht mehr in die U- oder S-Bahn steigen. An diesem Samstag war er drei Stunden zu spät dran. Es war neun Uhr und dunkel, als er am S-Bahnhof Bernau vor Ostberlin in den Zug stieg, um nach Schöneberg in Westberlin zu fahren. Er hatte die drei anderen Fahrgäste im Abteil per Blickkontrolle für okay befunden, sich hingesetzt und seinen Stundenplan für das nächste Semester gelesen. Und die zwölf Jugendlichen, die drei Stationen später zustiegen, sahen „so total normal" aus, dass er sich wieder in seine Papiere vertiefte. Es gibt ein Protokoll von diesem Vorfall – das liegt bei der Polizei. Und es gibt einen Alptraum – der ist in Nelsons Kopf. „Haste mal 'ne Zigarette?", hat eines der Mädchen plötzlich gefragt und ihm die Papiere aus der Hand gerissen. Er steht auf, um die verstreuten Zettel aufzuheben. Fäuste stoßen ihn wieder auf die Bank. „Bleib sitzen, Nigger!" Schläge ins Gesicht, ein anderer spuckt, ein dritter hat einen Schlagstock in der Hand, die anderen feuern an. „Der Nigger soll auf die Knie." Nelson erzählt das mit leiser Stimme, als ob es, wenn überhaupt, nur er selbst hören sollte. Mehr will er dazu nicht sagen, nur noch so viel, dass er keine Angst verspürte, sondern „fast blind war vor Wut". Wut, die implodierte [= nach innen losging] weil jeder Widerstand eines Schwarzen gegen zwölf vom eigenen Machtgefühl besoffene Weiße in einer fahrenden S-Bahn fatale Folgen haben kann. So warfen sie Nelson erst aus dem Zug, als er in Karow hielt – die Papiere flogen hinterher.

Andrea Böhm in: Gisela Führing, Mechthild Lensing, Was heißt hier fremd? Unterrichtsmaterial zum Thema Fremdenfeindlichkeit, Berlin 1994, S. 61. (Nelson ist Sudanese.)

4 — Wie kann ich helfen?

Wie helfe ich jemandem, der angepöbelt oder gar verprügelt wird?

Die meisten Leute denken, es gäbe keine andere Möglichkeit, als sich den Tätern mit blanker Brust entgegenzuwerfen. Das ist falsch. Wenn Sie ein Handy haben, rufen Sie die Polizei – und rufen Sie das den Tätern zu, in gehörigem Abstand. Suchen Sie nach Verbündeten unter weiteren Passanten. Sagen Sie zum Nächststehenden: „Wollen wir uns das gefallen lassen? Wir müssen doch etwas tun!" Wenn Sie genügend Helfer haben, bilden Sie einen Sprechchor und schreien: „Aufhören, aufhören!" Was glauben Sie, wie das die Täter irritiert! Auch das Opfer kann Schreien als Waffe einsetzen: Wer hysterisch kreischt, als ob er den Verstand verloren hätte, verunsichert den Täter ebenfalls. Wenn Sie das nicht können: Für diesen Zweck gibt es kleine batteriebetriebene Geräte. Polizeihunde sind auf das Signal abgerichtet. Ich rate davon ab, CS-Gas oder andere Waffen zu kaufen in der Hoffnung, sie würden einem im Notfall helfen. Sie geben einem ein falsches Sicherheitsgefühl und tragen immer zur Eskalation bei.

Winfried Roll, Leiter des Referats Vorbeugung der Berliner Polizei, zit. nach: Jörg Burger, Kopf hoch!, in: Die Zeit, 17.8.2000.

5

Ausmaß und Entwicklung fremdenfeindlicher Straftaten in Deutschland									
Straftaten	1991	1992	1993	1994	1995	1996	1997	1998	1999
Tötungsdelikte vollendete (Opfer in Klammern) versuchte	3 (3) 0	4 (6) 28	2 (6) 18	0 8	0 8	0 11	0 8	0 10	1 11
Körperverletzungen	236	576	727	494	372	307	406	384	386
Sprengstoffdelikte	0	12	3	1	0	27	26	23	29
Brandanschläge/Brandstiftungen	335	596	284	80	37				
Weitere fremdenfeindl. Straftaten	1852	5120	5687	2908	2051	1887	2513	2228	1856
Straftaten insgesamt	2426	6336	6721	3491	2468	2232	2953	2644	2283

Quelle: Mitteilungen der Beauftragten der Bundesregierung für Ausländerfragen, 2000.

FEHLVERHALTEN IN DEUTSCHLAND

7 — Ursachenforschung

Auch zehn Jahre nach dem deutlichen Anstieg fremdenfeindlicher Ausschreitungen in Deutschland steht nach Expertenansicht die Erforschung der Ursachen noch ganz am Anfang. „Wir befinden uns in einem beklagenswerten Zustand", sagte der Sozialpsychologe Ulrich Wagner von der Universität Marburg. Fremdenfeindlichkeit sei in den Schulen ein verbreitetes Phänomen. 82 Prozent der Lehrer hätten Prügeleien zwischen Deutschen und Ausländern erlebt, knapp die Hälfte kenne ausländerfeindliche Äußerungen im Unterricht, in 47 Prozent der Fälle wolle ein deutscher Schüler nicht neben einem ausländischen Mitschüler sitzen. Eine wichtige Rolle bei der Vorbeugung von ausländerfeindlicher Gewalt spiele die Erziehung in den Schulen. Das Erlernen interkultureller Kompetenz [= Befähigung zum Umgang mit Menschen aus verschiedenen Kulturen] müsse viel stärker im Unterricht verankert werden. Wagner zufolge gibt es einen engen Zusammenhang zwischen der Einstellung Ausländern gegenüber und persönlichen Kontakten mit Fremden. Es gelte die Faustformel, dass mit jeder Freundschaft zwischen Deutschen und Ausländern die Zahl der Vorurteile sinke.

Süddeutsche Zeitung (ddp), 13.12.2000, leicht gekürzt.

8 — Reichen die Antworten?

Müssen wir nicht fragen, welche Wurzeln die Gewaltbereitschaft von Jugendlichen in unseren Familien hat? Wir werden nicht müde, über gesellschaftliche Ursachen zu reden, über Arbeitslosigkeit und mangelnde Perspektiven. Ich will das gar nicht in Abrede stellen. Aber wann stellen wir uns ehrlich der Frage, ob zu diesen gesellschaftlichen Bedingungen nicht genauso auch überforderte Mütter und Väter gehören? Beziehungsarmut, Mangel an Grenzen und Mangel an Anerkennung in der Erziehung, die besonderen Probleme allein erziehender Menschen: Kann das alles wirklich durch den Kindergarten, die Schule und eine engagierte Jugendarbeit ausgeglichen werden?

Schließlich: Müssen wir nicht fragen, wie es dazu kommen kann, dass 17-Jährige, die einen Vietnamesen brutal durch die Straßen hetzen, meinen können, damit nur das zu tun, was die Mehrheit am liebsten auch täte – sich aber bloß nicht traut? Hass gegen Fremde schüren die Neonazis […]. Aber Angst vor Fremden, eine Vorstufe zum Hass, die haben auch andere geschürt. Aus Gedankenlosigkeit oder aus populistischem Kalkül [= aus der Berechnung, mit vereinfachenden Aussagen und Vorschlägen dem Volk zu gefallen].

Manfred Sorg in: Münstersche Zeitung, 9.8.2000. (Manfred Sorg ist Präses der evangelischen Kirche von Westfalen.)

9 — Eine Frage der Zukunftsperspektiven

Ausländerfeindlichkeit gibt es – auch unter der Jugend. Sie ist aber weniger verbreitet, als oft behauptet wird. Aufs Ganze gesehen ist nur eine Minderheit stark ausländerfeindlich eingestellt.

Ausländerfeindlichkeit ergibt sich offenbar nicht aus persönlichen Erfahrungen mit Ausländern, im Gegenteil: Gerade hoch ausländerfeindliche Jugendliche haben erheblich weniger Kontakte zu Nichtdeutschen. Im Kern der Ausländerfeindlichkeit scheint sich die Furcht zu verstecken, in der wachsenden Konkurrenz um Arbeitsplätze und Zukunftschancen (auch um Anerkennung, Mädchen und öffentliche Aufmerksamkeit) zu unterliegen.

Nicht die Attraktivität rechtsextremer Milieus [= Umgebungen] oder autoritäre [= sehr strenge] Verhaltensmuster begünstigen fremdenfeindliche Einstellungen, sondern die Angst vor eigener Arbeits- und Chancenlosigkeit. Eine geeignete politische Gegenstrategie ergibt sich deshalb nicht aus der Widerlegung und argumentativen Auseinandersetzung mit „rechten" Thesen oder Gruppierungen, sondern aus einem arbeits- und ausbildungsplatzbezogenen Programm.

Vereinfacht und gekürzt nach: Fischer, Arthur u.a., Jugend 2000, a.a.O., Bd.1, S.19f.

10

Vier Ergebnisse
– Fremdenfeindliche Einstellungen sind – obwohl fremdenfeindliche Straftaten nahezu ausschließlich von männlichen Jugendlichen und jungen Erwachsenen verübt werden – weder ein „Jugend-" noch ein „Männerproblem".
– Unhaltbar ist auch die oft vorgetragene These, dass Arbeitslose und Einkommensschwache, weil sie in Ausländern vor allem „Konkurrenten" sähen, besonders anfällig für fremdenfeindliche Einstellungen seien. Es wird vielmehr deutlich, dass weniger die objektive Situation als deren subjektive Bewertung einen Einfluss auf die Anfälligkeit für fremdenfeindliche Einstellungen haben.
– Die Neigung zu fremdenfeindlichen Vorurteilen nimmt zwar mit steigendem Bildungsgrad tendenziell ab, ist aber auch bei jedem zehnten Abiturienten und bei fast jedem sechsten Befragten mit Hochschulabschluss anzutreffen. Fremdenfeindlichkeit reicht weit hinein in die „Mitte der Gesellschaft". Zwar lassen sich einzelne Gruppen ausmachen, in denen fremdenfeindliche Einstellungen überdurchschnittlich stark verbreitet sind. Fremdenfeindlichkeit ist jedoch keinesfalls auf diese Gruppen beschränkt, ist nicht nur ein Problem am rechten Rand, auch kein spezifisches Problem der Einkommensschwachen oder der Arbeitslosen.
– Der Grad der Fremdenfeindlichkeit hängt eng mit der Neigung zu einer nationalistischen Grundhaltung zusammen.

Klaus Ahlheim/Bardo Heger, Vorurteile und Fremdenfeindlichkeit, Schwalbach/Ts. 2001, S.179, leicht gekürzt.

11

12

Antiaggressivitätstraining an der Schule
Untersuchungen haben ergeben, dass Kindergartenkinder keine Probleme damit haben, mit Kindern anderer Nationen und Religionen zu spielen, und dass Grundschüler einen sensibleren Gerechtigkeitssinn haben als Jugendliche und Erwachsene. Und das müssen wir so nutzen, wie das seit vielen Jahren mit großem Erfolg die Lehrerinnen der Lübecker Domschule tun: Jeder kleine Gewaltvorfall wird noch einmal veranschaulicht und dann wird differenziert [= genau unterschieden] nach Tätern, Opfern und Zuschauern gefragt „Was hätte man stattdessen tun können?" Die von den Schülern am höchsten bewerteten Verhaltensalternativen werden daraufhin über Rollenspiele so eintrainiert, dass sie für spätere kritische oder lähmende Situationen als taugliche Handlungsmuster auch wirklich zur Verfügung stehen.

Gewalt und Fremdenfeindlichkeit haben seitdem dort wie auch mit dem Antiaggressivitätstraining an der Schule für Erziehungsschwierige im niedersächsischen Bad Bentheim um mehr als 50 Prozent abgenommen und ganz schlimme Gewalttaten kommen überhaupt nicht mehr vor.

Peter Struck, Erziehung gegen Gewalt ist machbar, www.welt.de/daten/2000/08/22/0822de186780.htx, leicht gekürzt. (Professor Dr. Peter Struck ist Erziehungswissenschaftler an der Universität Hamburg.)

Arbeitsvorschläge

1. Was empfinden Fatih, Giovanna und Cem Özdemir (**1**) als fremdenfeindlich? Könnt ihr weitere Beispiele nennen?

2. Formuliert die wichtigsten Aussagen der Tabelle (**5**) in Sätzen.

3. Fasst in einem kurzen Text zusammen, was **1–3** und **5** über Fremdenfeindlichkeit aussagen.

4. Welche Erklärung habt ihr für das Verhalten der Jugendlichen (**3**)? Listet sie auf.

5. Schreibt aus **7–10** thesenartig die dargestellten möglichen Ursachen für Fremdenfeindlichkeit heraus. Versucht sie kritisch zu beurteilen. Trifft z.B. **7** zu, insbesondere auf eure Schule?

6. Vergleicht die Erklärungsansätze aus **7–10** mit euren Vermutungen aus Arbeitsvorschlag 4. Welche Erklärung scheint euch einleuchtend, welche kaum? Warum?

7. Wie beurteilt ihr die Vorschläge aus **4**? Habt ihr andere Ideen? Was könnt ihr im Alltag tun, um Fremdenfeindlichkeit zu begegnen?

8. Versucht anhand eines Beispiels aus dem Schulalltag das Konzept (**12**) im Rollenspiel nachzuvollziehen. Wie erklärt ihr den Erfolg des Trainings? Wo liegen die Grenzen? Sollte es an allen Schulen durchgeführt werden?

Wie wird man

Wie wird man Deutscher? Die Antwort auf diese Frage ist in Gesetzen festgelegt, deren Grundlage zwei Prinzipien bilden: das Abstammungsprinzip und das Territorialprinzip. Das Abstammungsprinzip besagt, dass Kinder mit deutschen Eltern automatisch Deutsche sind. Bei diesem Prinzip kommt es also auf die Eltern an. Beim Territorialprinzip steht hingegen der Geburtsort im Mittelpunkt: Deutscher ist danach, wer in Deutschland geboren ist, auch wenn die Eltern Ausländer sind. Im Gegensatz zum Abstammungsprinzip gilt das Territorialprinzip aber nur eingeschränkt. An welche Bedingungen es geknüpft ist, könnt ihr in **2** nachlesen.

Außer durch die Geburt kann man die deutsche Staatsangehörigkeit auch durch eine Einbürgerung erhalten. In der politischen Auseinandersetzung ist umstritten, ob die Einbürgerung am Ende der Integration von Ausländern stehen soll oder ein Schritt auf dem Weg zur Integration ist.

1 — **Wir wollen Deutsche werden!**

Erkan Özdemir (40):
„Mittlerweile fühle ich mich richtig wohl in Deutschland. Als ich vor sieben Jahren hier ankam, fiel mir die Eingewöhnung zunächst doch recht schwer. Ich gab mir aber Mühe mich einzuleben und die deutsche Sprache zu erlernen, die ich mittlerweile recht gut beherrsche. Auch arbeite ich sehr hart und beschäftige in meinem eigenen Betrieb schon immerhin zehn Personen. Ich habe eine Aufenthaltserlaubnis und würde gerne die deutsche Staatsbürgerschaft annehmen."

Tran Van Ngoc (15):
„Ich bin mit 6 Jahren nach Deutschland gekommen, weil meine Mutter in Deutschland als Dolmetscherin eine Anstellung gefunden hat. Ich bin hier aufgewachsen, habe in Deutschland die Schule besucht und kenne Vietnam, mein Geburtsland, nur aus Erzählungen. Nach der Schule möchte ich Jura studieren und als Anwältin in Deutschland leben und arbeiten. Deshalb beantrage ich die deutsche Staatsbürgerschaft. Ich möchte dieselben Rechte haben wie jeder andere auch."

2

Das neue Staatsbürgerschaftsrecht
Insgesamt leben in Deutschland 7 308 500 Ausländer

Einen Anspruch auf die deutsche Staatsbürgerschaft haben ...

... in Deutschland geborene Kinder ausländischer Eltern	... Kinder bis zehn Jahre	... Ausländer, die diese Voraussetzungen erfüllen
• wenn ein Elternteil seit 8 Jahren in Deutschland lebt und seit mind. 3 Jahren eine unbefristete Aufenthaltsgenehmigung hat • bis zum 23. Lebensjahr Entscheidung für die deutsche Staatsangehörigkeit oder die der Eltern	Übergangsregelung auf Antrag	• 8 Jahre Aufenthalt in Deutschland (bisher 15 Jahre) • Aufenthaltserlaubnis/-berechtigung • Bekenntnis zum Grundgesetz, keine verfassungsfeindliche Tätigkeit • Sicherung des Lebensunterhalts i. d. R. ohne Sozial- oder Arbeitslosenhilfe • Deutschkenntnisse
jährlich 40 000–50 000 Neugeborene	ca. 280 000 Kinder	ca. 3 715 500 Ausländer

Statistische Angaben: Stand 31. 12. 1998 © Globus 6065

Hinweis: Um die deutsche Staatsbürgerschaft zu erhalten, muss die ausländische Staatsangehörigkeit in der Regel aufgegeben werden. Ausnahmen gelten, wenn die Staatsangehörigkeit nicht oder nur unter besonderen Schwierigkeiten aufgegeben werden kann.

Deutscher?

Das Staatsbürgerschaftsrecht

4 Miteinander leben lernen

3

KANAKMÄN von **Muhsin Omurca**

MEIN PROBLEM IS... DOKTOR BEY...PROBLEM IS... ABER NIX LACHEN, JA! VERSPROCHEN?

JA.

DOKTOR...ICH...ICH...ICH... ICH BIN EIN DEUTSCHER!

NIX MEHR TÜRKE. NUR NOCH EIN DEUTSCHER! ICH WIE HALB AMPUTIERT! ICH FÜHLEN MICH WIE EINE FLASCHE LEER!

UND NOCH SCHLIMMER IS, ALLE MICH AUSLACHEN WANN ICH SAGEN "ICH DEUTSCHER!"

DA MEIN PASS. DECKEL AUFMACHEN. FOTO SEHEN...DANN ALLE...
Vorname: "HÜSNÜ"
Name: "GÜZEL"
Nationalität: DEUTSCH!
KICHERN!
GACKERN!
LOSPRUSTEN!
FALLEN VOM STUHL!

DAS IS KEIN PASS! DAS IS EIN TÜRKENWITZ!

4

„Liebst du Vater oder Mutter?"
Versuchen Sie mal ein Kind oder einen Erwachsenen zu fragen: Liebst du Vater oder Mutter? Entscheide dich! Vater und Mutter gilt nicht! Was auf Deutsch Vaterland ist, ist auf Türkisch Mutterland (Anavatan). Für die Mehrheit der Millionen von Türken gilt Vaterland und Mutterland. So wie für Millionen von Deutschen in Namibia, Chile, Brasilien, Argentinien, Kanada, USA und Australien, die stolz auf ihr Herkunftsland und aktuelles Heimatland sind.

All Sevket Ünsal in: Der Spiegel, 4/1999, S. 8 (Leserbrief).

5

Recht auf die zweite Heimat
Wir wollen stolz sein auf eine moderne, weltoffene Bundesrepublik Deutschland. Dazu gehört auch ein zeitgemäßes Staatsbürgerschaftsrecht. Der Pass bedeutet auch Heimat. Wer hier geboren ist, soll hier zu Hause sein. Mit allen Rechten und Pflichten. Wer nach den Gesetzen unseres Landes lebt, soll das Recht haben, Bürger unseres Landes zu sein. In vielen Ländern der Welt ist Einbürgerung selbstverständlich. Dort finden Menschen eine zweite Heimat, ohne die erste aufgeben zu müssen.

Marius Müller-Westernhagen, Boris Becker und Thomas Gottschalk im Rahmen einer Werbekampagne der Bundesregierung zur Reform des Staatsbürgerschaftsrechts, 1999.

Arbeitsvorschläge

1. Wer aus (1) sollte eurer Meinung nach die deutsche Staatsbürgerschaft erhalten?

2. Lest 2 und prüft, unter welchen Bedingungen Tran Van Ngoc und Erkan Özdemir die deutsche Staatsbürgerschaft erhalten können.

Informationen zur Einbürgerung erhaltet ihr von der Ausländerbeauftragten der Bundesregierung, Mauerstraße 45–52, 10117 Berlin, sowie auf der Homepage: www.bundesauslaenderbeauftragte.de, www.einbuergerung.de

3. Der Comic 3 stammt aus ETAP, einer Zeitschrift, die sich insbesondere an Deutschtürken wendet. Von welchem Problem berichtet Kanakmän dem Doktor?

4. Welche persönliche Schwierigkeit müssen Ausländer überwinden, wenn sie die deutsche Staatsangehörigkeit beantragen (4)?

5. Wieso sprechen sich Marius Müller-Westernhagen, Boris Becker und Thomas Gottschalk für das Recht auf Einbürgerung aus (5)? Hat es eine besondere Wirkung, wenn sich Stars zu politischen Fragen äußern?

85

Erhalten politisch

Viele Menschen müssen ihre Heimat verlassen, weil die Bedingungen ein Weiterleben vor Ort unmöglich machen. Ursachen hierfür sind häufig
– Kriege und Bürgerkriege,
– Unterdrückung und Menschenrechtsverletzungen,
– Armut, wirtschaftliche Perspektivlosigkeit,
– Belastung und Zerstörung der natürlichen Lebensgrundlagen,
– politische Verfolgung, d. h. Verfolgung derjenigen, die sich in Opposition* zu den Machthabern befinden.

Menschen, die aus einem der genannten Gründe ihre Heimat verlassen, werden Flüchtlinge genannt. Die Flüchtlinge, die wegen politischer Verfolgung nach Deutschland kommen, können Asyl beantragen.

Anders liegt der Fall, wenn in einem Land staatliche Strukturen zerbrechen und ein Bürgerkrieg herrscht – wie bei Sara A.

1 Der Fall Sara A.

Krieg in der Wüste. Eine halbe Million Soldaten liegen sich in Schützengräben gegenüber. Ein grausamer Stellungskrieg tobt zwischen Äthiopien und Eritrea, der bereits über 40 000 Menschen das Leben gekostet hat.

Mitten im Kampfgeschehen: Sara, ein 15 Jahre altes eritreisches Mädchen, das als Sanitäterin an die Front gezwungen wurde. Sie stillt Blutungen, säubert Wunden, Soldaten sterben in ihren Armen. Eine gute Schulfreundin kommt dabei zu Tode. Am 23. Juli 1999 explodiert eine Granate in Saras Nähe. Sie wird verletzt. Nach ihrem Krankenhausaufenthalt verhilft ihr der Vater der Freundin zur Flucht. Sie soll nicht dasselbe Schicksal erleiden wie seine Tochter.

Am 3. November 1999 landet Sara in einem Flugzeug, das aus dem Sudan kommt, auf dem Frankfurter Flughafen.

Autortext nach einer Dokumentation von Pro Asyl, Arbeitsgemeinschaft für Flüchtlinge, Frankfurt. www.proasyl.de.

2 Das Asylrecht

In Artikel 16a Absatz 1 des Grundgesetzes* heißt es: „Politisch Verfolgte genießen Asylrecht." Asylrecht bedeutet, dass ein Staat Verfolgten Aufnahme und Schutz gewährt. Dieses individuelle Grundrecht ist eine Konsequenz der leidvollen Erfahrungen während der nationalsozialistischen Diktatur. Das alleinige Vorliegen einer Verfolgung, die Bedrohung durch Krieg oder Folter alleine reicht jedoch nicht aus, um eine Anerkennung nach Artikel 16a des Grundgesetzes zu erhalten.

Seit dem 28. 6. 1993 ist nämlich festgelegt, dass kein Asylverfahren mehr stattfindet für:
– Einreisende aus einem Mitgliedstaat der EU,
– Einreisende aus so genannten „sicheren Drittstaaten", die in einem Gesetz festgelegt werden,
– Einreisende aus „verfolgungsfreien Ursprungsstaaten", die in einem Gesetz festgelegt werden, und für
– Kriegsflüchtlinge.

3

Asylrecht – Deutschland von „sicheren Drittstaaten" umgeben

Sichere Drittstaaten: Staaten, die selbst Schutz vor politischer Verfolgung bieten

Sichere Herkunftsstaaten *: Staaten, in denen gewährleistet erscheint, dass dort keine politische Verfolgung stattfindet

Länder auf der Karte: Finnland, Norwegen, Schweden, Irland, Dänemark, Niederlande, Großbritannien, Belgien, Luxemburg, Deutschland, *Polen, *Tschechien, *Slowakei, Österreich, *Ungarn, *Rumänien, Schweiz, Frankreich, *Bulgarien, Portugal, Spanien, Italien, Griechenland

außerhalb Europas:
* Ghana
* Senegal

ZAHLENBILDER 130 375 © Erich Schmidt Verlag

4

Genfer Flüchtlingskonvention* 1951

Artikel 33 – Verbot der Ausweisung und Zurückweisung

1. Keiner der vertragschließenden Staaten wird einen Flüchtling auf irgendeine Weise über die Grenzen von Gebieten ausweisen oder zurückweisen, in denen sein Leben oder seine Freiheit wegen seiner Rasse, Religion, Staatsangehörigkeit, seiner Zugehörigkeit zu einer bestimmten sozialen Gruppe oder wegen seiner politischen Überzeugung bedroht sein würde.

2. Auf die Vergünstigung dieser Vorschrift kann sich jedoch ein Flüchtling nicht berufen, der aus schwerwiegenden Gründen als eine Gefahr für die Sicherheit des Landes anzusehen ist, in dem er sich befindet, oder der eine Gefahr für die Allgemeinheit dieses Staates bedeutet, weil er wegen eines Verbrechens oder eines besonders schweren Vergehens rechtskräftig verurteilt wurde.

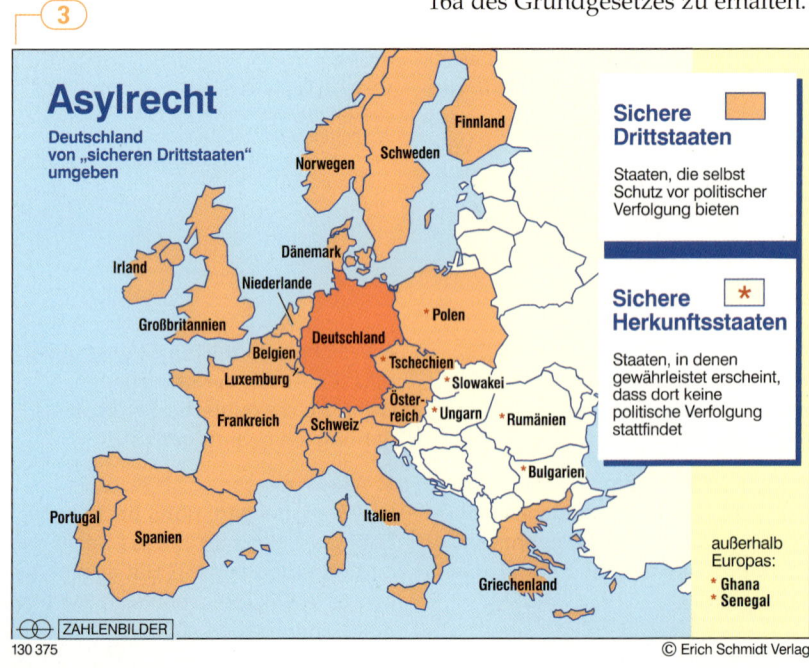

Verfolgte Asyl?

Absicht und Folgen des Asylrechts

4 Miteinander leben lernen

5

Sara A. – erst Ablehnung, dann Duldung

Das Verwaltungsgericht in Frankfurt lehnte Saras Asylantrag mit einer Schnellentscheidung ab und ließ das Mädchen in einer Art Kaserne auf dem Flughafengelände warten, bis zwei Wochen später auch das Bundesamt für die Anerkennung ausländischer Flüchtlinge Nein sagte zu ihrem Asylantrag. Sara wurde vorgeworfen, sie habe ihren Rot-Kreuz-Ausweis nicht vorgelegt; trotz einer frischen Narbe am Bein glaubte die Entscheiderin ihr nicht, dass sie an der Front eingesetzt worden sei. Saras Befürchtungen, bei einer Rückkehr nach Eritrea würde sie schwer bestraft oder hingerichtet wegen ihrer Flucht, hielt das Bundesamt für abwegig. Abschiebungshindernisse gebe es nicht, da Sara bei ihrer Rückkehr weder der Verelendung noch dem Hungertod ausgesetzt sein werde.

Die Entscheidung fiel, ohne dass Sara vernommen wurde und ohne Beweisaufnahme. Gegen die Ablehnung des Asylantrages protestierten Pro Asyl (eine Arbeitsgemeinschaft, die sich bundesweit für Flüchtlinge einsetzt) und eine Stadträtin. Nach ihrer Auffassung stellte schon die Heranziehung eines Kindes zum Sanitätsdienst an der Front einen Verstoß gegen die UN-Kinderrechtskonvention dar. Sie erreichten schließlich, dass das Mädchen vorläufig bleiben darf. Sie lebt zurzeit in einer Hilfseinrichtung in Darmstadt und geht auch dort zur Schule.

Autortext nach Dokumentation Pro Asyl.

6

"Politisch verfolgt!? Du liebe Güte! Das behaupten alle. Was wir brauchen, sind glaub- hafte Beweise!!"

7

Asylbewerber in Europa
im Jahr 2000 (ausgewählte Länder, z. T. geschätzt) — je 100 000 Einwohner

Land	Anzahl	je 100 000
Großbritannien	97 860	166
Deutschland	78 760*	96
Niederlande	43 890	278
Belgien	42 690	420
Frankreich	38 590	65
Österreich	18 280	223
Italien	18 000	31
Schweiz	17 660	239
Schweden	16 370	184
Irland	10 920	293
Norwegen	10 320	231
Dänemark	10 080	190
Slowenien	9 240	465
Tschech. Rep.	8 770	86
Ungarn	7 800	78
Spanien	7 040	18
Polen	4 290	11
Finnland	3 320	64
Griechenland	3 000	28
Slowak. Rep.	1 550	29
Luxemburg	590	137
Portugal	200	2

nur Erstanträge. Quelle: UNHCR

Arbeitsvorschläge

1. Welche Gründe haben Sara A. bewogen nach Deutschland zu kommen (**1**)? Ist Sara A. ein Flüchtling? Begründet eure Antwort.

2. Was versteht man unter Asylrecht (**2**)? In welchen Fällen ist ein Asylverfahren ausgeschlossen?

3. Können politisch Verfolgte auf dem Landweg nach Deutschland kommen um Asyl zu beantragen (**3**)?

4. Sollte Sara A. Asyl in Deutschland gewährt werden? Begründet.

5. Wie wurde Saras Asylantrag entschieden, wie wurde die Entscheidung begründet (**5**)?

6. Stellt einen Bezug her zwischen dem Fall Sara A. und der Karikatur **6**.

7. Auf Artikel 33 der Genfer Flüchtlingskonvention (**4**) geht das so genannte kleine Asyl zurück, nach dem Menschen auch in Deutschland Schutz vor Abschiebung genießen. Treffen die Bedingungen auf den Fall Sara A. zu?

Unter www.proasyl.de erhaltet ihr viele aktuelle Informationen: Fallbeispiele, Stellungnahmen und Zahlenmaterial.

8. Betrachtet in **7** die Zahl der Asylanträge in den jeweiligen Ländern. Welche Folgen ergeben sich für die betreffenden Länder?

Um zu verstehen, woher die großen Abweichungen zwischen den verschiedenen Ländern kommen, ist auch ein Blick auf die Geschichte wichtig. Fragt im Geschichtsunterricht nach möglichen Gründen dafür, warum sich Deutschland und Großbritannien aus historischen Gründen gegenüber Asylsuchenden besonders verpflichtet fühlen.

Deutschland ohne

Europa wächst zusammen:

Bisher wurden Gruppen von Ausländern betrachtet, die eine besondere Genehmigung brauchen, um in Deutschland leben zu können. Es gibt aber Ausländer, die das Recht haben, sich in Deutschland niederzulassen – ebenso wie sich die Deutschen in ihren Ländern niederlassen dürfen. Das gilt für alle Bürger der Europäischen Union (EU).

Die EU ist ein Zusammenschluss von mittlerweile 15 Staaten (im Jahr 2000). Zu ihr gehören neben den Gründungsstaaten Deutschland, Frankreich, Italien und den drei Benelux-Ländern seit 1973 auch Großbritannien, Irland und Dänemark, seit 1981 Griechenland, seit 1986 Spanien und Portugal und seit 1995 Finnland, Schweden und Österreich.

Gegründet wurde die EU, die damals noch Europäische Gemeinschaft (EG) hieß, 1957, um den Frieden dauerhaft und die Zusammenarbeit in Europa zu stärken. Seit ihrer Gründung ist das in vielen Bereichen geschehen, unter anderem in dem Bereich der Freizügigkeit.

1 — In Deutschland verdiene ich mehr

Elena Psaralidis wurde 1971 in Larisa in Griechenland geboren. Dort hat sie 1987 die Schule abgeschlossen und anschließend in einer kleinen Bank als Bankkauffrau gearbeitet.

Während der Arbeit lernte sie ihren Mann Kostas kennen, den sie 1996 geheiratet hat. Sie haben mittlerweile eine kleine Tochter.

Als Kostas 1998 seine Arbeit verlor, war die Familie auf das Einkommen von Elena angewiesen. Trotz intensiver Suche hat er keine Arbeitsstelle gefunden.

1999 entschloss sich die Familie nach Deutschland zu gehen. Elena begründet ihre Entscheidung so: „Zwar ist es auch dort nicht sicher, dass wir einen Job finden. Aber wenn einer Arbeit hat, verdient er mehr als in Griechenland."

Nikola Popovska ist 1970 in Bitola, einer kleinen mazedonischen Stadt, geboren und aufgewachsen. Nach ihrem Schulabschluss im Jahr 1986 arbeitete sie in einem Versicherungsbüro.

Seit 1988 ist sie mit Kiro verheiratet. Sie haben zusammen zwei Kinder, drei und sechs Jahre alt.

Als Kiro 1998 arbeitslos wurde, wurde das Geld der Familie knapp, denn von dem geringen Einkommen Nikolas kann sich die Familie kaum über Wasser halten.

Obwohl die ganze Familie an ihrer Heimatstadt Bitola hängt, entscheiden sich Nikola und Kiro 1999 dafür, nach Deutschland zu gehen. „In Deutschland sind die Löhne höher. Da kann man auch von einem Einkommen gut leben."

2 — Arbeitslosigkeit in Europa

Geschätzte Arbeitslosenquote im Jahr 2000 in % (OECD-Definition)

Land	%
Spanien	14,0
Italien	11,2
Griechenland	10,9
Polen	10,8
Belgien	10,6
Frankreich	10,3
Tschech. Rep.	10,1
Finnland	9,1
Deutschland	8,7
Ungarn	6,9
Großbritannien	6,0
Dänemark	5,8
Österreich	5,8
Irland	5,0
Schweden	4,5
Portugal	4,4
Norwegen	3,8
Niederlande	3,2
Luxemburg	2,8
Schweiz	2,6

© Globus 6052

3 — Freizügigkeit

Für Staatsangehörige der EU besteht Freizügigkeit. Was bedeutet dies konkret? EU-Bürger benötigen kein Visum bzw. keine Aufenthaltsgenehmigung um in einem anderen Land der EU zu leben und zu arbeiten. Sie erhalten auf Antrag eine unbefristete Aufenthaltserlaubnis. Zum Beispiel kann eine Italienerin, die seit zwanzig Jahren in Deutschland lebt, nach eigenem Gutdünken einen Teil des Jahres in München, den anderen Teil in Palermo verbringen, für sie gilt Freizügigkeit, d.h. Niederlassungsfreiheit. Für ihre mehr oder weniger langen Ortsveränderungen benötigt sie keine Visa. Für eine Türkin als Nicht-EU-Bürgerin gilt diese Regelung jedoch nicht.

Annette Treibel, Migration in modernen Gesellschaften. Soziale Folgen von Einwanderung, Gastarbeit und Flucht, Weinheim/München 1999, S. 72.

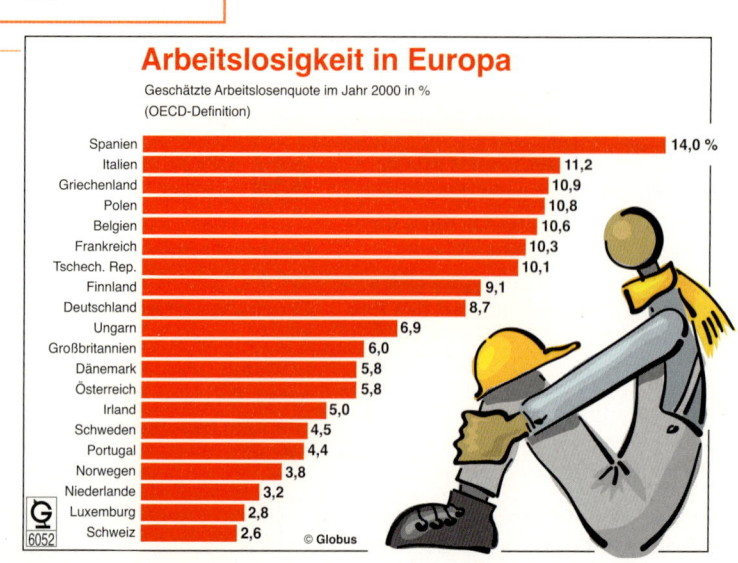

Grenzen?

das Schengener Abkommen

4 Miteinander leben lernen

4 **Das Schengener Abkommen**

Da Anfang der Achtzigerjahre die Vollendung des europäischen Binnenmarkts* zwischen den damaligen EG-Staaten allmählich näher rückte, beschlossen einige EG-Staaten einen ersten Schritt zum Abbau der Grenzkontrollen.

Im Juni 1985 unterzeichneten fünf EG-Staaten in Schengen (Luxemburg) einen Vertrag über den stufenweisen Abbau der Kontrollen zunächst im Personenverkehr. Die neue Bewegungsfreiheit sollte jedoch nicht mit einem Verlust an Sicherheit für die Bürger und der völligen Aufgabe nationaler Regelungen erkauft werden. Daher wurden 1990 begleitende Sicherheitsmaßnahmen vereinbart. Folgende Regeln gelten für Schengen-Staaten:
– Keine Personenkontrollen an den Binnengrenzen, verstärkte Kontrollen an den Außengrenzen.
– Gegenseitige Anerkennung von Visa.
– Asylverfahren können nur in einem der Staaten beantragt werden.
– Die Polizei arbeitet bei der Verfolgung von Straftätern über die Grenzen hinweg zusammen.

Im Amsterdamer Vertrag (1997) haben die EU-Mitgliedsstaaten beschlossen, die Schengen-Zusammenarbeit zu einem Bestandteil der EU-Politik zu machen (das gilt seit 1999, Ausnahmen sind: GB, IRL, DK).

Nach: Marc Fritzler/Günther Unser, Die Europäische Union, Bonn 1998, S. 128 f., bearbeitet und ergänzt um die aktuelle Entwicklung bis 2000.

5

Festung Europa

Durch das Schengener Abkommen ist die Anreise in ein europäisches Land für Angehörige außereuropäischer Länder immer schwieriger geworden. Wer nicht glaubhaft politische Verfolgung geltend machen kann oder zur Familie eines bereits Eingewanderten gehört, hat keine Chance. So kommt, wer nicht legal hineindarf, oft illegal. An allen Außenlinien Europas versuchen Menschen, die Festungsmauern zu durchbrechen.

Neue Zürcher Zeitung, 24./25.1.1998.

Arbeitsvorschläge

1. Was haben Elena und Nikola gemeinsam (**1**)?

2. Wer hat es einfacher, nach Deutschland zu kommen: Elena oder Nikola? Lest in **3** nach. Zeigt auf der Karte rechts oben (ggf. mithilfe eines Atlas), wo Mazedonien liegt.

3. Beschreibt die unterschiedlichen Lebensbedingungen in europäischen Ländern (**2**). Was bedeutet das für die Wanderung innerhalb Europas?

4. Welche Bedeutung hat das Schengener Abkommen für die Freizügigkeit in Europa? (**4**, **5**, siehe auch **2**).

Auf die offizielle Homepage der EU gelangt man mit der Adresse: www.europa.org

89

... Menschen
Wandern und Zusammenleben

Viele alte Geschichten erzählen von dem Fremden, der bei Sonnenuntergang an die Tür klopft, den niemand kennt, der von weither gereist ist und nach langer Fahrt ein Nachtquartier braucht. In Fabeln ist dieses Anklopfen häufig das eines verkleideten Gottes oder Boten, der unsere Gastfreundschaft auf die Probe stellen will.

Einwanderer sind Gäste, die bleiben. Sie haben einen Platz in der Gesellschaft gefunden, an dem sie zu Hause sind. Sie leben sich in der zuerst fremden, dann immer vertrauteren Umgebung ein. Entweder tun sie das, indem sie ein Stück Heimat in ihre Stadtviertel holen: Räume für vertraute Lebensgewohnheiten, Cafes, Restaurants, Buchhandlungen und andere Geschäfte und ihre Lebensweise auf zwei Welten einstellen (Segregation = Viertelbildung). Oder sie passen sich ihrer neuen Umgebung so an, dass kulturelle Unterschiede nicht mehr erkennbar sind (Assimilation = Angleichung).

Dass die meisten von uns nicht (mehr) fest verwurzelt an ihrem Geburtsort leben werden, das wisst oder ahnt ihr schon. Die Erfahrung, den eigenen Platz suchen zu müssen und finden zu können, wird viele Bürger einer modernen Gesellschaft verbinden – nach weiterer oder kürzerer Reise.

Ob wir dabei zu einer Masse zusammenschmelzen wollen (melting pot = Schmelztiegel) oder gerade die Unterschiede betonen, entscheidet sich immer wieder von Neuem.

1 Stadtspaziergang durch Mainhattan

Stimmengewirr, Duft von Fladenbrot und eilig vorbeilaufende Männer – es ist Freitag. Das am heutigen Tage sehr wichtige Mittagsgebet wird in der Moschee im Bahnhofsviertel abgehalten. Jeder, der etwas auf sich hält, erscheint in der Gebetshalle.

Dafür wird auch schon mal kurz das „Kismet Gold Bazar" oder der „Taskent Import – Export" geschlossen. Das Frankfurter Bahnhofsviertel ist exotischer Melting-Pot vieler Kulturen und Nationalitäten. Vom pakistanischen Großhändler bis hin zum vietnamesischen Take-Away-Imbiss ist quer über den Globus alles vertreten. Die größte Gruppe allerdings stellen die Türken dar.
ETAP, 3/2000, S. 97.

2 U-Bahnfahrt durch Manhattan

Ich war mit einem Freund unterwegs und uns fiel fast gleichzeitig auf, dass wir die einzigen Weißen im Wagen waren. Von Station zu Station hatte sich eine stetig wachsende Ansammlung aller nur denkbaren Hautfarben und Physiognomien [= Gesichtszüge] zu uns gesellt. Wir schauten in die Gesichter und versuchten die Ursprungsländer zu erraten. Ich meinte, eine Frau mittleren Alters aus Guatemala auszumachen; eine Filipina mit Kind; einen vietnamesischen Greis, mehrere Chinesen, Perser, Äthiopier, Araber, Koreaner und Türken... An diesem Nachmittag strömten sie alle in Hunderte Miniaturausgaben der alten Heimat zurück: in winzige Saigons, in kleine Splitter von Odessa, von Damaskus und Seoul.

Die Vereinigten Staaten sind immer noch ein Land großzügiger Gastlichkeit. Fast 40% aller Auswanderer dieser Welt sind im vergangenen Jahrzehnt in den USA gelandet.
Lance Morrow in: Geo special 1/1993, S.64f.

haben Beine

4 Miteinander leben lernen

in einer multikulturellen* Gesellschaft

Pflanzen haben Wurzeln, Menschen haben Beine.

3
Melting Pot?
Wer in New York nach türkischem Leben sucht, wird bei oberflächlichem Hinsehen nicht fündig. Doch die Stadt ist seit Jahrzehnten auch ein Magnet für Künstler, Geschäftsleute und Studenten aus der Türkei. Viele sind Amerikaner geworden. Manche pendeln, einige wollen nur kurz bleiben. Und trotzdem hat sich nie ein geografisch umrissenes, türkisch geprägtes Siedlungsgebiet gebildet. Es gibt kein Ballungsgebiet mit überwiegend türkischstämmiger Bevölkerung wie zum Beispiel in Berlin oder im Ruhrgebiet. Der Integrationsprozess in den USA verlief anders.

Das ändert sich jetzt. Die erste Generation – viele Intellektuelle, aber auch Arbeiter, die nach dem Militärputsch die Türkei verließen –, die sich recht gut in ihrer Wahlheimat integrierten, werden nun bald in der Minderheit sein. Mittlerweile klopfen auf der Suche nach einem besseren Leben einfache, kleine Leute an die Pforten Amerikas.

Nach: ETAP 2/2000, S.15f., gekürzt.

5
Offene Fragen
Ist also die Nation, der Nationalstaat für Europa ein auslaufendes, weil historisch unnötig gewordenes Modell? Wird es in Zukunft also eher eine münsterländische oder oberlausitzische Identität geben als eine deutsche? Werden Landschaften und Dialekte Heimatgefühl vermitteln?

Wir Menschen der Gegenwart sind nicht mehr sesshaft. Längst ist es keine Seltenheit mehr, dass jemand seine Heimat nicht nur in der Jugend verlässt, sondern auch dann noch, wenn er vierzig oder fünfzig Jahre alt ist. Bedeutet dies, dass die modernen Menschen gar keine geografische Heimat mehr haben werden?

Für das gesellschaftliche Leben, für Politik, Wirtschaft, Verkehr und Militär können europäische Verwaltungsstellen gut arbeiten und funktionieren. Und für die Kultur – Musik, Malerei, Videokunst – hat sich längst ein weltweit vernetztes gemeinsames Lebensgefühl entwickelt. Wird es viel stärker als früher nötig sein, dass die Menschen sich selbst um einen Ort bemühen, an dem sie „zu Hause" sein können?

Nach: Jürgen Israel, in: Zeichen der Zeit, 52/1998, S.12f., gekürzt.

Arbeitsvorschläge

1. Auf welche türkischen Einrichtungen stoßt ihr bei einem Stadtspaziergang durch Frankfurt auf dieser Seite (**1**)? Was sagen sie euch über den Umgang mit Geld, Religion, Bekleidungs- und Ernährungsgewohnheiten sowie der eigenen Sprache der Einwanderer?

2. Frankfurt lässt sich mit New York vergleichen. Erläutert das Wortspiel Mainhattan / Manhattan mithilfe der Materialien (**2** und **3**). Worin bestehen Ähnlichkeiten und Unterschiede? Lest auch den Einführungstext.

4. Sprecht über die Zeichnung (**4**) und den Vergleich zwischen Pflanzen und Menschen. Was meint ihr dazu? Haben Menschen Wurzeln?

5. Passt Text **5** mit den vielen offenen Fragen zu euren Überlegungen? Fügt weitere Fragen an, die euch zum Thema „ein Zuhause suchen" einfallen und denkt dabei auch an das, was ihr in diesem Kapitel erfahren habt.

Projektvorschlag

Unternehmt einen Stadtspaziergang mit Fotoapparat bzw. Videorekorder und Notizblock durch ein „multikulturelles Stadtviertel" in der nächsten Großstadt. Dokumentiert und kommentiert eure Eindrücke.

Hinweise, wie ihr ein Video-Feature machen könnt, findet ihr auf S. 124–125.

Deutschland –

Mehmet ist Türke, zwanzig Jahre alt und lebt in Berlin. Die Autorin Petra Aldenrath hat nach Gesprächen mit ihm seinen Lebensweg aufgezeichnet:

Meine kleine Farm

Mein Vater ist nach Deutschland drei Monate vor meiner Geburt. Meine Eltern haben sich scheiden lassen, damit mein Vater nach Deutschland kommen konnte. In den späten Siebzigern wollten die keine Arbeiter aus dem Ausland mehr und da musste er 'ne Deutsche heiraten, damit er hier bleiben darf. Meine Mutter musste die Scheidungserlaubnis geben. Sie hat es gemacht, damit die Kinder eine bessere Chance kriegen in Deutschland. Das hat sie auch geschafft. Alle haben ihre Ausbildung zu Ende gemacht. Mein Vater ist zum dritten Mal verheiratet. Meine leibliche Mutter – von der sind wir sechs Geschwister. Ich bin da der Jüngste. Nachdem mein Vater in Deutschland war, hat er die Ältesten mitgenommen. Meine jüngste Schwester und ich blieben in der Türkei.

Ich habe eine tolle Kindheit in der Türkei gehabt. In einem ca. 200-Mann-Dorf, so ein ganz kleines Kaff in den Bergen: Rote Erde, Chrom und überall Pistazienfelder. Ich hatte meine Freunde, 'ne Menge Spaß in der Schule und die ganze ländliche Gegend. Das hört sich so idyllisch an, so „Meine kleine Farm", aber wir sind mit den ganzen Jugendlichen aus dem Ort raus gegangen bis spät in die Nacht. Meine schönste Zeit war damals. Bis zu dem Rausschmiss von meiner Mutter. Da hörte die Kindheit auf. Da bin ich so in ein Erwachsenenalter reingestoßen worden.

Wo ich geboren bin, ist die Frau ohne männlichen Schutz nichts.

Damals hab ich echt Trauriges erlebt. Das war so ein Überfall auf meine Mutter. Das Bild geht mir nicht mehr aus dem Kopf: Ich habe Geschrei gehört und sehe meine Mutter mit Asche überm Kopf. Sie wurde aus dem Haus gejagt und sie rennt und weint dabei. Man sagt: Asche wird auf die Haare von Nutten gekippt, wenn man sie peinigt. Meine Mutter wurde beschuldigt, irgendwelche Affären zu haben. Ich habe die Familie meines Onkels gehasst, weil sie meine Mutter geschlagen haben und verjagt haben. Die wollten uns Kinder zu sich holen, sie wollten nur meine Mutter draußen haben. Wo ich geboren bin, ist die Frau ohne männlichen Schutz gar nichts. Meine Mutter hatte weder Brüder noch einen Mann, der ihr helfen konnte. Wenn mein Vater rüber gekommen wäre, um ihr Schutz anzubieten, dann hätte sich alles erledigt. Er ist aber erst zwei Jahre später gekommen, als schon Gras über die Sache gewachsen war.

Meine Mutter ist zu ihrem Onkel geflohen. Ich und meine Schwester waren bei der Familie meines Vaters. Ich wollte zu meiner Mutter und bin nachts abgehauen. Ich, ein sechs Jahre altes Kind, bin durch die Felder gelaufen bis zu meiner Mutter. Weil ich weg war, haben sie auch meine Schwester nachgeschickt. Da hatte ich ein ganz tolles Verhältnis. Wir hatten ja die gleichen Sachen durchzumachen. Das war aber nicht auszuhalten in dem kleinen Ort – die Familie hat so Gerüchte in die Welt gesetzt und blabla. Deshalb sind wir in die Stadt gezogen und haben so einen kleinen Kiosk aufgemacht.

Meine Geschwister waren wie Außerirdische für mich

Meinen Vater habe ich einmal im Jahr gesehen. So im Sommerurlaub. Meine Geschwister kamen auch. Die waren wie Außerirdische für mich. Die sind immer gekommen: „Oh, du Kleener" und ein bisschen geknuddelt. Ich dachte immer: Warum kommen irgendwelche Fremden und knuddeln mich jedes Jahr einmal? Und das Ding ist ja: Mein Vater ist mit seiner deutschen Frau gekommen und hat auch die Kinder von seiner neuen Frau mitgebracht. Meine Mutter musste arbeiten und das Gesöff und das Essen vorbereiten. Und er hat sich mit seiner deutschen Frau und seinen Freunden amüsiert. Der Mann ist unten durch. Der geht für mich in die Geschichte der schlimmsten Menschen auf der ganzen Welt ein – neben Hitler und den anderen. Ganz ehrlich.

Aber damals als Kind habe ich mich damit nicht auseinander gesetzt, was er meiner Mutter angetan hat. Wir haben jedes Jahr gesehen, die kamen in die Türkei, haben uns überhäuft mit Geschenken, dann sind sie wieder weggefahren. So wie ein Traum. Wenn sie weg waren, war der Traum vorbei. Meine Schwester und ich wollten das auch haben. Meine Mutter hat sich an mich geklammert, weil ich der letzte Sohn war. Ich hatte eine ganz enge Bindung zu meiner Mutter. Ich bin an ihrem Rockzipfel durch die Gegend gerannt. Eigentlich wollte sie mich nie im Leben nach Deutschland lassen.

Deutschland – das hat sich entwickelt wie ein Film

Dass ich nach Deutschland kam, da hat mein Bruder meine Mutter überreden müssen. Das hat sich entwickelt wie ein Film. So aufregend: Man kam nach Deutschland, nach Berlin. Oh! Ich wollte unbedingt erleben, wie das Flugzeug abhebt. Dann bin ich eingeschlafen und wieder aufgewacht auf dem Arm meines Bruders vor unserem Haus hier im Wedding. Da waren wir zwölf Leute: Vier Söhne meiner Stiefmutter, meine sechs Geschwister und wir beiden. Das war 'ne ganz tolle Wohnung. Mit zwei Treppen über zwei Etagen. Das war wie ein Spielplatz. Eigenes Zimmer gehabt, so

wie im Film

von Petra Aldenrath

mit eigenem Bett, zum ersten Mal, und ich hab gleich 'nen Walkman geschenkt bekommen.

Nach zwei Tagen wurde mir klar, was mit der Mutter passiert ist, dann kamen Schuldgefühle und Sehnsucht und was weiß ich. Das hat so knapp ein Jahr angehalten. Dann habe ich meine Mutter völlig vergessen. Ich habe sie erst vier Jahre später gesehen. Sie war ganz allein und da habe ich jetzt Schuldgefühle. Aber es war alles so neu. Ich konnte überhaupt kein Deutsch. Drei Monate habe ich deutsch gelernt, ganz schnell. Das hatte ich eigentlich gar nicht nötig. In meiner Klasse waren 80 % Türken und wir haben ständig türkisch gesprochen. Zu Hause haben wir deutsch gesprochen. Das war 'ne gute Übung.

Ich war auch in so 'ner Jungengang drin. Das waren die „Black Panthers". Mit so 'nem dicken schwarzen Panther auf dem Rücken und mit Messern. Da waren Leute, die haben mich verstanden. Dadurch, dass man aus der Türkei kam, dass man so ein Zugehörigkeitsgefühl brauchte. Jetzt habe ich sehr viele deutsche Freunde, aber damals war es begrenzt auf türkische Freunde. Wir hatten ja die gleichen Probleme, mit der Assimilation, mit der Anpassung. […]

Ich war für drei Wochen obdachlos

Ich hab ab dem sechzehnten Lebensjahr alleine gelebt. Es ging dem Schuljahresende zu, zehnte Klasse. Mein Vater hatte die ganze Zeit schon im Auge: Meine Cousine sollte ich heiraten. Nur: Wir sind wie Geschwister aufgewachsen. Ich hab drei Cousins, die sehr tolerant sind, und die haben gesagt: „Nein, wir lassen es nicht zu, dass ihr die Kinder verheiratet". Sie hat nein gesagt und ich für mich habe auch nein gesagt. So zwischen fünfzehn und siebzehn würde ich jedem abraten zu heiraten. In dem Alter verliebt man sich so oft, da spielen die Hormone ja völlig verrückt. Irgendwann kam er dann: „Sohn, ich habe dir angeboten zu heiraten, aber weil du es nicht akzeptiert hast, zieh aus meiner Wohnung aus, sieh, wie du klarkommst".

Ich bin erst mal zu meiner Schwester gezogen, und dann bin ich zum Jugendamt. Völliger Nervenzusammenbruch. Unter Tränen und mit Kopfschmerzen stand ich da und da hat der Abteilungsleiter gesagt: „Na, gehen Sie erst mal zur Treberhilfe". Ich war für drei Wochen obdachlos. Oh Gott, das war 'ne schlimme Zeit. Da war ein Junge, der war vergewaltigt worden von seinem Vater, da war eine Prostituierte, da war eine, die hatte Hepatitis. Ich war ja ein unschuldiges Ding und auf einmal komme ich da rein.

Dann bin ich durch die Treberhilfe erst in ein betreutes Wohnprojekt und habe dann diese Wohnung bekommen. Ist ein bisschen einsam so allein. Vorher war ich immer in 'ner WG. Am Anfang war ich bis spät nachts draußen, hab nur hier geschlafen und bin morgens wieder raus. Jetzt habe ich mich eingelebt. […]

Türken kapseln sich ab aus Angst ihre Kultur zu verlieren

Dann habe ich eben durch die Schule, Politik als Hauptfach, sehr viel Kontakt zu dem Thema gehabt. Ich interessiere mich mehr für deutsche Politik, aber ich verfolge auf der ganzen Welt die Politik. Man muss sich auf dem Laufenden halten. Mit der doppelten Staatsbürgerschaft. Das ist ja ganz neu. Ich habe meine deutsche Staatsbürgerschaft beantragt. Die Türken lassen mich nur nicht aus der türkischen raus, die blöden Blödiane! Bei den Jungen: Solange die das Militär nicht gemacht haben, dürfen die die türkische Staatsbürgerschaft nicht verlassen.

Ich beantrage die deutsche Staatsbürgerschaft, weil ich mich hier wohl fühle. Hier habe ich mehr Möglichkeiten; hier habe ich die meisten Freunde; mein soziales Umfeld; Freundschaftskreise. Ich habe meine schulische Ausbildung hier gemacht. Wofür denn die türkische Staatsbürgerschaft oder die doppelte? Es ist Blödsinn, wenn irgendwelche Leute hier immer noch behaupten: „Ich will in die Türkei zurück". Die Leute hocken immer noch mit sechzig, siebzig hier. Die werden nicht in die Türkei zurückgehen, weil das hier ist deren Kultur.

Ich passe mich an

In der Türkei werden wir angesehen wie Ausländer. Sie haben die Meinung von dem faulen, deutschen Türken. Man hat nicht so viel gemein mit denen. Auf der anderen Seite: Die sind manchmal weiter als die Türken hier in Deutschland. In dem Ort, wo ich geboren bin. Ich hab da ein Mädchen mit Minirock gesehen, der so hoch ging und mit 'nem Pudel an der Leine. Da ist es sogar manchmal mehr entwickelt als hier, weil hier die türkischen Bürger sich abkapseln aus Angst, dass sie ihre Kultur verlieren. Muss doch gar nicht sein.

Ich habe die westliche Kultur sehr angenommen. So: Eigenständigkeit. Ich weiß auch, wie ich mich traditionell benehmen muss. Da sind so ältere, traditionelle Menschen – dann kann man sich nicht so locker hinsetzen und 'ne Zigarette anmachen und die vollquatschen. Wenn die Situation das erfordert, passe ich mich an. Eine Verschmelzung der Kulturen ist doch auch ganz was Tolles.

Petra Aldenrath, „Der einzige Weg das Leben zu ertragen, ist es zu genießen.", in: Fischer, Arthur u.a.: Jugend 2000, Bd. 2, S. 50–57.

Welche Zahlen stimmen?

	a	b	c
Harte illegale Drogen: Abhängige	1 000 000	150 000	10 000
Alkoholabhängige	2 500 000	250 000	25 000
Medikamentenabhängige	1 400 000	140 000	14 000
Tote durch harte illegale Drogen	165 000	16 500	1 650
Verkehrstote wegen Alkoholmissbrauchs (1998)	1 500	1 100	800
Menschen mit Erkrankungen durch missbräuchlichen Alkoholkonsum	2 700 000	270 000	27 000
Tabakbedingte Todesfälle	100 000	10 000	1 000

Auflösung: 1b, 2a, 3a, 4c, 5b, 6a, 7a. Nach Schätzungen der Deutschen Hauptstelle gegen Suchtgefahren (gerundet).

Rudolf Kernigs abschließende Meinung

Was aber schlicht und einfach fehlt, ist eine starke Hand in der Erziehung, die Eltern und Lehrer heutzutage sind doch zu feige, die haben doch kapituliert! Das hat es bei uns früher nicht gegeben und selbst die Kommunisten in der DDR damals – das muss man ihnen lassen – wussten, wie man die jungen Leute von dummen Gedanken abhält!

Statt denen kostenlos neue Spritzen zu verteilen, würde ich die erst mal alle einsperren, wie sie da hocken in den Parks und Bahnhöfen. Wasser und Brot, und bald sind die Drogenprobleme gelöst!

Wenn ich will, dann hör ich auf
Jugendliche und Drogensucht

Johnny Kuhls abschließende Meinung

Das mit der Zerstörung des Körpers ist Quatsch, außer wenn du an der Heroinspritze hängst. Was meinen Körper wirklich zerstört, ist der ganze Dreck in der Umwelt, in Luft, Wasser und Lebensmitteln!

Und was heißt süchtig? Meine Mutter ist süchtig nach Fernsehen, mein Vater nach seinem Rennrad, auf dem er sich jeden Tag abstrampelt, meine Schwester ist süchtig nach ihrem Freund und überhaupt nach Jungen und mein kleiner Bruder nach Game-Boy und Schokolade. Also was soll's? Jeder ist süchtig! Jeder hat seine Droge! Lasst mich in Ruhe!

Drogenmissbrauch in

1. Was ist eigentlich eine Droge?
Zählt, wie viele Drogen auf S. 94–95 abgebildet sind, und schreibt eure Einzelergebnisse an die Tafel, bevor ihr anfangt zu diskutieren. Versucht dann (am besten in Kleingruppen), den Begriff „Droge" zu definieren, d.h. eine genaue Worterklärung zu formulieren.

2. Wie viele Menschen sind betroffen?
Welche Zahlen der Statistik haltet ihr für zutreffend? Ihr könnt auch eure Eltern oder andere Erwachsene schätzen lassen. Vergleicht dann die Schätzungen mit den richtigen Zahlen und überlegt, was die Gründe für Fehlschätzungen sein können.

3. „Jedem seine Droge" oder „hart durchgreifen"?
Wer hat (eher) Recht: Johnny Kuhl oder Rudolf Kernig? Ihr könnt ein Streitgespräch spielen, in dem einer von euch die Meinung von Kuhl oder Kernig vertritt. Oder schreibt einen Brief an einen der beiden, in dem ihr genauso knapp und deutlich eure Meinung sagt.

Eine Droge ist...
eine Substanz, die in die natürlichen Abläufe des Körpers eingreift und vor allem Stimmungen, Gefühle und Wahrnehmung beeinflusst. Das Gesetz unterscheidet *legale** Drogen wie Alkohol, Nikotin und viele Medikamente von *illegalen* wie Haschisch (straffrei in kleinen Mengen für den Eigenbedarf), LSD, Ecstasy, Heroin u.a. Es gibt zwei Formen der Abhängigkeit: seelische (psychische) und körperliche (physische).

Drogenmissbrauch liegt dann vor, wenn die eingenommene Menge einer natürlichen und gesunden Entwicklung des Konsumenten schadet. *Drogensüchtig* ist, wer beim Verzicht auf die Droge seelische und oft auch körperliche Entzugserscheinungen spürt und nicht in der Lage ist, dem Verlangen nach fortgesetzter Einnahme der Droge zu widerstehen.

Süchtig sein kann man natürlich auch nach anderen Dingen, Tätigkeiten oder Erlebnissen (Süßigkeiten, Spiele, körperliche Erfahrungen...)

unserer Stadt

Expertenbefragung

Viele Experten – viele Antworten

Experten haben genaue Kenntnisse über eine Sache, entweder weil sie selbst mehr Erfahrungen gemacht haben als andere oder sich das Wissen durch intensive Beschäftigung mit einer Sache angeeignet haben. Experten können also auch unter euch sitzen.

Es hat viele Vorteile, Sachverständige zu befragen. Experten geben oft Informationen anschaulicher wieder, als dies Texte können. Sie sind mit dem aktuellen Stand der politischen Diskussion vertraut und kennen die unterschiedlichen Standpunkte zu einem Thema.

Jeder Experte hat jedoch auch eigene Wert- und Normvorstellungen, die bei aller Sachlichkeit der vorgebrachten Fakten seine Einstellung zu einem Thema beeinflussen können. Ist ein Experte z. B. für die kontrollierte Abgabe von harten Drogen an Abhängige, so kann er für seinen Standpunkt mit juristischen, aber auch mit medizinischen, ethischen oder moralischen Argumenten werben.

Will man sich selbst ein Urteil bilden, muss man die vorgebrachten Argumente gewichten und werten können. Hierfür ist es hilfreich, die Weltanschauung des Sachverständigen zu erkunden. Denn darin liegt meistens der Grund, warum Experten oft genug zu ganz unterschiedlichen Einschätzungen eines Problems und seiner Lösungsmöglichkeiten gelangen.

Planungsschritte einer Expertenbefragung

I. Fragen sammeln

In den Medien steht viel Allgemeines über Drogenmissbrauch und Umgang mit Drogen. Nachdem ihr euch einen Überblick über das Thema verschafft habt, bleiben eine Reihe von individuellen Fragen übrig, auf die ihr keine Antwort bekommen habt und die ihr an geeignete Experten richten wollt. Vieles, was z. B. in eurer näheren Umgebung geschieht, ist nur wenigen „Eingeweihten" bekannt.

II. Expertenauswahl

In einer Vorbesprechung könnt ihr herausbekommen, wer bereit und in der Lage ist, Antworten auf eure Fragen zu geben. Experten können sein: Drogenberatungsstellen, Polizei, Ärzte, Schul- und Heimleiter, Betreuer in Jugendhäusern, Gastwirte, Jugendämter, Krankenkassen, Selbsthilfegruppen, Gesundheitsamt, Zeitungsredaktionen, Personalchefs in Firmen, ehemalige Drogenkonsumenten.

Auskünfte erhaltet ihr bei der Deutschen Hauptstelle gegen Suchtgefahren (DHS) e.V., Postfach 1369, 59003 Hamm. Im Internet bietet die DHS vielfältige Informationen, weitere Adressen sowie eine Suchmöglichkeit nach Beratungsstellen.
www.dhs.de
Örtliche Suchtberatungsstellen findet ihr auch im Telefonbuch unter „Sucht…" oder „Drogen…"

III. Vorbereitung der Befragung

Frühzeitig legt man mit dem Experten Ort, Zeit und Dauer der Veranstaltung fest. Es empfiehlt sich, dem Experten schon im Vorfeld die wichtigsten Fragen mitzuteilen, damit er sich gezielt vorbereiten kann. Sprecht vor der Veranstaltung ab, wer welche Fragen zu welchem Zeitpunkt stellt, wer die Diskussionsleitung übernimmt und wie die Antworten festgehalten werden.

IV. Auswertung/Dokumentation

Habt ihr neue Erkenntnisse gewonnen? Untersucht die Argumentation des Experten. Vergleicht die Meinungen des Experten mit den Äußerungen anderer Fachleute. Welche Möglichkeiten gibt es, die Fülle der Informationen übersichtlich darzustellen? Was würdet ihr bei der nächsten Befragung anders machen?

Drogen und ihre

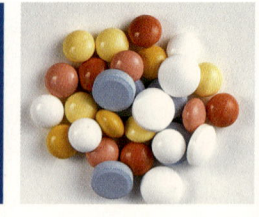

Droge	Alkohol	Nikotin	Medikamente	Medikamente
	Bier, Wein, Sekt, Likör, Cognac etc.	Zigarette, Pfeife, Schnupftabak, Zigarren	Schlaf- und Beruhigungsmittel	Wach- und Aufputschmittel
Angestrebte Wirkung	gehobene Stimmung, Verlust von Hemmungen, gesteigerte Kontaktfreudigkeit	Beruhigung (Geschmacksgenuss?)	Dämpfung der Stimmung, Verringerung von Angst, Beruhigung	Steigerung von Leistungsfähigkeit, Aufmerksamkeit, Antrieb, Wachheit
Andere mögliche Wirkung	Verlust der Kontrolle über Bewegungen, Sprach- und Denkvermögen, gereizt-aggr. Verhalten, depressive Stimmung, Lallen, Fallen, Erbrechen	Husten, Gefäßverengung, Blutdrucksteigerung	Abgestumpftheit, Depression, Wahrnehmungsschwächen, Reaktions- und Konzentrationsschwächen	Verlust der Orientierung, euphorisch-ekstatische Stimmung, Ruhelosigkeit, „Überdrehen"
Wirkung bei Überdosierung	Teilnahmslosigkeit, Übelkeit, Bewusstlosigkeit, Tod	Kopfschmerzen, Übelkeit	Vergiftungserscheinungen, Organschäden, Tod (bes. zus. mit Alkohol)	Vergiftungserscheinungen, Organschäden, Tod (bes. zus. mit Alkohol)
Abhängigkeit	seelische Abhängigkeit, Dosissteigerung, körperliche A.	seelische Abhängigkeit, körperliche A.	seelische A., Dosissteigerung, teilweise auch körperliche A.	seelische A., Dosissteigerung, teilweise auch körperliche A.
Mögliche Folgen bei Dauerkonsum	Gehirnschäden (z. B. Gedächtnisschwächen), schwere Leber-, Nieren- und Magenschäden, verminderte Leistungsfähigkeit, Unfallgefahr	Durchblutungsstörungen, Atembeschwerden, Herz- und Gefäßerkrankungen, Lungenschäden (u. a. Krebs), Magen- und Darmgeschwüre	Persönlichkeitsverfall, Apathie, Organschäden, Herz-Kreislauf-Störungen, Unruhe und Nervosität, Depressionen, Ängste, Aggressivität, körperlicher Verfall	Persönlichkeitsverfall, Apathie, Organschäden, Herz-Kreislauf-Störungen, Unruhe und Nervosität, Depressionen, Ängste, Aggressivität, körperlicher Verfall
Gesetzeslage	erlaubt (ab 16 bzw. 18 Jahren: Jugendschutzgesetz)	erlaubt (ab 16 Jahren: Jugendschutzgesetz)	erlaubt, teilweise rezeptpflichtig (Arzneimittelgesetz)	erlaubt, teilweise rezeptpflichtig (Arzneimittelgesetz)

Wirkungen

5 Wenn ich will, dann hör ich auf

Eine Übersicht über Rausch- und Genussmittel

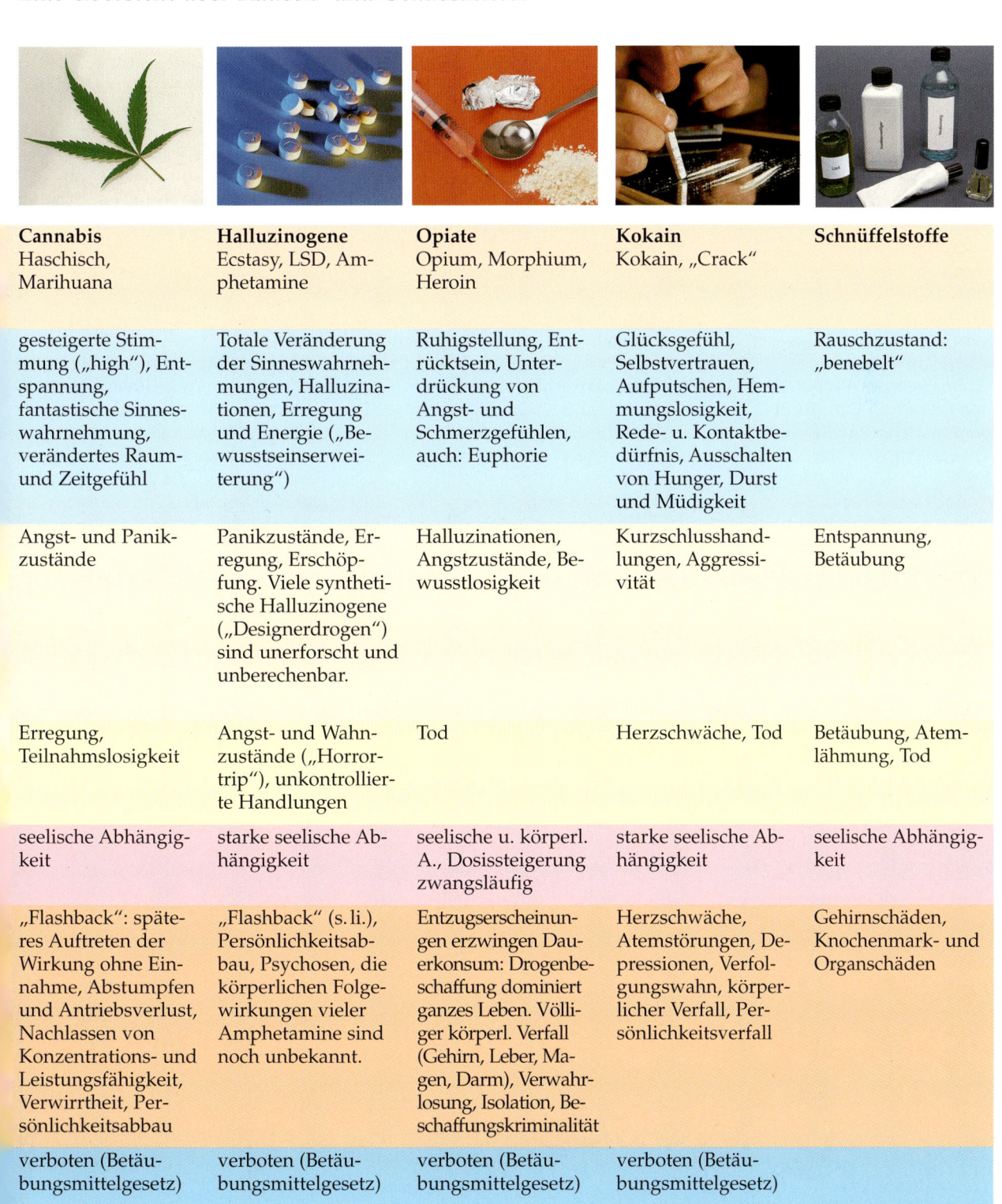

Cannabis Haschisch, Marihuana	**Halluzinogene** Ecstasy, LSD, Amphetamine	**Opiate** Opium, Morphium, Heroin	**Kokain** Kokain, „Crack"	**Schnüffelstoffe**
gesteigerte Stimmung („high"), Entspannung, fantastische Sinneswahrnehmung, verändertes Raum- und Zeitgefühl	Totale Veränderung der Sinneswahrnehmungen, Halluzinationen, Erregung und Energie („Bewusstseinserweiterung")	Ruhigstellung, Entrücktsein, Unterdrückung von Angst- und Schmerzgefühlen, auch: Euphorie	Glücksgefühl, Selbstvertrauen, Aufputschen, Hemmungslosigkeit, Rede- u. Kontaktbedürfnis, Ausschalten von Hunger, Durst und Müdigkeit	Rauschzustand: „benebelt"
Angst- und Panikzustände	Panikzustände, Erregung, Erschöpfung. Viele synthetische Halluzinogene („Designerdrogen") sind unerforscht und unberechenbar.	Halluzinationen, Angstzustände, Bewusstlosigkeit	Kurzschlusshandlungen, Aggressivität	Entspannung, Betäubung
Erregung, Teilnahmslosigkeit	Angst- und Wahnzustände („Horrortrip"), unkontrollierte Handlungen	Tod	Herzschwäche, Tod	Betäubung, Atemlähmung, Tod
seelische Abhängigkeit	starke seelische Abhängigkeit	seelische u. körperl. A., Dosissteigerung zwangsläufig	starke seelische Abhängigkeit	seelische Abhängigkeit
„Flashback": späteres Auftreten der Wirkung ohne Einnahme, Abstumpfen und Antriebsverlust, Nachlassen von Konzentrations- und Leistungsfähigkeit, Verwirrtheit, Persönlichkeitsabbau	„Flashback" (s. li.), Persönlichkeitsabbau, Psychosen, die körperlichen Folgewirkungen vieler Amphetamine sind noch unbekannt.	Entzugserscheinungen erzwingen Dauerkonsum: Drogenbeschaffung dominiert ganzes Leben. Völliger körperl. Verfall (Gehirn, Leber, Magen, Darm), Verwahrlosung, Isolation, Beschaffungskriminalität	Herzschwäche, Atemstörungen, Depressionen, Verfolgungswahn, körperlicher Verfall, Persönlichkeitsverfall	Gehirnschäden, Knochenmark- und Organschäden
verboten (Betäubungsmittelgesetz)	verboten (Betäubungsmittelgesetz)	verboten (Betäubungsmittelgesetz)	verboten (Betäubungsmittelgesetz)	

Quelle: Faltblatt der Drogenberatung Düsseldorf, ergänzt.

Trink, trink, Brüderlein,
Alkohol

Ist Vater drogensüchtig, wenn er Bier trinkt?
Gehört Alkohol dazu, wenn ich mitmachen und dabei sein will?
Geht manches nicht doch leichter oder besser, wenn man ein bisschen getrunken hat?
Die Antworten sind gar nicht so einfach. Denn das Gefährliche an der Droge Alkohol ist, dass es keine klaren Grenzen gibt zwischen unbedenklichem gelegentlichem Konsum, regelmäßigem starkem Konsum und krankhafter Alkoholabhängigkeit.
Einerseits ist Alkohol für den Körper ein Gift, das in großen Mengen schwere Zerstörungen anrichten kann.
Andererseits kann der Körper kleine Mengen abbauen, daher ist nicht (wie bei Nikotin) jeder Konsum unbedingt schädlich.
Aber bei Jugendlichen und besonders bei Kindern liegt die Grenze, bei der es kritisch wird, wesentlich niedriger. Auch die Gefahr einer Alkoholvergiftung tritt viel früher ein.
Warum sind eigentlich viele Menschen abhängig, trinken regelmäßig und können und wollen darauf nicht verzichten?

1 Mitmachen – ein Rollenspiel
Es ist 11 Uhr abends. Die Klasse 8a ist auf Klassenfahrt in einer Jugendherberge. Der Lehrer hat gerade seinen Rundgang gemacht. Alles ist ruhig (obwohl natürlich keiner schläft). Andreas/Andrea kommt aus dem Waschraum zurück in sein/ihr Zimmer. Dort sitzen Frank, Martin, Sabine und Anne. Auf dem Tisch stehen zwei Flaschen Martini, fünf Gläser und zwei Päckchen Zigaretten…

2 Wer hat Recht?
Vater: Gute Nacht, mein Sohn, es ist Zeit für dich.
Sohn: Die wievielte Flasche Bier ist das?
Vater: Die erste. Aber du könntest dich beliebt machen und mir eine zweite holen, bevor du nach oben verschwindest.
Sohn: Trinkst du jeden Abend zwei Flaschen Bier?
Vater: Wenn ich Lust habe, ja! Und manchmal weniger und manchmal mehr. Was soll eigentlich die Fragerei?
Sohn: Du bist ein Alkoholiker.
Vater: Noch mal ganz langsam, bitte!
Sohn: Du bist ein Alkoholiker. Trinker. Drogensüchtiger. Das steht in einer Broschüre, die wir in der Schule bekommen haben: „Alkoholismus fängt beim regelmäßigen Konsum von zwei Flaschen Bier am Tag an."

3 Das muss gefeiert werden…
Egal ob Geburtstag, Abitur, Fußballsieg oder Silvester – wenn einer dies ankündigt, erwarten alle, dass größere Mengen alkoholischer Getränke verabreicht werden sollen.
Und so bedeutet das „Feiern" eines erfreulichen Ereignisses für viele, sich in einen Zustand der gesundheitsschädigenden Unzurechnungsfähigkeit zu versetzen.
„Einer geht noch, einer geht noch rein…"
Dieses einprägsame Liedchen wird nicht nur zum Anspornen einer Fußballmannschaft verwendet, sondern auch als Ansporn zum Endspurt beim Kampftrinken. Das Saufen als Beschäftigung, als Zweck des Zusammenkommens von Menschen ist – ob mit oder ohne Alibi wie Vereinssitzung, Stammtisch usw. – gesellschaftsfähig. So glauben viele, ihre Stärke (Männlichkeit, Coolheit, Mut usw.) durch das Ertränken von Denk-, Sprech- und Reaktionsfähigkeit zu beweisen.
„Trink, trink, Brüderlein, trink…
lass doch die Sorgen zu Haus…
Meide den Kummer und meide den Schmerz, dann ist das Leben ein Scherz." Ein Scherz, allerdings ein schlechter, ist diese Aufforderung zum Drogenmissbrauch in einem Volkslied, das nicht das Einzige seiner Art ist („Schütt die Sorgen in ein Gläschen Wein…").

4
Immer wenn ich trinke… habe ich das angenehme Gefühl… dass die ganze böse Welt… um mich herum versinkt

trink ...

5 Wenn ich will, dann hör ich auf

Suchtmittel oder Genussmittel?

5 — Gefährliches Suchtmittel oder kontrollierbares Genussmittel?

Wer glaubt auf Alkohol angewiesen zu sein, um Hemmungen abzubauen, selbstbewusster und geselliger zu sein, entscheidet sich freiwillig für die Abhängigkeit: Wer mit einer Krücke geht, lernt nicht, alleine zu laufen oder verlernt es.

Wer glaubt, sein Ansehen und seine Fähigkeiten mit der Droge Alkohol steigern zu können, hat zwar anscheinend oft Lacher und Bewunderer auf seiner Seite. Er merkt aber nicht, dass er meistens das Gegenteil erreicht: dass er sich lächerlich macht und dass hinter der scheinbaren Bewunderung oft eine heimliche Verachtung steckt.

Wer auf Sorgen und Probleme durch Betäubung seiner Wahrnehmung mit der Droge Alkohol reagiert, benimmt sich wie das kleine Kind, das die Hände vor die Augen hält und ruft: „Ich bin weg". Man merkt immer erst zu spät, dass die Probleme eben nicht verschwunden, sondern größer geworden sind.

Der Alkoholrausch bringt nichts Neues: keine neuen Erkenntnisse, keine neuen Fantasien oder Ideen, keine neuen Stimmungen. Wer in froher Erwartung in ein Fest einsteigt und zu viel trinkt, wird seine Fröhlichkeit zu (unkontrollierter) Ausgelassenheit steigern können.

Wer traurig oder verzweifelt zur Flasche greift, wird Hoffnung und Trost vergessen und in seinem Jammer versinken. Beides kann man auch ohne Droge erreichen.

6

Einstellungen zum Thema Alkohol

1. Mäßig trinken darf man, so oft man will.
2. Eine Party ohne Alkohol ist langweilig.
3. Ein kleiner Schwips ist etwas sehr Angenehmes.
4. Schlechte Laune und Probleme lassen sich durch Alkohol vertreiben.
5. Alkohol macht sicherer und selbstbewusster.
6. Jeder sollte irgendwann mal die Erfahrung des Betrunkenseins gemacht haben.
7. Leute die ab und zu mal Alkohol trinken, sind sympathischer als „Nichttrinker".
8. Solange man es nicht zur Gewohnheit werden lässt, ist es nicht schlimm, wenn man mal „einen über den Durst" trinkt.

Arbeitsvorschläge

1. Spielt die Szene der Klassenfahrt (**1**) in einem Rollenspiel nach. (Ihr könnt mehrere Andrea/s rausschicken und das Gespräch mehrmals hintereinander spielen, damit ihr vergleichen könnt, wie sich die Spieler verhalten.)

2. Wie kann die Unterhaltung zwischen Vater und Sohn (**2**) weitergehen? Stellt dies auch in einem Rollenspiel dar.

3. Was zeigen die Beispiele in **3** über den Umgang mit Alkohol in unserer Gesellschaft? Wie steht ihr dazu?

4. Vergleicht Bild und Text von **4**. Inwiefern irrt sich der Mann gewaltig?

5. Welche Ursachen von Alkoholkonsum werden in **5** genannt? Wird das Gewünschte erreicht?

6. Erfindet Geschichten mit Beispielen zu den in **5** genannten Gründen für Alkoholkonsum.

7. Die in **6** zitierten Aussagen beziehen sich auf Erwachsene. Was sagt ihr als Jugendliche dazu? Jeder trägt seine Meinung durch einen Strich in folgende Tabelle an der Tafel ein:

	stimmt	weiß nicht	stimmt nicht
Aussage 1			
Aussage 2			
....			

„Mir geht es ja

Schmeckt die erste Zigarette wirklich gut? Schmeckt das erste Bier nicht eher bitter? Kratzt der erste Whisky ziemlich im Hals?

Wahrscheinlich war das so ähnlich auch bei Willi S. Er ist seit vielen Jahren schwer alkoholsüchtig, was nicht alle Menschen, mit denen er zu tun hatte, wissen.

Warum er angefangen hat zu trinken, wie seine Alkoholikerkarriere weiterging und was seine Umgebung gewusst bzw. dazu beigetragen hat, könnt ihr in dem Interview erfahren.

Willi S. ist zum Zeitpunkt des Gesprächs mit W. Körner 24 Jahre alt. Er ist Angestellter und wohnt in einem Zimmer im Dachgeschoss des elterlichen Hauses.

Körner: Lass uns mal über Alkohol reden! – Ist das besonders schön, wenn man sturzbesoffen ist? – Ich war das bisher zweimal, weißt du, da ging es mir so schlecht, …
Willi: Du, das fand ich beim ersten Mal auch schrecklich. Als ich das erste Mal richtig dick war, niemals wieder, habe ich mir vorgenommen. Ich habe danach auch fast ein Jahr lang nichts getrunken. Richtig los ging das erst bei einer Klassenfahrt.

Körner: Weshalb denn gerade dann?
Willi: Ich habe immer mit Mädchen […] ja, ich habe eben immer Hemmungen gehabt. Wir hatten ja Mädchen in der Klasse, und die anderen, da lief immer was mit Mädchen. Nur ich … ja, mich brauchte ein Mädchen nur anzusehen, da hab ich schon einen roten Kürbis bekommen.

Körner: Minderwertigkeitskomplexe oder so?
Willi: Ja. Hauptsächlich. Erst mal, weil ich so schlecht in der Schule stand. Meine Stiefmutter sagte manchmal, ich soll mehr für die Schule machen, sonst würde ich nie eine Frau finden, nicht, sie hätte Vater auch nicht geheiratet, wenn er nicht einen so guten Beruf gehabt hätte …

Körner: Du wolltest was von der Klassenfahrt erzählen …
Willi: Wir sind zur Zonengrenze gefahren, in den Harz. Ja. Und da war abends im Jugendheim nichts los, und wir sind runter ins Dorf gegangen in ein Lokal, und da habe ich sechs Flaschen Bier getrunken, und da war alles ganz anders …

Körner: Was war anders?
Willi: Mit den Mädchen! Ich war ja immer ziemlich schüchtern, aber an diesem Abend, ich hab plötzlich Mut gekriegt, und wir haben ziemlich viel Scheiß gemacht, und da sagte nachher die Gaby, ich wäre doch keine so trübe Tasse, weshalb ich sonst immer so langweilig wäre …

Körner: Und da hast du regelmäßig zu trinken angefangen …
Willi: Ja. Das kann man so sagen. Wenn eine schwierige Arbeit in der Schule war, wenn irgendwas war, was mir unangenehm ist, nicht, da habe ich dann immer was getrunken!

Körner: Und deine Eltern?
Willi: Die haben lange Zeit überhaupt nichts gesagt. Mein Vater trank sich ja hin und wieder auch mal einen an, du, wenn der sich mit seinen Kollegen von früher getroffen hat, macht er ja heute noch, da ist er immer ganz schön dick, wenn er abends nach Hause kommt …

Körner: Hast du immer in Gaststätten getrunken?
Willi: Wie es gerade kam! In der Kneipe oder Biere aus dem Konsum oder von der Bude … Manchmal habe ich mir schon morgens einen Flachmann von der Trinkhalle geholt, dann hatte ich was in den Pausen …

Körner: Du hast in den Pausen getrunken?
Willi: Klar! Was meinst du, wie viele in der Pause einen zur Brust nehmen! Sogar auf dem Schulhof! Da sagt kein Mensch was!

Körner: Und nach der Schule?
Willi: Du meinst, als meine Schulzeit vorbei war? – Ja, da bin ich in die Lehre. In den ersten Wochen ging's gut. Aber dann gab's Stunk. Die haben bemerkt, dass ich eine Fahne hatte. Das riecht man ja, nicht, wenn einer Bier getrunken hat! Ich habe dann bei der Arbeit meist Klaren getrunken und sozusagen verdünnt. Wenn ich einen Flachmann in die Mineralflasche gekippt habe, da hat doch keiner nachgeguckt!

Körner: Du warst mit siebzehn schon süchtig, was?
Willi: Ach, süchtig, so kann man das nicht sagen! Ich hab eben so meine Menge getrunken, ich habe das eben gebraucht!

Körner: Und das ging jahrelang gut?

# „... mir geht es ja nicht schlecht"

Alkoholismus – ein Fallbeispiel

Willi: Ja! Sogar beim Bund! Du, ich habe beim Bund meinen Führerschein gemacht, bei der Prüfung, nicht, du, ich hab vorher meinen Flachmann geschluckt, und bei der Prüfung, hättest du sehen sollen, ich war ganz ruhig und bin gefahren wie 'ne Eins.

Körner: Wirst du unruhig, wenn du nichts hast?
Willi: Ja. Irgendwie schon. Da kriege ich den Flattermann und der Schweiß bricht mir aus. Ich brauch auch morgens, also, wenn ich aufgestanden bin, ich brauch sofort einen Schluck, […].

Körner: Trefft ihr euch immer abends in der Kneipe?
Willi: Na ja, nicht jeden Abend, aber meistens, so nach und nach, wer nicht gerade was vorhat, so nach und nach trudeln sie dann alle ein.

Körner: Und da sitzt ihr dann rum?
Willi: Ja. Fernsehen und Knobeln, und Quatschen natürlich. Und an dem Abend... wenn das Fußballspiel nicht gewesen wäre, dann wäre das ja nicht passiert! Aber das war ein klasse Spiel, das lief wie am Schnürchen, seit wir den neuen Trainer haben, nicht, also, da haben wir wirklich kräftig gebechert. Da lief eine Runde nach der anderen...

Körner: Was trinkst du dann meistens?
Willi: Ich? Meist Klaren und Pils. Mit einem Pils spüle ich so zwei bis drei Klare runter... Und als wir dann den Sieg gefeiert hatten, als wir aus der Kneipe kamen, ja, ich fühlte mich eben richtig gut, und da sagte ich zu Renate, gib den Schlüssel her, heute will ich mal wieder fahren...

Körner: Und das hat sie gemacht?
Willi: Klar! Die will mich nicht verlieren! Die macht alles, was ich sage!

Körner: Und das hältst du für Liebe?
Willi: Irgendwie schon! Ich liebe sie doch auch! Sonst wäre ich nicht so lange mit ihr zusammen. So wie die aussieht, du, da muss man einen Menschen schon richtig lieben...

Körner: Du sagst, sie hat dir die Autoschlüssel gegeben...
Willi: Ja! – Zuerst bin ich auch astrein gefahren! Wie 'ne Eins! Aber dann, du, das wäre mir genauso passiert, wenn ich nicht getrunken hätte... Bei dem Wetter, es hat geregnet und die Scheinwerfer waren dreckig, du, das wäre jedem anderen genauso passiert...

Körner: Was denn?
Willi: Na ja! Mit der Frau eben! Du, das war nicht, weil ich was getrunken hatte. Das war bloß wegen dem Wetter! Wenn es nicht geregnet hätte, man sieht bei Regen in der Nacht doch praktisch überhaupt nichts! Und als ich dann den Schlag im Wagen spürte und die Renate schrie, du, ich bin sofort mit aller Kraft auf die Bremse... Aber als wir dann ausstiegen... nicht, ja, da war eben nichts mehr zu machen...

Körner: Was war denn da passiert?
Willi: Na, die Frau mit dem Fahrrad! Du, die hatte eine schwarze Jacke an und dann bei dem Regen...

Körner: Sag bloß, du hast jemandem im Suff totgefahren!
Willi: Mensch, ich sag dir doch, das war Nacht und es hat geregnet, die Scheibe war nass und die Scheinwerfer... das wäre jedem passiert! […]

Körner: Warst du schon mal beim Arzt oder der Suchtstelle mit deiner Trinkerei?
Willi: Nein! Mir geht es ja nicht schlecht! Ein bisschen Alkohol ist ja sogar gesund!

Wolfgang Körner, Der neue Drogenreader, Frankfurt/M. 1990, S. 34 ff., gekürzt.

Arbeitsvorschläge

1. Erstellt eine chronologische (= nach zeitlicher Reihenfolge geordnete) Übersicht über Willis Leben: Situation oder Lebensphase, Ausmaß des Alkoholkonsums, Ursachen, Reaktion der Menschen, mit denen er zu tun hatte.

2. Ist Willi süchtig? Seit wann? Die Definition von Sucht könnt ihr auf S. 94 nachlesen.

3. Wie steht Willi selbst zu seinem Alkoholismus?

4. Wie könnte sein weiteres Leben aussehen? Entwerft verschiedene Möglichkeiten.

5. Sollte Willi für den Unfall strenger, genauso oder weniger streng bestraft werden als ein nüchterner Täter?

6. Erkundigt euch bei Krankenkassen, Gesundheitsamt, Ärzten, Selbsthilfegruppen (Anonyme Alkoholiker), wie eine Therapie für Alkoholiker aussehen kann.

Bundesweit sind die „Anonymen Alkoholiker" in vielen Städten unter der Rufnummer 19295 zu erreichen. Einige der Kontaktstellen bieten auch an, in die Schulen zu kommen und eine Informationsveranstaltung abzuhalten.

Kontaktadressen findet ihr auch im Internet:
www.anonyme-alkoholiker.de
www.al-anon-alateen.org

„Besser drauf" sein

Ihr habt sicher schon einiges über Ecstasy gehört und gelesen und wisst, dass sich hinter diesem Fantasienamen künstlich hergestellte Mittel verbergen, die meist als bunte Tabletten mit weiteren Fantasienamen illegal verkauft werden. Ihr wisst sicher auch, dass Ecstasy häufig in der Technoszene bei Tanzparties („Raves") genommen wird.

Die Technofans betonen, dass sie friedliche und freundliche Leute sind, die nur ihren Spaß haben und jedem seinen Spaß lassen wollen – wie z. B. auf der jährlichen „Love-Parade" in Berlin. Natürlich nimmt nur ein kleiner Teil von ihnen diese Droge und nicht alle Ecstasy-Konsumenten sind Technofans.

Was aber ist das Verführerische an dieser Droge, was bewirkt Ecstasy eigentlich? Ist sie nur ein harmloses Hilfsmittel um „besser drauf" zu sein? Schließlich nehmen viele Erwachsene aufputschende und beruhigende Medikamente! Macht Ecstasy abhängig oder kann man jederzeit aufhören? Warum wird es ausgerechnet in der Technoszene häufig genommen?

① Wirkung von „Ecstasy"

Die Wirkung von „E" dauert nach der Einnahme drei bis fünf Stunden. Dreißig bis sechzig Minuten nach der Einnahme erhöhen sich Blutdruck und Puls, die Haut kribbelt. Die Körpertemperatur steigt, die Pupillen weiten sich. Ecstasy hat zunächst eine stimulierende [= anregende] Wirkung auf den Konsumenten […].

Die Beseitigung von Hemmungen und Spannungen steigert die Kommunikationsbereitschaft. Der Redefluss und der Drang zur Bewegung werden gefördert bis hin zur Ekstase. Daneben entwickelt Ecstasy auch eine halluzinogene Wirkung: die akustischen, visuellen und taktilen Sinneswahrnehmungen werden verstärkt.

Ecstasy wird als „Wir-Droge" im Gegensatz zu Kokain als „Ego-Droge" bezeichnet. […]

Der Ecstasy-Konsument versteht sich nicht als jemand, der „Drogen" zu sich nimmt oder abhängig ist. Im Gegensatz zu Cannabis, Kokain oder Heroin sieht er im Konsum von Ecstasy kaum ein gesundheitliches Risiko. Im Gegenteil: Mit Ecstasy geht alles leichter und besser. Die Bezeichnung „Partydroge" macht die angenommene Harmlosigkeit deutlich.

Wie bei anderen Drogen können die als positiv empfundenen Bewusstseinsveränderungen zu einem erhöhten Verlangen nach der Droge führen. Bisher wurde nicht zureichend erforscht, wann eine Abhängigkeit eintritt und ob sich eine Toleranz gegenüber Ecstasy ausbildet.

Das Risiko, von Ecstasy abhängig zu werden, ist aber zweifellos gegeben. Besonders bei regelmäßiger Einnahme besteht die Gefahr von Schlaflosigkeit, Angst, Unruhe, Halluzinationen und Depressionen aufgrund der nachlassenden Wirkung.

Daneben führt die regelmäßige Einnahme von „E" zur Austrocknung des Körpers und zu einem Anstieg der Körpertemperatur, auch hervorgerufen durch das lang anhaltende Tanzen. Dabei können Nebenwirkungen wie schnellere Atmung, Herzrasen, Zittern, Kopfschmerzen und Übelkeit, aber auch – wegen des exzessiven Durchtanzens – Erschöpfung und Schlaflosigkeit auftreten.

Ecstasy. Junge Menschen zwischen Leistung und Rausch (Informationsfaltblatt), hrsg. von der Arbeitsgemeinschaft Kinder- und Jugendschutz NRW, gekürzt.

… **und länger tanzen**

Ein neuer Leistungsdruck durch Ecstasy

5 Wenn ich will, dann hör ich auf

2

Techno-Parties nie ohne Ecstasy
Die meisten Jugendlichen und jungen Erwachsenen konsumieren dabei die „Party-Droge", um die Begeisterung für das Techno-Tanzen und das gemeinsame Erleben von Techno-Musik mit ihrer stimulierend bewusstseinserweiternden Wirkung erfahren zu können. „Das Zusammenspiel von Techno-Musik, Lichteffekten und Ecstasy vermittelt das außergewöhnliche Erlebnis, von dem viele Techno-Partybesucher berichten. Die Droge schaltet beim stundenlangen Nonstop-Tanz die Warnsignale des Körpers aus."

Dazugehören zu dürfen, ist eine Ehre, und die will verdient sein, indem man einen interessanten Anblick bietet, gute Stimmung verbreitet und ein Gewinn ist für die Party. Letztlich also ist die Techno-Szene überaus leistungsorientiert.

Der Kater nach dem Konsum der Droge und der Party ist bei Jugendlichen eher als Bestätigung dafür zu sehen, dass der Alltag grundsätzlich fahl und grau ist und das eigentliche Leben woanders stattfindet, eben beim „Rave". Das weckt dann bald den Wunsch nach erneuter Rückkehr ins „(Schein-)Paradies".

Ecstasy (Informationsfaltblatt), a.a.O., gekürzt.

3

Am Anfang reichte eine Tablette für eine ganze Nacht
„Man fühlt sich irgendwie sorgenfrei", sagt Beate. „Der Kontakt zu anderen läuft leichter, wenn man in der richtigen Stimmung ist", ergänzt Marcel. „Wenn man nur in der Ecke sitzt, lohnt es sich nicht".

Für Marcel (23) und Beate (28) gehören Drogen und Techno zur Freizeit. Ecstasy nehmen beide seit ihrem 20. Lebensjahr, anfangs jedes Wochenende und nicht nur in der Disco. Mittlerweile haben sie es reduziert. „Ecstasy macht irgendwie doof im Kopf", sagt Marcel, „die Leitung wird länger". Seitdem er am Arbeitsplatz Probleme mit der Lösung einfacher logischer Aufgaben bekam, setzt der Industriemechaniker ab und zu ein Wochenende aus. Das bekommt auch den Montagen besser, denn „der Tag danach ist nicht so toll. Man fühlt sich ausgetrocknet, kann nichts essen und nicht schlafen. Früher habe ich mich in der Woche von den Wochenenden erholt."

Marcel hat sich früher mal in der betrieblichen Jugendvertretung engagiert, Beate hat Sport gemacht. Gekostet hat die Droge auch die alten Freunde. „Man umgibt sich eigentlich nur noch mit Leuten, die auch Drogen nehmen", sagt Marcel. Seine Eltern haben längst aufgehört ihn zum Aufgeben bringen zu wollen. Er selbst hat es sich schon oft vorgenommen, die Ausfallerscheinungen machen ihm Angst. Aber dann lässt er sich doch wieder von anderen mitziehen. Aufhören will er immer am Tag danach, wenn die Depression sich einstellt. Und Beate hat „dann immer ein schlechtes Gewissen, weil ich daran denke, was ich meinem Körper wieder angetan habe". Marcel und Beate wissen, dass sie längst abhängig sind – so geht es etwa der Hälfte derer, die Ecstasy ein paarmal genommen haben. Umso dramatischer klingt ihre Warnung an Jüngere: „Lasst die Finger davon!" Beate und Marcel wissen eben auch, wie schwer es ist, da wieder herauszukommen. Und trotzdem glauben sie irgendwie doch, dass sie es eines Tages schaffen.

AHA – von der DAK für dich, Juni 1997.

Arbeitsvorschläge

1. Wie wirkt Ecstasy auf den Körper? Inwiefern macht Ecstasy abhängig (**1**)?

2. Wozu „brauchen" die Konsumenten die Droge (**1**, **2**)?

3. Welche unerwünschten Folgen und Gefahren bringt regelmäßiger Konsum mit sich (**1**, **2**)?

4. Beantwortet diese Fragen für das Beispiel von Marcel und Beate (**3**).

5. Besser drauf sein und länger tanzen – ein neuer Leistungsdruck? Schreibt einen Aufsatz zu diesem Thema.

Was hat Sucht mit

Auf den vorhergehenden Seiten habt ihr gesehen, dass manche Menschen Drogen benutzen, um Probleme zu verdrängen, um Ziele schneller zu erreichen, um fröhlicher und mutiger zu sein.

Hast du Probleme? Möchtest du ein Ziel schneller erreichen? Deine Antwort heißt vermutlich zweimal „ja". Trotzdem nimmst du deswegen keine Drogen, oder?

Warum greifen manche Menschen zur Krücke Droge um weiter zu gehen und andere nicht? Warum können sich die einen ihre Probleme und Schwierigkeiten anschauen und damit leben, während andere sie im Alkohol (nur für kurze Zeit!) ertränken?

Diese Fragen kann niemand ganz genau beantworten, aber es gibt Lebensbedingungen und -erfahrungen, die den Griff zur Droge wahrscheinlicher machen.

1

Drogenfreie Zone

Körner: Dir hat die Therapie doch geholfen …

Rolf: Die hat mir 'ne absolut drogenfreie Zone geliefert, in der ich mir über mich klar werden konnte. Wenn du Hilfe so meinst, okay. Aber wenn du dann aus dieser drogenfreien Zone wieder rauskommst, dann fängt das doch erst an.

Körner: Die Rückfallgefahr?

Rolf: Natürlich. Du kommst wieder in die Drogenszene. Geh doch mal durch eine Stadt. Überall Drogen. Werbung für Zigaretten und für Alkohol… Von jeder Plakatwand schreit's dich doch an: Hol's dir, hol dir das neue Auto und hol dir das neue Video…

Körner: Nogger dir einen und ich rauche gern …

Rolf: Genau. Und wenn im Werbefernsehen einer totalen Stress hat, da klingeln sechs Telefone, und dann kommt die Sekretärin und bringt eine Tasse xyz-Kaffee, und der Typ lächelt und lehnt sich entspannt zurück. Als ich aus der Klinik kam, du, da hab ich erst gemerkt, da wurde es schwierig. Da fing der eigentliche Kampf erst an. Da kommste raus und mir war klar, nach Hause wollte ich nicht mehr und nach Frankfurt auch nicht.

Wolfgang Körner, Der neue Drogenreader, Frankfurt/M. 1990, S. 224f.

2

Drogengefährdung beginnt unauffällig

Der unauffällige Beginn der Drogengefährdung im Alltag wird nicht allein durch das Vorbild der rauchenden und trinkenden Erwachsenen, sondern vor allem durch ein Verhalten unterstützt, welches das Ergebnis eines Erziehungsprozesses ist: Es kennzeichnet unsere Zeit, dass immer mehr Menschen Bedürfnisse nach Liebe und Verständnis, aber auch nach Anregung und Auseinandersetzung, nach Ablenkung und Entspannung nicht durch persönliche Aktivität mit Fantasie und Kreativität, sondern durch unpersönliche Ersatzmittel (z. B. Süßigkeiten, Spielzeug, Fernsehen, andere Konsumartikel) befriedigen.

Die Gewöhnung an so ein passives konsumierendes, ausweichendes Verhalten fängt oft schon im Babyalter an, wenn z. B. das Schreien des Babys nicht als Verlangen nach Zuwendung und gemeinsamem Spiel, sondern immer nur als Aufforderung zum Füttern verstanden wird. Etwas ältere Kinder werden dann häufig mit Bonbons getröstet oder still gehalten. Später können Fernsehen oder Comics diese Funktion übernehmen, im Jugendalter teure Konsumartikel. Wer aber als Kind gelernt hat, Bedürfnisse nach Lob und Trost, nach Liebe und körperlichem Kontakt immer nur durch unpersönliche Mittel zu befriedigen, der neigt auch später leicht dazu, sich mit solchen Mitteln über das, was ihm fehlt, hinwegzutrösten.

Die Erfahrung, dass z. B. Arzneimittel Schmerzen beseitigen können und sich durch Alkohol und Drogen unangenehme Gefühle verdrängen und Probleme wenigstens kurzfristig „vergessen" lassen, fördert die Bereitschaft, diese Mittel erneut zu nehmen.

Bundeszentrale für gesundheitliche Aufklärung (Hrsg.), Unsere Kinder frei von Drogen? Köln 1989.

suchen zu tun?

5 Wenn ich will, dann hör ich auf

Ursachen für Drogenmissbrauch

3

Forschungsbericht: Bedeutung von Eltern, Freunden und Schule

Viele US-amerikanische Studien berichten, dass sowohl ein stark autoritärer [= strenger] wie ein sehr permissiver [= nachgiebiger] Erziehungsstil einen erhöhten Drogenkonsum der Kinder zur Folge hatten. Auch eine inkonsistente [= uneinheitliche] Erziehung scheint ein Risikofaktor zu sein. So fand man zum Beispiel heraus, dass Familien von Jugendlichen, die Substanzen missbrauchten, häufig durch ein ganz bestimmtes Verhaltensmuster gekennzeichnet waren: ein hoher Grad an negativer Kommunikation (Kritik, Beschuldigungen, fehlendes Lob), unklare Verhaltensgrenzen (hierzu gehören auch widersprüchliche Regeln, die von der Mutter einerseits, dem Vater andererseits aufgestellt wurden) sowie unrealistische elterliche Erwartungen an die Jugendlichen.

Ein weiterer familiärer Einflussfaktor ist das elterliche Konsum- und damit Vorbildverhalten bezüglich Drogen. Kinder von Rauchern haben zum Beispiel eine deutlich höhere Wahrscheinlichkeit, später selbst zu rauchen, und auch Alkoholismus und Abhängigkeit von illegalen Drogen treten in einigen Familien gehäuft auf.

Lernen am Modell findet auch dort statt, wo die gleichaltrigen Freunde, die Peers, als Verhaltensvorbilder dienen. Jugendliche, deren Freunde und Freundinnen rauchen, Alkohol trinken oder illegale Drogen nehmen – das hat sich in zahllosen Untersuchungen immer wieder gezeigt – haben selbst ein deutlich höheres Risiko zu Konsumenten zu werden.

Schließlich ist unter den sozialen Einflussgrößen auch noch der Faktor „Stress" bzw. „Belastung durch die Schule" zu nennen. Etliche Untersuchungen konnten einen Zusammenhang zwischen Experimentierverhalten mit Drogen sowie Drogenmissbrauch und schlechten Schulleistungen nachweisen.

Simons, Conger und Whitbek (1988) vertreten die Auffassung, dass Drogenkonsum besonders durch die Kombination von Stresserleben einerseits und mangelnden individuellen Bewältigungsstrategien andererseits gefördert werde. Wer zum Beispiel die täglichen Anforderungen in der Schule oder im Beruf nicht durch aktive Problemlösung bewältigen kann oder wem die sozialen Kompetenzen* fehlen, um Konflikte zu lösen oder sich überhaupt befriedigende Sozialbeziehungen zu schaffen, der neigt dazu, diese schulischen oder sozialen Probleme mit Drogenkonsum zu „bewältigen".

Anja Leppin in: Rausch und Realität 3, Naturwissenschaftliche Reihe, Stuttgart, S. 209 ff., gekürzt und stark vereinfacht.

> Es gibt viele Gründe für den Griff zu Drogen. Ungestillte Abenteuerlust kann ein Grund sein. Schlimm genug, dass es Drogen gibt, aber das allein macht nicht süchtig.

Arbeitsvorschläge

1. Was bezeichnet Rolf (**1**) als „Drogenszene"? Worüber regt er sich auf? Spricht er nur von Drogen?

2. In dem Text „Drogengefährdung beginnt unauffällig" (**2**) werden Beispiele für diese Aussage genannt. Stellt sie in einer Liste zusammen.

3. Auf welchen Verhaltensfehler macht der Text (**2**) aufmerksam? In welchem Satz wird seine Gesamtaussage zusammengefasst?

4. Erstellt anhand des Forschungsberichts (**3**) eine Liste von Umweltbedingungen, die den Drogenmissbrauch von Jugendlichen wahrscheinlicher machen.

5. Meint ihr auch, dass der Einfluss der Gleichaltrigen so groß ist (**3**)?

   Seht euch dazu auch die Seiten 20–21 an.

6. Versucht in eigenen Worten zu erklären, was die Soziologen Simons, Conger und Whitbek (**3**, letzter Abschnitt) herausgefunden haben.

Das Bild rechts oben stammt aus einer Kampagne* der Bundeszentrale für gesundheitliche Aufklärung, Postfach 910152, 51071 Köln. Informationen erhaltet ihr auch im Internet: www.bzga.de

Kampagnen für eine kinderfreundliche Gesellschaft unternimmt auch der Deutsche Kinderschutzbund DKSB Bundesverband e.V., Schiffgraben 29, 30159 Hannover
www.kinderschutzbund.de

Ein Fall für den

Diese Plakate mit den dazugehörenden Texten hat die „Aktion Suchtvorbeugung" beim Ministerium für Frauen, Jugend, Familie und Gesundheit in Nordrhein-Westfalen entworfen.

Die Texte richten sich an Erwachsene, also Eltern, Lehrer, Vorgesetzte, Verwandte usw.

Denn Probleme mit Erwachsenen und gestörte Beziehungen zu ihnen können die Flucht in die Sucht fördern.

Aber dasselbe gilt, wenn sich ein Jugendlicher in Schulklasse und Freundeskreis nicht aufgehoben fühlt. Auch Freunde und Klassenkameraden können, ohne es zu wissen, den „Schritt in die Sucht" verhindern helfen.

Kinder und Jugendliche haben uns viel zu sagen, aber es fällt nicht immer leicht, ihnen zuzuhören. Oft haben wir keine Zeit oder einfach keine Lust dazu.

Auf unsere Kinder eingehen und sie verstehen – auch dies kann den Schritt in eine Sucht verhindern.

Lieben und geliebt werden – Antriebskräfte für unser Leben. Wenn aus Kindern Jugendliche werden, wird die Beziehung zu ihnen oft auf eine harte Probe gestellt. Aber wir sollten auch dann zu ihnen stehen, wenn sie nicht immer unseren Erwartungen entsprechen.

Kindern trotz aller Probleme und Spannungen die notwendige Zuwendung und Liebe geben – auch dies kann den Schritt in eine Sucht verhindern.

Drogen helfen nicht – Gespräche vielleicht

In jeder Stadt gibt es Drogenberatungsstellen. Adresse und Telefonnummer sind im Telefonbuch zu finden. Sie stehen allen Hilfe Suchenden offen, nicht nur Betroffenen, auch deren Freunden oder Eltern. Ohne Einwilligung der Gesprächspartner sagen die Frauen und Männer der Beratungsstellen niemandem etwas weiter. Man kann auch anonym mit ihnen reden, das heißt seinen Namen nicht nennen.

Falls ihr selbst oder Bekannte von euch einmal Probleme mit Drogen habt, denkt daran: Drogen helfen nicht weiter – Gespräche vielleicht.

Experten?

Möglichkeiten, Sucht zu verhindern

5 Wenn ich will, dann hör ich auf

Wenn Kinder erwachsen werden, wechseln Stimmungen und Gefühle sehr schnell. Sich klein und schwach fühlen, aber sich groß und stark zeigen. Eben noch traurig und niedergeschlagen – gleich wieder „gut drauf".

Machen wir es möglich, dass Gefühle ihren Ausdruck finden können – auch dies kann den Schritt in eine Sucht verhindern.

Jugendliche zweifeln oft an ihrem Können. Für junge Menschen ist die Anerkennung durch Erwachsene genauso wichtig wie die von Gleichaltrigen. Wem Anerkennung fehlt, der sucht sie sich – nicht selten in riskanten Abenteuern.

Es verlangt nicht viel, sich für das, was der andere macht, zu interessieren, Anerkennung auszusprechen. Und wir verhindern vielleicht den Schritt in eine Sucht.

Arbeitsvorschläge

1. Stellt euch vor, diese Plakate sollen in Schulen ausgehängt werden, sich also an Kinder und Jugendliche richten. Ihr müsst die Texte also umformulieren, damit Schülerinnen und Schüler sich angesprochen fühlen. (Dabei könnt ihr arbeitsteilig in Gruppen arbeiten.)

2. Vielleicht habt ihr Ideen für ähnliche oder andere Plakate, die dazu auffordern, so miteinander umzugehen, dass die Flucht in die Sucht nicht „nötig" ist.

Haschisch

Ihr habt einiges über die negativen Folgen von Alkoholsucht erfahren. Sollte man Alkohol dann nicht am besten ganz verbieten? Oder ganz hohe Steuern auf Alkohol erheben? Oder zumindest die Werbung für Alkohol verbieten?

Solche Fragen stellen sich der Politik, die verschiedene Möglichkeiten hat auf den Umgang der Bürger mit Drogen Einfluss zu nehmen:
a) Aufklärungskampagnen,
b) Besteuerung (Verteuerung),
c) Werbeverbot oder -auflagen,
d) Rezeptpflicht,
e) Herstellung und Handel verbieten und bestrafen,
f) Konsum verbieten und bestrafen.

Einige Politiker und auch Bürger versprechen sich von einer strengen Anwendung solcher Einflussmöglichkeiten einen Rückgang von Sucht und Drogenmissbrauch, andere halten dies für erfolglos und fordern sogar, derzeit verbotene Drogen wie Haschisch oder Ecstasy zuzulassen.

Ihr könnt eine Diskussion um diese Frage und andere mögliche drogenpolitische Maßnahmen als Rollenspiel einer Bundestagsdebatte durchführen.

1 Vorschläge zur Änderung der Drogenpolitik:

Rauchen in der Öffentlichkeit verbieten
In Restaurants, Kneipen, Kinos usw. ist Rauchen verboten. Erlaubt ist es nur in dafür vorgesehenen geschlossenen Räumen, die Nichtraucher nicht betreten müssen.

Haschisch aus der Apotheke
Haschisch ist nicht gefährlicher als Alkohol und sollte kontrolliert rezeptfrei in Apotheken verkauft werden.

Alkoholwerbung verbieten
Die Werbung für alle alkoholischen Getränke wird generell verboten, damit der Konsum nicht zusätzlich gesteigert wird.

Tabaksteuer drastisch erhöhen
Die Tabaksteuer wird so erhöht, dass die Packung 5 Euro kostet. Die Einnahmen werden für Krebsforschung und -behandlung verwendet.

Ecstasy legalisieren
Das Verbot muss aufgehoben werden, damit die Konsumenten nicht mehr durch gepanschte Ware gefährdet sind.

Ablauf des Rollenspiels: Bundestagsdebatte Drogenpolitik

1. Ihr bildet Gruppen, die die Fraktionen* des Bundestages darstellen. (Ihr könnt euren Fraktionen Fantasienamen geben.)
2. Jede der Gruppen übernimmt einen der fünf Vorschläge als eigenen Antrag, erarbeitet Argumente für diesen Antrag und wählt einen Fraktionssprecher aus, der den Antrag später vortragen und begründen soll.
3. In der Fraktionssitzung (Gruppenarbeit) überlegt ihr außerdem, was ihr von den vier anderen Anträgen haltet, ob ihr dafür oder dagegen stimmen wollt und wer jeweils eure Meinung darstellt. Ihr könnt dann auch noch zusätzliche Anträge entwerfen und später vortragen.
4. Die Bundestagsdebatte wird geleitet vom Bundestagspräsidenten (wer macht das?), der die Anträge der Reihe nach aufruft, die Rednerliste bei der Diskussion führt und dann abstimmen lässt.
5. In der Nachbesprechung des Rollenspiels könnt ihr überlegen,
   – ob die gefassten Beschlüsse realistisch sind,
   – wie die Debatte abgelaufen ist,
   – ob ein Redner „aus der Rolle gefallen" ist,
   – wie die Entscheidungen zustande gekommen sind,
   – wie ihr euch als „Drogenpolitiker" gefühlt habt.

2 Ecstasyverbot aufheben?

Erik Fromberg, Nationales Institut für Alkohol und Drogen, Utrecht:
Alle Drogen sollten legal sein. Nicht nur Cannabis und XTC. Das heißt nicht, dass alle Drogen im Supermarkt verkauft werden sollen. Solange die Drogen noch illegal sind, muss es für die Konsumenten aber wenigstens möglich sein, die Produkte testen zu lassen, wie wir das in Holland machen. So können die Konsumenten besser vor den Giftmischern geschützt werden. Außerdem müssen die Jugendlichen lernen, die Drogen richtig zu benutzen. Es fehlt eine richtige Drogenerziehung und -aufklärung. Just say no ist genauso dumm wie Drogenmissbrauch.

aus der Apotheke?

Diskussionen zur Drogenpolitik

5 Wenn ich will, dann hör ich auf

Hans-Peter Uhl, Kreisverwaltungsreferent, München:
Die schädliche Wirkung von reinem Ecstasy kann man nicht dadurch verharmlosen, dass man auf die noch schädlichere Wirkung von gepanschten Drogen hinweist. Das Motto „Keine Macht den Drogen" will die gesellschaftliche Ächtung von Drogen. Es ist schizophren, den Handel von Drogen massiv zu bekämpfen, aber den Konsum großzügig zu legalisieren. Deswegen ist und bleibt die Freigabe ein Irrweg. Der Gebrauch von Drogen aller Art ist die Flucht vor der Realität. Gerade Jugendliche müssen lernen, sich der Realität „nüchtern" zu stellen und nicht in den Rausch zu fliehen.

Ute Aschendorf, Studentin der Religionswissenschaften, Berlin:
Ich konsumiere seit über zwei Jahren Ecstasy und empfinde es immer wieder als eine Art „Seelenmassage". Ich bin jetzt 34. Seitdem ich Ecstasy nehme, fällt es mir leichter, zu meinen Schwächen zu stehen; ich bin ehrlicher und toleranter meinen Mitmenschen gegenüber und kann mehr Freude am Leben empfinden. Erst die Dosis macht ein Rauschmittel zum Gift. Solange wir respektvoll mit dieser Substanz umgehen, kann sie meines Erachtens keinen Schaden anrichten. Ich gehe sogar so weit zu behaupten, dass gezielte Ecstasy-Therapien bekannten psychosomatischen Erkrankungen vorbeugen und das in Ballungsgebieten herrschende Aggressionspotenzial vermindern würden. Am Wochenende werde ich wahrscheinlich wieder Ecstasy zu mir nehmen: Ich freue mich auf die Musik, auf die anderen Party-People und die darauf folgende Entspannung, die dem „Ausgepowertsein" durch stundenlanges Tanzen folgt.

3 — **Haschisch aus der Apotheke?**

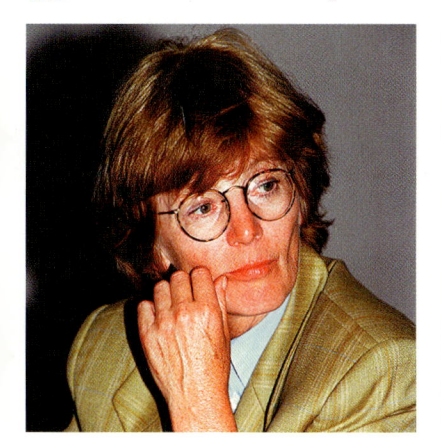

Margarethe Nimsch, [ehemalige] Gesundheitsministerin in Hessen, Bündnis 90/Die Grünen:
Ich bin nicht begeistert, wenn Jugendliche Haschisch rauchen. Ich bin auch nicht begeistert, wenn sie sich betrinken. Ich halte es aber nicht für sinnvoll, dass Haschischraucher aufgrund unserer Gesetze gezwungen sind, Haschisch bei Dealern zu erwerben, die vielleicht auch Heroin und Crack im Angebot haben.

Rolf Hüllinghorst, Deutsche Hauptstelle gegen Suchtgefahren:
Alkohol und Haschisch sind gleich gefährlich, also lasst uns den Zugang zum Haschisch so leicht machen wie den zum Alkohol – dieses Argument halte ich für Zynismus. Es ist umgekehrt: Der Zugang zum Alkohol sollte erschwert werden, weil das Ethanol mindestens so gefährlich ist wie das Haschisch. Mehr Konsum heißt immer auch, dass es mehr Süchtige gibt.

Campino, Sänger (Die Toten Hosen):
Für mich gehört der Joint zum Leben wie das Müsli zum Frühstück oder das Glas Rotwein am Abend. Er entspannt, er kann Beziehungen retten. Unter den Politikern gibt es immer noch zu wenige mit Hasch-Erfahrung, sonst würde es nicht diese hysterische Diskussion geben. Der Vorschlag, Hasch in Apotheken abzugeben, geht in die richtige Richtung.

Alle Stellungnahmen entnommen aus: Die Woche, 29.11.96 und 12.2.1995.

Der stärkste Typ

Die Familie von Christiane F. ist von einer Kleinstadt nach Berlin gezogen. Nach ein paar Jahren lassen sich die Eltern scheiden. Christiane lebt bei ihrer Mutter, ihre Schwester zieht zum Vater. Nach der sechsten Klasse wechselt Christiane von der Grundschule auf die Gesamtschule, kommt jedoch wegen eines Urlaubs mit dem Vater zwei Wochen nach Schulbeginn:

Ich fühlte mich nicht anerkannt in der Schule. Die anderen hatten ja diese zwei Wochen Vorsprung. Das ist in einer neuen Schule ein großer Vorsprung. Ich probierte mein Rezept aus der Grundschule auch hier. Ich unterbrach die Lehrer mit Zwischenrufen, ich widersprach. Manchmal, weil ich Recht hatte, und manchmal nur so. Ich kämpfte wieder einmal. Gegen die Lehrer und die Schule. Ich wollte Anerkennung.

Der stärkste Typ in unserer Klasse war ein Mädchen. Sie hieß Kessi. Sie hatte schon einen richtigen Busen. Sie sah wenigstens zwei Jahre älter aus als wir anderen und war auch erwachsener. Sie wurde von allen voll anerkannt. Ich bewunderte sie. Mein größter Wunsch war, dass Kessi meine Freundin würde.

Kessi hatte auch einen unheimlich starken Freund. Er ging in die Parallelklasse, war aber schon älter. Milan hieß er. Er war wenigstens 1,70 groß, hatte lange, schwarze, lockige Haare, die bis auf die Schultern gingen. Er trug enge Jeans und sehr schicke Stiefel. Auf Milan standen alle Mädchen. Und Kessi war nicht nur wegen ihres Busens und ihrer erwachsenen Tour voll anerkannt, sondern auch, weil Milan ihr Freund war.

Wir Mädchen hatten damals sehr bestimmte Vorstellungen von einem tollen Jungen. Er durfte nicht in Pluderhosen rumlaufen, sondern musste eben knallenge Jeans anhaben. Jungs mit Turnschuhen fanden wir blöd. Sie mussten irgendwelche modischen Schuhe tragen, am besten hochhackige Stiefel mit Verzierungen. Wir fanden die Jungs dämlich, die in der Klasse mit Papierkugeln rumschnippten oder mit Apfelresten warfen. Das waren dieselben, die in der Pause auf dem Hof Milch tranken und mit einem Fußball rumbolzten. Stark waren die Jungs, die in der Pause gleich in der Raucherecke verschwanden. Und Bier trinken können mussten sie. Ich weiß noch, wie beeindruckt ich war, als Kessi mir erzählte, der Milan habe unheimlich einen in der Krone gehabt.

Ich dachte immerzu daran, wie ich so werden könnte, dass mich ein Junge wie Milan anquatschen und vielleicht mit mir gehen würde. Oder, und das war eigentlich dasselbe, dass Kessi mich akzeptieren würde. Ich fand schon ihren Spitznamen Kessi unheimlich stark. Ich wollte es so weit bringen, dass ich auch einen starken Spitznamen bekam.

Ich sagte mir, was interessieren dich eigentlich die Lehrer, die du mal für eine Stunde siehst. Warum sollst du denen gefallen. Wichtig ist, dass dich die Leute akzeptieren, mit denen du immer zusammen bist. Ich trieb es dann ziemlich schlimm mit den Lehrern. Ich hatte auch überhaupt keine persönliche Beziehung zu ihnen. Den meisten schien sowieso alles egal zu sein. Sie hatten keine wirkliche Autorität und pöbelten nur rum. Von mir bekamen sie immer volles Rohr. Ich konnte bald die ganze Klasse auf den Kopf stellen und eine Unterrichtsstunde schmeißen. Das brachte mir natürlich Anerkennung.

Ich kratzte alles Geld zusammen, um mir Zigaretten zu kaufen und in die Raucherecke gehen zu können. Kessie ging in jeder Pause in die Raucherecke. Und als ich dann auch immer in die Raucherecke kam, da merkte ich, dass Kessi mich immer mehr akzeptierte.

Wir unterhielten uns jetzt auch nach der Schule miteinander. Sie lud mich schließlich zu sich nach Hause ein und wir tranken Bier zusammen, bis mir ziemlich komisch im Kopf war. Wir unterhielten uns über unser Zuhause. Kessi war es ganz ähnlich gegangen wie mir. Eigentlich kam sie aus einer noch größeren Scheiße.

Kessi war nämlich unehelich. Ihre Mutter wechselte die Freunde öfter. Und die Männer akzeptierten Kessi natürlich nicht. Sie hatte gerade eine schlimme Zeit mit einem ausgeflippten Freund ihrer Mutter hinter sich. Der hatte auch geprügelt und eines Tages die ganze Wohnungseinrichtung demoliert und zum Schluss den Fernseher aus dem Fenster geworfen. Nur Kessis Mutter war anders als meine. Sie versuchte auch, im Gegensatz zu meiner Mutter, sehr streng zu sein. Kessi musste fast jeden Abend vor acht zu Hause sein.

Ich schaffte es dann in der Schule, das heißt, ich schaffte die volle Anerkennung durch meine Mitschüler. Das war ein harter, ständiger Kampf. Für das Lernen blieb kaum Zeit. Der Tag meines Triumphes war, als ich mich neben Kessi setzen durfte. Ich lernte von Kessi das Schuleschwänzen. Wenn sie keinen Bock hatte, dann blieb sie einfach einzelne Stunden weg, um sich mit Milan zu treffen oder sonst was zu tun, was ihr Spaß machte. Erst hatte ich Bammel davor. Dann merkte ich aber schnell, dass es fast nie rauskam, wenn man einzelne Stunden schwänzte. Nur in der ersten Stunde wurde eingetragen, wer fehlte. In den nächsten Stunden hatten die Lehrer ja viel zviel Schüler, um einen Überblick zu haben, wer nun da war und wer nicht. Vielen war es wohl auch egal.

Kessi ließ sich in dieser Zeit schon von Jungen küssen und streicheln. Und sie ging schon in das „Haus der

112

in unserer Klasse

von Christiane F.

5 Wenn ich will, dann hör ich auf

Mitte". Das war ein Jugendhaus der evangelischen Kirche mit einer Art Diskothek im Keller, dem „Club". In den Club durfte man erst mit 14 Jahren. Aber Kessi sah man es ja nicht an, dass sie gerade erst 13 war.

Ich bettelte so lange, bis mir meine Mutter einen Büstenhalter kaufte. Ich brauchte zwar noch keinen. Aber er machte meine Brust größer. Ich fing auch an, mich zu schminken. Und dann nahm mich Kessi mit in den Keller, der um fünf Uhr nachmittags aufmachte.

Das erste, was ich im Keller wirklich sah, war ein Junge aus unserer Schule. Er ging in die 9. Klasse und war mittlerweile für mich der stärkste Typ an unserer Schule. Noch stärker als Milan. Er sah besser aus. Er wirkte vor allem unheimlich selbstbewusst. Im Haus der Mitte bewegte er sich wie ein Star. Man merkte, dass er sich allen anderen überlegen fühlte. Er hieß Piet. Piet gehörte zu einer Gruppe, die immer abseits stand oder saß. Es wirkte jedenfalls so, als gehörten sie nicht zu den anderen Teenies, die da rumhingen. Die ganze Gruppe war wahnsinnig stark. Alle Jungen sahen klasse aus. Sie trugen knallenge Jeans, Stiefel mit unheimlich hohen Sohlen und bestickte Jeansjacken oder so Fantasiejacken aus Teppichen und anderen schönen Stoffen.

Kessi kannte die Jungs und stellte mich ihnen vor. Ich war aufgeregt und fand das ganz toll, dass Kessi mich an diese Jungen ranbringen konnte. Denn alle anderen im Haus der Mitte hatten Ehrfurcht vor dieser Clique. Wir durften uns sogar zu ihnen setzen.

Als ich den nächsten Abend in den Keller kam, hatte die Clique eine riesige Wasserpfeife mitgebracht. Ich wusste zunächst gar nicht, was das war. Kessi erklärte mir, dass die Haschisch rauchten, und sagte mir, dass ich mich dazusetzen dürfe. Ich hatte keine große Ahnung, was Haschisch war. Ich wusste nur, dass es ein Rauschgift war und ungeheuer verboten.

Sie zündeten das Zeug an und ließen den Schlauch rumgehen. Jeder zog an dem Schlauch. Auch Kessi. Ich lehnte ab. Ich wollte eigentlich nicht ablehnen. Denn ich wollte ja zu der Clique gehören. Aber ich brachte das einfach noch nicht: Rauschgift rauchen. Da hatte ich nun doch noch echt Angst.

Ich fühlte mich sehr unsicher. Am liebsten hätte ich mich in Luft aufgelöst. Aber ich konnte ja nicht mal weg von dem Tisch gehen, denn dann hätte das so ausgesehen, als mache ich mit der Clique Schluss, weil Haschisch geraucht wurde. Ich sagte denen dann, dass ich gerade einen Bock auf Bier hätte. Ich sammelte leere Flaschen ein, die überall rumlagen. Für vier leere Flaschen gab es 80 Pfennig oder eine volle Flasche Bier. Ich betrank mich zum ersten Mal in meinem Leben, während die anderen an der Wasserpfeife nuckelten. Sie sprachen über Musik. Über eine Musik, von der ich noch nicht viel verstand. Ich hörte gern Sweet. Ich stand auf die ganzen Teenie-Bopper-Gruppen. Ich konnte also sowieso nicht mitreden, und da war es gut, dass ich betrunken war und nicht so wahnsinnige Minderwertigkeitsgefühle kriegte.

Ich bekam dann schnell mit, was für Musik die stark fanden, und war auch sofort voll drauf auf deren Musik. David Bowie und so. Für mich waren die Jungs selber Stars. Von hinten sahen sie alle original aus wie David Bowie, obwohl sie erst so um die 16 waren.

Die Leute in der Clique waren auf eine für mich ganz neue Art überlegen. Sie waren nicht laut, sie prügelten sich nicht, sie gaben nicht an. Sie waren sehr still. Ihre Überlegenheit schienen sie einfach aus sich selber zu haben. Sie waren auch untereinander unheimlich cool. Da gab es nie Streit. Und jedes Cliquen-Mitglied wurde, wenn es kam, von jedem mit einem Küsschen auf den Mund empfangen. Die Jungs gaben zwar den Ton an, aber die Mädchen waren akzeptiert. Da gab es jedenfalls nicht diese blöden Kämpfe zwischen Jungen und Mädchen.

Christiane F., Wir Kinder vom Bahnhof Zoo, Hamburg 1994, S. 41–44.

Bemerkung: Christiane F. wurde später heroinabhängig. Die Geschichte ist nach einer wahren Begebenheit aufgezeichnet.

113

**Seid ihr Medienexperten?
Könnt ihr alle Begriffe erklären?**

1000 Stunden und noch mehr …
Beherrscht der Bildschirm unseren Alltag?

115

Dann mach' ich mir

Wusstet ihr schon, dass ihr eine „widerspenstige Zielgruppe*" seid? So sehen es die Fachleute, die sich mit Fernsehen für Kinder und Jugendliche beschäftigen. Sie geben sich die größte Mühe, Kinder für bestimmte Fernsehangebote zu interessieren – und sie sehen einfach nicht hin. Ihr schaut euch viel lieber Shows, Spielfilme, Sportsendungen und Soaps an, die gar nicht speziell für euch gemacht sind – jedenfalls sagt das die Zuschauerforschung. Auch Eltern und Lehrer äußern sich oft über das Fernsehverhalten von Kindern und Jugendlichen. Ob das immer so stimmt?

Für Experten seid ihr übrigens die Gruppe der 10 bis 13 Jahre alten Kinder bzw. Heranwachsenden. Ab 14 Jahren zählt man in der Zuschauerforschung schon zu den Erwachsenen. Und ihr seid eine wichtige „Zielgruppe". Das heißt, jemand zielt mit bestimmten Absichten genau auf euch.

Auf diesen zwei Seiten könnt ihr selbst überprüfen, welche Urteile der Erwachsenen über euer Fernsehverhalten zutreffen und welche nicht.

Außerdem erfahrt ihr, wer es auf euch als Zielgruppe abgesehen hat und warum das so ist.

Ihr müsst allerdings die Diagramme* und Tabellen richtig lesen.

📖 Wie man mit Diagrammen umgehen kann, erfahrt ihr auf den Seiten 136–137.

① **Medien begleiten Andreas den ganzen Tag**
Um Viertel vor sieben wird Andreas von seinem Radiowecker mit Musik sanft aus dem Schlaf geholt. Auf dem Weg zum Bad hört er den Ton des „Frühstücksfernsehens", das Mutter nebenher laufen lässt. Vater wirft um diese Zeit gewöhnlich einen Blick in die Tageszeitung. Andreas denkt daran, dass er noch einmal seine Englisch-Vokabeln im Buch anschauen muss. Denn heute schreiben sie eine Arbeit …

② **Von allen Kindern im Alter von 10–13 Jahren haben in Deutschland 1998 pro Tag ferngesehen:**

	Kinder in 1000	in %
bis 1 Std.	840	25,6
1–2 Std.	750	22,6
2–3 Std.	350	10,6
3–4 Std.	130	4,0
4–5 Std.	50	1,6
über 5 Std.	40	1,3

Quelle: Feierabend/Klingler/Simon, in: Media Perspektiven 4/99, S. 177.

③ **So hat sich von 1992–1998 die durchschnittliche Sehdauer pro Tag entwickelt:**

	Sehdauer in Min./Tag							
	1992	1993	1994	1995	1996	1997	1998	1999
10–13 Jahre	111	112	108	114	120	113	117	114
Erwachsene ab 14 Jahre	168	176	178	186	195	196	201	198

Quelle: Feierabend/Simon, in: Media Perspektiven 4/2000, S. 162.

④ **Fernsehnutzung von Kindern und Erwachsenen im Tagesverlauf 1998**

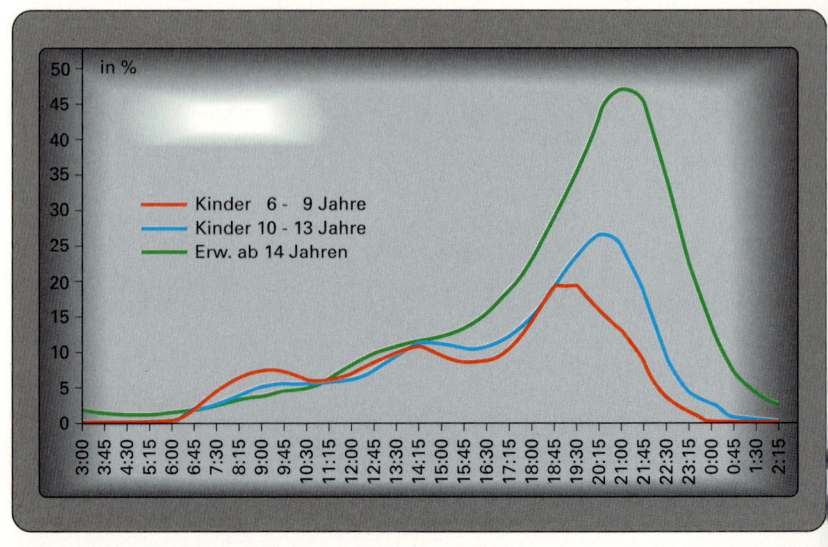

Quelle: Feierabend/Klingler/Simon, a.a.O., S. 180.

die Kiste an

Mediennutzung durch Kinder und Jugendliche

6 1000 Stunden und noch mehr...

5 12–13-jährige Kinder haben 1998 folgende Programme genutzt (in %):

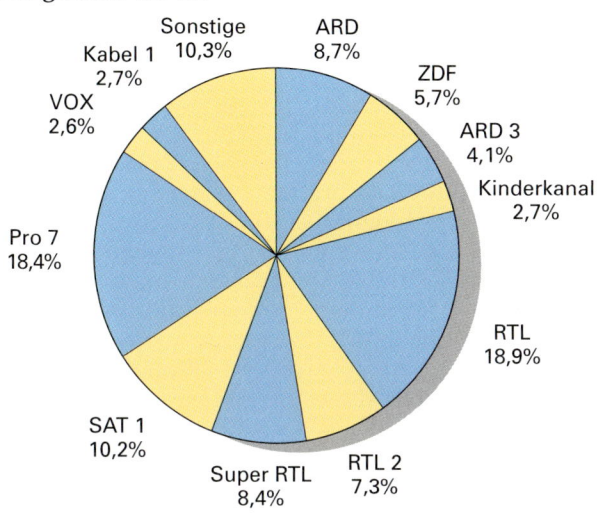

- Sonstige 10,3%
- Kabel 1 2,7%
- VOX 2,6%
- Pro 7 18,4%
- SAT 1 10,2%
- Super RTL 8,4%
- RTL 2 7,3%
- RTL 18,9%
- Kinderkanal 2,7%
- ARD 3 4,1%
- ZDF 5,7%
- ARD 8,7%

Feierabend/Klingler/Simon, a.a.O., S.182.

6 Kaufkraft deutscher Kinder

- Taschengeld 24 Euro/Monat — 2,76 Mrd. Euro
- Sparguthaben — 5,78 Mrd. Euro

Quelle: merz, 4/97. S. 218.

7 Aufmerksamkeitsgrad von Werbung bei Kindern, 6–17 Jahre

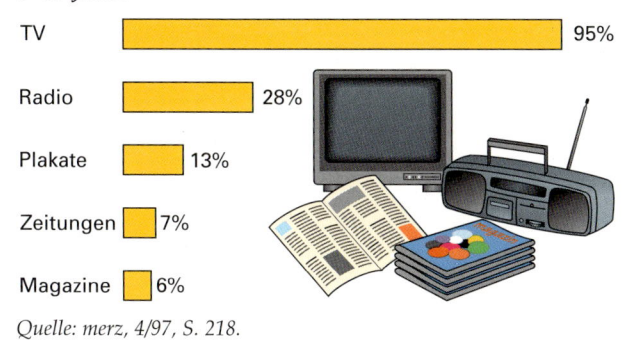

- TV 95%
- Radio 28%
- Plakate 13%
- Zeitungen 7%
- Magazine 6%

Quelle: merz, 4/97, S. 218.

Arbeitsvorschläge

1. Warum seht ihr fern? Schreibt eure Antworten auf und vergleicht sie in der Klasse. Welches sind die häufigsten Antworten?

2. Welchen Medien wird Andreas im Laufe des Tages begegnen, bis er wieder schlafen geht (**1**)? Wie viel Zeit wendet er wohl für die Medien auf? Und insgesamt? Ist es bei euch ähnlich? Achtung: Auch Bücher und Zeitschriften sind Medien.

3. Welche der folgenden Aussagen sind zutreffend, welche nicht? Achtet auf die Definition von „Kinder" und „Erwachsene" (siehe Einführung).

   a) Die meisten Kinder sind Bildschirmidioten. Sie hängen jeden Tag mehr als drei Stunden vor der Kiste. Und es wird jedes Jahr schlimmer (**2** und **3**).

   b) Erwachsene gehen mit ihrer Zeit viel vernünftiger um: Sie sehen z.B. weniger fern als Kinder (**3**).

   c) Kinder sehen sich heutzutage eher Vorabendprogramme an als echte Kindersendungen (**4** und **5**).

   d) Lieblingssender der Kinder ist der „Kinderkanal". (**5**)

4. Welche Programmanbieter verdienen ihr Geld mit Werbung? (**5**; vgl. dazu auch S. 118–119.) Warum bevorzugen Kinder nicht die Kinderprogramme?

5. Für wen seid ihr eine lohnende Zielgruppe und warum (**5**–**7**)?

6. Wann sieht der größte Teil dieser Zielgruppe fern (**4**)? Was bedeutet das für die Fernsehwerbung?

Jeden Tag

Die Konkurrenz

Beantwortet zunächst einmal – jeder für sich – folgende Fragen: Seid ihr mit dem Fernsehprogramm zufrieden? Welche Vorschläge für die Verbesserung des Fernsehangebots hättet ihr?

Wenn ihr im Durchschnitt nicht sonderlich zufrieden seid und euch mehr unterhaltende Angebote (Sport, Musik, Spielfilme, Serien, Gameshows usw.) wünscht, dann reagiert ihr wie die Mehrzahl der Zuschauer. Da die Fernsehprogramm-Anbieter die Wünsche der Publikumsmehrheit kennen, hat es in den letzten Jahren bei allen Sendern mit Vollprogramm immer mehr Unterhaltungssendungen aller Art gegeben. Denn die Sender wetteifern um Zuschauerzahlen. Über den Erfolg einer Sendung entscheidet deshalb die Einschaltquote. Das ist die Zahl der Haushalte, die eine Sendung eingeschaltet haben. Hohe Zuschauerzahlen bedeuten höhere Werbeeinnahmen, also werden die Zuschauer vor allem mit Unterhaltungsangeboten vor den Bildschirm gelockt. Das hat zu einer erbitterten Konkurrenz der großen Anbieter um Senderechte und Stars geführt. Jeder Sender will eben seinen Zuschauern das bieten, was sie wünschen. Der Zuschauer ist der König des Fernsehens – könnte man meinen.

Und warum sind dann viele Zuschauer unzufrieden? Ist „Unterhaltung pur" vielleicht doch nicht das richtige Rezept?

1 Was heißt „Duales System"?

In Deutschland gibt es öffentlich-rechtliche (ARD, ZDF) und seit den Achtzigerjahren private (z. B. RTL, SAT 1, MTV) Sendeanstalten.

Nach den Erfahrungen der nationalsozialistischen Diktatur sollte durch die öffentlich-rechtliche Form der Missbrauch des Rundfunks zu Propagandazwecken verhindert werden. Die öffentlich-rechtlichen Sendeanstalten sind deshalb
- unabhängig von der Regierung; sie verwalten sich selbst.
- werden hauptsächlich durch Gebühren finanziert. Durch diese Maßnahmen sind sie weitgehend unabhängig von Politik und Wirtschaft.
- dienen der Allgemeinheit und dürfen keinen Gewinn erzielen.
- haben den gesetzlichen Auftrag, für umfassende Information zu sorgen und zur Bildung beizutragen.

Die zweite Säule des dualen Systems bilden die privaten Sender. Es handelt sich hierbei um Wirtschaftsunternehmen, die einen möglichst großen Gewinn erzielen wollen. Sie tun dies, indem sie Werbezeit verkaufen. Je mehr Zuschauer das Programm verfolgen, desto höher die Einschaltquote, desto höher die Preise für die Spots.

Aber auch ARD und ZDF sind zunehmend auf Werbeeinnahmen angewiesen. Denn die Kosten für die Programme steigen ständig, die Gebühren werden aber nicht im gleichen Maße erhöht.

2

GfK-Meter Bis zu 98 Fernsehprogramme werden elektronisch zugeordnet

Fernbedienung zur Anmeldung Jedes Mitglied der ausgewählten Haushalte hat eine eigene Taste zur An- und Abmeldung. Diese Taste ist verknüpft mit persönlichen Daten (Alter, Beruf, Geschlecht etc.)

Telefon In der Nacht werden die Daten automatisch per Telefon vom Rechenzentrum abgerufen.

Antenne Satellit Kabelanschluss

PC-Auswertung Schon am Vormittag können die Sender über die Daten des Vortages verfügen.

GfK-Rechenzentrum Großrechner speichern die Fernsehdaten.

Nach: Zeitlupe 31, Fernsehen, S. 31

3 Der gläserne Zuschauer

Es gibt in Deutschland über 30 Mio. Fernsehhaushalte, davon hat die GfK Fernsehforschung etwas über 4700 repräsentativ* ausgewählt. Alle Mitglieder dieser Haushalte wirken freiwillig über einen längeren Zeitraum an der Fernsehforschung mit. Die von der GfK gesammelten Daten geben Aufschluss darüber, wer welche Sendung wie lange eingeschaltet hat. Außerdem werden automatisch die gespeicherten Angaben über Alter, Bildung, Beruf, Geschlecht, Einkommen, Familienstand usw. aktiviert. Die so aus den 4700 Haushalten gewonnenen Fernsehdaten werden auf die Gesamtzahl der Haushalte hochgerechnet. So ergeben sich die Einschaltquoten. Zur Kontrolle der Daten werden außerdem Zuschauerbefragungen durchgeführt.

ein neuer Kampf

6 1000 Stunden und noch mehr…

privater und öffentlich-rechtlicher Anbieter

4 — Kleine TV-Typenkunde

Switcher wechseln mit der Fernbedienung zwischen den Kanälen hin und her, ohne eine Sendung von Anfang bis Ende zu verfolgen.

Flipper schalten ihr TV-Gerät ein, ohne sich vorher zu informieren oder für ein bestimmtes Programm entschieden zu haben.

Zapper „schießen" unliebsame Fernsehsendungen (insbesondere Werbespots) ab und schalten kurzfristig auf ein anderes Programm um.

Hopper sehen gleichzeitig zwei bis drei (oder noch mehr) Programme und hüpfen beispielsweise von einer Nachrichtensendung über eine Spielshow auf einen Spielfilm und zurück.

Zipper nehmen über Video interessante Sendungen (z. B. Sportreportagen, Spielfilme) unter Vermeidung von Werbeprogrammen auf.

Aus: H. Opaschowski, Generation @, Edition BAT, Hamburg 1999, S. 33.

5

Programmstruktur von ARD, ZDF, RTL, SAT 1
1998 im Überblick, Sendedauer in %

Hauptsendezeit 19.00–23.00 Uhr

	ARD	ZDF	RTL	SAT1
Information/Bildung	37,0	46,4	25,5	9,2
Fiction[1]	28,6	26,6	39,7	50,5
Nonfiktionale Unterhaltung[2]	10,1	7,7	7,8	4,0
Musik	6,6	3,2	0,7	–
Sport	11,0	10,3	4,0	9,7
Kinder-/Jugendsendungen	–	–	–	–
Sonstige Sparten	3,0	2,2	4,0	3,2
Werbung	3,8	3,7	18,3	23,4
Gesamtsendevolumen	100,0	100,0	100,0	100,0
Basis in Minuten pro Tag	240	240	240	240

[1] Fiction: Spielfilm, Fernsehfilm, Serie, Bühnenstück
[2] Nonfiktionale Unterhaltung: Talkshow, Spiele, Shows u. Ä.
Quelle: Media Perspektiven 7/99, S. 325.

Arbeitsvorschläge

1. Informiert euch darüber, was ARD bedeutet und welche Sender dazu gehören.

   www.ard.de Internetadressen anderer Sender findet ihr in Programmzeitschriften.

2. Zählt die euch bekannten Sender und TV-Programme auf. Ordnet sie nach „öffentlich-rechtlich" und „privat" (**1**) und wenn ihr könnt, auch nach „Free-TV", „Pay-TV", „Sparten-" und „Vollprogramm".

3. Wie werden Einschaltquoten ermittelt (**2** und **3**)?

4. Was sagen Einschaltquoten aus? Erklärt möglichst an Beispielen, was eine „Zielgruppe" ist (**3**).

   GfK ist die Gesellschaft für Konsumforschung. Unter www.gfk.de (Presse-Infos) findet ihr Berichte über aktuelle Forschungen der GfK.

5. Worüber können Quoten keine Auskunft geben? Denkt an das mögliche Verhalten und Empfinden der Zuschauer während und nach der Sendung (siehe auch **1** und **7** auf S. 122–123). Ist der Zuschauer wirklich „gläsern"?

6. Zu welchem „Typ" (**4**) zählt ihr euch? Berichtet aus eurem TV-Alltag.

7. Für wen sind die Quoten eigentlich wichtig? Warum? Denkt auch an die Kunden der TV-Anstalten.

8. Mit welchen Mitteln kämpfen private und öffentlich-rechtliche Sender um gute Quoten (**5**)? Sind ihre Angebote alle gleich?

9. Sollten die öffentlich-rechtlichen Sender (**1**) abgeschafft werden? Listet Pro und Kontra auf.

Was wisst ihr eigentlich

Wenn von Amerika die Rede ist, denken wir gleich an bestimmte Bilder: Man sieht z.B. Manhattan vor sich, die Freiheitsstatue und Wolkenkratzer. Solche Vorstellungen werden von den Bildmedien geprägt, also von Filmen, vom Fernsehen, von Fotos.

Wolkenkratzer und das Weiße Haus allein sind aber noch nicht „Amerika". Dazu gehören auch endlose Weiten des mittleren Westens, unzählige kleine Provinzorte, in denen viel mehr Menschen leben als in den Großstädten usw.

Aber die Bilder von New York und Washington, die wir ständig sehen, haben sich in unseren Köpfen eingenistet. Das geht auch mit Personen so. Jeder von euch hat z.B. ein Bild vom Bundeskanzler im Kopf. Meistens ist es ein Medienbild, zusammengesetzt aus vielen kleinen Informationen. Das Problem ist nur: Inwiefern stimmen solche von den Medien vermittelten Bilder mit der Wirklichkeit überein?

① **Was das Fernsehen über Amerika zeigt**

Was wir Zuschauer deshalb über Amerika denken:
Washington ist die Hauptstadt der USA. Washington ist eine Stadt der Weißen. Da wohnt der Präsident. Der kommt meistens mit dem Flugzeug.

Das Weiße Haus und seine Umgebung sehen immer gepflegt aus.

Kein Wunder, denn die Amerikaner sind reich. Die ganze Stadt ist sauber und modern. Schließlich ist sie die Hauptstadt einer Weltmacht.

Die Hauptstadt der USA
Washington hat ca. 750 000 Einwohner, davon stellen die Schwarzen fast drei Viertel. Im Innenstadtbereich D.C. (District of Columbia) stehen die repräsentativen Bauten des Regierungsviertels, in unmittelbarer Nähe befinden sich aber auch die Elendsquartiere der schwarzen Bevölkerung. Die meisten weißen Bürger leben außerhalb in komfortablen Vorstädten und pendeln zu ihrer Arbeitsstelle. Hinter der prächtigen Fassade der Hauptstadt verbirgt sich eine Fülle von schweren Problemen: Washington hat mit die höchste Kriminalitätsrate der USA, die größte Säuglingssterblichkeit, die verkommensten Schulgebäude und die schlechtesten Straßen.

②

Prinzessin Diana, 1986.

Weinende Diana, 1992.

Diana mit krebskrankem Kind in Lahore, 1996.

über Amerika?

6 1000 Stunden und noch mehr...

Wie Bildmedien Wirklichkeit herstellen

3

Lady Diana Spencer heiratete 1981 den britischen Thronfolger Prinz Charles. Die Geschichte dieser Ehe hat die Medien über die Scheidung hinaus intensiv beschäftigt. Lady Di kam bei einem Autounfall 1997 ums Leben.

Der Soziologe* Paul Virilio äußerte sich in einem Gespräch mit dem Magazin „Spiegel" über Lady Di und die Medien.

Spiegel: Monsieur Virilio, mit der Krönung Elizabeths II. begann das Zeitalter des europaweiten Fernsehens, der Eurovision. Bei der Beerdigung von Prinzessin Diana...

Virilio: ...schaut die ganze Welt zu und trauert. Nur: Die Trauer gilt einem Wesen, das es nicht gab. „Lady Di", wie wir sie kennen, hat nie existiert. Sie ist eine künstliche Figur, zusammengefügt von den Medien. Es gab nur ihren Look, ihre Kleidung, ihre Kostüme, ihr Parfüm, ihre Frisur, ihre Auftritte. Sie ist verschwunden, ohne wirklich existiert zu haben.

Spiegel: Ein Bild der toten Diana zu zeigen verbietet sich, so heißt es – obwohl Tote permanent präsent sind in den Medien. Warum?

Virilio: Eben weil Diana eine Kunstfigur ist, eine virtuelle Statue, die die Medien selbst errichtet haben. Die Toten von Ruanda, die Ermordeten von Algerien hat vorher niemand gekannt. Die hat niemand vorher mit einer Persönlichkeit ausgestattet, die sind einfach Tote, das ist alles. Diana aber muss schön sein, für immer. Bald wird sie Englands Freiheitsstatue sein. Dafür wird der Pressekönig Murdoch sorgen, vielleicht auch Tony Blair.

Spiegel: Eine „virtuelle Prinzessin", deren Bilder der ganzen Welt vor Augen stehen – was ist daran so problematisch?

Virilio: Ein Bild, eine Fotografie, wird niemals eine Information wie jede andere sein. Sehen ist nicht dasselbe wie Wissen. [...] Ein Bild drängt sich auf, zwingt sich dem Geist auf – ein Bild ist ein Schock. Wir haben es heute mit einer neuen Art von Information zu tun, die zu einer Gefahr für die Demokratie werden kann.

Spiegel, 37/1997, S.220f.

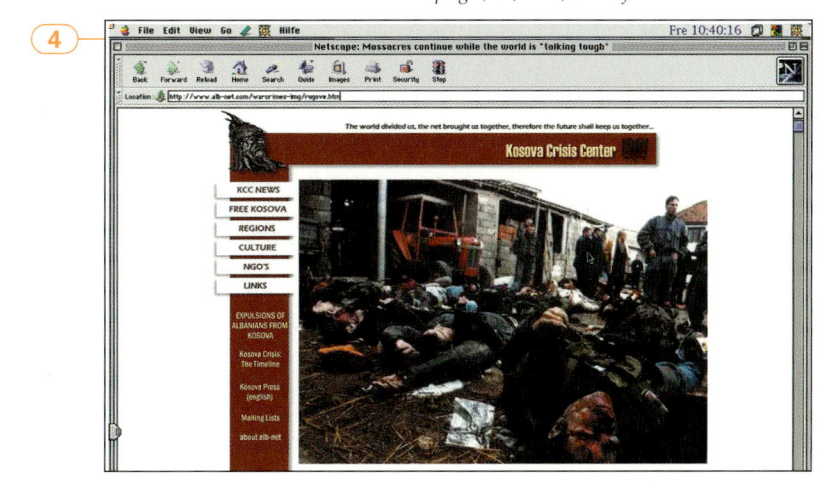

4

Im jugoslawischen Kosovo lebten lange Zeit Serben und Albaner miteinander. In den Neunzigerjahren begannen serbische Soldaten unter der Führung der Belgrader Regierung (Milosevic) mit der Vertreibung der Albaner aus dem Kosovo. Als es dabei zu brutalen und menschenverachtenden Aktionen kam, entschloss sich die NATO* nach mehrfacher dringender Warnung an Milosevic im Frühjahr 1999 zum Luftkrieg. Im Internet zeigt die NATO Bilder erschossener Albaner (Kämpfer der Rebellenorganisation UCK).

Arbeitsvorschläge

1. Erläutert, wie die einseitigen Vorstellungen über Amerika zustande kommen (**1** und Einführungstext). Wie kann man solche Vorstellungen überprüfen und berichtigen?

2. Nennt andere Beispiele aus dem Fernsehen, die bei Zuschauern ein falsches Bild hervorrufen können.

3. Seht euch die Bilder von Lady Di (**2**) genau an. Notiert in Stichworten zu jedem Bild, wie es wirkt und welche Eindrücke es von der Prinzessin vermittelt. Fasst die Ergebnisse für alle drei Bilder in einem kurzen Text zusammen.

4. Fragt Eltern, Verwandte oder Nachbarn, was Lady Di für ein Mensch war. Notiert die Antworten. (Zeigt ihnen die Bilder nicht!) Vergleicht die Antworten mit eurem Text aus Aufgabe 3. Könnt ihr Übereinstimmungen finden? Wie erklärt ihr sie?

5. Warum nennt der Soziologe Paul Virilio Lady Di eine „virtuelle Statue" (**3**)?

6. Warum stellt die NATO solche Bilder ins Internet (**4**)? Zieht den letzten Absatz aus **3** heran. Könnt ihr Virilios Aussage am Beispiel von **4** (und **1**) erläutern?

7. Wenn ihr über die bisherigen Ergebnisse nachdenkt: Was wisst ihr eigentlich über Politik und Politiker?

Only bad news

Die meisten Menschen informieren sich heutzutage hauptsächlich über das Fernsehen. Das sollte ja bei dem riesigen Programmangebot auch kein Problem sein. Aber so einfach ist es nicht. Denn das Fernsehen folgt eigenen Gesetzen. Ihr habt schon gesehen, wie das Fernsehen unablässig auf die Quoten achtet und dabei dem Unterhaltungsbedürfnis der Zuschauer entgegenkommt. Ob das auch auf Nachrichten und andere Informationssendungen abfärbt?

1 Fernsehen und Tageszeitung als Informationsquellen 1994 in %

Frage: Haben Sie über die politischen Standpunkte der Parteien mehr aus der Tageszeitung oder mehr aus dem Fernsehen erfahren?		Frage: Haben Sie über die Spitzenkandidaten der Parteien mehr aus der Tageszeitung oder mehr aus dem Fernsehen erfahren?	
mehr aus dem Fernsehen	44	mehr aus dem Fernsehen	50
mehr aus der Tageszeitung	17	mehr aus der Tageszeitung	14
aus beiden gleich	30	aus beiden gleich	26
weder/noch	7	weder/noch	8
weiß nicht, keine Angabe	2	weiß nicht, keine Angabe	2

Befragt wurden 1783 Personen unmittelbar nach der Bundestagswahl 1994. Quelle: Media-Perspektiven 8/98, S. 385.

2 Gute Nachrichten, schlechte Nachrichten

Eine Nachricht ist dann berichtenswert, wenn sie überraschend ist, wenn sie sich auf das Handeln oder Leiden von Personen bezieht, wenn sie Konflikte, Streit, Schaden oder andere negative Dinge betrifft, wenn sie Dramatik oder wenigstens hohe Wirkungskraft besitzt. Der verschärfte Wettbewerb unter den Medien hat den Kampf um die Aufmerksamkeit des Publikums erheblich gesteigert und damit auch die Notwendigkeit, den Nervenkitzel der Nachrichten zu erhöhen.

Die Nachrichten-Rangliste wird jeden Tag, bei den elektronischen Medien sogar mehrmals am Tag, neu festgelegt. Neue Meldungen mit höherem Nachrichtenwert verdrängen dabei Meldungen mit geringerem Nachrichtenwert. So entsteht ein in viele zufällige Kleinteile zerlegtes, unzusammenhängendes Bild des Geschehens. Ursachen und Folgen der Ereignisse bleiben im Dunkeln. Zusammenhänge werden nicht sichtbar.

Zusammengefasst nach: Aus Politik und Zeitgeschichte, B 40/93, S. 24f.

3 Boulevardisierungsanteile ausgewählter Sendungen im Jahresvergleich 1997/98

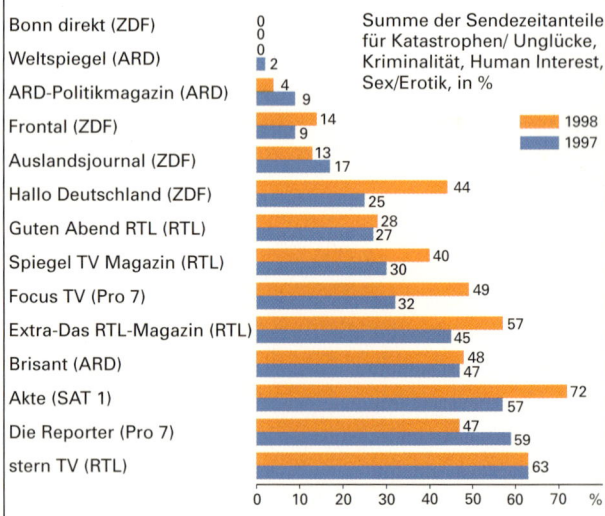

Summe der Sendezeitanteile für Katastrophen/Unglücke, Kriminalität, Human Interest, Sex/Erotik, in %

Sendung	1998	1997
Bonn direkt (ZDF)	0	0
Weltspiegel (ARD)	0	2
ARD-Politikmagazin (ARD)	4	9
Frontal (ZDF)	14	9
Auslandsjournal (ZDF)	13	17
Hallo Deutschland (ZDF)	44	25
Guten Abend RTL (RTL)	28	27
Spiegel TV Magazin (RTL)	40	30
Focus TV (Pro 7)	49	32
Extra-Das RTL-Magazin (RTL)	57	45
Brisant (ARD)	48	47
Akte (SAT 1)	72	57
Die Reporter (Pro 7)	47	59
stern TV (RTL)		63

Quelldaten: Media Perspektiven, 7/99, S. 337, gekürzt.

Boulevard-Zeitungen haben ihren Namen daher, dass sie nicht im Abonnement, sondern auf der Straße (frz.: boulevard) verkauft werden. Daher werben sie mit großen Schlagzeilen. Sie wenden sich an das breite Publikum und erreichen ihre hohen Auflagen mit einer Mischung aus Sensationsberichten, Artikeln über menschliche Schicksale (Human Interest), über Prominente, Sex, Katastrophen und Kriminalität. Der Gefühlswert der Beiträge übertrifft deutlich den sachlichen Informationswert. Dem Fernsehen wird in letzter Zeit vorgeworfen, Informationssendungen nach diesem Muster zu stricken (Boulevardisierung).

4 Medien-Ereignisse

Wer von den Medien beachtet werden will, um auf die Agenda zu kommen, muss Aufmerksamkeit erzeugen. Das geschieht häufig, indem eigens ein Ereignis inszeniert wird, das ohne Medien so nicht oder überhaupt nicht stattgefunden hätte. Dazu zählen Pressekonferenzen, Interviews, Demonstrationen, Wahlversammlungen usw.

are good news!?

Fernsehen als Informationsmedium

6 1000 Stunden und noch mehr...

5

Gute Bilder, schlechte Bilder

Fernsehleute, die Informationssendungen machen, haben eine Angst, die sie immer wieder überfällt: die Angst, keine guten Bilder zu bekommen. Sie brauchen Bilder, denn sonst wäre Fernsehen ja nicht anders als Radio. Aber nicht jedes Ereignis liefert von selbst gute Bilder. Und es ist ja auch noch die Frage, was eigentlich „gute" Bilder sind. Jedenfalls sind täglich Tausende von Reportern auf der Jagd nach ihnen.

Auch Politiker brauchen Bilder. Sie möchten eben ein möglichst gutes „Bild" in der Öffentlichkeit abgeben und die Bevölkerung für ihre Ideen gewinnen. Bilder prägen sich ein, sie sprechen das Gefühl der Menschen an. Es kommt also gerade bei Fernsehauftritten auf die „richtigen" Bilder an. Daher haben wichtige Politiker eigens Medien- oder Imageberater, die dafür sorgen, dass die Medien solche „richtigen" Bilder machen.

Da Fernsehmacher und Politiker gleichermaßen an „guten" Bildern interessiert sind, wundert es nicht, wenn sie manchmal ein wenig nachhelfen. So entstehen je nach Bedarf rührende Bilder, schockierende Bilder usw. Vor allem, wenn die Zustimmung eines Großteils der Bevölkerung gebraucht wird – z.B. im Wahlkampf, aber auch im Krieg – ist die Versuchung groß, wirksame Bilder zu inszenieren.

7

Die heimlichen Abschaltquoten

Von 100 Befragten die „gestern ferngesehen haben", haben sich während der Sendung mit anderen Dingen beschäftigt:

	1999
Quiz/Glücksspielsendung	78
Werbesendung/Werbeblock	77
Talkshow	76
Sportsendung	75
Dokumentation/Reportage	71
Politisches Magazin	69
Spielfilm	68
Serie/Unterhaltung	67
Nachrichten	64

Repräsentativbefragungen von jeweils 3000 Personen ab 14 Jahren 1999 in Deutschland, Quelle: H. Opaschowski, Generation @, S.191.

6

Außenminister Joschka Fischer

Britischer Premierminister Tony Blair

Präsident der USA Bill Clinton

Arbeitsvorschläge

1. Wie informieren sich die Bürgerinnen und Bürger über Politik (**1**)? Und ihr?

2. Welche Merkmale bestimmen für Journalisten den „Nachrichtenwert" (**2**)? Welche Folgen hat das?

3. Stellt euch Ereignisse in eurer Schule vor, die mit einiger Sicherheit a) in der lokalen Zeitung, b) in den regionalen TV-Nachrichten und c) landesweit verbreitet würden. Bestätigen eure Ergebnisse die Aussagen von **2**?

4. Was sagt die Statistik **3**? Könnt ihr die Entwicklung erklären? Zieht dazu **2** heran, aber auch S.118–119 (Quotenzwang).

5. Wie erklärt ihr die Unterschiede zwischen privaten und öffentlich-rechtlichen Sendern (**3**)?

6. Könnte auch euch ein Medienereignis bei der Durchsetzung von Forderungen (z.B. bessere Computerausstattung für die Schule) nützen (**4**)? Spielt einmal ein solches Vorhaben durch.

7. Warum wollen Fernsehleute gute Bilder, warum Politiker (**5**)?

8. Vergleicht die Fotos in **6** und beantwortet die Frage: Was ist ein „gutes" Bild, für wen ist es „gut"? Wo wurde nachgeholfen? Was zeigen die „guten" Bilder nicht? (Siehe S. 120–121.)

9. Vergleicht die Aussagen von **1** und **7**. Fasst anschließend mithilfe aller Materialien zusammen, warum Fernsehen als Informationsmedium allein nicht ausreichend ist.

Fernsehen –

Das Thema: Freizeit – Fernsehzeit? Die Form: Ein Video-Feature

Die meisten Menschen wollen gut informiert sein. Das ist eine unerlässliche Voraussetzung um in der Politik mitreden zu können. Dabei sollen Informationen aber nach dem Geschmack der großen Mehrheit in einer leicht verständlichen und wenn möglich unterhaltsamen Form präsentiert werden. Auf diese Erwartungen haben sich Medien und Politik eingestellt. Das könnt ihr etwa im Fernsehen nachprüfen, z.B. bei Talk-Shows und bei Wahlkampf-Spots. Eine weitere besonders wirksame Form ist das Feature. Es eignet sich gut zur Darstellung politischer Probleme. Ihr könnt diese Form selbst einmal ausprobieren.

Dafür eignen sich Themen, mit denen ihr schon Erfahrung habt:

Welche Rolle spielt das Fernsehen im Alltag von Jugendlichen heute? Wie nutzen Kinder und Jugendliche das überwältigende Medienangebot? Wie nutzen Kinder und Jugendliche ihre Freizeit?

Solchen und auch ganz anderen Fragen könnt ihr in einem Video-Feature nachgehen. Die Form eines Features bietet euch viele Möglichkeiten. Ihr könnt gespielte Szenen und „echte" Interviews kombinieren. Ihr könnt als Moderatoren eure Texte vortragen oder den Alltag eures Ortes in Bildern dokumentieren – alles, was zur interessanten Darstellung des Themas dient. Ein Feature will nicht nur informieren, sondern zugleich unterhalten und – wenn möglich – überzeugen.

Ein Feature ist also kein nüchterner Bericht oder eine sachliche Reportage, sondern es verknüpft unterschiedliche Darstellungsweisen.

Dabei liegt ein festes Drehbuch zugrunde. Im Mittelpunkt kann eine Rahmenhandlung stehen, in der z.B. zwei Personen im Streitgespräch über das Thema reden.

Denkbare Darstellungsweisen in einem Videofeature sind z.B.:
– Dokumentaraufnahmen,
– Interviews und Umfragen,
– gespielte Szenen,
– gestellte Aufnahmen dort, wo Reporter keinen Zutritt haben,
– kritische oder ironische Kommentare von Moderatoren,
– Grafiken mit Erläuterung,
– auflockernde Gags.

I. Technische Voraussetzungen

Die einfachste Lösung ist ein Camcorder. Wenn niemand aus eurer Klasse über einen Camcorder verfügt, fragt bei eurer Gemeinde- oder Kreisbildstelle nach, ob sie der Schule eine Videoanlage leihweise zur Verfügung stellen. Literatur mit praktischen Tipps könnt ihr in fast jeder Stadtbücherei entleihen.

II. Die Story

Für die Vorüberlegungen brauchen auch die Profis viel mehr Zeit als für die Aufnahmen selbst. Also: Eine gute Planung garantiert erst ein gutes Feature.

Ihr solltet ein paar Jugendliche, die dazu bereit sind, in ihrem Alltag (am besten ein Wochentag und ein Wochenende) begleiten, um deren Freizeitbeschäftigungen kennen zu lernen. Damit habt ihr schon fast eine Story, also eine Art Rahmenhandlung, um die herum ihr eure verschiedenen sonstigen Beiträge gruppieren könnt.

III. Aufnahmescript

Zunächst müsst ihr einen Grobentwurf eures Features machen. Welchen Fragen zur Freizeit wollt ihr nachgehen? Wichtig dürften u.a. die folgenden Apekte sein:
– Anteil des Fernsehens an der Freizeit,
– bevorzugte Sendungen,
– Nutzung anderer Medien, besonders des Computers,
– sonstige Aktivitäten,
– Angebote für Jugendliche am Ort,
– Wünsche und Verbesserungsvorschläge,
– Stellungnahmen von Verantwortlichen.

Aber auch andere Fragen, wie z.B. die nach den Kosten bestimmter Aktivitäten und dem Taschengeld können interessant sein.

Die Abfolge der verschiedenen Darstellungsformen wie Dokumentaraufnahmen, gestellte Szenen, Interviews, Moderatorenbeiträge, auflockernde Gags usw., wird anschließend grob geplant. So entsteht ein Aufnahmescript.

In die linke Spalte schreibt ihr den Szeneninhalt, in der rechten notiert ihr die jeweilige Aufnahmetechnik.

Eine Zusammenarbeit mit dem Deutschunterricht empfiehlt sich bei allen Textarbeiten (Interview, Kommentar, Moderation), aber auch bei den Spielszenen.

und was sonst noch?

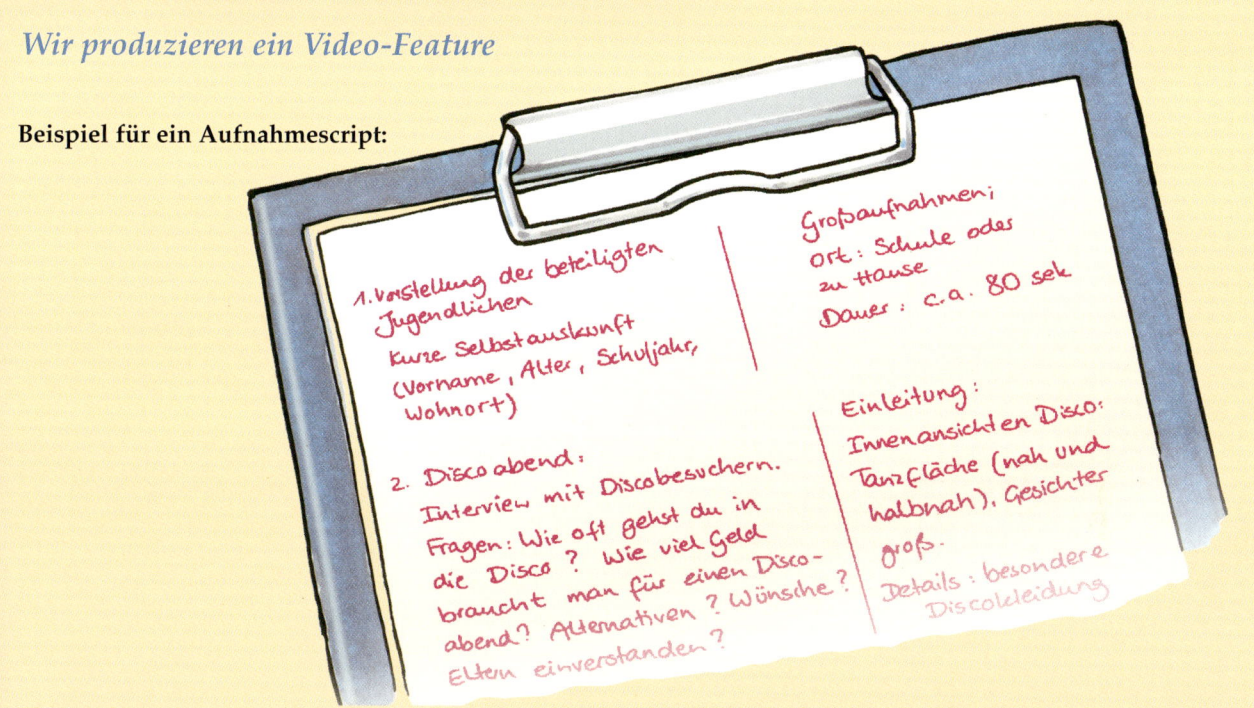

6 1000 Stunden und noch mehr...

Wir produzieren ein Video-Feature

Beispiel für ein Aufnahmescript:

1. Vorstellung der beteiligten Jugendlichen
Kurze Selbstauskunft (Vorname, Alter, Schuljahr, Wohnort)

2. Discoabend:
Interview mit Discobesuchern.
Fragen: Wie oft gehst du in die Disco? Wie viel Geld braucht man für einen Discoabend? Alternativen? Wünsche? Eltern einverstanden?

Großaufnahmen!
Ort: Schule oder zu Hause
Dauer: c.a. 80 sek

Einleitung:
Innenansichten Disco: Tanzfläche (nah und halbnah), Gesichter groß.
Details: besondere Discokleidung

IV. Storyboards

Besonders wichtige oder schwierige Szenen – z. B. die gestellten bzw. gespielten – werden in gezeichneten Standbildern festgehalten, die alle wichtigen Informationen enthalten, z. B. Bildaufbau, handelnde Personen, Aktionen, Bewegungsrichtungen, Text usw. So entsteht ein Storyboard zu den zentralen Abschnitten des Features. Die Bilder müssen nicht „schön" sein, sondern nur einen Überblick verschaffen, damit bei der Aufnahme kein Chaos herrscht.

V. Aufnahme – Tipps und Tricks

– Vor der Aufnahme ans Thema, dann an die Szene denken.
– Kameraführung: Der Zuschauer folgt unwiderstehlich den Augen der Darsteller, die Kamera also auch!
– Richtige Einstellung wählen! Menschen mögen keine aufdringliche Nähe, schon gar nicht bei Interviews, also Abstand halten!
– Kameraeinstellungen nur dann ändern, wenn man einen Grund dafür hat.
– Diagonale Bewegungen wirken im Bildausschnitt besser als horizontale oder vertikale.
– Belichtungsproben durchführen. Das hilft auch den Darstellern, sich zu entspannen.

Nach John Hedgecoe, Video kreativ, Hamburg 1990, S. 80 ff.

VI. Auswertung

– Wird das Thema deutlich?
– Sind die Informationen verständlich und überzeugend?
– Werden unterschiedliche Meinungen deutlich erkennbar voneinander abgegrenzt?
– Kommen bestimmte Personen oder Gruppen besser weg als andere? Warum ist das so?
– Wird die beabsichtigte Gesamtaussage (z. B.: In unserer Gemeinde muss mehr für die Jugendlichen getan werden!) deutlich?
– Ist das Feature unterhaltend oder langweilig?

Das Netz ist nicht

Wenn vom „Internet" die Rede ist, bekommen viele glänzende Augen. Dann wird vom „Surfen" und „Chatten" gesprochen, von tollen Kontakten in aller Welt, von den praktischen E-Mails usw.

Auf dieser Doppelseite findet ihr drei Beispiele aus der riesigen Zahl möglicher Online-Nutzungen. Versucht selbst herauszufinden, was sinnvoll oder unsinnig ist, was machbar und vorteilhaft und was problematisch sein kann. Wie für alle anderen Medien gilt auch hier: Das Medium selbst ist für nichts verantwortlich, weder für den Nutzen noch für den Schaden. Dafür müssen die Menschen, die das Medium nutzen, geradestehen.

1 Genutzte Online-Einsatzmöglichkeiten, in %

Versenden und Empfangen von E-Mails	89	Wetterinformationen	43
Zielloses Surfen im Internet	77	Homebanking	41
Downloaden von Dateien	74	Computerspiele	41
Reiseinfos, wie Zug/Flugpläne	71	Kleinanzeigen	39
Infos über PCs und Software	65	Onlineshopping	35
Aktuelle Nachrichten	62	Radio-/Fernsehprogramm	33
Adressen	59	Buchbestellungen	31
Aktuelle Infos aus der Region	58	Sex-/Erotikangebote	26
Newsletter von Organisationen	51	Multiuserspiele	20
Gesprächsforen, Newsgroups, Chatten	47		

Gefragt wurden Online-Nutzer ab 14 Jahren in Deutschland, welche Online-Möglichkeiten schon genutzt wurden. Quelle: ARD-ZDF-Online-Studie 1999, zitiert aus: Media Perspektiven 8/99, S. 404.

2

Wenn Tina abends nach Hause kommt, räkelt sie sich erst mal auf ihrem schwarzen Ledersofa, schmökert in einer Illustrierten, lässt ungeniert die Seele baumeln. Dass sie sich so unbefangen gibt, ist erstaunlich, denn Tina ist nicht allein zu Hause. Hunderte, vielleicht Tausende von Augenpaaren beobachten sie.

Tina ist ein WebCam-Girl. Zwei bewegliche Kameras verfolgen jede ihrer Bewegungen und senden ihr Bild im Fünf-Minuten-Rhythmus ins Internet. Wer Tinas Homepage anklickt, erhält Abend für Abend Einblick ins Privatleben der 25-Jährigen: Tina beim Bügeln, Tina beim Essen, Tina vorm TV.

Cam-Girl Tina bekommt immer mehr Interview-Anfragen von Hörfunk- und Fernsehsendern. Unzählige Artikel wurden über sie veröffentlicht. Auch am späten Abend, nach einem Acht-Stunden-Tag im Büro, posiert sie geduldig für die Fotografen.

Als Cam-Girl hat sie nur noch einen Wunsch: „Ein Auftritt in der ‚Harald-Schmidt Show' wäre das Größte." Sozusagen die endgültige Weihe zur Kult-Ikone.

Franz Scheele in: TV Today 1999, S. 242ff., gekürzt.

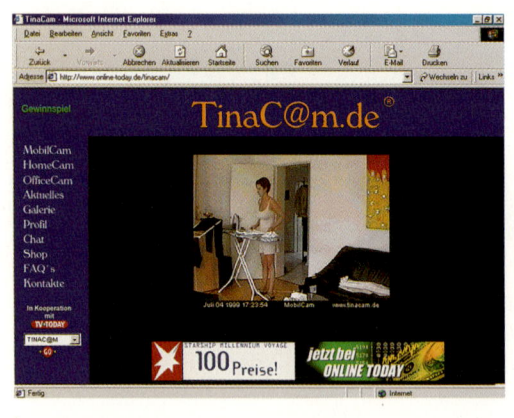

3

Hausaufgabenhilfe im Internet

Frank ist begeistert. Seit ein paar Tagen kann er ins Internet. Und jetzt hat er sich die Hausaufgaben aus dem Netz besorgt. Triumphierend hält er zwei dicht bedruckte Blätter hoch: „Nur ein paar Mausklicks – fertig!" Die anderen sind beeindruckt und ein bisschen neidisch. Immerhin haben sie sich mindestens eine halbe Stunde lang mit Lexikon-Artikeln über Friedrich Schiller gequält, um die Hausaufgabe für Deutsch („Schiller – Wie lebte ein Dichtergenie?") zu bearbeiten. Und die meisten haben viel kürzere Texte zustande gebracht als Frank.

Im Internet gibt es zahlreiche Angebote speziell für geplagte Schüler/innen, z. B.
www.spickzettel.de
www.hausarbeiten.de
www.cheatweb.de
www.gute-noten.de

von selber klug!

Internetnutzung bei Jugendlichen

6 1000 Stunden und noch mehr ...

4

Internet-Informationen sind unzuverlässig

Im weltweiten Datennetz kann jeder veröffentlichen, was er will. Jeder ist sein eigener Verleger – es gibt keine funktionierenden Kontrollmechanismen. Eine Zeitung, die Falschinformationen bringt, muss früher oder später damit rechnen, dass sie verklagt wird und ihr die Leser weglaufen.

ja

Wer sich im Internet an die bewährten Quellen hält – zum Beispiel die Internet-Auftritte der Zeitungen und Zeitschriften – wird auch seriös bedient.

aber

Wer sich nicht sicher ist, wie zuverlässig eine Information ist, kann sich an ein paar Regeln halten, um sie zu überprüfen:
– Wer betreibt das Angebot? Seriöse Quellen geben Herausgeber und Kontaktadresse außerhalb des Internets an.
– Wer hat es ins Internet gestellt? Ein Serviceunternehmen, der Anbieter selbst?
– Gibt es Quellenhinweise, werden Autoren genannt?
– Wird auf Literatur, andere Stellen im Internet, auf Experten verwiesen?
– Wie oft wird ein „update", eine Aktualisierung, vorgenommen?

PZ 98/1999, S. 7.

5

Herr Karl meint: E-Demokratie ist besser!

Unsere Demokratie* ist ein umständliches System. Viele Abgeordnete*, viele Parlamente*, viele Ausschüsse*, noch mehr Sitzungen! Es dauert oft unendlich lange, bis politische Entscheidungen fallen, und dann sind es meistens Kompromisse*. Viele gehen schon gar nicht mehr wählen, andere, z. B. Heranwachsende, würden gern, dürfen aber noch nicht wählen.

Das würde alles anders in der E-Demokratie, der elektronischen „Demokratie Online". Alle könnten täglich per Computer über wichtige Fragen abstimmen. Politiker könnten sich mit Bild und Wort jederzeit an alle wenden, das Parlament würde überflüssig. Die Bürger könnten sich blitzschnell untereinander abstimmen, Parteien* bräuchten wir nicht mehr. Da gerade die jungen Menschen Onlinemedien nutzen, könnten sie endlich auch mitreden und abstimmen!

Für politische Diskussionen im Internet gibt es zahlreiche Möglichkeiten. Ein Forum bietet das Internet-Projekt: www.politik-digital.de

Arbeitsvorschläge

1. Erläutert jede einzelne Online-Nutzung (**1**). Was sind eure Vorlieben und warum? Kennt ihr weitere Möglichkeiten?

2. Was bewegt Tina (**2**) zu ihrem Verhalten, was die Besucher ihrer Homepage? Wie beurteilt ihr das?

3. Könnte es sein, dass Frank (**3**) etwas übersieht? Vergleicht, wie Frank und die anderen Schüler/innen zu ihren Ergebnissen gekommen sind und klärt Vor- und Nachteile. Berücksichtigt dabei **4**.

4. Bestimmt kennt ihr auch solche Adressen wie Frank. Besucht sie gemeinsam und versucht euch ein Bild von der Qualität der Angebote zu machen (**4**).

5. Was ist „E-Demokratie" (**5**)? Welche Vorteile sieht Herr Karl?

6. Wer könnte sich an einer E-Demokratie beteiligen? (Siehe **1**, aber auch S. 128–129.)

7. Untersucht entsprechend Satz für Satz die Versprechungen von **5**. Was erscheint denkbar, wo lauern große Probleme?

User or

Fernsehen kann jedes Kind, oder? Klar – jedes Kind kann vor dem TV-Gerät sitzen oder auf der Computermaus klicken. Was aber Bild und Ton in seinem Kopf anrichten, bekommen die Erwachsenen längst nicht immer mit. Ein Fünfjähriger nimmt von der „Tagesschau" ganz andere Dinge auf als ein politisch interessierter Dreißigjähriger. Aber auch die Jugendlichen und Erwachsenen gehen sehr unterschiedlich mit Büchern, Zeitungen, Fernsehen, Radio und Computer um. Es gibt z. B. viele Schüler, die den Computer hauptsächlich zum Spielen nutzen. Schon das Schreiben fällt ihnen sehr schwer. Es kommt eben darauf an, was der Nutzer mit dem Medium machen will und machen kann.

Und genau das ist ein Problem. Längst nicht alle Menschen in unserem Land können mit den wichtigsten Medien richtig umgehen. Warum das so ist, was man dagegen tun könnte und was überhaupt „richtiger" Umgang mit Medien bedeutet, darüber könnt ihr anhand dieser Doppelseite diskutieren.

① Die Bildmedien Fernsehen, Kino und Internet haben heute großen Einfluss auf die Menschen. Bilder sind sehr wirksam. Der Zuschauer hat das Gefühl „wirklich" dabei zu sein. Da kann ganz schnell die Grenze zwischen Medienbild und Wirklichkeit verloren gehen. Ein harmloses Beispiel sind die Reality-Sendungen im Fernsehen. Ich meine, Mediennutzer müssen vor allem zwischen Medium und Wirklichkeit unterscheiden können.

② Ich meine, man muss vor allem gut lesen können. Das gilt nicht nur für die Lektüre von Büchern und Zeitungen, sondern auch für Informationen aus dem Internet. Viele Jugendliche glauben, der PC mache das Lesen überflüssig. Das Gegenteil ist richtig! Was hilft mir der schnellste PC, wenn ich die Websites nicht schnell auf Brauchbares hin lesen kann? Fremdsprachenkenntnisse wären auch nicht schlecht – und nicht nur zum Surfen.

③ Ich kenne einen, der hat gesagt: Sich im Internet informieren, das ist wie aus einem Feuerwehrschlauch trinken. Das gilt so ähnlich auch für andere Medien. Wer kann schon eine ganze Zeitung von vorne bis hinten lesen? Wer würde sich eine ganze Bibliothek ausleihen? Und wie ist das mit dem Fernsehen? Ich meine: Das Wichtigste ist, dass man aus dem riesigen Medienangebot gezielt und schnell auswählen kann.

④ In den Medien geht es doch hauptsächlich um Geld und Macht. Ob das die Werbewirtschaft ist oder ob Politiker oder die Fernsehmacher selbst – sie wollen alle letzten Endes die Zuschauer an das Medium binden und beeinflussen. Deshalb müssen die Zuschauer vor allem wissen, wie ein TV-Programm zustande kommt, wer warum welche Nachrichten auswählt, warum Bilder so eine große Rolle spielen, wer das Internet bezahlt usw. Mit anderen Worten: Man muss wissen, wie die Medien und die Medienbetriebe funktionieren.

loser?

6 1000 Stunden und noch mehr...

Voraussetzungen für Medienkompetenz

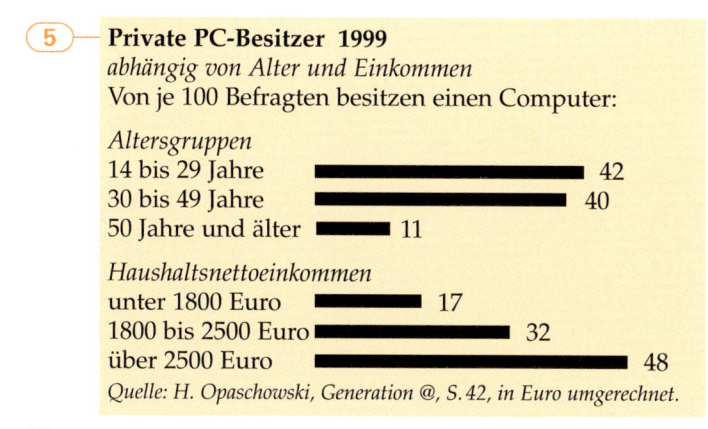

5 Private PC-Besitzer 1999
abhängig von Alter und Einkommen
Von je 100 Befragten besitzen einen Computer:

Altersgruppen
- 14 bis 29 Jahre: 42
- 30 bis 49 Jahre: 40
- 50 Jahre und älter: 11

Haushaltsnettoeinkommen
- unter 1800 Euro: 17
- 1800 bis 2500 Euro: 32
- über 2500 Euro: 48

Quelle: H. Opaschowski, Generation @, S. 42, in Euro umgerechnet.

6 Private Internet-Nutzer 1999
Von je 100 Befragten nutzen das Internet privat zu Hause
- Gesamtbevölkerung: 6
- 14 bis 29 Jahre: 10
- 30 bis 49 Jahre: 9
- 50 Jahre und älter: 2
- Frauen: 4
- Männer: 9
- Hauptschule: 2
- Realschule: 7
- Gymnasium: 12
- Hochschule: 19

Repräsentativbefragungen von jeweils 3000 Personen ab 14 Jahren in den Jahren 1996 bis 1999 in Deutschland. Quelle: H. Opaschowski, a.a.O., S. 194 (vereinfacht).

7 Zunehmend wird der Einsatz des Internets an Deutschlands Lehranstalten selbstverständlich. In Klassenzimmern, Schulcafés und Pausenhallen erforschen die Schüler das Netz [...]. Viele Eltern achten schon bei der Anmeldung ihrer Kinder darauf, wie gut die Schule mit dem Computernetz verbunden ist. Nachdem die deutschen Schulen das Internet jahrelang verschlafen haben, wird jetzt mit Riesenschritten aufgeholt. [...] 70 Prozent der Schüler finden die Ausstattung ihrer Schule mit Computern und Internet „eher gut", ergab eine Untersuchung der Zeitschrift *Hörzu*. Auch ein Großteil der Lehrer äußert sich zufrieden: 39 Prozent bezeichneten laut einer Emnid-Umfrage für *Computer-Bild* die Versorgung ihrer Schule mit dem Internet als „gut" oder „sehr gut". Für „mangelhaft" oder „ungenügend" entschieden sich allerdings auch noch 25 Prozent.
Ulf Schönert in: Die Zeit, 2/2000.

8 Nehmen Sie eine reiche und eine arme Schule: eine Schule in Beverly Hills und eine Schule in irgendeinem grässlichen Citybereich einer amerikanischen Großstadt. Wenn sie die beiden ans Internet hängen, sind sie plötzlich gleich viel wert. Es gibt keinen Unterschied mehr zwischen ihnen. [...] 100 Jahre lang haben die Menschen versucht Chancengleichheit im Schulwesen zu erreichen. Hier gibt es zum ersten Mal eine Chance – eine Technologie, die von Natur aus egalitär [= auf politische Gleichstellung ausgerichtet] ist und deren Preis so rapide sinkt, dass die Gesellschaft es sich leisten kann, all diese Schulen ans Netz zu bringen.
Nathan Myhrvold, Leiter der Forschungsabteilung von Microsoft, zit. nach PZ 98/1999, S. 35.

Arbeitsvorschläge

1. Welches Argument von **1** bis **4** überzeugt euch, welches weniger? Begründet eure Meinung.

2. Bildet Kleingruppen und teilt **1** bis **4** unter euch auf. Jede Gruppe soll für „ihr" Argument möglichst viele zusätzliche Argumente und gute Beispiele sammeln. Dazu könnt ihr auch auf die vorangehenden Seiten des Kapitels zurückgreifen. Schreibt eure Argumente und Beispiele übersichtlich in Stichwörtern auf (Folie, Wandtapete) und vergleicht sie. Hat sich eure Meinung (aus Aufgabe 1) danach geändert?

3. Medienforscher meinen, dass sich die Bevölkerung vor allem durch die neuen Medien zunehmend in Gewinner und Verlierer spaltet. Untersucht **5** und **6**. Stellt in einer Tabelle mögliche Gewinner und Verlierer einander gegenüber. Fasst die Aussagen der Tabelle in einfachen Sätzen zusammen. Wo seht ihr die Ursachen für die „Wissenskluft"?

4. Was müsste geschehen, um die Kluft zwischen Gewinnern und Verlierern (siehe Aufgabe 3) zu schließen?

5. Seid ihr mit der Situation (**7**) an eurer Schule zufrieden? Was müsste geschehen, um den Zugang zu Medien (Bücher, Video, PC, Internet) für alle zu erleichtern? Könnt ihr etwas tun?

Das Programm „Schulen ans Netz" bietet Schulen Unterstützung beim Einsatz des Internets in der Schule an:
www.san-ev.de

6. Nehmt **8** unter die Lupe. Hat Herr Myhrvold Recht? Bedenkt auch die Ergebnisse aus Aufgabe 2 und 3. Welches Interesse steckt vermutlich hinter seiner Position?

Gewalt? – Kommt alles

Gewalt vom Bildschirm: Immer wieder greifen die Medien spektakuläre Fälle auf, in denen Jugendliche Amok laufen oder kaltblütig morden.

Für einige Erwachsene ist die Sache ganz klar: Fernsehen, Videos, Kino und Computerspiele sind schuld. Sie bringen zu viele Gewaltdarstellungen.

Wissenschaftler erforschen das Problem schon seit vielen Jahren. Das Ergebnis sind verschiedene Theorien, von denen aber keine alleine als Erklärung genügt.

Das liegt daran, dass jeder einzelne Mensch mit den Medienangeboten anders umgeht. Dennoch lassen die Forschungsergebnisse wichtige Trends erkennen. Könnt ihr eure Erfahrungen mit Gewalt in Medien dort wiederfinden?

1 Ein tolles Spiel

Das Kind lehnte sich im Sessel zurück. Es warf einen Blick zum Sofa rüber und sagte: „Von wirklicher Gewalt hast du ja wahrscheinlich keine Ahnung, Mama."

Die Mutter sagt etwas wie Schon-möglich-mein-Kleiner. Ihr Kleiner sagt: „Es gibt Dinge, die so eklig sind, da würdest du bestimmt kotzen, Mama. Du musst auf alles schießen, was sich bewegt, du musst mindestens 50 töten, um zu überleben. Wenn man einen trifft, stöhnen die. Also stöhnen ist total untertrieben. Das Spiel heißt *Die hard*. Die fliegen durch die Gegend und schreien richtig: AAAAHHHOHH! Man kann die Bluteffekte einstellen, und wenn man sie hoch einstellt, spritzt das Blut wie nichts aus ihnen raus. Wenn du ein Auto triffst, explodiert es, und dann stehen plötzlich brennende Menschen auf der Straße und kreischen: ‚*Help me, help me, help me!*'"

Das Kind sagt, die Spiele seien so brutal, dass sie in Deutschland natürlich verboten seien. Die habe Arnos Papa, der ganz groß im Computergeschäft sei, in Spanien eingekauft und über die Grenze geschmuggelt. Oder aus Frankreich. „Bei dem einen Spiel, *James Bond Golden Eye*, da ziehst du die Köpfe größer, damit du besser reinballern kannst. Ich würde mal sagen, es ist ähnlich wie bei der Mafia", erklärt das Kind, „in so einer Klasse ist immer einer, der den Ton angibt. Bei uns ist das Arno. Wenn Arno sagt, das ist ein tolles Spiel, da hat er die Leute niedergemetzelt, dann sind die blöd, die das nicht toll finden."

S. Mayer in: Zeitpunkte 1/2000, S. 32 f., gekürzt.

2

3 Mit Bluteffekt

Zippo hat einen Freund, Günni. Günnis Papa hat supertolle Blut- und Baller-CDs. Und einen CD-Brenner! Einmal waren Zippo und Günni allein zu Hause, da haben sie „Stirb schneller" gespielt. Mit Bluteffekt! Ganz schön hart! Da kam plötzlich Papa rein. Papa ist völlig ausgeflippt, hat geschrien, wo der Dreck herkäme, hat die CD aus dem Laufwerk gerissen und dabei fast die Ladeautomatik gecrasht. Und dann hat er die CD mit einem Messer kaputtgekratzt. Hinterher hat sich Zippo gefragt, warum Erwachsene immer so brutal sind. Wenn er selbst mal Vater sein wird, das ist Zippo klar, dann wird er ganz anders sein.

Zeitpunkte 1/2000, S. 33.

vom Bildschirm!?

6 1000 Stunden und noch mehr...

Machen Medien aggressiv?

4

Formen von Gewalt im Fernsehen
- Schlägerei/Handgreiflichkeit
- Schießerei
- Messerstecherei
- Bedrohung mit einer Waffe o. Ä.
- Explosion
- Zertrümmern von Gegenständen
- Entführung
- Erpressung
- Bedrohung mit Worten

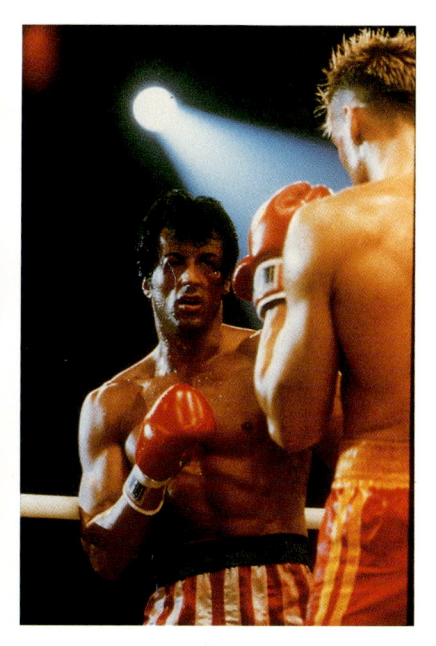

5

Die Abstumpfungstheorie
Medien bringen immer öfter das Thema „Gewalt", sei es in Spielfilmen, in den Nachrichten, auf CDs usw. Und die Darstellungen werden immer direkter und brutaler. Das führt mit der Zeit auch bei ansonsten völlig „normalen" Menschen zu einem Gewöhnungseffekt. Gewalt wird als selbstverständlich wahrgenommen, als „nicht so schlimm". Entscheidend hierbei ist: Diese Abstumpfung zeigt sich auch im realen Alltag!

Die Milieutheorie
Es wird zwar von den Medien mehr Gewalt thematisiert, aber die meisten Menschen werden nicht deshalb gewalttätiger. Zur Nachahmung von Gewalt neigen vor allem Jugendliche und Erwachsene, die in einer gestörten Umwelt (Milieu) aufgewachsen sind. Sie haben die Regeln des Zusammenlebens nur unvollkommen lernen können. Oft haben oder hatten sie auch schlechte Chancen in der Schule. Die Medien sind also nicht schuld, sondern das gesellschaftliche Umfeld.

Die Nachahmungstheorie
Menschen neigen dazu, Vorbilder nachzuahmen. Insbesondere werden erfolgreiche Vorbilder imitiert. Wenn Filmfiguren mit ihrer Gewalthandlung Erfolg haben, wirkt dies besonders stark auf Jungen und junge Männer. Filmhandlungen gaukeln häufig eine schnelle Lösung von Problemen durch Gewalt vor. Im Alltag müssen Konflikte durch Verhandlungen und Kompromisse* gelöst werden. Das ist als Filmstoff langweilig. Deshalb sehen wir in Filmen meistens Action-Helden.

Die Läuterungstheorie
Wenn Menschen ein Fußballspiel oder einen Boxkampf besuchen, dann können sie auch als Zuschauer einen Großteil ihrer Aggressionen (aufgestaute Wut, Angriffslust) abbauen. Dabei ergreifen sie meistens Partei und können so mit einem Gegner streiten, ohne Gewalt auszuüben. Ähnlich verhält es sich auch mit dem Anschauen von Filmen. Die Leinwandhelden streiten sich stellvertretend für die Zuschauer.

Arbeitsvorschläge

1. Übertreibt „das Kind" oder treffen seine Beschreibungen zu (**1**)?

2. Geben die Karikatur **2** und der Text **3** typisches Verhalten von Erwachsenen wieder?

3. Welche Theorie (**5**) findet ihr (nicht) überzeugend? Begründet eure Antwort.

4. Teilt die vier Theorien (**5**) unter euch auf (Gruppenarbeit). Schreibt zu jeder Theorie ein Fallbeispiel in Form einer kurzen Erzählung, das die Theorie bestätigt. Vergleicht eure Fälle. Hat sich die Überzeugungskraft der Theorien geändert?

6. Was müsste man den Erwachsenen in **2** und **3** raten? Begründet eure Meinung mithilfe der Theorien (**5**).

Projektvorschlag
Teilt das Vorabendprogramm unter euch auf und listet Formen von Gewalt und ihre Häufigkeit, nach Möglichkeit auch ihre Dauer in Sekunden, auf (**4**). Stellt die Ergebnisse bezogen auf die Sender in einer Tabelle zusammen. Zeigen sich Unterschiede zwischen privaten und öffentlich-rechtlichen Sendern? (S. 118–119.)

Unter www.bmfsfj.de könnt ihr euch über die gesetzlichen Bestimmungen zum Jugendschutz und über das Gesetz zur Verbreitung jugendgefährdender Schriften und Medieninhalte informieren.

Die Adoptivtochter

„Die famosen Tschurtschentalers" waren von Anfang an ein Riesenerfolg. Melanie und ihre Mutter Hannah liebten die Serie. Die Tschurtschentalers, das war eine intakte, fröhliche, bäuerliche Großfamilie, mit Ur-Oma im Oberstock und einer kleinen aber feinen Frühstückspension im Sommer.

Jeden Abend zwischen viertel sieben und sieben saßen Melanie und Hannah vor dem Fernsehapparat und nahmen Anteil am Schicksal der Tschurtschentalers. Um sieben, wenn Vati heimkam, erzählten ihm Mutter und Tochter, was sich in der kleinen dörflichen Welt ereignet hatte, während sie flink ein kaltes Abendbrot – Schinken, zwei Sorten Käse, Leberpastete – herrichteten, damit er anschließend die Abendnachrichten sehen konnte. Die Geschichten der famosen Tschurtschentalers fand Vati recht lustig. Jeden Tag das gleiche kalte Essen gefiel ihm weniger.

Melanie fiel auf, dass ihre Mutter vor allem an der herbstolzen Jungbäuerin Gitte großen Anteil nahm. Bei Gitte ballten sich die Probleme. Ihr Ehemann Alois (der fesche Loisl) war bereits in der zehnten Folge nach einem Traktorunfall seinen schweren inneren Verletzungen erlegen. (Die Gagenforderungen des Darstellers waren offenbar zu sehr gestiegen.) Nun lastete die ganze Arbeit in Haus und Hof auf Tschurtschentaler Gitte, während die Schwiegereltern, die endlich im Lotto gewonnen hatten, ihren ersten Urlaub auf einer Trauminsel machten. Bald schon bewarben sich zwei Männer um die Hand der herbschönen Witwe: Der reiche Gasthofbesitzer Protzlehner und ein feinsinniger Feriengast, der allerdings kein Einheimischer war und außerdem von Beruf Dichter.

Gitte geriet in einen Zwiespalt des Herzens und Melanies Mutter empfand mit ihr. Gut, der Protzlehner-Wirt war eindeutig ein Kotzbrocken. Aber er saß im Gemeinderat, seine Gastwirtschaft gedieh; und neben dieser Goldgrube betrieb er auch eine Fleischhauerei.

Melanie war von Anfang an für Hubert Hüterli, den Dichter. Er war natürlich Vegetarier und bald mied Melanie Schinken und Leberpastete. Auch ihre Mutter interessierte sich jetzt auffallend für Sojalaibchen.

Vati zeigte sich zunehmend genervt von ihren Schilderungen und Überlegungen und er verbat sich weitere Informationen über den „Tragödienstadl", wie er die Serie neuerdings herabsetzend nannte. [...] Vati verbat sich außerdem Sojakost am Abend.

Aber auch Melanie begann sich allmählich Gedanken darüber zu machen, welch breiten Raum die Serie und insbesondere Gitte Tschurtschentaler im Denken ihrer Mutter einnahm. Hannah kaufte ein Bändchen Gedichte von Hubert Hüterli, die ein Verlag sich nicht entblödete anzubieten. Diese zweifelhafte Publikation erreichte zahllose Auflagen. Natürlich handelten viele der Verse von Hüterlis großer Liebe: „Du Zentrum meines Seins/Du meines Lebens Mitte/Geliebte Traumfrau!/ Tschurtschentaler Gitte!", fing eines an. Hannah lernte es auswendig. Melanie aber gab der Vermutung Ausdruck, dass das Ganze ein Scherz sein sollte, dass zumindest die Käuferinnen auf den Arm genommen würden. Worauf ihre Mutter sie anfuhr und sagte, dass sie in ihrem Alter noch nichts davon verstünde.

„Voll gestört!", bemerkte Melanie und ließ offen, wen sie damit meinte. Worauf Hannah ihr eine knallte.

Seit der Serie „Quacks – Psychologen unter sich" kannte Melanie sich ein bisschen aus und wusste, dass ihre Mutter dabei war, ihre eigene Identität zugunsten der von Gitte aufzugeben.

Was Melanie betraf, so lernte sie jetzt kochen mit Gustl Gusto. Denn wegen des großen Erfolges wurden die famosen Tschurtschentalers für Nachtarbeiter am späten Vormittag wiederholt. Und Hannah, die sich nun jede Folge zweimal ansah, servierte auch zu Mittag nur kalten Käse. Mutter und Tochter hatten eine tiefe Abneigung gegen Fleischer und Selcher entwickelt; denn was der Protzlehner alles tat, um Hüterli zu vernichten, ging auf keine Kuhhaut. Endlich ereilte den Fiesling sein verdientes Schicksal: Er wurde von einem Stier aufgespießt. Und Gitte fiel dem Dichter in die Arme. Einige Folgen verliefen harmonisch. Hüterli entwickelte sich zu einem biologisch-dynamischen Ökobauern, dessen Eier zum Hit des Alauntals wurden. Ein Bergrutsch und ein Jahrhundertsturm mit Waldschaden wurde von dem jungen Paar heldenhaft überstanden, wobei sie auch menschlich noch wuchsen. Schließlich mauserte sich der idyllische Tschurtschentaler-Hof mit seinen fünfhundertjährigen Deckenbalken und der museumswürdigen Wiege der Ur-Oma, die auch in harten Zei-

auf dem Bildschirm

von Monika Pelz

ten trotz lukrativer Angebote nicht verscherbelt worden war, zum Kunst- und Kulturzentrum der Region.

Melanies Kochkunst erreichte einen Höhepunkt mit Herrenpilzsauce an Serviettenknödeln. Mutter und Vati lobten sie. Es war die letzte glückliche Zeit der Familie.

Denn wieder wuchsen dunkle Schatten über dem Tschurtschentaler-Hof: Die Ehe von Gitte und Hubert blieb ohne Kindersegen. Gitte hatte zwar schon zwei Söhne […], doch wollte sie natürlich auch von ihrem Hubert Nachwuchs. Es klappte nicht.

Hannah studierte medizinische Fachartikel, von denen diverse Frauenzeitschriften auf einmal überquollen. Vati wurde misstrauisch und wollte wissen, warum seine Frau sich in gynäkologischem und gentechnischem Wissen bewanderte.

Melanie beschwichtigte Vati mit Entenbrust auf Blattsalat. Im Inneren aber war sie traurig. Sie hatte wohl gehört, dass es diese Krankheit gab: Seriensucht, aber außer bei ihrer Mutter hatte sie es noch nie erlebt. Hannah hatte sich das Haar rabenschwarz gefärbt und auch sonst das Gehabe der herbstolzen Gitte angenommen. Die Gespräche zwischen Melanie und ihrer Mutter drehten sich ausschließlich um Gittes großen Kummer.

„Ich verstehe nicht, warum sie noch ein Kind braucht – in ihrem Alter!", sagte Melanie vergrämt.

„Sie ist überhaupt nicht alt – noch nicht einmal vierzig!", konterte Hannah.

„Wenn sie etwas zum Schmusen will, warum nimmt sie sich dann nicht einen Zwergesel? Eine schwedische Waldkatze? Ein Hängebauchschweinchen?"

„Tiere sind doch kein Kinderersatz!"

„Aber die Gitte hat doch schon zwei Söhne!"

„Vielleicht möchte sie eine Tochter", sagte Hannah.

Für Melanie schlug das dem Fass den Boden aus. „Wozu?", schrie sie, „Zum Kochen?"

Das wirkte. Hannah brach in Tränen aus und schwor, dass mit den kalten Mahlzeiten Schluss sein würde. Melanie glaubte ihr kein Wort, sie wusste, ihre Mutter war der Seriensucht schon verfallen.

„Warum adoptiert sie nicht ein Kind?", schlug sie schließlich vor. Hannah fand die Idee großartig. „Am besten ein armes Großstadtkind, das in der guten Luft im Alauntal kräftig und stark wird!" Gleich schrieb sie einen Brief an die Sendeanstalt. Und als die Tschurtschentalers in der übernächsten Folge davon sprachen, ein Kind zu adoptieren, am besten ein armes Großstadtkind, rastete Hannah vollends aus. Sie bildete sich ein, ihr Brief hätte den Stein ins Rollen gebracht, und wartete darauf, im Nachspann genannt zu werden.

Vati erklärte an diesem Abend, dass ihm das Beuschel zwar gut geschmeckt habe, dass er aber trotzdem für eine Trennung wäre. „Jaja", sagte Hannah zerstreut, „ich kann es schon gar nicht erwarten, wie sie sein wird!"

„Wer?"

„Die Adoptivtochter."

Und so verschwand Vati. Melanie gab das Kochen wieder auf und fraß Schokolade, weil ihr die Elternliebe fehlte. Hannah trug Trachtendirndl und schmückte die Wohnung mit Palmenzweigen und Osterstäußen, denn zu Ostern sollte das Adoptivkind zu den Tschurtschentalers kommen, ein Ereignis, dem die ganze Fernsehnation entgegenfieberte.

„Sie wird am Tschurtschentaler-Hof glücklich sein", prophezeite Hannah und legte vorsorglich eine Riesen-Packung Recycling-Taschentücher zurecht.

„Hoffentlich", sagte Melanie.

„Bitte, mach nicht ständig deine Bemerkungen", sagte Hannah hektisch, „und stör mich nicht!" Ihr Blick hing am hunderte Male gesehenen Vorspann: blühende Kirschbäume, Freilandhühner, Holzbalkone und das Kirchlein vom Alauntal.

Also störte Melanie ihre Mutter nicht weiter, sondern verschwand ebenfalls. Allerdings nicht völlig.

Als die Wiener Waise aus Hüterlings Range Rover kletterte, kam sie Hannah seltsam bekannt vor. Sie überlegte flüchtig, wo sie das aufgeweckte Kind mit dem traurigen Blick schon gesehen hatte. Eine andere Serie? Sie kam nicht drauf.

Als die Adoptivtochter tief aufatmete und die Arme nach Gitte ausstreckte, griff Hannah zum ersten Mal zum Taschentuch. Alles war genauso rührend, wie sie es erwartet hatte. Besonders ergreifend das Schlussbild: Gitte und die Wiener Waise saßen unter einem Kirschbaum. Im Hintergrund bildeten die beiden Stiefbrüder und der Stief-Adoptiv-Vater ein ländliches Trio und sangen leise zur Klampfe.

„Darf ich mir etwas wünschen, Mutti?"

Hannah schluchzte auf, weil die Adoptivtochter zum ersten Mal „Mutti" gesagt hatte.

„Was immer du dir wünschst, du kriegst es, mein Kind", antwortete Tschurtschentaler Gitte mit belegter Stimme.

Hannah heulte hemmungslos.

„Dann möchte ich einen Zwergesel, eine schwedische Waldkatze und ein Hängebauchschweinchen."

Hannah schneuzte sich und lächelte unter Tränen. „Hast du das gehört, Melanie?"

Aber Melanie war nicht mehr bei ihr, nur noch die Adoptivtochter auf dem Bildschirm.

Monika Pelz in: Wolfgang Wagener (Hrsg.), Total im Bild, Wien, 1992, S. 38–43.

> Ja meinst Du denn im Ernst, da wäre auch nur einer noch in sein Auto gestiegen, wenn wir das gewußt hätten damals?!

Frimut Wössner

134

Toter Bergfichtenwald, im Hintergrund gesunder Buchen-Fichten-Mischwald, Bayerischer Wald, Mai 1998

Erst stirbt der Wald...
Ursachen und Folgen des Waldsterbens

Stirbt der Wald

„Trau keiner Statistik, die du nicht selbst gefälscht hast!" Dieser bekannte Satz macht darauf aufmerksam, dass man bei Zahlen, Statistiken und Schaubildern sehr vorsichtig sein muss. Denn hinter diesen zunächst wissenschaftlich und unbestechlich erscheinenden Zahlen verbergen sich Interessen und Absichten von Menschen (z. B. Politikern) und gesellschaftlichen Gruppen (z. B. Parteien). Sie wollen damit oft „Botschaften" vermitteln, d. h. Aussagen, die uns zu bestimmten Meinungen und Vorstellungen veranlassen sollen.

Wenn Zahlen und Grafiken mit dieser Absicht dargestellt werden, dann spricht man von „Manipulation". Hier könnt ihr lernen, wie man die Manipulation mit Zahlen und Grafiken erkennt – und wie man selbst solche Grafiken erstellen kann.

I. Wo kommen die Zahlen her?

Seit 1982 wird jedes Jahr vom Landwirtschaftsministerium eine „Waldzustandserhebung" durchgeführt. Hierfür gibt es ein bundesweites Gitternetz von Flächen, in denen sich ausgewählte Bäume, die so genannten „Stichprobenbäume" aller dort vorkommenden Baumarten befinden. Der Zustand der Baumkrone dieser Bäume dient als Maßstab für den Grad der Erkrankung der Baumart. Je nach Umfang des Blatt- bzw. Nadelverlustes im Kronenbereich werden die Bäume in Schadstufen eingeteilt.

Schadstufe 0:	„ohne Schadmerkmale"	(0–10 % Blatt-/Nadelverlust)
Schadstufe 1:	„schwach geschädigt"	(11–25 % Blatt-/Nadelverlust)
Schadstufe 2:	„mittelstark geschädigt"	(26–60 % Blatt-/Nadelverlust)
Schadstufe 3:	„stark geschädigt"	(61–99 % Blatt-/Nadelverlust)
Schadstufe 4:	„abgestorben"	(100 % Blatt-/Nadelverlust)

II. Das sind die Zahlen als Tabelle

Entwicklung der Schadstufenanteile für die Baumart Fichte

	1988	1989	1990	1991	1992	1993	1994	1995	1996	1997	1998	1999
Ohne Schäden (0)	39	38	37	34	28	34	32	38	43	37	36	36
Warnstufe (1)	42	41	40	37	42	40	39	38	35	40	38	39
Deutliche Schäden (Stufe 2–4)	19	21	23	29	30	26	29	24	22	23	26	25

Quelle: Bundesministerium für Ernährung, Landwirtschaft und Forsten, Bericht über den Zustand des Waldes 1999, S. 16.

III. So kann man aus diesen Zahlen Grafiken machen

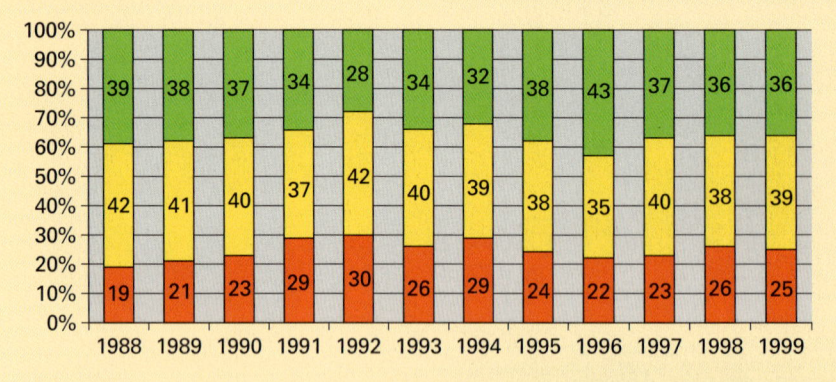

Für die Darstellung einer Entwicklung eignen sich besonders Säulendiagramme (links) und Flächendiagramme (bzw. auch Kurvendiagramme).

In diesem Buch findet ihr auch häufig Kreis- oder Tortendiagramme. Damit kann man den Zustand zu einem bestimmten Zeitpunkt darstellen. Erstellt einmal zwei Kreisdiagramme für die Jahre 1992 und 1996 und vergleicht sie.

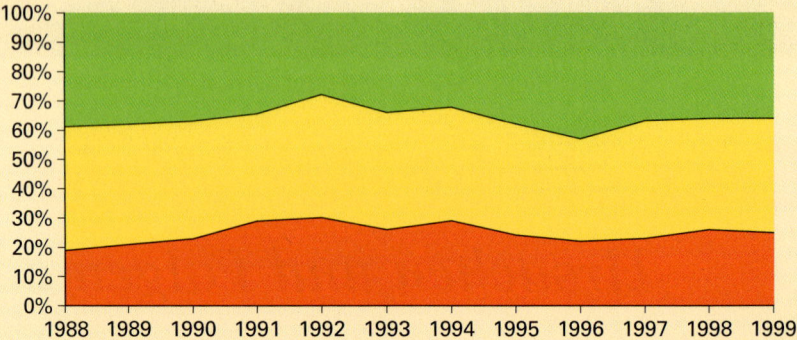

oder stirbt er nicht?

7 Erst stirbt der Wald...

Darstellung und Manipulation von Zahlen und Grafiken

IV. So kann man aus den Zahlen etwas ganz anderes machen

Schaut euch die folgenden Schaubilder genau an. Sie beruhen alle auf den gleichen Zahlen in der Tabelle zu II. Was ist jeweils verändert worden und welche Wirkungen entstehen? Habt ihr eine Vorstellung, welche Personen und welche Gruppen in Gesellschaft und Politik ein Interesse an einer solchen Manipulation haben könnten? Wer wäre beim Thema Waldsterben wohl eher „Verharmloser", wer „Dramatisierer"?

WIE MAN DATEN DRAMATISIEREN KANN

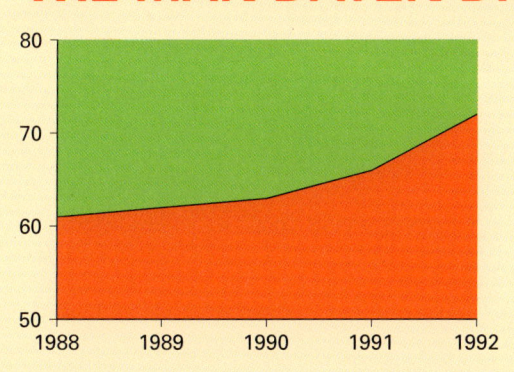

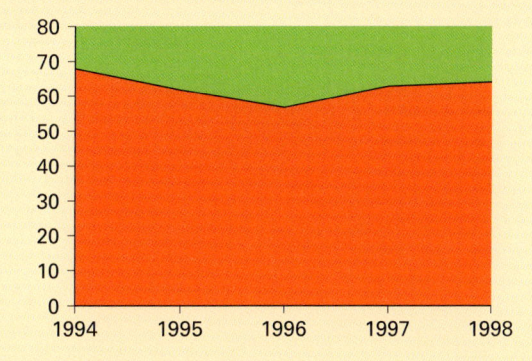

WIE MAN DATEN VERHARMLOSEN KANN

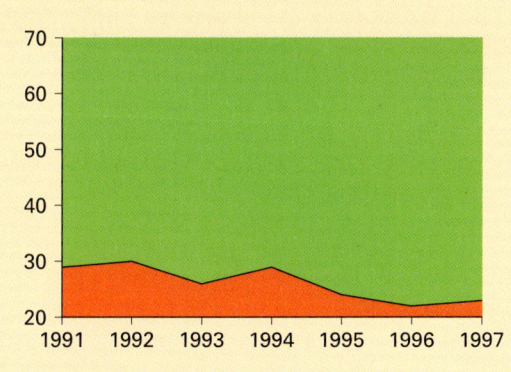

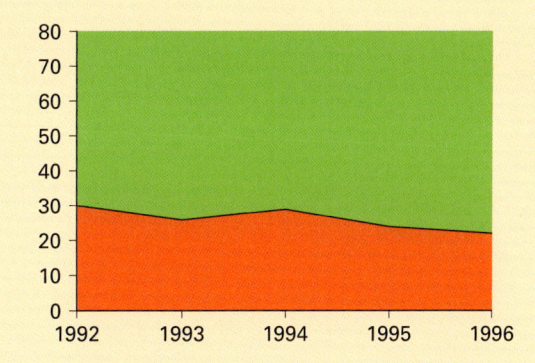

V. Jetzt könnt ihr es selbst ausprobieren!

Unten findet ihr eine Tabelle für die Entwicklung der Schadstufen für die Baumart Eiche – sogar schon ab 1984. Stellt zunächst die Zahlen im Säulendiagramm und im Flächendiagramm dar. Beschreibt die erkennbaren Unterschiede der Entwicklung zwischen Fichte und Eiche. Dann sucht nach Möglichkeiten, wie ihr die Zahlen und die Maßstäbe so darstellen könnt, dass eine Verharmlosung oder eine Dramatisierung entsteht.

Entwicklung der Schadstufenanteile für die Baumart Eiche von 1984 bis 1999

	1984	1985	1986	1987	1988	1989	1990	1991	1992	1993	1994	1995	1996	1997	1998	1999
Ohne Schäden (0)	54	35	32	36	35	28	36	27	22	19	17	19	13	14	20	20
Warnstufe (1)	37	45	44	43	44	47	39	38	45	39	39	42	40	39	43	36
Deutliche Schäden (Stufe 2–4)	9	20	24	21	21	25	25	35	33	42	44	39	47	47	37	44

Quelle: Waldzustandsbericht 1999, a.a.O., S. 22.

137

Gesund oder krank?

Über das Thema „Waldsterben" wird in Deutschland seit den Achtzigerjahren heftig gestritten. Weder Wissenschaftler noch Politiker sind sich darüber einig, ob es dem Wald in den letzten Jahren eher besser oder eher schlechter geht. Manche ärgern sich schon über das Wort „Waldsterben". Woran liegt das? Es gibt mindestens zwei Erklärungen:
- Es ist tatsächlich außerordentlich schwer, ein so kompliziertes Gebilde wie den Wald wissenschaftlich zu erfassen.
- Politiker haben unterschiedliche Interessen, je nachdem, welcher Partei sie angehören, ob sie in der Regierung* oder in der Opposition* sind. Auch Vertreter von Verbänden und Umweltgruppen haben bestimmte Interessen.

Politiker in der Regierung – dazu gehört z. B. der amtierende Landwirtschaftsminister – möchten zeigen, dass sie erfolgreich etwas gegen das Waldsterben getan haben. Umweltschutzverbände wollen zeigen, dass sie sich besonders für die Natur und den Erhalt der Wälder einsetzen. Waldbesitzer neigen zur Dramatisierung, weil sie erwarten, dass der Staat mehr zum Schutz der Wälder tut. So wird der Wald einmal gesund, das andere mal krank geschrieben.

1 NA BITTE, DIE HÄLFTE ALLER BÄUME IST GESUND!

WALDSCHADENSBERICHT 2000

2 Bärbel Höhn: Nordrhein-Westfalens Wald ist sauer

30 Prozent der Bäume zeigen laut dem am 20.11.2000 in Düsseldorf vorgelegten Waldschadensbericht deutliche Schäden. Das sind sechs Prozentpunkte mehr als im vergangenen Jahr. Erstmals bezieht der Bericht den Zustand der Böden mit ein. „Der Wald ist sauer", fasste Umweltministerin Höhn zusammen.

Wie bei der Erhebung im Vorjahr wurden 34 Prozent der Bäume als nicht geschädigt eingestuft. 36 Prozent (Vorjahr: 42 Prozent) weisen schwache Schäden auf. [...] 52 Prozent der Buchen zeigten deutliche Schäden, im Jahr 1999 waren es erst 28 Prozent. Dagegen ging der Anteil der Eichen mit deutlichen Schäden von 51 auf 39 Prozent zurück. Am gesündesten ist die Fichte mit immerhin 46 Prozent des Bestandes ohne Schadensmerkmale, aber doch 24 Prozent mit deutlichen Schäden.

Schnelle Besserung ist nach Aussage Höhns nicht zu erwarten. Grund dafür ist die Versauerung der Böden, die Ergebnis von 100 Jahren Industriegeschichte des Landes sei.
Frankfurter Rundschau (ap), 20.11.2000.

3 Regierung sieht Besserung des Waldzustandes

Zur Waldschadenserhebung 1999: Unbesehen aller regionalen Unterschiede zwischen den einzelnen Baumarten ist nach einem Anstieg Mitte der Achtzigerjahre und einem Höhepunkt der Schäden in den Jahren 1991 und 1992 seither im Bundesdurchschnitt eine ganz allmähliche Verbesserung des Kronenzustandes festzustellen. Die Entwicklung verläuft nicht geradlinig. Der Flächenanteil deutlicher Schäden ist von 30 % im Jahr 1991 auf 22 % im Jahr 1996 zurückgegangen und schwankt seitdem um diesen Wert. 1999 weist ein Flächenanteil von 22 % der Wälder deutliche Schäden auf. [...]

Für die Fichte zeigt die Waldschadenserhebung nach einer deutlichen Verschlechterung am Anfang der Neunzigerjahre und einer Verbesserung zwischen 1994 und 1996 in den beiden Vorjahren wieder eine allmähliche Zunahme des Flächenanteils bei den deutlichen Schäden. Dieser Trend hat sich 1999 nicht fortgesetzt. Der Flächenanteil der deutlichen Schäden liegt 1999 bei 25 %.
Bundesministerium für Ernährung, Landwirtschaft und Forsten, Bericht über den Zustand des Waldes 1999, Januar 2000, S. 4.

Der politische Streit um das Waldsterben

4

Waldsterben – ein Bluff?

Das moderne Waldsterben ist tot. Nicht der Wald, wie man uns Jahrzehnte lang einzuhämmern versuchte, ist nun endgültig gestorben. Nein, im Gegenteil, er wächst und gedeiht. Die unter Fachleuten längst bekannte Einsicht brachte kürzlich das Europäische Forstinstitut (EFI) mit Sitz in Finnland auf seiner Tagung in Freiburg an die breitere Öffentlichkeit.

80 Forstwissenschaftler aus 30 Ländern diskutierten die EFI-Studie „Wachstumstrends in den Wäldern Europas". Sie belegt, dass zwischen 1950 und 1990 die Wälder und ihr Holzvolumen in 12 europäischen Ländern insgesamt um 43 Prozent zugenommen haben. Damit wird der allgemeinen Polit- und Medienpropaganda vom „neuartigen Waldsterben" endgültig der Boden entzogen.

Deutschland-Magazin, 11/1996, S. 22.

5

Der Wald wird gesund gelogen

Der von der Bundesregierung veröffentlichte Waldschadensbericht zeigt, dass schlechte Umweltbedingungen in Deutschland weiterhin dramatische Auswirkungen auf die Ökosysteme* haben. Der deutsche Wald leidet ungebremst unter den direkten und indirekten Folgen der Luftverschmutzung.

Dr. Helmut Klein, Wald-Experte des Bund(es) für Umwelt und Naturschutz Deutschland (BUND): „Wenn zwei Drittel der Bäume sichtbar krank und rund ein Viertel sogar schwer geschädigt sind, straft das alle so genannten Ökooptimisten Lügen. Wer behauptet, die Umweltbedingungen in Deutschland würden sich ständig verbessern, sollte endlich mal die Krankenakte des deutschen Waldes lesen. Die Diagnose ist eindeutig: Das Waldsiechtum geht weiter und ist eindeutiger Indikator der krank machenden Umweltbedingungen für Pflanzen, Menschen und Tiere."

Von allen Baumarten ist die Eiche am stärksten gefährdet, es folgen Buche und Fichte. Dramatische Verschlechterungen des Waldzustandes werden vor allem durch die Ausdehnung riesiger Kahlflächen im deutschen Mittelgebirge vom Bayerischen Wald über das Fichtel- und Erzgebirge sowie durch die Lawinenabgänge im Alpenraum belegt.

Zwischen 1992 und 1997 hatte es in den neuen Bundesländern noch deutliche Verbesserungen des Waldzustandes gegeben. In den alten Bundesländern hatte sich der Zustand des Waldes in demselben Zeitraum durch günstige klimatische Bedingungen leicht verbessert. Der neue Waldschadensbericht belegt das Ende dieser positiven Entwicklungen.

Trotz der negativen Tendenzen beschönigen die Bundesregierung und verschiedene Landesregierungen die Lage. Der BUND fordert, die Politik der Schönfärberei und Verharmlosung der Waldschäden zu beenden.

BUND, „Offizieller Waldschadensbericht beschönigt den Krankheitszustand des Waldes", 6.12.1999, gekürzt entnommen aus dem Internet: www.bund.net

---

Arbeitsvorschläge

1. Listet die wichtigsten Aussagen und Zahlen aus **2** und **3** in einer Tabelle auf. Wodurch entsteht ein eher dramatisierender bzw. ein eher verharmlosender Eindruck? Schaut euch hierzu auch die Seiten 136–137 an.

2. Ergänzt eure Liste um die Aussagen aus **4** und **5**. Welches Bild ergibt sich?

3. Wer könnte ein Interesse an der Darstellung der Probleme wie in **4** und **5** haben?

4. Zeichnet zu den Zahlen in **2–5** verharmlosende bzw. dramatisierende Grafiken.

5. Welche Auffassung vom Waldzustand und vom Waldzustandsbericht hat der Karikaturist (**1**)?

6. Beschafft euch beim Bundesministerium den neuen Wald-Zustandsbericht und fragt bei Umweltschutzverbänden (Adressen siehe Seite 151) nach den Stellungnahmen dazu.

Bundesministerium für Verbraucherschutz, Ernährung und Landwirtschaft, Postfach 14 02 70, 53107 Bonn. Im Internet findet ihr den Waldzustandsbericht ebenfalls: www.bml.de.

7. Spielt eine Debatte im Bundestag* über die kontroversen Meinungen zum Waldzustand nach. Eine Gruppe schreibt eine kurze Rede, in der die „Verbesserung" des Waldzustands begründet wird; die zweite Gruppe eine, in der auf die „Verschlechterung" hingewiesen wird. Haltet die beiden Reden vor der Klasse. Die Zuhörer passen auf, ob alle Aussagen und Zahlen, die für die eine oder andere Position gelten, genannt werden.

Hinweise, wie ihr eine Pro-Kontra-Diskussion durchführt, findet ihr auf den S. 208–209.

Wozu brauchen wir

Wozu brauchen wir den Wald? Vielleicht findet ihr die Frage komisch. Manch einer könnte sagen: Ich brauche keinen Wald! Ich gehe lieber in die Stadt, in das Fußballstadion, ins Kino oder fahre mit meinen Inlinern auf der Straße.

Klar ist, dass auf den Wald nicht verzichtet werden kann. Doch welche wichtigen Funktionen genau hat der Wald für die Natur und die Menschen?

1 Was kann man im Wald alles machen?

– Eine Wald-Rallye veranstalten
– Einen Waldlauf machen
– Tiere beobachten
– Pilze sammeln
– Wild jagen
– …

Für viele Tiere ist der Wald der einzig mögliche Lebensraum.

Streifzug durch den Wald

2 **Kleine Waldchronik**

Der Wald ist schon seit Jahrtausenden eine wichtige Rohstoffquelle. In der Antike und im Mittelalter brauchte man Holz als Material zum Schiffbau, zum Heizen und zum Schmelzen. Holz war neben der menschlichen Arbeitskraft die größte Energiequelle und damit eine wichtige Voraussetzung für Entwicklung und Fortschritt. Um das Jahr 0 war das Land teilweise schon sehr dicht besiedelt und ein Viertel der ursprünglichen Waldmenge gerodet. Anfangs erschien der Wald den Menschen als unerschöpflich. Doch bereits im Mittelalter kam Angst vor Holznot auf, sodass es um 1300 erste Forstverordnungen gab, die die unbegrenzte Holznutzung eindämmen sollten. Um 1500, also schon vor 500 Jahren, war der Wald in Deutschland bereits auf seine heutige Ausdehnung zurückgedrängt. Zu dieser Zeit begann eine geregelte Forstwirtschaft, die sich in der Folgezeit zu einer eigenen Wissenschaft entwickelte.

Autortext in Anlehnung an: Bundesministerium für Ernährung, Landwirtschaft und Forsten, Unser Wald. Natur und Wirtschaftsfaktor zugleich, S. 8.

3

Wald als Rohstoffquelle

Auch heute noch wird Holz für sehr viele Dinge als Rohstoff gebraucht: Möbel, Fensterrahmen, Balken, Fußböden (Parkett), Bücher, Zeitungen, Bleistifte und Papier aller Art. Holz hat gegenüber anderen Rohstoffen den großen Vorteil, dass es nachwachsen kann, sodass er auch in Zukunft zur Verfügung steht.

Die Sache hat nur einen Haken: Wenn laufend mehr Holz verbraucht wird als in derselben Zeit nachwachsen kann, dann wird es eines Tages keinen Baum und kein Holz mehr geben.

Wenn es also auch in Zukunft genug Holz als Rohstoff geben soll, dann darf in einem bestimmten Zeitraum nicht mehr Holz geschlagen werden als in der gleichen Zeit nachwachsen kann. Oder ganz einfach: Für jeden Baum, der gefällt wird, muss ein neuer gepflanzt werden. Diesen Grundsatz nennt man das „Prinzip der Nachhaltigkeit".

den Wald?

7 Erst stirbt der Wald...

Bedeutung und Funktionen des Waldes

4

Funktionen des Waldes

Wasserschutz: Wald dient der Reinhaltung von Grund- und Oberflächenwasser (Wassergüte) und der Stetigkeit der Wasserspende.

Bodenschutz: Wald schützt sich und die in seinem Schutzbereich liegenden Flächen vor Erosion (Auswaschung), Bodenverwehungen, Humusschwund, Steinschlag, Rutschungen und Muren (Schlammlawinen).

Klima-, Immissions- und Lärmschutz:* Wald bewahrt vor Kaltluftschäden und nachteiligen Windeinwirkungen; er verbessert das Klima benachbarter Siedlungsbereiche und Freiflächen durch Luftaustausch. Wald mindert schädliche Einwirkungen und Belastungen durch Lärm, Staub, Aerosole (feinste Schwebestoffe), Gase und Strahlungen. Er schützt damit Wohn-, Arbeits- und Erholungsbereiche, seinen eigenen Standort und andere Nutzflächen vor Immissionen.

Straßenschutz: Wald dient der Sicherung von Verkehrswegen vor Witterungseinflüssen und der Erhaltung des Landschaftsbildes an Verkehrswegen.

Lawinenschutz: Wald kann die Entstehung von Lawinen und Schneerutschungen verhindern sowie abgehende Lawinen und Schneerutschungen lenken, bremsen oder zum Halten bringen.

Ein Förster erklärt die Funktionen des Waldes.

Erholung: Wald sorgt für die physische (körperliche) und psychische (seelische) Erholung sowie für das Naturerlebnis seiner Besucher in besonderem Maße.

Sichtschutz, Landschaftsbild: Wald gliedert die Landschaft, schirmt Bauten und technische Anlagen ab oder sorgt für deren Einbindung in die Landschaft.

Deutsche Gesellschaft für Holzforschung (Hrsg.), Informationsdienst Holz, München 1994, S. 6.

5

Den Wald selbst kennen lernen
Forstbehörden sind nicht nur für die Pflege von Wald und Wild zuständig. Laut Landesforstgesetz NRW haben sie auch die Aufgabe, die Öffentlichkeit über die Nutz-, Schutz- und Erholungsfunktion des Waldes aufzuklären. Das geschieht z. B. über die Medien, durch Informationsschriften, auf Ausstellungen und bei Umweltveranstaltungen. Direkten Kontakt mit Förster und Wald ermöglichen die angebotenen „Waldführungen mit dem Förster". Außerdem gibt es in NRW fünf Jugendwaldheime, die Lehrgänge für Kinder und Jugendliche anbieten.

Arbeitsvorschläge

1. Ergänzt **1** um weitere Punkte.

2. Beschreibt, welche Bedeutung der Wald für die Menschen früher hatte (**2**). Welche Entwicklungen wären ohne Wald nicht möglich gewesen?

Fragt auch eure/n Geschichtslehrer/in, wie die Menschen z. B. zurzeit der Griechen und Römer oder im Mittelalter mit diesem Rohstoff umgegangen sind.

3. Was heißt „Nachhaltigkeit" (**3**)?

Mehr über dieses Prinzip erfahrt ihr auf den Seiten 206–207.

4. Welche von den Funktionen des Waldes, die in **4** aufgezählt werden, zeigt sich auf den Fotos links? Welche Funktion fehlt bei der Aufzählung? Könnt ihr aus eurer Erfahrung noch weitere Funktionen ergänzen?

5. Prüft, ob ihr eine der in **5** genannten Möglichkeiten nutzen könnt.

In Zusammenarbeit mit dem/r Biologielehrer/in könnt ihr eine Exkursion in den nächstgelegenen Wald organisieren, um dort die Waldschäden zu erforschen.

Informationen erhaltet ihr bei den Forstämtern.
Im Internet findet ihr unter der Adresse www.dainet.de weitere Anlaufstellen, die euch Auskünfte geben können.

Das haben wir

„Das habe ich nicht gewollt!" So sagt man oft, wenn bereits etwas schief gegangen ist. So ist es auch beim Waldsterben. Wer denkt schon an den Wald, wenn man Auto fährt, einen Rinderbraten kauft, den Acker düngt oder wenn die Betriebe Schadstoffe in die Luft blasen? Und doch ist all dies eng mit dem Waldsterben verbunden. Nur eben nicht direkt und sofort, sondern eher schleichend, zunächst unsichtbar und erst sehr viel später erkennbar. Nämlich dann, wenn es schon zu spät ist und die Bäume sichtbare Schäden aufweisen oder schon abgestorben sind.

Um diese komplizierten Zusammenhänge verstehen zu können, muss man sehr genau hinsehen. Denn es ist nicht nur eine Ursache, die eine Folge hat. Es sind ganze Ketten von Ursachen und Wirkungen, die sich oft über viele Jahre und Jahrzehnte erstrecken, bis ein Baum oder gar ein ganzer Wald abstirbt. Diesen Zusammenhang kann man durch eine „Ursachen-Folgen-Spirale" abbilden.

Solche Spiralen sind fast unendlich, ganz gleich, an welcher Stelle man anfängt. Fast jedes Ereignis kann Ursache und Wirkung zugleich sein.

1 Ursachen des Waldsterbens

Innerhalb weniger Jahre wurde der Schutzwald im Allgäu fast vollständig vernichtet – und das ist kein Einzelfall. Die Luftverschmutzung hat die Wälder so geschwächt, dass sie weder Stürmen noch Insektenfraß standhalten können. Folge: Am Hang liegende Ortschaften sind nicht mehr vor Steinschlag, Erdrutsch, Muren (Schlammlawinen) und Lawinen geschützt.

Wälder filtern die Luft und gehen daran zugrunde. Denn die Luft ist verschmutzt, mit Schadstoffen belastet. Wegen der großen Oberfläche ihrer Kronen reichern sich in Wäldern industrielle Schadstoffe viel stärker als im Freiland an. Besonders bedroht sind die Bergwälder. Nebel und Regenwolken laden hier ihre Giftfracht ab. Der Schadstoffcocktail aus Autoverkehr, Industrieanlagen und Landwirtschaft bleibt als Smogschleier an den Bergen hängen. In den Sommermonaten sind hier die Ozonkonzentrationen so hoch, dass allein sie schon schwere Pflanzenschäden auslösen können.

Das Atemgift Ozon* reizt nicht nur die menschlichen Schleimhäute, sondern ist auch ein aggressives Pflanzengift, das den Wald schädigt. Ozonsmog spielt eine Schlüsselrolle beim Waldsterben. Wachstumsschäden sind bereits ab 65 Mikrogramm Ozon im Tagesmittel zu erwarten. Dieser Wert wird in deutschen und europäischen Waldgebieten aber laufend, teilweise sogar um das Zwei- bis Dreifache, überschritten.

Problematisch sind vor allem die ozonbedingten Folgeschäden: So schädigt Ozon das Wurzelsystem, wodurch sowohl die Standfestigkeit der Bäume abnimmt, als auch die Fähigkeit der Wasseraufnahme reduziert wird. In der Folge kommt es zum Trockenstress.

Doch damit nicht genug: Das Zellgift Ozon verfärbt die Blätter, verursacht einen verfrühten Blattverlust der Bäume und macht sie frostempfindlicher.

Borkenkäfer etwa befallen Fichten, die krank sind und sich nicht mehr durch starke Harzbildung wehren können. Dies wiederum ist Folge ihrer inneren Austrocknung, verursacht durch zunehmenden Ozonsmog.

Die Atmosphäre wird aggressiver. Ozon ist zwar eines der schädlichsten Pflanzengifte, doch die Ursachen des Waldsterbens lassen sich nicht auf einen Einzelschadstoff zurückführen.

Es ist der gesamte Schadstoffcocktail, der den Wald vergiftet: Stickoxide* (NOX), Schwefeldioxid* (SO_2), Halogenkohlenwasserstoffe sowie Ammoniakverbindungen.

Die kritischen Belastungsgrenzen für Ozon, Stickstoffdioxid und Schwefeldioxid für das Ökosystem* Wald sind in weiten Teilen Deutschlands um ein Vielfaches überschritten. Seit Jahren aber ändert sich nichts. Im Gegenteil: Die Luftverschmutzung nimmt immer dramatischere Ausmaße an, die Atmosphäre wird aggressiver. Doch die Verantwortlichen in Politik und Wirtschaft halten weiter Sonntagsreden, statt zu handeln.

Greenpeace, Zur Sache, 1995, S. 4 f., gekürzt.

nicht gewollt!

7 Erst stirbt der Wald …

Ursachen und Folgen des Waldsterbens

② Die Schadstoffverursacher

Autos produzieren Stickoxide, Kühe und Schweine Ammoniak. Beides in Mengen, die von der Natur nicht verkraftet werden. Bodenversauerung, Überdüngung, Grundwasservergiftung und hohe Ozonwerte: alles Folgen dieser Stickstoffverbindungen, die damit zu Hauptschädigern unseres Waldes geworden sind. Aber auch die Schwefeldioxidmengen aus den Kraftwerken sind noch immer viel zu hoch.

An den Folgeerscheinungen wird mit Scheinaktivitäten herumgedoktert: Kalken gegen Versauerung, Düngen gegen Nährstoffverschiebungen, Filtern gegen Trinkwasservergiftung. Für Robin Wood heißt die Therapie für den Wald: das Übel an der Wurzel packen. Die Schadstoffverursacher anprangern und Abhilfe fordern. Aber es sind auch wir alle, die zu viel Auto fahren, zu viel Energie verbrauchen und zu viel Fleisch verdrücken.

Robin Wood-Broschüre, Gute Besserung, du schöner Wald, 1995.

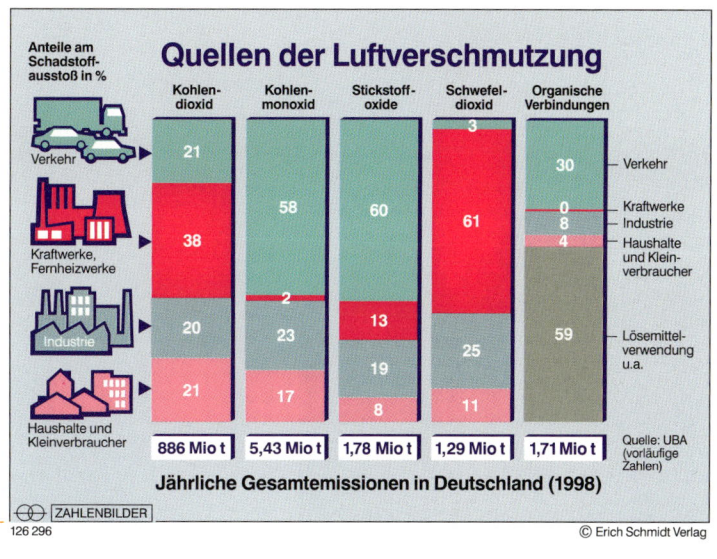

③ **Quellen der Luftverschmutzung**

Anteile am Schadstoffausstoß in %

	Kohlendioxid	Kohlenmonoxid	Stickstoffoxide	Schwefeldioxid	Organische Verbindungen	
Verkehr	21	58	60	3	30	Verkehr
Kraftwerke, Fernheizwerke	38			61	0	Kraftwerke
			2		8	Industrie
Industrie	20	23	13	25	4	Haushalte und Kleinverbraucher
			19		59	Lösemittelverwendung u.a.
Haushalte und Kleinverbraucher	21	17	8	11		
	886 Mio t	5,43 Mio t	1,78 Mio t	1,29 Mio t	1,71 Mio t	Quelle: UBA (vorläufige Zahlen)

Jährliche Gesamtemissionen in Deutschland (1998)

ZAHLENBILDER 126 296 © Erich Schmidt Verlag

Arbeitsvorschläge

Fragt im Chemieunterricht nach den in **1** und **2** genannten Schadstoffen und ihren Wirkungen.

1. Schreibt aus **1** alle genannten Ursachen des Waldsterbens stichwortartig heraus.
Verbindet zunächst die Stichwörter durch Pfeile miteinander, sodass Ursache und Folge sichtbar werden.
Beispiel: Ozon –> Frostempfindlichkeit der Bäume (Partnerarbeit).

2. Versucht in einem zweiten Schritt Ursache-Folge-Ketten (siehe Einführungstext) zu erstellen. Könnt ihr diese Ketten am Ende zu einer Spirale formen?

Hier eignet sich eine Zusammenarbeit mit den Fächern Biologie und Erdkunde.

3. Ergänzt euer Modell aus Arbeitsvorschlag 2 um die Aussagen aus **2**.

4. Untersucht das Schaubild **3**. Wer sind die Hauptverursacher für die Luftverschmutzung?

5. Wo müssten Maßnahmen zur Rettung des Waldes ansetzen?

6. Von welcher Seite sind Widerstände zu erwarten und warum?

143

4 — Die Ursachen-Folgen-Spirale

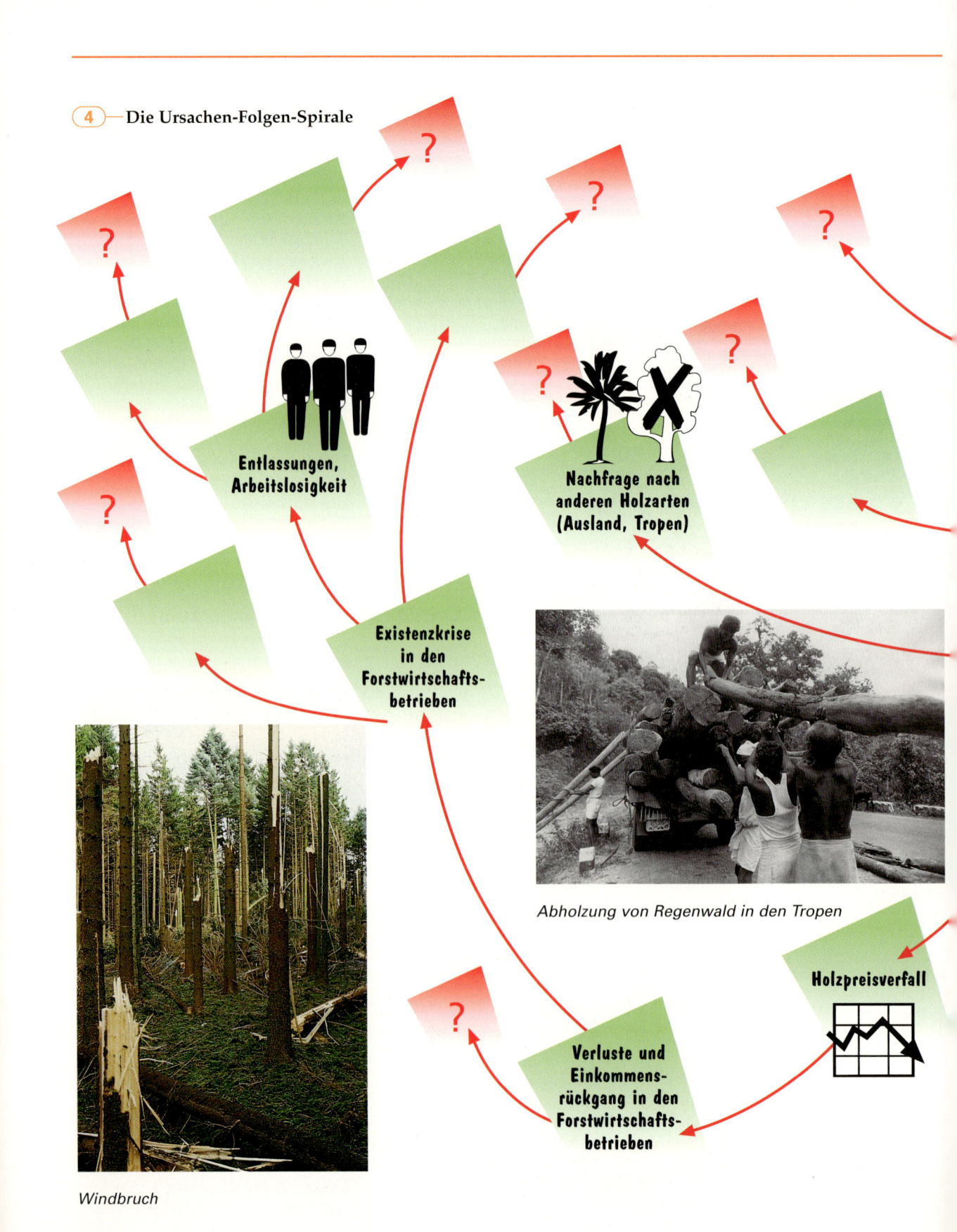

Entlassungen, Arbeitslosigkeit

Nachfrage nach anderen Holzarten (Ausland, Tropen)

Existenzkrise in den Forstwirtschaftsbetrieben

Verluste und Einkommensrückgang in den Forstwirtschaftsbetrieben

Holzpreisverfall

Windbruch

Abholzung von Regenwald in den Tropen

7 Erst stirbt der Wald...

Schwächung und Verlust der Widerstandsfähigkeit des Waldes

Industrie

langsameres Baumwachstum

hohe Anfälligkeit für Windbruch durch Stürme

hohe Anfälligkeit für Schädlinge

hoher Schadholzanfall mit geringer Holzqualität

Bodenwaschung

Kalkdüngung, Bodenimpfung

?

?

?

Industrieanlagen

Von Borkenkäfern und Pilzen zerstörte Bäume

Arbeitsvorschläge

7. Erläutert Abbildung **4**, indem ihr Kausalsätze bildet: Weil..., deshalb...

8. Ergänzt die leeren Felder und führt die Spirale weiter fort.

9. An welcher Stelle der Spirale (**4**) könnten Teile eures Modells (nach Arbeitsvorschlag 2) eingefügt werden?

145

Was kostet

Probleme

Was ist ein Baum wert? Das ist doch ganz einfach, werdet ihr sagen. Er ist so viel wert, wie man für das Holz kriegt, wenn er geschlagen und auf den Markt gebracht wird. Für einen guten Buchenstamm bekommt man vielleicht 800 Euro.

Aber wenn ihr daran denkt, welche Funktionen der Wald für uns und die Natur hat, dann werdet ihr schnell einsehen, dass diese Rechnung so nicht stimmt. Denn dieser Baum kann, wenn er gefällt wurde, alle anderen Funktionen nicht mehr erfüllen. Und die sind ja auch etwas wert. Vielleicht sogar viel mehr als bloß das Holz. Aber wie kann man das berechnen?

Frederic Vester, ein Wissenschaftler, hat in den Achtzigerjahren versucht eine solche Rechnung zu erstellen. Damit zeigte er, wie wertvoll ein Baum eigentlich ist. Neben dem Holzwert errechnete er einen jährlichen Zusatzwert, der doppelt so groß ist wie der reine Holzwert.

Frederic Vester, Ein Baum ist mehr als ein Baum. Ein Fensterbuch. München, 1986.

1 Ein Baum ist mehr als ein Baum – die Rechnung von Frederic Vester

Der Baum alleine (pro Jahr):	
Holzwertzuwachs	2,70 DM
Fotosynthesemaschine	153,43 DM
Organisches Material	7,50 DM
Wasserspeicher	152,00 DM
Bodenleben	367,00 DM
Lebensraum	870,00 DM
Symbiose	35,00 DM
Filter/Bioindikator	62,40 DM
Bionik	5,40 DM
Leistung eines Baumes an sich	1675,64 DM

Der Baum im Wald (pro Jahr):	
Sammel- u. Jagdrevier	0,45 DM
Klimaregler	2385,40 DM
Wasserhaushalt	245,00 DM
Humusproduzent	210,00 DM
Artenvielfalt	109,50 DM
Abschirmung	37,90 DM
Erosions- und Lawinenschutz	204,00 DM
Holzwirtschaft	62,50 DM
Erholungswert	255,00 DM
Stabilisierung d. Landwirtschaft	6,00 DM
Umweltpolitik	5,86 DM
Basis des Wirtschaftsraumes	100,00 DM
Zusätzliche Leistung	3621,61 DM

2 Der Erholungswert des Waldes

Rechnen wir die jährlich auf 35 Millionen geschätzten Wochenend-Waldbesucher für Baden-Württemberg auf die Bundesrepublik um, so erreicht der Erholungswert pro Jahr ca. 240 Mio. Besuchertage. Das sind pro Baumeinheit 0,32 Besuchertage, also rund 3 Besucherstunden/Jahr, für die man als aufbauendes und gesunderhaltendes Erlebnis getrost den Gegenwert einer Massage von 25,00 DM in Anrechnung bringen kann.

Aus Angaben für den Schwarzwald können für die BRD 78 000 Betriebe des Gaststätten- und Beherbergungsgewerbes mit 390 000 Beschäftigten hochgerechnet werden, die sich im Wald oder in unmittelbarer Umgebung des Waldes befinden und mit ihren insgesamt 20 Mrd. DM jährlichem Umsatz [= Einnahmen] von dessen Erholungswert profitieren. Das entspricht 20 Milliarden geteilt durch 240 Mio. = 27,00 DM pro Waldbaum und Jahr. Rechnet man noch rund 10% dieses Betrages, also 3,00 DM für den Skitourismus hinzu, so bedeutet dies einen volkswirtschaftlichen Wert von 30,00 DM pro Jahr.

Eine weitere, kaum beachtete gesunderhaltende Rolle spielen die Duftstoffe, Aromastoffe, und ätherischen Öle! Sie sind fungizid [= pilztötend], schaffen eine vor Infektionen schützende Atmosphäre. Der auf die Bäume der Bundesrepublik entfallende Anteil von 300 000 Tonnen solcher hochwertiger luftverbessernder Stoffe ergibt pro Baumeinheit die in der Rechnung veranschlagten 380 g/Jahr. Ein Wirkstoffkonzentrat, für das der angegebene Preis von 0,53 DM/g bestimmt nicht zu hoch gegriffen ist.

Frederic Vester, Ein Baum ist mehr als ein Baum, München 1986, S. 39, gekürzt.

ns
der Wald?

der Bewertung des Waldnutzens

7 Erst stirbt der Wald...

3 **Wie man den Erholungswert des Waldes noch berechnen kann**

Die Zahlen von Frederic Vester beruhen alle auf Schätzungen, die teilweise recht gewagt sind: Denn kann man den Genuss eines schönen Waldspaziergangs wirklich mit einer Massage gleichsetzen, die etwa eine halbe Stunde dauert? Außerdem sind die veranschlagten Preise natürlich heute schon sehr alt.

Es hat noch weitere Versuche gegeben: Wissenschaftler, die die Waldschäden berechnen wollten, hatten eine andere Idee, wie man den Erholungswert des Waldes messen könnte. Sie versuchten herauszufinden, wie viel die Menschen bereit wären zu zahlen, wenn sie diesen Genuss kaufen könnten. So ist die Idee des Waldmuseums entstanden. Angenommen, es gäbe in der freien Natur überhaupt keinen Wald mehr: nur in großen Waldmuseen, vergleichbar mit einer riesigen Zoo-Anlage, könnte man sich erholen. Wie viel würden die Menschen für einen Besuch im Waldmuseum wohl bezahlen?

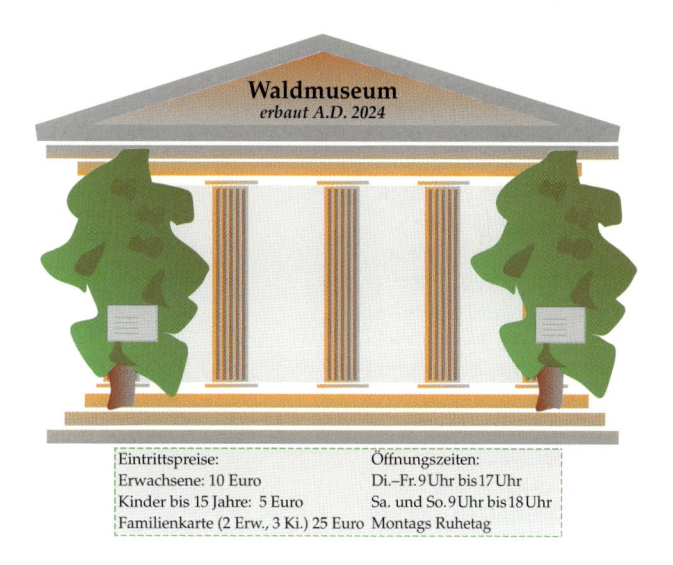

4

HEIMATMUSEUM

EICHENBLATT um 1950

„MUTTI – HATTEN BÄUME FRÜHER BLÄTTER?"

IM JAHRE 2030

Waldmuseum *erbaut A.D. 2024*

Eintrittspreise:
Erwachsene: 10 Euro
Kinder bis 15 Jahre: 5 Euro
Familienkarte (2 Erw., 3 Ki.) 25 Euro

Öffnungszeiten:
Di.–Fr. 9 Uhr bis 17 Uhr
Sa. und So. 9 Uhr bis 18 Uhr
Montags Ruhetag

Arbeitsvorschläge

1. Welchen Wert erzielt ein Baum nach Frederic Vester, wenn er 100 Jahre alt wird (**1**)?

Fragt im Biologieunterricht nach den unbekannten Begriffen.

2. Was haltet ihr von der Berechnungsmethode Vesters? In **2** könnt ihr sehen, wie Vester zu den Zahlen in **1** gelangt ist. Neigt Vester eher zur Dramatisierung oder zur Verharmlosung?

3. In **3** und **4** seht ihr Beispiele für ein Szenario* in den Jahren 2024 und 2030: Was wäre, wenn es keinen Wald mehr gäbe? Beschreibt die Folgen einer solchen Situation (siehe dazu die Seiten 138–141). Dazu könntet ihr auch, z.B. in Kleingruppen, eine kleine Science-Fiction-Erzählung schreiben.

4. Wie viel würdet ihr oder eure Eltern für einen Besuch im Waldmuseum (**3** und **4**) zahlen?

5. Fasst eure Erfahrungen zusammen: Welche wirtschaftlichen Folgen hat das Waldsterben?

Wie der Wald

Immer wenn es Probleme gibt, die Einzelne oder Gruppen nicht alleine lösen können, ist die Politik gefordert, geeignete Maßnahmen zu ergreifen. So ist es auch beim Waldsterben. Der Wald ist ja nur eines von vielen Beispielen dafür, dass die Natur die vielen Eingriffe und Schäden, die wir ihr täglich zufügen, nicht mehr verkraften kann. Der Staat muss also dafür sorgen, dass diese ständige Schädigung der Natur durch Raubbau und Umweltverschmutzung abnimmt. Waldpolitik ist also immer zugleich auch Umweltpolitik.

Allerdings gehen in der Politik die Ansichten darüber, wie man dem Wald helfen kann, weit auseinander. Die Regierung* versucht nachzuweisen, dass ihre Maßnahmen gegen das Waldsterben erfolgreich waren. Die Opposition* hingegen will beweisen, dass die Regierung nicht genug getan hat und dass deren Politik nicht erfolgreich war. Deshalb fordert sie die Wähler auf, bei der nächsten Wahl ihr die Stimme zu geben und die Regierung in die Opposition zu schicken. Das ist ein ganz normaler demokratischer Vorgang. Wichtig hierbei ist, ob eine Partei die Wählerinnen und Wähler davon überzeugen kann, dass sie die bessere Umweltpolitik betreibt.

Bodenschutzkalkung

Die Schutzgemeinschaft Deutscher Wald (SDW) fordert vom Staat

1. Ökologischere Verkehrspolitik!
Beschränkung des Straßenbaus, Verlagerung des Güterverkehrs von der Straße auf die Schiene, generelle Reduzierung des Individualverkehrs, höhere Benzinpreise, Einschränkung des Flugverkehrs.

2. Ökologischere Energiepolitik!
Höhere Energieausnutzung durch Blockheizkraftwerke mit Kraft-Wärme-Koppelung, Wärmedämmung, moderne Heizungstechniken, sparsames Heizverhalten, verstärkter Einsatz erneuerbarer Energiequellen (z. B. Sonne, Wind, Biomasse, Wasser).

3. Erforschung umweltfreundlicher und energiesparender Produktionsmethoden
Das Gleiche gilt für die weitere Erforschung der Wirkungszusammenhänge bei den Luftschadstoffen auf die Wälder.

4. Herabsetzung der Schadstoffemissionen*
Die SDW fordert Staat, Länder, Gemeinden, Energieversorgungsunternehmen und Industrie auf, alle Möglichkeiten zur Schadstoffminderung – auch über die vorgeschriebenen Grenzwerte hinaus – zu nutzen. Die Luft soll nicht mehr so schmutzig wie erlaubt, sondern in Zukunft so sauber wie möglich sein.

5. Beitrag jedes Einzelnen zur Rettung unserer Wälder
Sparsamer Verbrauch bei Kohle, Öl, Gas und Benzin ist ein erster Schritt. Vernünftig heizen (20° genügen in Wohnräumen), sinnvoll und seltener Auto fahren, öffentliche Verkehrsmittel benutzen.

6. Höhere Umweltstandards in der EU und weltweit
Schadstoffe kennen keine Grenzen. Deshalb fordert die Schutzgemeinschaft Deutscher Wald die Bundesregierung auf, für höhere Umweltstandards zu arbeiten.

SDW-Informationen, hrsg. von der Schutzgemeinschaft deutscher Wald, Meckenheimer Allee 79, 53115 Bonn, gekürzt und vereinfacht.

geschützt werden kann

7 Erst stirbt der Wald…

Ziele und Maßnahmen der Waldpolitik

3

Bundestag diskutiert den Waldzustandsbericht 1997

Handelt es sich bei der leichten Verbesserung des Zustandes der deutschen Wälder in den vergangenen Jahren um eine Trendwende oder nur um eine witterungsbedingte, kurzzeitige Erholung?

Nach Darstellung des Berichterstatters von der CDU [damals Bundesregierung] stirbt der Wald zwar nicht, aber er ist alles andere als gesund.

Der CDU-Politiker forderte daher, die Luftreinhaltung nicht nur in Deutschland, sondern im Zusammenwirken mit allen europäischen Ländern zu betreiben. Der Bundesrepublik bescheinigte er große Erfolge bei der Luftreinhaltung.

Für die SPD [damals Opposition] sind die Waldschäden Systemschäden. Die Schäden seien das Ergebnis einer jahrzehntelangen Überbelastung der Atmosphäre und einer ausbeuterischen Übernutzung der Naturressourcen. Was Not tue, seien Änderungen in der Energiepolitik, in der Verkehrspolitik, in der Agrarpolitik und in der Industriepolitik. Erforderlich sei der Übergang zu einer nachhaltigen* Wirtschaftsweise beziehungsweise der ökologische Umbau. Die Waldbilanz in Deutschland bezeichnete die SPD als im Grunde vernichtend, da rund 60 % der Bäume krank seien, bei der Eiche 80 %.

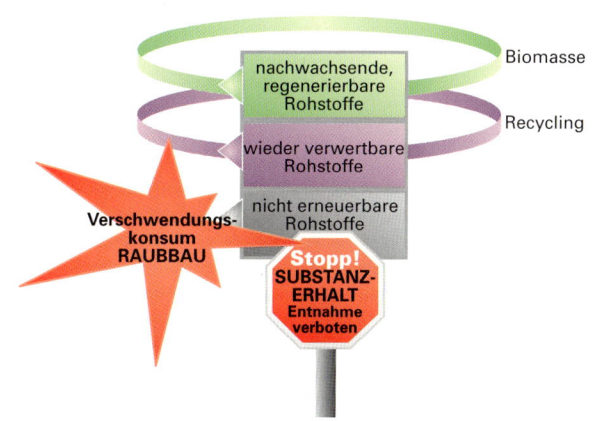

Die Abgeordnete von Bündnis 90/Die Grünen warf der Bundesregierung vor, statt Alarm zu schlagen, versuche sie, die statistischen Verbesserungen des Waldzustandes als Erfolg ihrer verfehlten Luftreinhaltepolitik zu verkaufen. Eine Abnahme der Schäden könne nur für einzelne Baumarten und auch nur regional beobachtet werden. Sie bemängelte, dass die Regierung anstelle des Vorsorgeprinzips auf Symptombekämpfung setze. Zwar könne die Kalkung kurzfristig die Bodenversauerung ausgleichen; aber die rein bodenchemische Betrachtung greife zu kurz und wirke sich auf das komplexe Ökosystem* nachteilig aus.

Die FDP sieht dagegen in den vorliegenden Ergebnissen eine Bestätigung für die in den vergangenen Jahren geleistete Arbeit der Regierungskoalition zur Luftreinhaltung. Trotzdem bestehe weiterhin kein Anlass zur Entwarnung. „Wir dürfen uns nicht auf unseren Lorbeeren ausruhen", meinte der FDP-Politiker. Vielmehr muss seiner Ansicht nach die Überlegenheit des nachwachsenden Rohstoffes Holz zur Verbesserung der Bedingungen für die Holzverwendung genutzt werden.

Nach: Agra-Europe 8/97, 24.2.1997, gekürzt und vereinfacht.

4 — Nachhaltiger Umgang mit Rohstoffen

- nachwachsende, regenerierbare Rohstoffe — Biomasse
- wieder verwertbare Rohstoffe — Recycling
- nicht erneuerbare Rohstoffe — **Stopp! SUBSTANZERHALT** Entnahme verboten

Verschwendungskonsum **RAUBBAU**

Arbeitsvorschläge

1. Erläutert die einzelnen Forderungen der SDW in **2** möglichst genau.

2. 1996 waren CDU und FDP in der Regierung, SPD und Grüne in der Opposition. Seit 1998 ist es umgekehrt.
Welche Argumentation ist typisch für die Regierung, welche für die Opposition (**3**)?

Geht einmal auf die Internet-Homepage des Bundestags und versucht herauszufinden, wann zuletzt das Waldsterben Thema einer Parlamentsdebatte war: www.bundestag.de.

3. Wo erfolgt eine Dramatisierung, wo Beschönigung, wo Verharmlosung (**3**)? Schaut euch hierzu nochmals die Zahlen auf S. 136–137 an.

4. Wem nutzt die Bodenschutzkalkung (**1** und **3**)? Was bedeuten „Vorsorgeprinzip" und „Symptombekämpfung"?

Lasst euch das Prinzip der Bodenschutzkalkung im Biologieunterricht erklären.

5. Erläutert das Prinzip der „Nachhaltigkeit" an **4** (siehe auch S. 140–141). Welche Konsequenzen ergeben sich hieraus für die Waldpolitik?

6. Warum werden europäische Lösungen (**2** und **3**) gefordert? Haben alle Länder gleiche Interessen? Was bedeutet das für die Waldpolitik?

Rettet den Wald!

Was Jugendliche

Ihr habt in diesem Kapitel gelernt, dass es viele Ursachen für das Waldsterben gibt und dass sich bis heute die Wissenschaftler nicht ganz einig sind, welche Ursachen auf natürliche Einflüsse zurückzuführen sind (z. B. Trockenheit) und welche durch den Menschen bedingt sind (z. B. Autoabgase).

Beim Wald ist es wie beim Menschen. Um gesund zu sein und zu bleiben, brauchen wir viele Dinge: Gesunde Ernährung, gute Luft, keinen Stress, genügend Sonne, aber auch sauberes Wasser usw. Es bedarf also eines ganzen Bündels von Maßnahmen, um den Wald gesund zu halten. Auf diesen Seiten findet ihr Vorschläge, was ihr selbst dazu beitragen könnt.

① Was können wir gegen das Waldsterben tun?

Dagmar und Georg hatten die Idee, einen Artikel für die Schülerzeitung zu schreiben. „Damit das, was wir jetzt über das Waldsterben wissen, nicht nur im Klassenzimmer bleibt, sondern dass auch andere etwas davon erfahren."

Und noch weitere Ideen fielen ihnen ein:

– Am nächsten Sonntag könnten sie beim Familienausflug das Auto zu Hause stehen lassen und mit dem Zug fahren. Oder vielleicht eine Radtour machen.
– Keine Getränke mehr in Alu-Dosen kaufen, denn diese Dosen brauchen enorme Mengen von Strom für ihre Herstellung. Und Energiesparen bedeutet weniger schädliche Abgase, weniger Luftverschmutzung, weniger Baumtod.
– Petra will ihre Eltern daran erinnern, im Interesse der Umwelt auf öffentliche Verkehrsmittel umzusteigen, wann immer dies möglich ist.
– Bernds Eltern wollen ein Haus bauen. Er will sie bitten, bei Bau und Planung darauf zu achten, dass sie später möglichst wenig Energie verbrauchen und ihnen vorschlagen, die Sonnenenergie zu nutzen.
– Gernot hat die Idee, dass sie in der Schule eine Unterschriftenaktion zum Thema Waldsterben starten, die sie dann an die Politiker schicken könnten.
– Und sie beschließen, dass sie eine Ausstellung über das Waldsterben machen. Die Anschlagtafel in der Pausenhalle wäre ein guter Platz dafür. So können sich alle Schüler ihrer Schule darüber informieren.
– Dem Klassenlehrer wollen sie vorschlagen, gemeinsam eine Baumpflanzaktion durchzuführen. Sie bitten ihn, bei der Stadt- oder Forstverwaltung anzufragen, ob für diesen Zweck eine geeignete Fläche zur Verfügung gestellt werden kann.

Stiftung Wald in Not, Broschüre „Waldsterben", Bonn 1994, S. 27 f.

② Köln-Holweide: Schulhof vor und nach der Entsiegelung

7 Erst stirbt der Wald…

gegen das Waldsterben tun können

3 — Wer setzt sich besonders für den Schutz des Waldes und der Umwelt ein?

Stiftung Wald in Not
Viele Menschen, bestimmt auch du, möchten gerne etwas für den Wald tun. Aber wie? Die Stiftung Wald in Not weiß, was dem Wald nützt. Sie sagt den Menschen, wie man sich umweltbewusst verhält. Sie informiert und klärt auf. Über die Ursachen des Waldsterbens und die Möglichkeiten einer Rettung des Waldes. Zum Beispiel auf einem Poster, das du bei uns bestellen kannst.

Stiftung Wald in Not, Faltblatt „Helft dem Wald!" Anschrift: Godesberger Allee 142–148, 53175 Bonn.

Robin Wood – Rächer der Entlaubten
Wir wollen unsere Wälder vor dem Gifttod bewahren. Deshalb setzen wir uns für saubere Luft, für umweltverträgliche Energien, für eine Umkehr im Interesse unserer Umwelt ein. Für ein neues Interesse an unserer Umwelt, das nicht allein von skrupelloser und habgieriger Naturausbeutung bestimmt ist. Denn: Stirbt die Natur, dann stirbt auch die Lebensgrundlage für die Menschen.

Robin Wood, Postfach 10 21 22, 28021 Bremen, Tel.: (0421) 59 82 88.

Der BUND
Der BUND engagiert sich seit mehr als 25 Jahren, um Politik und Wirtschaft zum Umdenken zu zwingen. Der BUND war es, der die Öffentlichkeit erst auf das Sterben der Wälder aufmerksam gemacht hat. Auch der Begriff „Waldsterben" wurde vom BUND geprägt. Und anders als vor 25 Jahren leugnet heute niemand mehr die bedrohlichen Waldschäden. Darauf sind wir ein bisschen stolz.

Bund für Umwelt und Naturschutz e.V. (BUND), Am Köllnischen Park 1, 10179 Berlin.

Arbeitsvorschläge

1. Stellt die in **1** vorgeschlagenen Maßnahmen zur Rettung des Waldes stichwortartig zusammen. Überprüft anhand der Seiten 140–147, inwiefern jede einzelne Maßnahme geeignet ist, die Waldschäden zu verringern. Haltet euer Ergebnis in einem begründenden Text fest (Kleingruppen).

2. Schaut euch auf dem Schulgelände um. Was könnte hier im Sinne von **1** getan werden? Ein Beispiel seht ihr in **2**.

3. Überlegt, welche Effekte die Entsiegelung erzielen kann. Denkt an Niederschlagswasser, Oberflächentemperatur, Biomasse, Tiere und Mikroorganismen.

Hier bietet sich eine Zusammenarbeit mit dem Fach Biologie an.

4. Beschafft euch aktuelle Informationen:

Ihr könnt an die in **3** genannten Organisationen schreiben sowie an die Schutzgemeinschaft Deutscher Wald, Meckenheimer Allee 79, 53115 Bonn. Oder ihr versucht es im Internet:
www.bundjugend.de,
www.greenpeace.de/kids,
www.robinwood.de,
www.dainet.de.

5. Prüft, ob es in eurer Stadt bzw. Gemeinde eine Gruppe gibt, die sich für den Wald einsetzt. Vielleicht könnt ihr jemanden einladen, mit euch über das Thema zu sprechen.

6. Entwerft eine Kontrast-Collage zum Thema „Gesunder Wald, kranker Wald".

Wozu das gut sein kann und wie das geht, erfahrt ihr auf den Seiten 42–43.

151

Der Wald

Erst hat's geläutet. Und dann hat's nochmal geläutet. Und bis ich aus dem Bett war, war schon ein Mann in der Wohnung mit einem Gamsbart am Hut. Er sah aus wie der Bär auf dem Försterball, aber es war kein Bär, sondern der Amtsmensch vom Waldamt. Er redete auf meine Eltern ein und wedelte mit dem Schrieb vor ihrer Nase herum. Ich verstand nicht viel. Nur, dass er hier bei uns das Biotop anpflanzen will und ganz besonders dankbar ist, dass wir ihn reinlassen. Dann musste ich raus zum Pinkeln, und als ich wiederkam, war ein Haufen Männer dabei, unser Wohnzimmer auszuräumen. Sie hatten alle blaue Arbeitsanzüge an. Mama rief dauernd: Nein, nein! Um Gottes willen, nein! Aber sie räumten alles weg. Der Papa rief: Ich hol die Polizei. Aber die war schon da und wedelte auch mit einem Schrieb. Das darf doch nicht wahr sein!, stöhnte der Papa. Aber alles ist wahr. Und dann rissen sie das Dach auf und die ganzen Sachen kamen runter: eine große Plastikdecke für den Fußboden und dann die Erde und die Pflanzen und die Bäume – das ganze Biotop oder wie das heißt.

Alles habe ich nicht mitgekriegt, weil die Mama plötzlich schrie: Zieh dir was an, Kind! Du holst dir sonst den Tod, jetzt, wo das Dach abgedeckt ist. Aber als ich zurückkam vom Anziehen, da machten sie das Dach schon wieder zu. Der Waldamtsmensch bedankte sich beim Papa und der Mama, dass sie ein Stück Wald retten wollten. Und der Papa sagte: Sie, das ist ein Missverständnis. Das muss rückgängig gemacht werden. Raus muss der Wald. Und die Mama sagte immer wieder: Wie soll ich denn den sauber halten? Da waren die Männer in den blauen Anzügen schon wieder weg. Nur die Polizisten blieben, einer in der Wohnung, damit wir dem Wald nichts tun, einer im Flur und der unten an der Haustür. Wir dürfen erst wieder raus, wenn ...

Hier brach Mariellas Luftpostbrief ab. Ich schaute mich um. Es musste noch eine dritte Papierschwalbe geben mit der Fortsetzung. Aber ich fand keine. Vielleicht war sie auf einem Balkon gelandet. Oder aber die Wächter in der Wohnung hatten Mariella beim Schreiben erwischt.

Es hatte keinen Sinn, noch länger im Hof zu warten. Ich ging noch einmal zur Eckkneipe, aber Vater Schmidt tauchte nicht auf. Er durfte also die Wohnung nicht verlassen.

Die Nacht auf dem Dienstag schlief ich schlecht und träumte wüstes Zeug. Ich lag auf einem Liegestuhl in einer blühenden Wiese. Da kamen riesige Bulldozer und gruben die Wiese auf. Ich wollte schreien: Nein! Aber ich hatte keine Stimme. Und aufstehen konnte ich auch nicht, weil ich an den Liegestuhl gefesselt war. Dann kamen große Betonmischer und betonierten alles zu. Dann konnte ich doch aufstehen und wollte mich davonschleichen, aber überall waren Augen die mich verfolgten. Und dann war das gar nicht ich, sondern der Vater Schmidt. Und der lief vor irgendwas davon. Da sagte über ihm ein kleines Mädchen in einer Papierschwalbe: der Wald, der bald kommt. Und wirklich, der Wald kam. Die Bäume hatten schwere hölzerne Füße und stapften heran. Und wo sie hintraten, brach der Betonboden, dass es krachte. Vater Schmidt wich zurück, bis er mit dem Rücken an eine Tür stieß. Aber die Tür war verschlossen.

Und die riesigen Bäume mit ihren riesigen hölzernen Füßen stapften auf ihn zu. Er klopfte wie wild an die Tür: Aufmachen schrie er, aufmachen! Jetzt-kommt-der-Wald-zurück, stapften die Bäume, nieder-mit-dem-Beton-und-den-Betonierern! Der Mann mit dem Rücken an der Tür – ich weiß nicht, ob ich es war oder der Vater Schmidt – hatte große Angst. Es lebe der Wald! schrie er. Nieder mit dem Beton! Und: Mach doch einer die Tür auf!

Da bin ich aufgewacht und hab gemerkt, dass das Klopfen von meiner Tür kam. Ich rappelte mich hoch und öffnete. Es war der Vater Schmidt. Ich machte uns einen Tee. Und dann erfuhr ich endlich die ganze Geschichte.

Einiges wusste ich ja schon von Mariella, aber wie das Ganze passiert war, das konnte mir das Kind nicht erzählen, weil sogar der Vater es erst jetzt allmählich begriff. „Also, der Computer war's. Da erzählen sie einem ständig, wie segensreich der Fortschritt wäre, und wenn einer vor den Gefahren warnte, dann ist er ein Spinner und Maschinenstürmer. Aber wenn so was passieren kann, wie bei den Schmidts, dann ist doch was faul, um nicht zu sagen oberfaul."

Also, wie gesagt, die Schmidts hatten letztes Jahr ihr Dach ausgebaut. Das war schon immer ihr Traum gewesen: ein großer, hoher Wohnraum mit viel Luft unterm Dach. Sie stellten einen Antrag bei der Stadt, der Antrag kam in den Computer des Wohnbauamtes und der Computer sagte: Ja, die Schmidts bekommen einen Zschuss.

Das war der erste Computer. Der zweite stand bei der Polizei. Die Schmidts sind letztes Jahr bei einer Demonstration für eine saubere Umwelt mitgegangen. Am Ende hatten sie sich in eine Liste eingetragen, auf der stand: Rettet den Wald.

Auf der Liste hatten sich lauter harmlose Leute eingeschrieben. Aber unsere Polizei ist misstrauisch, wenn man auf die Straße geht und laut sagt, was man will. Wer seine Meinung sagt, könnte auch Steine schmeißen, fürchten sie. Und deshalb hatten sie alle Namen von der Liste in ihren Computer eingespeist.

Dann kam die Mariella. In der Schule wurde sie ausgewählt, zum „Tag des Baumes" eine kleine Buche in den Schulhof zu pflanzen. Und weil der Physiklehrer offenbar

unterm Dach

von Rudolf Herfurtner

nichts Besseres zu tun hatte, hat er das ganze in den Schulcomputer eingetippt: Früher gab's dafür Jahresberichte, heute wird das auf Computer gespeichert. Das war also der dritte.

Der vierte Computer gehörte einem Pflanzenversand. Frau Schmidt hatte da mal einen Oleander bestellt: Jetzt waren sie in dem Computer als Pflanzenfreunde festgehalten: Dann hatte man Vater Schmidt mal auf einer Architektentagung fürs Fernsehen gefilmt. Da hätte er so was Ähnliches gesagt wie: Man müsse auch persönliche Opfer bringen für die Erhaltung der Umwelt. Irgendwer musste das gespeichert haben.

Genauso wie den Abgastest für seinen Wagen.

Mariellas Vater versuchte, so wenig wie möglich von dem Autodreck in die Luft zu blasen, wenn er schon nicht ganz auf das Auto verzichten kann. Das war der sechste Computer. „Ich weiß nun nicht", sagte Vater Schmidt, „ob es auch noch eine Rolle gespielt hat, dass meine Mutter Waldburga heißt und seit zwanzig Jahren ihren Urlaub im Bayerischen Wald verbringt und dass wir schon mal eine Waldmeisterbowle getrunken haben."

Jedenfalls, das Waldsterben wurde immer schlimmer, weil keiner der Verantwortlichen wirklich etwas dagegen tun wollte. Als kaum noch ein gesunder Baum im Wald stand, hatte ein Amtsmensch eine Idee: So wie man die aussterbenden Tiere in den Zoo steckt, so sollte auch der Wald – ein Teil davon wenigstens – unter einem Dach gerettet werden, in so einer Art „Arche Noah für Bäume."

Und nun kam die Stunde des Computerfachmanns. Er setzte sich an seinen Monitor und fragte die Maschine nach einem „Freund des Waldes". Der Computer blinkte und ratterte und fragte seine Computergenossen beim Wohnungsamt, bei der Polizei, in der Schule; beim Pflanzenversand, beim Fernsehen, beim Automobil-Club und vielleicht auch beim Fremdenverkehrsverein im Bayerischen Wald. Und es dauerte nicht lange, da flimmerte ein Name über den Monitor: Schmidt, Waldstraße 5, fünfter Stock.

Der Rest ist schnell erzählt. Das Amt verfasste einen Schrieb und schickte einen Amtsmenschen mit einer Gruppe von Waldarbeitern in den Wald. Sie gruben das letzte Stückchen gesunden Wald aus und setzten es in das Wohnzimmer der Schmidts.

„Sie können sich denken", sagte Vater Schmidt, wie ich protestiert habe, aber was der Computer einem Amtsmenschen befiehlt, das macht der Amtsmensch und die Polizei hilft ihm dabei. Auf dem Schrieb stand es ja schwarz auf weiß: Wir lieben den Wald, wir wollen ihn retten, wir würden sogar persönliche Opfer bringen, und wer hat schon so hohe Räume, dass eine anständige Tanne reinpasst? Und schließlich hätten wir ja öffentliches Geld für unseren Dachausbau bekommen. Und überhaupt könnten wir doch froh sein, dass wir was für die Menschheit tun könnten. Da kann ich nur sagen: Herzlichen Glückwunsch! Hier brach Vater Schmidt seinen Bericht ab. Er schlürfte den heißen Tee und schwieg eine ganze Weile. Dann stand er auf und ging zur Tür.

„Was werden Sie jetzt tun?", fragte ich.

„Ich musste mich davonschleichen, weil sie uns erst wieder rauslassen, wenn ich unterschreibe, dass wir dem Wald nichts tun. Nun, ich werde morgen früh unterschreiben, und dann werde ich denen beim Amt gehörig auf die Bude rücken. Die müssen das rückgängig machen. Wo kommen wir denn da hin? Es kann doch nicht sein, dass ein Computer bestimmt, was ich mit meinem Haus mache. Das wollen wir doch jetzt mal sehen!"

Und dann ging er.

Ich weiß nicht genau, was er eigentlich wollte. Wahrscheinlich nur mal alles loswerden. Mir war es recht, jetzt wusste ich endlich alles. Und wenn das auch eine unglaubliche Geschichte war, so schlief ich doch jetzt bald wieder ein und schlief ruhig bis in den Morgen.

Als ich am Dienstag zum Bäcker ging, um mir ein paar Brezeln zum Frühstück zu holen, sah ich Mariella. Sie war auf dem Weg zur Schule. Man ließ sie also wieder raus. Vater Schmidt hatte wohl unterschrieben.

Mariella hüpfte ganz fröhlich herüber zu mir, als sie mich entdeckt hatte. Unter dem Arm hatte sie einen Schuhkarton. Sie war noch gar nicht ganz bei mir angekommen, da sprudelte sie schon los: „Weißt du, was ich hab? Hier, das errätst du nie. Hier, in der Schachtel. Schau! Ein Maikäfer. Die gibt's doch noch. Der Papa hat gesagt, die sind ausgestorben, weil sie so viel Gift verspritzen in der Natur und auch auf die Maikäfer. Aber ich hab einen. Und weißt du woher? Aus unserem Wald. Der war noch in der Erde, der Maikäfer, sagt der Papa, weil doch erst April ist: Aber die sitzen in der Erde, bis es warm wird, und dann kommen sie raus. Und weil's der Wald ja jetzt bei uns im Wohnzimmer so warm hat, deswegen ist der Maikäfer schon im April raus. Und ich hab ihn gefunden. Das ist toll. Den zeig ich jetzt der Marga und der Mona und dem dicken Alf. Die werden Augen machen und neidisch sein. Und wie!"

Sie machte die Schachtel zu und hopste davon. Für Mariella war der Wald unterm Dach offensichtlich gar nicht so schlecht. Wenn er doch so schöne Maikäfer beherbergte!

Plötzlich hatte ich das Gefühl, dass der geplagte Vater Schmidt noch ganz schöne Schwierigkeiten bekommen könnte.

Rudolf Herfurtner, Der Wald unterm Dach, Zürich, Köln 1985, S. 23–37.

Hier seht ihr in sechs Bildern die Verwandlung eines Stadtteils von den Fünfzigerjahren bis heute. So oder ähnlich haben sich viele Städte in Deutschland verändert. Doch diese Formulierung ist irreführend: Die Stadt verändert sich nicht von selbst, die Menschen verändern sie.

154

Wir mischen uns ein
Probleme der Kommunalpolitik

Wir wählen eine

Wenn Menschen ihre Stadt oder Gemeinde verändern, haben sie Interessen und Ziele. Sie entwerfen Pläne, diskutieren darüber und setzen sie um.

Und wer entscheidet über diese Veränderungen? Dies sind in einer Demokratie* die gewählten Vertreter der Bürger, in einer Gemeinde also die Gemeindevertretung*.

Die in den sechs Bildern auf Seite 154–155 sichtbaren Veränderungen eines Stadtteils sind Ergebnisse von Kommunalpolitik, von Bürgerversammlungen, Wahlkämpfen, Gewissenskonflikten von Abgeordneten, hitzigen und sachlichen Diskussionen und schließlich Entscheidungen in der Gemeindevertretung.

Das Kapitel handelt davon, wie diese Entscheidungen zustande kommen, womit sich Kommunalpolitik beschäftigt, wie sie organisiert und finanziert wird.

Zunächst schaut euch noch einmal genau die sechs Bilder an: Besprecht die folgenden Fragen in Kleingruppen und vergleicht eure Ergebnisse.

1. In welchem Bild würdet ihr am liebsten wohnen? Warum? 2. Welche der Veränderungen findet ihr gut, welche nicht? Listet sie auf. 3. Gibt es ähnliche Veränderungen in eurem Stadtteil bzw. eurer Gemeinde? 4. Sucht nun aus der Liste von 2 ein Beispiel für eine Veränderung aus, die ihr verhindert hättet: Warum wurde die Veränderung überhaupt vorgenommen? Welche bessere Lösung hätte es gegeben? Wären mit dieser Lösung wohl alle Bürger einverstanden gewesen?

Was ist ein Planspiel?
In einem Planspiel wird eine angenommene Situation, ein Problem oder ein Konflikt auf ein Ziel oder eine Lösung hin durchgespielt. Die Spieler sind Gruppen, die ihre Spielstrategie planen und ihre Spielzüge meist schriftlich der Spielleitung und den anderen Gruppen mitteilen.

Ein Planspiel besteht aus drei Phasen:
– der Vorbereitungsphase, in der die Rollen verteilt werden, die Situation erarbeitet wird und die Spielteilnehmer sich Sachinformationen und technische Hilfsmittel besorgen,
– der Durchführungsphase, in der die Spielgruppen in ihren Rollen agieren und reagieren,
– der Auswertungsphase, bei der die Rollen aufgegeben werden und der Spielverlauf besprochen wird.

Das Planspiel ist eine Ausbildungs- oder Trainingsmethode, in der insbesondere strategisches Handeln, geschicktes Argumentieren und umsichtiges Entscheiden eingeübt werden. Daher wird es z. B. in Seminaren für Wirtschaftsmanager, bei der Übung militärischer Verteidigung und in vielen anderen Ausbildungsbereichen eingesetzt.

Planspiel Kommunalwahl
Viele Entscheidungen, die das Zusammenleben der Bürger in einer Stadt oder Gemeinde betreffen, werden von gewählten Vertretern in Stadt- und Gemeindeparlamenten getroffen. Nicht in jedem Bundesland haben diese Parlamente den gleichen Namen. In Nordrhein-Westfalen nennt man sie Stadt- oder Gemeinderäte, in Hessen heißen sie Gemeindevertretung oder Stadtverordnetenversammlung.

Wichtig und interessant ist für euch die Kommunalpolitik in eurer Stadt oder Gemeinde.

Wir schlagen euch daher ein Planspiel vor, in dem ihr einen Wahlkampf und eine Kommunalwahl in eurer Stadt oder Gemeinde plant und durchführt.

Wahlkampf und Wahl, Politiker und Wähler werden nicht „echt" sein, sie werden gespielt. Die Probleme aber, um die es dabei gehen soll, werden „echt" sein. Es sollen die Themen sein, die gerade in der Politik vor Ort diskutiert und demnächst entschieden werden müssen.

Das Planspiel könnte folgendermaßen ablaufen:

I. Vorbereitung
1. Sammelt Themen, Probleme, Pläne, die zurzeit in eurer Stadt oder Gemeinde diskutiert werden und die die Gemeindevertretung noch entscheiden muss.
2. Wählt gemeinsam drei bis fünf dieser Themen aus. Nehmt die Themen, die euch wichtig, interessant und verständlich erscheinen. Diese sind die Hauptthemen eures Wahlkampfes.
3. Jeder sammelt zu den Hauptthemen des Wahlkampfes alle Informationen, die er bekommen kann. Fragt Eltern und Bekannte, sammelt Zeitungsausschnitte, geht zu den Büros der Parteien, zu Bürgerinitiativen, zur Lokalredaktion der Zeitung usw.
Ziel ist es, zu wissen, worum es bei dem jeweiligen Thema genau geht, was dafür spricht und welche Gegenargumente vorgebracht werden können.

Gemeindevertretung

Planspiel Kommunalwahl

8 Wir mischen uns ein

II. Parteien gründen und anmelden

Setzt euch in (etwa vier) Gruppen zusammen. Diese Gruppen werden während des ganzen Spiels zusammenbleiben, sie sind die Parteien. Gründet eure Partei und meldet sie bei eurer Lehrerin/eurem Lehrer auf einem Blatt mit folgenden Angaben an:

1. Name der Partei (erfindet etwas zwischen den wirklichen Parteinamen und reinen Juxnamen)
2. Vorsitzende/r (leitet und strukturiert die Diskussionen)
3. Schriftführer/in (schreibt mit, kann aber auch Aufgaben auf andere übertragen)
4. Bürgermeisterkandidat/in
5. Kandidaten für die Gemeindevertretung („Liste" der Partei).

III. Parteiprogramm erstellen

Dann müssen die Parteien ihr Programm erarbeiten. Dies geschieht in folgenden Schritten:

1. Zunächst wird die Meinung der Partei zu den Hauptthemen des Wahlkampfes (vgl. I.2) festgelegt.
2. Über diese Hauptthemen hinaus können die Parteien auch zusätzliche Ideen, Pläne, Forderungen für das, was in ihrer Stadt geschehen sollte, entwickeln.
3. Die beschlossenen Positionen zu den Hauptthemen und die zusätzlichen Programmpunkte werden in einem gut gegliederten, verständlich und ausführlich formulierten Kommunalwahlprogramm der Partei aufgeschrieben. Dieses Programm stellt den Bürgerinnen und Bürgern dar, was die Kandidaten der Partei in der Gemeindevertretung vorschlagen werden, wenn sie gewählt werden.
4. Die fertigen Programme werden in der Klasse ausgehängt oder verteilt.

IV. Wahlkampfmaterial erarbeiten

Nachdem die Parteien und Argumente der Parteien festgelegt sind, müssen sie sich auf den Wahlkampf vorbereiten. Dazu gehören:

1. Ein Flugblatt mit den Namen der Kandidaten der Partei. Das Flugblatt unterscheidet sich wesentlich vom Parteiprogramm. Es informiert kurz und übersichtlich darüber, was die Partei will und warum; es ist in einer Sprache formuliert, die die Wähler und ihre Interessen anspricht. Sein Äußeres ist übersichtlich gegliedert (Kopf mit Parteinamen, Überschriften und Zwischenüberschriften, Parolen usw.). Es ist grafisch attraktiv gestaltet.
2. Ein Wahlplakat (ggf. mit der Abbildung der Bürgermeisterkandidaten), das im Wahlkampf ausgehangen wird. Die Funktion dieses Plakats ist es, den/die Bürgermeisterkandidaten/in als die Person darzustellen, die aufgrund ihrer Fähigkeiten und Eigenschaften bei den Bürgern für die Wahl ihrer Partei werben soll.
3. Weiteres Wahlkampfmaterial ... – der Fantasie sind keine Grenzen gesetzt.

VI. Wahlkampf und Wahl

Natürlich könnt ihr den Wahlkampf vor der Klasse als Wahlvolk stattfinden lassen. Diese „Wähler" werden aber wohl kaum anhand des Wahlkampfmaterials oder aufgrund des Auftretens der Kandidaten entscheiden. Besser und auch interessanter ist es, unvoreingenommene Wähler entscheiden zu lassen.

Ihr könnt eine Parallelklasse in eine eurer Politikstunden einladen. Oder ihr könnt eure Kandidaten mit ihren Materialien in die Politikstunden der anderen Klassen schicken.

Wahlkampf und Wahl laufen folgendermaßen ab:
1. Die Parteienvertreter verteilen ihr Wahlkampfmaterial.
2. Die Kandidaten stellen sich und das Programm ihrer Partei mit einer kurzen Rede vor.
3. Die Wähler stellen Fragen an bestimmte (oder alle) Kandidaten. Es folgt eine allgemeine Diskussion.
4. Die Stimmzettel werden verteilt und die Wähler geben zwei Stimmen ab: eine für die Parteiliste und eine für den Bürgermeisterkandidaten.

V. Kandidaten vorbereiten

Im Wahlkampf stehen die Kandidaten vor Gruppen oder Versammlungen von Bürgern und müssen die richtigen Worte finden (und auch über die Lippen bekommen), um diese anzusprechen. Dies ist für die meisten ungewohnt und muss in den Parteien bei Kandidatenschulungen eingeübt werden. Dabei geben die Parteimitglieder Tipps für die angemessene Ansprache der Wähler (weder zu unpersönlich und formell noch zu kumpelhaft) und für den taktisch geschickten Umgang mit dem politischen Gegner (weder zu freundlich noch zu überheblich oder aggressiv). Die Kandidaten üben ihre Rede vor ihren Parteifreunden.

VII. Pressekonferenz zum Wahlergebnis
1. Nachdem das Wahlergebnis ausgezählt und bekannt gegeben worden ist, treffen sich die Parteien und formulieren für die Presse ihre Stellungnahme zum Wahlergebnis.
2. Danach gibt jede Partei ihre Pressekonferenz: Der/die Parteivorsitzende verliest vor den Journalisten (= die Klasse) die Presseerklärung, die Journalisten haben die Gelegenheit zu kritischen Fragen …

Nach der Pressekonferenz könnt ihr das Planspiel beenden und zur Auswertungsphase (IX.) übergehen. Ihr könnt aber auch noch weiterspielen:

VIII. Bildung der Gemeindevertretung, Beratung und Beschlüsse zu den Themen des Wahlkampfes
1. Zunächst müsst ihr feststellen, wie viele Sitze jede Partei gewonnen hat. Dafür müsst ihr
   - das Wahlergebnis in Prozent umrechnen
   - festlegen, wie viele Sitze eure Planspiel-Gemeindevertretung haben soll
   - ausrechnen, wie viele der Sitze jeder Partei nach dem Wahlergebnis zustehen.
2. Dann tagen die Fraktionen der Parteien. Sie bestehen nicht aus allen Parteimitgliedern, sondern nur den Kandidaten, die durch die Wahl einen Sitz in der Gemeindevertretung bekommen haben. (Die anderen können natürlich teilnehmen.) Die Fraktionen* bereiten die Sitzung der neu gewählten Gemeindevertretung vor: Sie formulieren kurze und konkrete Anträge zu den Themen ihres Parteiprogramms und ihres Wahlkampfes.
3. Dann tagt die Gemeindevertretung zum ersten Mal. Der/die direkt gewählte Bürgermeister/in hat den Vorsitz und leitet die Diskussion. (In Hessen wird übrigens ein/e Stadtverordnetenvorsteher/in gewählt.) Er/sie erstellt eine Tagesordnung, das heißt eine nummerierte Reihenfolge der Themen, die auf der Sitzung besprochen werden sollen.

Die Tagesordnungspunkte werden aufgerufen und die Fraktionen tragen ihre Anträge vor. Diese werden diskutiert und es wird abgestimmt.

Wenn es keine Mehrheiten gibt, kann die Sitzung vertagt werden, damit die Fraktionen verhandeln können.

(Und so kann das Spiel noch lange dauern …)

IX. Nachbereitung/Auswertung des Planspiels
Jetzt verlasst ihr eure Rollen als Parteimitglieder und besprecht, welche Erfahrungen ihr während des Spiels gemacht habt.

Geht die einzelnen Schritte des Spiels durch: Was war wichtig, schwierig, interessant, langweilig, unangenehm, überflüssig …? Ist dies jeweils in der Wirklichkeit der Kommunalpolitik auch so? Könnt ihr euch vorstellen, später einmal kommunalpolitisch aktiv zu werden?

Ohne Moos

Ihr habt bei der Untersuchung der Veränderung des Stadtteils (S. 154–155) schon gesehen, dass Bauplanung und Verkehrsführung zu den Aufgaben der Gemeindepolitik gehören. Weitere Aufgaben könnt ihr leicht aus eigener Erfahrung oder durch Nachstöbern auf den Seiten dieses Kapitels sammeln.

Woher aber die Gemeinde das Geld bekommt, mit dem all diese Aufgaben finanziert werden müssen und wie eine Gemeinde ihre Einnahmen möglicherweise erhöhen kann, lässt sich mithilfe von *1–4* auf dieser Seite herausfinden. Und beim Entscheidungsspiel um einen Nachtragshaushalt (*5*) werdet ihr erfahren, wie schwierig es ist, die knappen Mittel der Gemeinde gerecht zu verteilen.

1 Einnahmen der Gemeinden

Die Einnahmen der Gemeinden kommen hauptsächlich aus folgenden Quellen:

– Steuern: Die Höhe von bestimmten Steuern kann von der Gemeinde selbst beeinflusst werden. Die Gewerbesteuer und die Grundsteuer kann sie in einem eng gesteckten Rahmen durch so genannte Hebesätze senken oder erhöhen. Steuern mit geringem Aufkommen, wie die Getränkesteuer und die Hundesteuer, kann die Gemeinde eigenständig festlegen. Außerdem erhalten die Gemeinden 15 Prozent der Lohn- und Einkommensteuer ihrer Bürger, deren Höhe bundesweit festgelegt ist. Dafür müssen sie einen Teil ihrer Gewerbesteuereinnahmen an Bund* und Land abgeben.

– Gebühren und Beiträge für Dienstleistungen und Einrichtungen: z. B. Eintrittsgelder für Bäder, Teilnehmerentgelte für Volkshochschulen, Gebühren für die Ausstellung eines Personalausweises und für die standesamtliche Trauung.

– Finanzzuweisungen von Bund und Land: Den Gemeinden steht ein Teil der Steuereinnahmen der Länder zu, die nach einem Schlüssel verteilt werden. Dabei werden die Unterschiede zwischen „reichen" und „armen" Gemeinden in einem gewissen Maß ausgeglichen (Finanzausgleich).

– Von Bund und Land gibt es auch zweckgebundene Zuweisungen. Das sind Zuschüsse für Investitionen, wie Wohnungsbau, öffentliche Verkehrsmittel, Stadtsanierung oder Erneuerung des Ortskerns.

– Gemeinden können auch bei den Banken Geld leihen. Dies haben alle Gemeinden in der Vergangenheit reichlich getan, weshalb sie jetzt Schuldzinsen aufbringen (und später den Kredit zurückbezahlen) müssen.

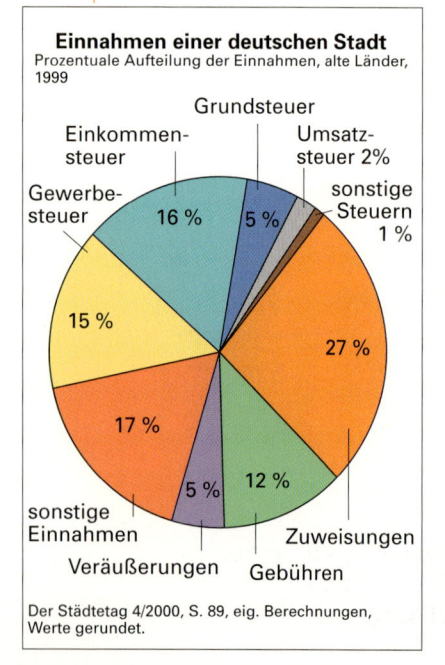

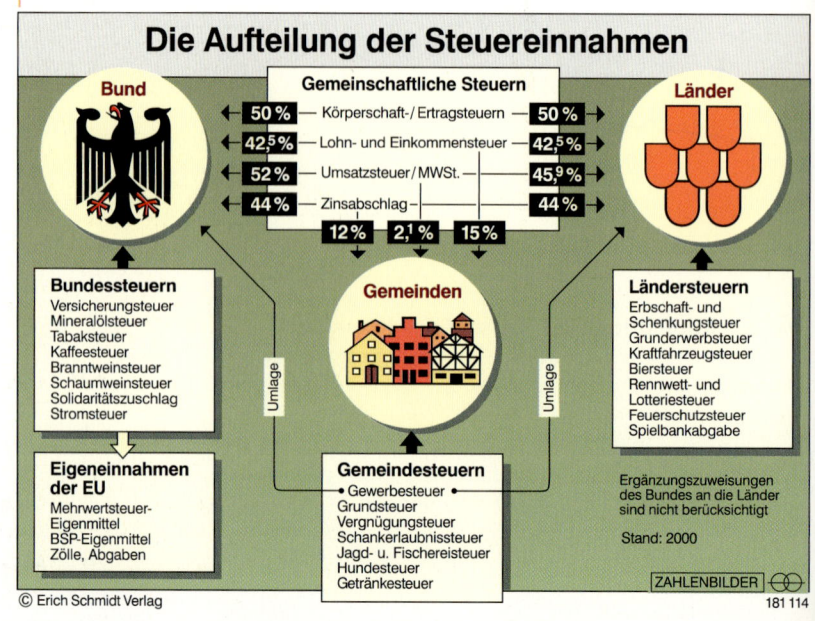

2 Einnahmen einer deutschen Stadt
Prozentuale Aufteilung der Einnahmen, alte Länder, 1999

- Gewerbesteuer 16 %
- Einkommensteuer 15 %
- Grundsteuer 5 %
- Umsatzsteuer 2 %
- sonstige Steuern 1 %
- 27 %
- Gebühren 12 %
- Veräußerungen 5 %
- sonstige Einnahmen 17 %
- Zuweisungen

Der Städtetag 4/2000, S. 89, eig. Berechnungen, Werte gerundet.

3 Die Aufteilung der Steuereinnahmen

Gemeinschaftliche Steuern
- Körperschaft-/Ertragsteuern: Bund 50 % / Länder 50 %
- Lohn- und Einkommensteuer: Bund 42,5 % / Länder 42,5 %
- Umsatzsteuer / MWSt.: Bund 52 % / Länder 45,9 %
- Zinsabschlag: Bund 44 % / Länder 44 %

Gemeinden: 12 %, 2,1 %, 15 %

Bundessteuern
- Versicherungsteuer
- Mineralölsteuer
- Tabaksteuer
- Kaffeesteuer
- Branntweinsteuer
- Schaumweinsteuer
- Solidaritätszuschlag
- Stromsteuer

Eigeneinnahmen der EU
- Mehrwertsteuer-Eigenmittel
- BSP-Eigenmittel
- Zölle, Abgaben

Gemeindesteuern
- Gewerbesteuer
- Grundsteuer
- Vergnügungsteuer
- Schankerlaubnissteuer
- Jagd- u. Fischereisteuer
- Hundesteuer
- Getränkesteuer

Ländersteuern
- Erbschaft- und Schenkungsteuer
- Grunderwerbsteuer
- Kraftfahrzeugsteuer
- Biersteuer
- Rennwett- und Lotteriesteuer
- Feuerschutzsteuer
- Spielbankabgabe

Ergänzungszuweisungen des Bundes an die Länder sind nicht berücksichtigt

Stand: 2000

© Erich Schmidt Verlag — ZAHLENBILDER 181 114

nix los

8 Wir mischen uns ein

Aufgaben und Ausgaben der Gemeinde

4 Gemeinden schießen zu

So viel % der Kosten sind nicht durch Gebühren und andere Einnahmen gedeckt:

- Büchereien 90
- Museen 80
- Theater 70
- Kindertagesstätten 63
- Bäder 60
- Musikschulen 59
- Volkshochschulen 48
- Straßenreinigung 30
- Friedhöfe 9
- Rettungsdienst 5
- Abfallbeseitigung 1
- Abwasserbeseitigung unter 1

Stand 1996
Quelle: Gemeindefinanzbericht 1998
Angaben für Westdeutschland
© Globus

5 Der Nachtragshaushalt – ein Entscheidungsspiel

Kommunalpolitische Entscheidungen sind oft Entscheidungen darüber, welche der verschiedenen Vorhaben Priorität haben, d.h. für wichtiger gehalten werden.

Nehmen wir an, in eurer Stadt stellt der Kämmerer (so heißt der „Finanzminister" einer Gemeinde oder Stadt) nach der Verabschiedung des Haushalts fest, dass die Einnahmen der Stadt im laufenden Haushaltsjahr höher sein werden als erwartet (leider kommt dies in der Wirklichkeit nur selten vor). Der Stadtrat kann also einen Nachtragshaushalt verabschieden, der bestimmt, wofür dieses zusätzliche Geld verwendet werden soll.

Der zur Verfügung stehende Betrag beläuft sich auf 150 000 Euro.
Es gibt folgende Verwendungsmöglichkeiten:

– Ausstattung einer Schule mit einem Computerraum 15 000 Euro

– weitere Ausstattung für das Schwimmbad (Rutsche, Whirlpool) 20 000 Euro

– Wettbewerb Fassadenrenovierung mit Zuschüssen für Teilnehmer 50 000 Euro

– Werbekampagne (Broschüre und Video) für die Ansiedlung von Betrieben 22 000 Euro

– Zuschüsse für Rockkonzerte mit niedrigen Eintrittspreisen 10 000 Euro

– Hobby- und Sportkurse für Senioren 12 000 Euro

– Neue und attraktivere Spielgeräte für die Kinderspielplätze 15 000 Euro

– Ausbau und Kennzeichnung von Fahrradwegen 100 000 Euro

– Anlage von städtischen, öffentlichen Tennisplätzen 100 000 Euro

Arbeitsvorschläge

1. Erstellt eine Liste der Aufgaben der Gemeinden. Findet Oberbegriffe für verschiedene Bereiche, denen ihr die einzelnen Aufgaben zuordnet. Versucht eine Bewertung:
a) Sind alle Aufgaben der Gemeinde gleich wichtig? Versucht, sie einzuteilen in: unverzichtbar – wichtig – nicht unbedingt nötig.
b) Welche der Aufgaben werden in eurer Gemeinde sehr gut erfüllt, welche nur unzureichend?

2. Erstellt eine Liste der verschiedenen Einnahmequellen der Städte und Gemeinden: Welche Einnahmequellen sind die wichtigsten, welche bringen nur wenig ein? Bei welchen Quellen kann die Stadt selbst versuchen, die Einnahmen zu erhöhen (1 und 2)? Siehe im Glossar: Steuern*.

3. Wie kommt es, dass einige Gemeinden reich und andere arm sind (1-3)?

4. Welche Folgen könnte es haben, wenn eine Stadt die Gewerbesteuer (die von Unternehmen ab einer bestimmten Größe bezahlt werden muss) stark senkt oder stark erhöht?

5. Welche der im Schaubild 4 aufgeführten städtischen Einrichtungen könnten eurer Meinung nach die Gebühren erhöhen, um die Einnahmen der Stadt zu verbessern?

6. Setzt euch in Gruppen zusammen und erarbeitet einen Vorschlag, wofür das Geld des genannten Nachtragshaushaltes von (5) ausgegeben werden soll. (Der Hintergrund für eure Entscheidungen ist die wirkliche Versorgungssituation in eurer Gemeinde oder eurem Stadtteil.)

7. Spielt in der Klasse die Diskussion in der Gemeindevertretung (5): Ein Sprecher jeder Gruppe (Fraktion der Partei) stellt den Vorschlag dar und begründet ihn. Die Leitung der Diskussion übernimmt der/die Bürgermeister/in (in Hessen der/die Stadtverordnetenvorsteher/in). Nach der Diskussion wird abgestimmt. Wenn sich keine absolute Mehrheit (über 50 %) für einen der Vorschläge findet, ist der Nachtragshaushalt nicht beschlossen. Dann muss zwischen den Fraktionen verhandelt werden, es müssen mehrheitsfähige Kompromissvorschläge erarbeitet werden, die dann auf einer weiteren Sitzung der Gemeindevertretung beschlossen werden können.

Vom Bürgerwunsch

Institutionen

Ihr habt bei dem Entscheidungsspiel „Nachtragshaushalt" von S. 161 gesehen, dass die wichtigsten Entscheidungen einer Gemeinde von den Vertretern der Bürger getroffen werden.

Diese Vertretung hat in den Bundesländern unterschiedliche Namen und zum Teil auch etwas unterschiedliche Befugnisse: Gemeindevertretung*, Stadtverordnetenversammlung, Gemeinderat, Stadtrat.

Bevor die Bürgervertreter über ein Schwimmbad, eine Straße oder einen Kindergarten entscheiden, muss eine Menge Prüfungs-, Vorbereitungs- und Diskussionsarbeit geleistet werden. Wie der Weg vom Wunsch nach einem Jugendzentrum bis zu seiner Einweihung aussehen kann, seht ihr, wenn ihr die Schritte in **1** in die richtige Reihenfolge bringt.

Dabei wird auch eine Aufgabe der Gemeindeverwaltung deutlich werden: Sie hilft den Politikern, Planungen und Beschlüsse vorzubereiten und ist dann mit deren Durchführung beauftragt.

Doch auch die einzelnen Bürger müssen sich mit bestimmten Anliegen an die Verwaltung* wenden. Ein Problem ist oft, das richtige Zimmer zu finden. Probiert es aus.

1 Das Jugendzentrum – eine schwere Geburt

– Eine Initiativgruppe trägt mithilfe der Lokalzeitung das Thema Jugendzentrum in die Öffentlichkeit. Nach und nach greifen auch die Parteien und Fraktionen dieses Thema auf.
– Die Verwaltung greift den Vorschlag aus der Bürgerversammlung auf und erarbeitet eine Satzung, in der u.a. die Mitwirkung der Jugendlichen und der freien Träger verankert ist. Sie erstellt ausführliche Vorlagen für den Haupt- und Finanzausschuss und für den Bau- und Planungsausschuss.
– Die Mehrheit der Gemeindevertretung verweist den Antrag an den Jugendhilfeausschuss, der zunächst einmal ein gründliches Konzept erarbeiten soll.
– Der Haupt- und Finanzausschuss legt Obergrenzen für die Ankauf- und Umbaukosten fest. Der Bau- und Planungsausschuss prüft mehrere Standortalternativen und empfiehlt den Ankauf eines Altbaus. Die Ergebnisse werden in allen Fraktionen der Gemeindevertretung gründlich beraten.
– Der Jugendhilfeausschuss diskutiert erstmals den Antrag. Die Verwaltung wird beauftragt, die Erfahrungen der Jugendzentren anderer Städte einzuholen und eine Bürgerversammlung im Sinne der Gemeindeordnung durchzuführen.
– Nach entsprechenden Rückmeldungen aus den Fraktionen stimmen alle Mitglieder der Gemeindevertretung auf einer öffentlichen Sitzung der vorgeschlagenen Konzeption und dem Ankauf des Gebäudes zu. Die Verwaltung wird beauftragt, die Stellen für die Sozialarbeiter auszuschreiben.
– Auf der Bürgerversammlung wird u.a. der Vorschlag diskutiert, die freien Träger der Jugendarbeit an der Leitung eines städtischen Jugendzentrums zu beteiligen.
– Die Fraktion A der Gemeindevertretung greift die Vorschläge der Initiativgruppe auf. Ihr Beschlussvorschlag lautet: „Die Gemeindevertretung möge beschließen, dass ein Jugendzentrum eingerichtet wird und dafür zwei Sozialarbeiter eingestellt werden."
– Bei der Eröffnung des Jugendzentrums betonen alle Fraktionsredner, dass es gerade ihre Partei und Fraktion gewesen sei, die sich am intensivsten für dieses Projekt eingesetzt haben.

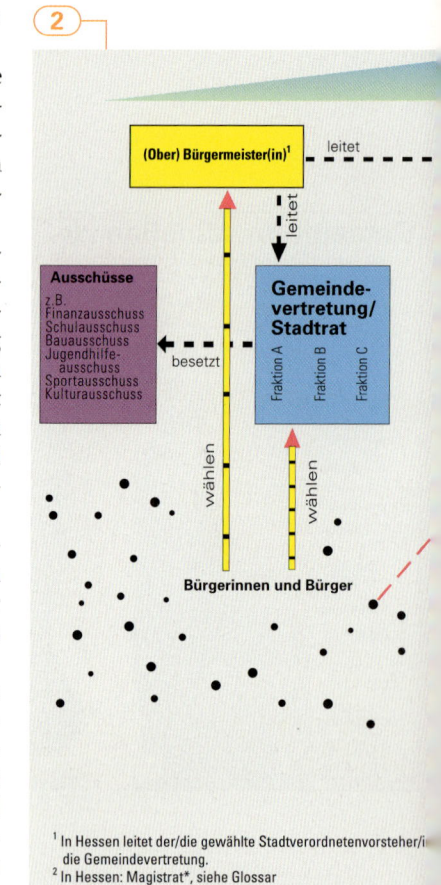

Wolfgang Redwanz in: Zeitlupe Nr. 28/November 1992, S. 12, gekürzt und bearbeitet.

2

[Schaubild: (Ober)Bürgermeister(in)[1] leitet ↔ Gemeindevertretung/Stadtrat (Fraktion A, Fraktion B, Fraktion C); besetzt Ausschüsse z.B. Finanzausschuss, Schulausschuss, Bauausschuss, Jugendhilfeausschuss, Sportausschuss, Kulturausschuss; Bürgerinnen und Bürger wählen.]

[1] In Hessen leitet der/die gewählte Stadtverordnetenvorsteher/in die Gemeindevertretung.
[2] In Hessen: Magistrat*, siehe Glossar

zur Wirklichkeit
in der kommunalen Selbstverwaltung

8 Wir mischen uns ein

Gemeindeverwaltung/Stadtverwaltung²

1 Allgemeine Verwaltung	2 Finanzverwaltung	3 Rechts-Sicherheits- und Ordnungsverw.	4 Schul- und Kulturverwaltung	5 Sozial- und Gesundheitsverwaltung	6 Bauverwaltung	7 Verwaltung für öffentliche Einrichtungen	8 Verwaltung für Wirtschaft und Verkehr
10 Hauptamt	20 Stadtkämmerei	30 Rechtsamt	40 Schulverwaltungsamt	50 Sozialamt	60 Bauverwaltungsamt	70 Stadtreinigungsamt	80 Amt für Wirtschafts- u. Verkehrsförderung
11 Personalamt	21 Stadtkasse	31 Polizei	41 Kulturamt	51 Jugendamt	61 Stadtplanungsamt	71 Schlacht- und Viehhof	81 Eigenbetriebe
12 Statistisches Amt	22 Stadtsteueramt	32 Amt für öffentliche Ordnung		52 Sportamt	62 Vermessungs- und Katasteramt	72 Marktamt	82 Forstamt
13 Presseamt	23 Liegenschaftsamt	33 Einwohnermeldeamt		53 Gesundheitsamt	63 Bauordnungsamt	73 Leihamt	
14 Rechnungsprüfungsamt	24 Amt für Verteidigungslasten	34 Standesamt		54 Amt für Krankenanstalten	64 Amt für Wohnungswesen	74 Bäderamt	
		35 Versicherungsamt		55 Ausgleichsamt	65 Hochbauamt		
		36 Feuerwehr			66 Tiefbauamt		
		37 Amt für Zivilschutz			67 Garten- und Friedhofsamt		

Anliegen der Bürger

a) Termin für Hochzeit
b) Fund ätzender Flüssigkeit
c) Bezahlen eines Bußgeldes
d) Interesse am Bau einer Fabrik
e) Interesse an städt. Mietwohnung
f) Juristische Auskunft über Streit mit Nachbarn
g) Verein plant Bürgerfest (Hilfe/Zuschüsse?)
h) Genehmigung des geplanten Hauses
i) Einstellung zusätzlicher Kindergärtnerin
j) Anzeige wg. Sachbeschädigung am Haus
k) Gesundheitszeugnis
l) Interesse am Kauf eines städtischen Grundstücks
m) Sportverein braucht Plätze
n) Information über Schulformen nach Klasse 10
o) Beschwerde gegen Nachbarn
p) Vergabe von Grabstätten
q) Ausstellung eines Reisepasses
r) Antrag auf Sozialhilfe
s) Information über Ratsbeschlüsse des letzten Jahres
t) Änderung der Öffnungszeiten des Schwimmbads
u) Beratung bei Straffälligkeit von Jugendlichen
v) Auskunft über geplante Straßen
w) Beschaffung von Kaminholz
x) Beschwerde wegen Müllabfuhr
y) Firma will städt. Bauaufträge
z) Geruch von Gas auf der Straße

Arbeitsvorschläge

1. Die neun Etappen der „schweren Geburt" des Jugendzentrums sind in der Reihenfolge durcheinander geraten. Ordnet sie, gebt Ziffern von 1–9 und schreibt sie stichwortartig in der richtigen Reihenfolge auf (**1**).

2. Beschreibt anhand des Beispiels, welche Aufgaben im Entscheidungsprozess über eine kommunalpolitische Frage diese Institutionen haben:
a) die Fraktionen der Parteien in der Gemeindevertetung,
b) die Ausschüsse der Gemeindevertetung,
c) die Ämter der Verwaltung,
d) die Gemeindevertetung.

3. An welche Ämter der Stadt- oder Gemeindeverwaltung muss sich der Bürger wenden, wenn er die unter a bis z genannten Anliegen hat (**2**)?

4. Sucht im Lokalteil eurer Zeitung Berichte, in denen die in der Grafik genannten Institutionen oder Ämter vorkommen. Stellt fest, ob es sich
a) um einen Entscheidungsprozess der kommunalen Demokratie handelt (In welchem Stadium befindet sich die Diskussion?) oder
b) um eine Sache zwischen Bürgern und Stadtverwaltung handelt (Was ist hier die Aufgabe der Verwaltung, was sind hier die Interessen, Rechte oder Pflichten der Bürger?).

Andrea Menke in

In einer Demokratie sollen die gewählten Politiker die Interessen aller Bürgerinnen und Bürger vertreten. Aber oft gibt es unterschiedliche und widerstreitende Interessen in der Bevölkerung. Dann müssen die Vertreter so schwierige Entscheidungen treffen wie im folgenden Beispiel.

Andrea Menke ist seit drei Jahren Stadträtin in Dedinsburg, einer Kleinstadt mit 30 000 Einwohnern (Stadtplan siehe Seite 166). Sie wohnt in dem Stadtteil Birkenhain-Süd, ist dort politisch aktiv und bekannt. Bei der letzten Kommunalwahl wurde sie über die Liste ihrer Partei in die Gemeindevertetung gewählt. Sie ist Mitglied der A-Partei und stellvertretende Vorsitzende der A-Fraktion*.

In Kürze soll über den Bau der Umgehungsstraße und die Umwandlung der Hauptstraße zwischen Buchenstraße und Maxstraße in eine Fußgängerzone diskutiert und entschieden werden. Aus diesem Anlass erhält Frau Menke in einer Woche fünf wichtige Briefe.

① Sehr geehrte Frau Menke,

wir wissen, dass Sie zu der kleinen Minderheit in Ihrer Partei gehören, die im vorigen Jahr auf dem Parteitag gegen die Umgehungsstraße argumentiert hat. Wir befürchten, dass der Antrag Ihrer Fraktion in der Gemeindevertretung keine Mehrheit finden wird, wenn Sie und andere nicht auch dafür stimmen. Dies würde für die Anwohner der Hauptstraße eine Verlängerung einer schier unerträglichen Situation bedeuten: Seit über zehn Jahren leiden wir unter gesundheitsgefährdenden Abgasen; der Lärm macht es selbst bei geschlossenen Fenstern schwer, sich normal zu unterhalten. Die Radfahrer sind angesichts der Enge der Straße besonders im Innenstadtbereich ihres Lebens nicht sicher. Die Bürgersteige sind dort so schmal, dass zwei Kinderwagen kaum aneinander vorbeipassen.

Als die Straße gebaut wurde, fuhren einige Pferdekutschen auf ihr durch die Stadt. Heute können Fußgänger sie kaum mehr überqueren.

Helfen Sie mit, die Innenstadt wieder lebenswert zu machen. Die Anwohner der Hauptstraße haben genug ertragen! Stimmen Sie für Umgehungsstraße und Fußgängerzone!

Franz Scherer (Bürgeraktion Hauptstraße)

② Sehr geehrte Frau Menke,

wir wenden uns an alle Fraktionsvorstände in der Gemeindevertretung, da wir in großer Sorge sind um die Entwicklung der Innenstadt und die Arbeitsplätze in diesem Bereich. Sie wissen, dass die Umwandlung der Hauptstraße zur Fußgängerzone viele Kunden in die Großmärkte am Stadtrand und in die mit dem Auto gut erreichbaren Einkaufszentren von Nordstadt und Südstadt verdrängen würde. Der Durchreiseverkehr würde von unserer (jetzt noch) attraktiven City fern gehalten, Interesse von neuen Kunden würde nicht geweckt. Sie wissen, dass Dedinsburg auf die Einnahmen aus der Gewerbesteuer auch des Einzelhandels angewiesen ist und dass sich unsere Stadt keine weitere Erhöhung der Arbeitslosenzahlen leisten kann. Wir fordern daher Sie wie alle anderen Mitglieder der Gemeindevertretung auf, von dieser unsinnigen Erweiterung des Fußgängerzonenbereichs um den Markt herum Abstand zu nehmen.

Hochachtungsvoll,
Einzelhandelsverband Dedinsburg

der Klemme

8 Wir mischen uns ein

Freies Mandat* der Abgeordneten

3

Sehr geehrte Frau Menke,

„Mehr Straßen bringen mehr Verkehr!" Diese einfache Wahrheit hat sich bei den Politikern leider noch nicht herumgesprochen.

Schon lange brauchen wir in Dedinsburg wie im ganzen Land eine Wende in der Verkehrspolitik. Anstatt immer mehr Geld in den Straßenbau zu stecken und damit immer mehr Landschaft zu zerstören, sollte der öffentliche Nahverkehr unterstützt und attraktiver gemacht werden. Nur ein Umsteigen auf Bus, Bahn und Rad kann unsere Städte noch vor dem Verkehrskollaps retten! Stimmen Sie daher bitte gegen die geplante Umgehungsstraße, aber für die Fußgängerzone. Sie wird helfen, unsere Stadt ein Stück mehr menschengerecht statt autogerecht zu machen.

Mit freundlichen Grüßen,
Verein für Natur und Umwelt

4

Liebe Andrea,

ich weiß, dass du mit geteilten Gefühlen in die nächste Sitzung gehen wirst, da die zu beschließende Umgehungsstraße deinen Stadtteil betrifft, in dem du hohes Ansehen genießt und immer die besten Ergebnisse für unsere Partei in der ganzen Stadt erzielt hast.

Dennoch weißt du, dass Umgehungsstraße und Fußgängerzone im Gesamtinteresse unserer Stadt unverzichtbar sind, wie unser letzter Unterbezirksparteitag mit großer Mehrheit festgestellt hat. Ich gehe davon aus, dass du dich an die Beschlüsse unseres Parteitages und der letzten Fraktionssitzung hältst und für die beiden Maßnahmen stimmst.

Es grüßt herzlich Erich Hecker (Fraktions- und Parteivorsitzender der A-Partei in Dedinsburg)

5

Liebe Frau Menke,

wir wenden uns an Sie als Vertreterin unseres Stadtteils Birkenhain-Süd in der Gemeindevertretung, nachdem wir mit Entsetzen vom geplanten Bau der Umgehungsstraße gehört haben.

Als Bewohnerin unseres schönen Stadtteils wissen Sie, welche Katastrophe dies bedeuten würde: Die Ulmenstraße als Teil der Umgehungsstraße würde zur Autobahn, unsere Kinder wären gefährdet, Lärm und Gestank würden die Lebensqualität in unserem Wohngebiet (und übrigens auch den Wert unserer Häuser) entscheidend verschlechtern.

Wir gehen fest davon aus, dass Sie es nicht zulassen werden, dass die Stadt ihre Probleme mit dem Durchgangsverkehr aus anderen Gemeinden auf Kosten und zum Schaden unseres Stadtteils löst.

Ihre Nachbarn
aus der Interessengemeinschaft Birkenhain

Arbeitsvorschläge

Lest zunächst die fünf Briefe und macht euch mithilfe des Stadtplans auf S. 166 ein Bild von dem Problem, um das es geht. Für die Beantwortung der Fragen solltet ihr auch im Glossar nachschlagen: Mandat*, Fraktion*.

1. Wessen Interessen muss Andrea Menke vertreten:
a) die ihrer Wähler aus Birkenhain,
b) die Interessen der Stadt als Ganzes,
c) die Bedürfnisse der am stärksten benachteiligten Bürger,
d) die Interessen aller Wähler ihrer Partei,
e) die Interessen aller Wähler,
f) die Interessen aller Wähler und Nichtwähler?

2. Wie würdet ihr anstelle von Frau Menke entscheiden? Bildet Gruppen, einigt euch auf eine Entscheidung und schreibt dann fünf Antwortbriefe, in denen die Stadträtin ihre Entscheidung begründet.

3. Wenn sich Frau Menke gegen die Meinung ihrer Partei entscheidet, kann diese ihr dann den Sitz in der Gemeindevertretung wegnehmen? (Sollte die Partei dieses Recht haben?) Falls Frau Menke nach unversöhnlichem Streit aus ihrer Partei austreten würde, dürfte sie ihren Sitz in der Gemeindevertretung behalten? (Sollte sie ihn behalten dürfen?)

Was kommt auf den

Kommunale

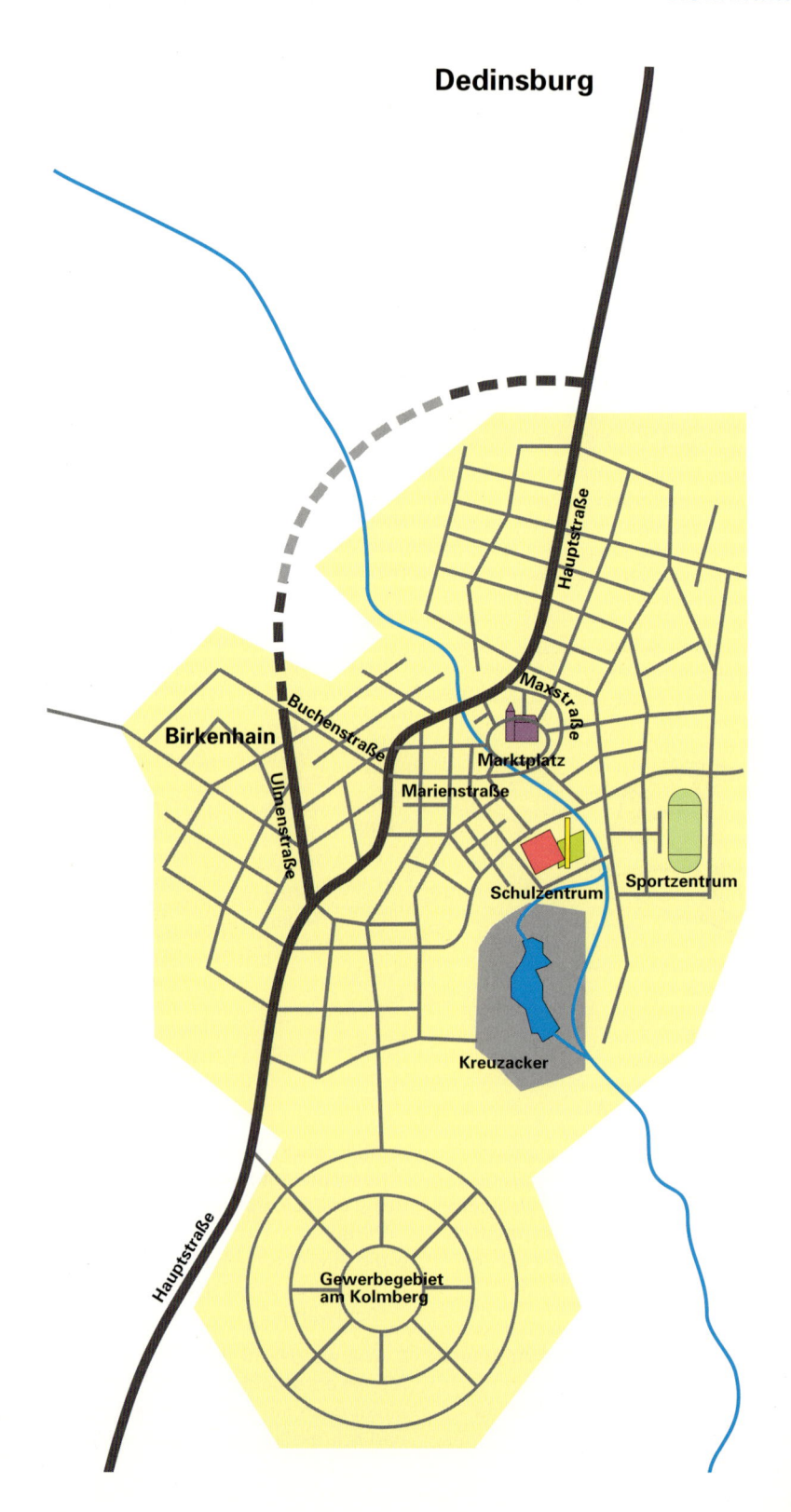

Kennt ihr ein nicht bebautes und genutztes Grundstück in eurer Nähe? Darf der Besitzer dieses Grundstücks dort bauen, was er möchte: ein Wohnhaus, eine Fabrik, einen Vergnügungspark, ein Hochhaus, ein Kaufhaus, ein Kino?

Natürlich nicht, hier gibt es Rahmenvorschriften der Gemeinde, die sicherstellen sollen, dass nicht nur die Interessen des Bauherrn, sondern auch die der anderen Bürger berücksichtigt werden (Bedarf an bestimmten Einrichtungen, Belastung durch Verkehr, Lärm und Schadstoffe, Aussehen des Stadtviertels usw.).

Daher gibt es für jede Stadt und Gemeinde einen Flächennutzungsplan und Bebauungspläne (*1*). Bevor diese oder ähnliche Vorschriften beschlossen werden, muss gründlich beraten und diskutiert werden, auch in den Parteien. Wie ein solcher Entscheidungsprozess in einer Partei verlaufen kann, erfahrt ihr durch ein Rollenspiel (*2*).

166

Kreuzacker?

Bauleitplanung und Interessengegensätze

8 Wir mischen uns ein

1

Kommunale Bauplanung
Bauleitplanung ist das wichtigste durch das Baugesetzbuch (BauGB) abgesicherte Instrument städtebaulicher Planung.

Um eine sozial gerechte Bodenordnung zu gewährleisten und dazu beizutragen, eine menschenwürdige Umwelt zu sichern, werden der Gemeinde zwei unterschiedliche Planwerkzeuge an die Hand gegeben:
1. der Flächennutzungsplan, der für das ganze Gemeindegebiet die Art der Bodennutzung nach den voraussehbaren Bedürfnissen in den Grundzügen darstellen soll, und
2. der Bebauungsplan als verbindlicher Bauleitplan, mit dem für jedermann rechtsverbindliche Festsetzungen durch Zeichnung, Farbe oder Text getroffen werden. […]

Grundstruktur eines Bebauungsplanes ist die Festsetzung, welche Grundstücksflächen künftig in welcher Weise genutzt werden dürfen. Aus dem Plan geht hervor, was als privates Bauland vorgesehen ist, wo Verkehrsflächen (Straßen/Wege), Stellplätze, Garagen entstehen sollen, welche Flächen als Grünflächen, Spielplätze oder für andere Zwecke des Gemeindebedarfs ausgewiesen sind und welche Flächen für sehr spezielle Zwecke, wie Abgrabungen, Immissionsschutzanlagen, Wasserwirtschaft, Landwirtschaft, Forstflächen und Umweltschutz vorgesehen sind; also die Art der Nutzung.

Sozialdemokratische Gemeinschaft Kommunalpolitik SGK/NW (Hrsg.), Der kommunale Wirkungskreis, Düsseldorf 1984, S. 264.

2

Was soll auf den Kreuzacker?
Im Süden von Dedinsburg gibt es ein großes Gebiet, das der Stadt gehört und seit langem nicht genutzt wird, den „Kreuzacker". Er ist bewachsen von Buschwerk und Weiden. Wilde Wiesen und ein Auenwäldchen befinden sich nahe dem Steinbach. Die Stadt ist im letzten Jahrzehnt stark gewachsen und für den Kreuzacker sind verschiedene Ideen entwickelt worden. Der Flächennutzungsplan weist das Gebiet als Grünfläche aus. Dieser muss entsprechend geändert werden, bevor eine anderweitige Nutzung sowie die Erstellung eines Bauplanes möglich sind.

Die A-Partei, die eine Mehrheit hat, will auf ihrem Unterbezirksparteitag endgültig beschließen, was mit dem Kreuzacker geschehen soll, d. h. welche Vorschläge ihre Fraktion machen soll. Die Ortsvereine der Partei, die ihre Vertreter zum Unterbezirksparteitag schicken, haben verschiedene Pläne in Form von Anträgen an den Parteitag vorbereitet.
– Ortsverein Birkenhain: „Freizeitpark Kreuzacker" (Tennishallen, Hallenbad, Erlebnisspielplatz, Cafes, Sauna etc.)
– Ortsverein Dedinsburg-Süd: „Blumenfarm Kreuzacker" (Blumenproduktion in großem Maßstab, auch Besichtigungsmöglichkeiten)
– Ortsverein Dedinsburg-West: „Gewerbegebiet Kreuzacker" (Interesse japanischer Firmen aus dem Hi-Fi-Bereich liegt vor)
– Ortsverein Dedinsburg-Nord: „Wohnpark Kreuzacker" (zweieinhalbstöckige Miethäuser und Sozialwohnungen)
– Ortsverein Dedinsburg-Mitte: „Naturschutzgebiet Kreuzacker" (naturbelassene Bruchlandschaft mit Wanderwegen)

Arbeitsvorschläge

1. Erläutert den Unterschied zwischen einem Flächennutzungsplan und einem Bebauungsplan (1).

2. Formuliert in fünf Gruppen Anträge für die fünf Ortsvereine (2). Bereitet eine ausführliche Begründung vor, die euer Vertreter auf dem Parteitag vortragen soll.
„Nutzung des Kreuzackers
Der Parteitag möge beschließen:…"

3. Spielt als Klasse diesen Tagesordnungspunkt des Unterbezirksparteitages der A-Partei von Dedinsburg nach: Vortrag der Anträge durch die Vertreter, Begründung, Diskussion, Abstimmung. Findet kein Antrag eine Mehrheit, wird die Sitzung vertagt, damit die Ortsvereine verhandeln und Kompromisse ausarbeiten können.

4. Herr Röhrlos ist Mitglied der Gemeindevertretung von Dedinsburg. Er gehört zur A-Partei, wohnt in Dedinsburg Nord, und findet den Plan, ein Gewerbegebiet einzurichten, sinnvoll. Wie wird er in der Gemeindevertretung abstimmen? Kann er es selbst entscheiden? Siehe dazu im Glossar Mandat* und S. 165.

Den Politikern (auf die

Viele Bürger sind der Meinung, dass sie außer dem Kreuzchen alle vier oder fünf Jahre bei der Kommunalwahl nichts tun können, um die Entwicklungen in ihrer Gemeinde zu beeinflussen.

Die Bürger in Herzogenrath (2) und Dieburg (3) waren nicht dieser Meinung. Sie kannten ihr Recht, einen Bürgerentscheid herbeizuführen, wurden aktiv und setzten sich durch. Auch Bürger in Troisdorf nahmen ein Recht war. Sie klagten vor Gericht gegen Planungsentscheidungen des Gemeinderats und setzten sich durch.

Ob die Ergebnisse in den drei Fällen aber nun wirklich die beste Lösung herbeiführten, müsst ihr selbst entscheiden.

1

Bürgerbegehren und Bürgerentscheid
Die Bürger einer Gemeinde können beantragen, selbst anstelle der Gemeindevertretung über eine wichtige Angelegenheit zu entscheiden.

Dieses Bürgerbegehren muss von mindestens 10 % der wahlberechtigten Bürger unterzeichnet werden. Dann wird das Verfahren für den Bürgerentscheid eingeleitet, es sei denn, die Gemeindevertretung entspricht von sich aus dem Wunsch des Bürgerbegehrens. Die genauen Vorschriften zum Ablauf sind in den jeweiligen Gemeindeordnungen der Bundesländer enthalten.

Am Tag des Bürgerentscheids sind alle wahlberechtigten Bürger aufgerufen, ihre Stimme abzugeben. Diese Entscheidung der Bürger ist aber nur dann gültig, wenn mindestens 25% der wahlberechtigten Bürger dem Wunsch des Bürgerbegehrens zugestimmt haben. Dann muss die Gemeindevertretung entsprechend handeln.

Ausgenommen von diesem Beteiligungsrecht der Bürger sind aber unter anderem die Organisation der Gemeindeverwaltung, der Gemeindehaushalt und andere finanzielle Fragen.

2 Pro und Kontra Freizeitbad – Bürgerentscheid in Herzogenrath

In Herzogenrath bei Aachen hatte der Stadtrat beschlossen, dass ein Privatunternehmen in der Stadtmitte ein Sport- und Freizeitbad bauen dürfe und die Stadt ihm einen jährlichen Zuschuss von 500 000 Euro bezahlen sollte. Es gab schon zwei Hallenbäder: eines in der Stadtmitte und eines im nahen Kohlscheid sowie ein Freibad im nahen Merkstein.

Die Bürgerinitiative gegen das Spaßbad fürchtete eine zu hohe Verkehrsbelastung für die Innenstadt sowie eine mögliche Schließung des Freibades in Merkstein. Außerdem fand sie, dass der geplante Zuschuss sinnvoller verwendet werden könne. Sie sammelten genügend Unterschriften und am 12.12.1999 fand der Bürgerentscheid statt. Dazu berichten die Aachener Nachrichten:

Das geplante Freizeitbad in Roda ist „gekippt". Der Bürgerentscheid fiel überraschend hoch aus, wie auch die Wahlbeteiligung. Von den knapp 36 000 Abstimmungsberechtigten gingen mehr als 37 Prozent an die Urnen. Davon kreuzten 89 Prozent das „Ja" an, also für den Beschluss der Bürgerinitiative, auf ein neues Spaßbad verzichten zu wollen.

Ein Viertel der Wählerschaft musste sich mit diesem Votum beteiligen, um Erfolg zu haben. Dieser Wert von 25 Prozent wurde rechnerisch um über acht Prozent überschritten.

„Da bleibt bei mir kein Zorn zurück." Bürgermeister Gerd Zimmermann hat sich mit dem Ergebnis des Bürgerentscheids in Sachen Freizeitbad abfinden müssen. Zufrieden ist er aber nicht. „Die Enttäuschung sitzt tief", räumte er ein. Schließlich seien damit zwei Jahre lange – am Ende erfolgreiche – Verhandlungen auf der Suche nach einem geeigneten Investor „für die Katz". Mit der Firma Haegens Immobilien habe man ein Unternehmen gefunden, dass im In- und Ausland über einen hervorragenden Ruf verfüge.

Aachener Nachrichten,
www.an-online.de, 12./13.12.1999.

Sprünge) helfen

Mitbestimmung durch Bürgerentscheid

3
Bürger pfeifen ihre Politiker zurück – Dieburg macht den Anfang

Sollen Autofahrer sich gedulden und wie gewohnt vor der Bahnschranke warten oder durch einen Tunnel brausen können, wie es streitbare Dieburger Bürger verlangen?

Das südhessische Dieburg übt sich als erste Kommune in Hessen im Plebiszit* und nimmt den neuen Paragrafen 8b der Hessischen Gemeindeordnung beim Wort. Ein Bürgerentscheid bringt Klarheit, ob die Initiative „Pro Bahnunterführung" Erfolg hat. Und die Dieburger wollen die Bahnunterführung! 65,4 Prozent der wahlberechtigten knapp 10 000 Einwohner stimmen für ihren Bau im Stadtgebiet, 34,6 Prozent stimmen für die jetzige Verkehrslösung – eine Schranke.

Das Votum ist verbindlich und kommt einem Stadtparlamentsbeschluss gleich. SPD, Grüne und Freie Wähler hatten entschieden, die Planung eines Tunnels, den laut Prognosen täglich 16 000 Fahrzeuge benutzen würden, ad acta zu legen. Das Projekt kostet Bund, Land und die Bundesbahn 15 bis 20 Millionen Mark. Dieburg müsste eine Million für Fuß- und Radwegebau bezahlen.

Frankfurter Rundschau, 13./18.10.93, gekürzt.

4
Umgehungsstraße für Troisdorf? Bürger klagen vor dem Gericht

Auf dem Papier sieht alles ganz einfach aus. Auf der einen Seite eine 4,6 Kilometer lange Umgehungsstraße, die hinter den Grundstücken von zwei, drei Dutzend Anwohnern verläuft. Ein paar Bleistiftstriche und die Trasse ist skizziert. Auf der anderen Seite mehr als 2000 Anwohner, die an einer stark befahrenen Ortsdurchgangsstraße hausen müssen, wo der Bürgersteig knapp einen halben Meter breit ist und die Lastwagen nachts durchs Schlafzimmer zu donnern scheinen.

Klarer Fall, sagt sich der junge aufstrebende Verwaltungsbeamte – die Umgehungsstraße ist so gut wie gebaut.

Schwarze Fahnen haben die Anwohner herausgehängt. Und an den Ortseingängen große Schilder aufgestellt: EL (Entlastungsstraße) 332 – wann? Die Verkehrsbelastung liegt heute bei 13 000 Fahrzeugen täglich.

Anfang der Siebzigerjahre: Die Gegner der Umgehungsstraße formierten sich in drei Interessengemeinschaften, die sie nach ihren ruhigen Wohnstraßen nannten. Sie hatten – in vollem Bewusstsein der städtischen Planung – ihre Eigenheime dorthin gebaut, wo später die Entlastungsstraße entlang führen sollte.

Die Anlieger, die sich die Entlastungsstraße dringend wünschen, machten erst dann mobil, als die Gegner klagten. So selbstverständlich schien ihnen ihr Anliegen.

Die Klage der Gegner hebelte das Planfeststellungsverfahren aus, die Sache zog sich hin. Das Oberverwaltungsgericht Münster entschied zugunsten der Gegner.

Ausschlaggebend für die Entscheidung des Gerichts war der zu erwartende Krach, den der Straßenverkehr erzeugen würde.

Das Verfahren ist heute wieder dort, wo es begann. Das OVG hat den Planfeststellungsbeschluss aufgehoben. Also muss ein neuer in die Wege geleitet werden. Und den können die Gegner mit einer Klage genauso außer Kraft setzen wie den alten. Der Stadtdirektor Hans-Bernward Gerhardus: „Die große Frage ‚Wann EL 332?' kann ich nur sarkastisch beantworten: In den nächsten fünf Jahren nicht!"

Volker Thomas in: PZ 64/1991, S. 6f., gekürzt.

Arbeitsvorschläge

1. Was ist der Unterschied zwischen Bürgerbegehren und Bürgerentscheid (1)?

2. Lest die Texte über Herzogenrath (2) und Dieburg (3) und schreibt in Stichworten auf, was nacheinander geschehen ist und welche Argumente die Bürger für ihr Bürgerbegehren hatten.

3. Sind die Ergebnisse der beiden Bürgerentscheide gut für alle Bürger und ihre Gemeinden? Wie hättet ihr selbst abgestimmt?

4. Schreibt auch für Troisdorf (4) auf, was nacheinander geschehen ist.

5. Hättet ihr genauso entschieden wie das Gericht? Ihr könnt auch die Gerichtsverhandlung nachspielen.

Hinweise zum Simulationsspiel findet ihr auf den Seiten 62–63.

6. Erkundigt euch, ob es schon einmal einen Bürgerentscheid in eurer Gemeinde oder in der Nähe gegeben hat, um welche Frage es ging und wie entschieden wurde.

Im Internet könnt ihr mehr über Bürgerbegehren und Bürgerentscheid erfahren, z.B. unter folgender Adresse: www.mehr-demokratie.de

Wahlrecht für Teenies,
Pro und Kontra

„Alle Staatsgewalt geht vom Volke aus. Sie wird vom Volke in Wahlen und Abstimmungen ... ausgeübt." (GG, Art. 20)

Wer darf also wählen? Alle Bürger? Fast alle – bis auf einige Millionen ausländische Mitbürger und viele Millionen Kinder und Jugendliche. Deutsche dürfen erst ab 18 wählen. Das erscheint euch selbstverständlich. Aber genauso selbstverständlich erschien es bis vor etwa 100 Jahren, dass nur Männer wählen durften. Und in der berühmten griechischen Demokratie waren es nur die wohlhabenden männlichen Stadtbürger, die regierten. Alle anderen waren von der Mitbestimmung ausgeschlossen.

Auf dieser Doppelseite geht es um die Frage, ob die Wahlaltersgrenze 18 sinnvoll ist. In vielen Bundesländern ist in den letzten Jahren die Altersgrenze für die Kommunalwahl auf 16 heruntergesetzt worden. 1999 beteiligten sich z.B. bei den Kommunalwahlen in NRW erstmals Jungwähler und EU-Bürger.

Argumente für und gegen das Wahlrecht für Jugendliche findet ihr in den Texten **1** bis **3**.

Es gibt sogar den Vorschlag, die Altersgrenze ganz abzuschaffen und damit auch Kindern eine Stimme zu geben (**4, 5**).

1 Für eine Beteiligung Jugendlicher

Bei den NRW-Kommunalwahlen sollen künftig auch schon die 16- und 17-Jährigen mitwählen können. Das schließt ihre Beteiligung an Bürgerbegehren und Bürgerentscheid mit ein. Politisch interessierte junge Leute können damit auf die Entscheidungen in ihrer Stadt Einfluss nehmen. Diese frühe Beteiligung am demokratischen Willensbildungsprozess halte ich für gut.

So mancher jugendpolitisch engagierte Kommunalpolitiker bekommt jetzt vielleicht Anerkennung für sein Tun. Wo es auf diesem Gebiet noch haperte, werden die Stimmen der Jugend künftig ernster genommen.

Kritikern, die meinen, 16-Jährigen fehle die Qualifikation für ein Wahlrecht, halte ich entgegen: Schon 14-Jährige sind religionsmündig und müssen für Straftaten geradestehen. 16-Jährige dürfen ein Testament über ihr Vermögen machen. Wer prüft die Qualifikation [= Eignung] der volljährigen Wähler? Unsere Demokratie funktioniert gut, auch ohne Wahl-TÜV für „Urnengänger".

Ich hoffe, dass die Jüngsten künftig ihre Chancen nutzen, bei der Rathauspolitik als Bürger ein Wort mitzureden.

Franz Josef Kniola (Innenminister NRW, SPD), in: Rheinische Post, 10.10.1997.

2 Gefahr für die Demokratie

Das Wahlrecht bildet das vornehmste demokratische Bürgerrecht und ist deshalb unverändert an die Volljährigkeit des Menschen, also an seine uneingeschränkte Mündigkeit zu binden. Der Sechzehnjährige ist bekanntlich nicht volljährig, für ihn haften nach wie vor seine Eltern. Er ist nur beschränkt geschäftsfähig und auch im Falle von Straftaten nicht voll für diese verantwortlich. Dies alles gründet sich auf vernünftige und sachgerechte Abwägungen, die vor allem zum Schutze des jungen Menschen vor Überforderung begründet worden sind. Jedermann weiß, dass man mit 16 noch nicht so lebenserfahren und verantwortungsfähig ist, wie dies mit 18, also mit erreichter Volljährigkeit, der Fall ist.

Wer es mit unseren jungen Menschen wirklich gut und ernst meint, der sollte dem jungen Menschen Zeit lassen, die nötige Lebenserfahrung und jenes Maß an politischer Interessiertheit selbst zu gewinnen, deren eine jede Demokratie bedarf. Spielereien mit dem Wahlrecht sind hierfür absolut ungeeignet. Sie setzen letztendlich das höchste Schutzgut unseres Staates, nämlich die Demokratie selbst, aufs Spiel.

Rupert Scholz (Professor für Staatsrecht, CDU), in: Rheinische Post, 10.10.1997.

3 Nicht genug Lebenserfahrung

Jugendliche haben nicht genug Lebenserfahrung und nicht genug Kenntnisse der Politik, um sich aktiv als Wähler an den Entscheidungen in unserem Land zu beteiligen. Wer noch zur Schule geht und bei den Eltern wohnt, dem fehlt es an Urteilskraft, an eigener Erfahrung.

Wählen ist nicht nur ein Recht. Man muss auch die mit der Stimmabgabe verbundene Verantwortung für die Gemeinschaft tragen können. Deshalb bin ich gegen Pläne meiner Partei, in Niedersachsen schon 16-Jährige an Kommunalwahlen teilnehmen zu lassen.

Jugendliche brauchen kein Wahlrecht, sondern eine bessere Jugendpolitik: eine gute Ausbildung, Schulen, Lehrstellen und Freizeiteinrichtungen.

Horst Milde (Landtagspräsident Niedersachsen, SPD), in: Das Sonntagsblatt 8/1995, S. 4.

Wahlrecht für Babies?

Absenkung des Wahlalters

8 Wir mischen uns ein

4

Eine Stimme für ein Baby
Dennis ist vier Monate alt. An Politik hat er noch kein rechtes Interesse. Doch vergangenen Sonntag bei der Wahl zum Bundestag hat er SPD gewählt: So könnte die Wirklichkeit künftig aussehen, wenn die Vorstellungen der Berliner Justizsenatorin Lore Maria Peschel-Gutzeit (SPD) umgesetzt werden. Sie will das Wahlrecht von Geburt an – ausgeübt allerdings bis zur Volljährigkeit durch die Eltern.

Während bundesweit seit einigen Jahren über eine Herabsetzung des Wahlalters von 18 auf bis zu 14 Jahren diskutiert wird, fordert die Berliner Senatorin und renommierte Expertin für Familienrecht einen anderen Schritt. Die Praxis bei Kommunal- oder Bundestagswahlen sähe dann so aus: Das Ehepaar mit Zwillingen wirft insgesamt vier Stimmen in die Urne, der Single oder die Rentnerin hingegen jeweils nur eine.

Ziel des ungewöhnlichen Gedankens ist die Stärkung der politischen Bedeutung der Familien und von fast zwanzig Prozent der Bevölkerung, den knapp 16 Millionen Kindern und Jugendlichen.

„Andere Schwerpunkte könnten in der Politik gesetzt werden", hofft Peschel-Gutzeit. Dann endlich könnten Familien mit dem Mehr an Stimmen aussichtsreich gegen andere Interessengruppen konkurrieren.
Frankfurter Neue Presse, 23.10.1997.

5

Das Kalkül geht nicht auf
Peschel-Gutzeit erhofft sich, dass mit ihrem Vorschlag die strukturelle Rücksichtslosigkeit der Politik gegenüber „politikunfähigen" Familien aufgehoben werden kann.

Zu fürchten ist nur, dass das Kalkül nicht aufgeht. Denn es stecken gleich zwei Denkfehler darin. Zum einen sind die Eltern keine neutralen Mittler der Wünsche ihrer Kinder. Eltern werden ihren Willen und ihre Parteienpräferenz durchsetzen.

Der im Endeffekt unkontrollierbare Wählerstimmenverleih an die Sorgeberechtigten stärkt letztlich die Rechte der Eltern und nicht der Kinder. Was würde eine „familienfreundliche Politik" definieren? Viele Männer verstehen darunter, dass sie arbeiten gehen können und Mutti die Wiege schon schaukelt. Viele Frauen verstehen darunter, dass sie Beruf und Kinderaufzucht vereinbaren können und Männer auch an der Spüle stehen. Viele Kinder verstehen darunter, dass Mami und Papi gaaaanz viel Zeit haben und nie wieder arbeiten müssen.
Ute Scheub, TAZ 24.10.1997.

„WELCHE PARTEI SOLL ICH DENN NUN WÄHLEN, MUTTI?"

Arbeitsvorschläge

1. Legt zwei Listen an mit den Argumenten für und gegen das Kommunalwahlrecht ab 16 (**1**–**3**).

2. Was erhoffen die Befürworter eines Wahlrechts von Geburt an (**4**)?

3. Welche Gegenargumente hat Ute Scheub (**5**)? Findet ihr sie überzeugend?

Vorschlag für eine Pro-Kontra-Diskussion:
Um das Wahlalter für die Bundestagswahl zu ändern, muss das Grundgesetz* geändert werden. Dies muss der Bundestag mit einer Zweidrittel-Mehrheit beschließen. Teilt die Klasse in Gruppen ein, die die Fraktionen des Bundestags spielen. Eine Gruppe übernimmt die Forderung nach Senkung des Wahlalters auf 16 Jahre, eine andere die nach Aufhebung der Wahlaltersbegrenzung. Die übrigen Gruppen können sich entscheiden, welche Position sie beziehen. Die Debatte wird in Fraktionssitzungen (Gruppenarbeit) vorbereitet. Dann tragen die beiden Parteien ihre Anträge vor. Es wird diskutiert und abgestimmt. Eine/r von euch leitet als Bundestagspräsident/in die Debatte.

Nähere Hinweise zur Pro-Kontra-Diskussion findet ihr auf den Seiten 208–209.

In Willich können

In der Stadt Willich am Niederrhein (40 000 Einwohner) beschlossen der Jugendhilfeausschuss und der Stadtrat Ende 1998 auf den Vorschlag einer Wählervereinigung hin, einen Kinder- und Jugendstadtrat einzurichten. Solche Räte oder Kinderparlamente gibt es in vielen Städten in Deutschland.

Hier könnt ihr erfahren,
– wie der Kinder- und Jugendstadtrat in Willich gewählt wurde,
– womit er sich beschäftigt und
– was er mit Kommunalpolitik zu tun hat.

mitreden – mitbestimmen

Wie werden die Vertreter- und Vertreterinnen des Kinder- und Jugendrates gewählt?

Die Wahlen erfolgen über die weiterführenden Schulen.

Welche Altersgruppen sind vertreten?

Jede weiterführende Schule wählt pro Jahrgang der Klassen 5 bis 10 eine Schülerin/einen Schüler und zusätzlich pro Jahrgang einen Stellvertreter/eine Stellvertreterin.

Wer darf wählen?

Alle Schüler und Schülerinnen der Klassen 5 bis 10 der Willicher Schulen.

Wer darf gewählt werden?

Alle Schüler und Schülerinnen der Klassen 5 bis 10 die in Willich wohnhaft sind.

Wer berät und unterstützt den Kinder- und Jugendrat?

Der Stadtjugendpfleger des Geschäftsbereiches »Jugend und Soziales«.

Wer leitet die Sitzungen?

Ein Mitglied des Sprecherrates.

Gibt es einen Vorsitzenden?

Nein. Der Kinder- und Jugendrat bildet einen Sprecherrat. Über die Größe, die Zusammensetzung und das Wahlverfahren entscheidet der Kinder- und Jugendrat selbst.

Wie oft trifft sich der Kinder- und Jugendrat?

Die Sitzungen finden nach Bedarf, mindestens jedoch zweimal im Jahr statt.

Wie lange ist der Kinder- und Jugendrat gewählt?

Für 2 Jahre.

Wie wird dafür gesorgt, daß möglichst viele Kinder und Jugendliche über die Arbeit des Kinder- und Jugendrates Bescheid wissen und Anregungen und Vorschläge zur Arbeit machen können?

Die Sitzungen sind öffentlich, Kinder- und Jugendliche können an den Sitzungen teilnehmen.
Die Kinder und Jugendlichen, die im Kinder- und Jugendrat vertreten sind, informieren ihre Mitschüler und Mitschülerinnen.
Der Geschäftsbereich »Jugend und Soziales« informiert über die Presse über die Arbeit des Kinder- und Jugendrates. Alle Kinder und Jugendliche können sich jederzeit an den Stadtjugendpfleger wenden.

Gewalt unter Schülern: ein ganz heißes Thema

Wer bei der Gründungssitzung des ersten Kinder- und Jugendrates der Stadt Willich schüchterne Fünft- bis Zehnklässler erwartet hatte, sah sich getäuscht. Nach erstem Vorgeplänkel plauderten die Jungräte munter drauflos – kritisierten, was ihnen in Schule und Freizeit nicht gefällt. Vor allem die Gewalt beziehungsweise Nötigungen durch ältere Schüler in den Bussen, an den Haltestellen, im Fahrradkeller oder auf den Schulhöfen war für viele das Thema Nummer eins. Darüber wird noch zu sprechen sein.

Nach langer Vorbereitung und einigen Anträgen verschiedener Fraktionen hatte vor den Herbstferien an den weiterführenden Schulen die Wahl stattgefunden. Hunderte von Kindern und Jugendlichen hatten im Vorfeld bei einer Fragebogenaktion diesen Kinder- und Jugendrat befürwortet – dabei auch zahlreiche Vorschläge insbesondere hin zu einem besseren Freizeitangebot gemacht, vom kommunalen Kino bis zu mehr Sportgeschäften und Skate-Bord-Anlagen.

Etwa 40 der bislang gewählten 46 Kinder- und Jugendräte konnte Bürgermeister Josef Heyes („Es ist richtig, dass ihr nicht behandelt werden wollt, sondern selbst handelt") bei der konstituierenden Sitzung begrüßen. Dabei war auch Stadtjugendpfleger Thomas Gebel, der für die Mitglieder des Gremiums der Ansprechpartner ist und auch Wün-

Jugendliche mitreden

8 Wir mischen uns ein

von Willi Schöfer

sche und Kritik entgegennimmt. Über die weitere Vorgehensweise des jungen Rates soll am 22. November [1999] entschieden werden. Dabei kommt es wahrscheinlich auch zur Bildung von Sprecherrat und Schwerpunktarbeitskreisen. „Können wir nicht ein beratendes Mitglied in Schulausschuss und Rat entsenden?", war schon die forsche Forderung des 16-jährigen Stefan Finger.

Überfüllte Busse fahren durch

Ein Arbeitskreis wird sich aller Voraussicht nach mit der Gewalt an Schulen beschäftigen, nachdem die Kinder und Jugendlichen ihre Erlebnisse geschildert hatten: So würden oft ältere Kinder die jüngeren auf den Schulhöfen schikanieren, Fahrräder beschädigen und in den Bussen Gewalt ausüben. „So wurden einem Mitschüler auf der Fahrt nach Anrath sämtliche Sachen aus seiner Schultasche aus dem Bus geschmissen", schilderte ein Elfjähriger. Andere monierten, dass bei Schulschluss regelrechte Prügeleien entstünden, um einen Platz in den ersten Bussen zu bekommen.

Ungezwungen schilderten die Kinder und Jugendlichen weitere Beobachtungen: von überfüllten Bussen, die an den Haltestellen durchfahren, von schlechten Busverbindungen an den Nachmittagen nach Anrath, aber auch von Maulwurfshügeln auf den Sportplätzen in Neersen und Anrath oder von fehlenden Freizeitangeboten. „Warum können wir uns eine Skater-Anlage nicht selbst bauen?", meinte der 15-jährige Jan Kreuels. Ab Montag können Kinder und Jugendliche auch im Internet ihre Wünsche äußern. Unter www.Jugendinfobox.de/blackbox wird auch über die Sitzungen berichtet. Gegen Ende der ersten Sitzung konnten die Jungen und Mädchen im Internet ihre Eindrücke schildern: „Ich heiße Christian, komme vom Gymnasium Anrath und wünsche mir eine Half-Pipe für Neersen." oder „Ich heiße Sandra und komme von der Hauptschule und wünsche mir, dass unsere Anregungen auch beachtet werden."

Willi Schöfer in: Rheinische Post, 23.10.1999.

Auf seiner zweiten Sitzung bildete der Kinder- und Jugendrat Arbeitsgruppen zu folgenden Themen:
- Freizeitangebote in der Stadt
- Kino (es gibt in Willich keines)
- Schulbusproblematik
- Jugendkultur
- Öffentlichkeitsarbeit.

Diese Arbeitsgruppen haben sich inzwischen getroffen und weitere Sitzungen des Rats haben stattgefunden. Es ist geplant, die Ergebnisse dieser Arbeit im Internet zu veröffentlichen (Adresse wie oben).

Seht einmal nach, was daraus geworden ist. Ihr könnt auch auf den Homepages eurer Stadt oder der Nachbarstädte suchen, wie hier Kinder und Jugendliche angesprochen und einbezogen werden.

Die meisten Menschen möchten reich sein. Warum eigentlich? Wodurch zeigt sich Reichtum, wodurch zeigt sich Armut? Macht eine Liste mit allen Elementen, die ihr hier seht.

Die Reichen reicher – die Armen ärmer?

Probleme des Sozialstaats in Deutschland

Was heißt denn

Im Bereich der Politik tauchen immer wieder schwierige Begriffe auf, wie ihr etwa im Glossar dieses Buches sehen könnt. Es gibt aber auch Begriffe, die auf den ersten Blick völlig klar erscheinen und sich erst bei näherem Hinsehen als sehr komplex, schwierig und sogar strittig erweisen. Dazu gehört auch der Begriff „Armut". In solchen Fällen ist es wichtig, das man sich um die möglichst umfassende Klärung eines Begriffs bemüht.

Grundlage

I. Definieren heißt wörtlich eigentlich „abgrenzen". Eine Definition grenzt einen Gegenstand von anderen, meistens ähnlichen Gegenständen ab. Dazu wird zunächst der **Oberbegriff** gesucht, der angibt, zu welcher Art, Gruppe oder Familie der zu definierende Begriff gehört.

Zunächst brauchen wir einen Oberbegriff für „Armut". Zu welcher Art, Gruppe oder Familie gehört „Armut"? Der Begriff gehört sicher in eine Gruppe mit „Wohlstand", „Reichtum". Diese Wörter beschreiben einen Zustand, eine allgemeine Lebenssituation, in der sich Menschen befinden.

II. In einem zweiten Schritt muss nun angegeben werden, wodurch sich der zu definierende Gegenstand von den anderen seiner Art unterscheidet. Man sucht also **Unterscheidungsmerkmale**.

Wodurch unterscheiden sich arme von wohlhabenden oder reichen Menschen? Sie haben deutlich weniger als andere. Armut wäre also nach der Grobdefinition der Zustand (die Lebenssituation) einer Gruppe von Menschen, die deutlich weniger haben als andere.

Wenn man Armut so definiert, spricht man von **relativer Armut**. Man kann dagegen auch versuchen, das zu definieren, was Menschen zum menschenwürdigen Leben am dringendsten und unverzichtbar brauchen (Existenzminimum). Wer nicht einmal das hat, lebt in **absoluter Armut**.

Erweiterung

III. Mit dem Oberbegriff und den Unterscheidungsmerkmalen hätte man eine erste grobe Definition gefunden. Das reicht aber kaum aus. Der Begriff bleibt noch weitgehend unklar. Weitere Schritte sind erforderlich um mögliche Missverständnisse auszuschließen und genauere Informationen zu liefern.

Nach unserer bisherigen Begriffsklärung wäre eine Familie mit einem monatlichen Netto-Einkommen von 5000 Euro arm, weil sie deutlich weniger hätte als ein Multimillionär. Es stellt sich also die Frage, wo Armut in Deutschland eigentlich beginnt, d.h. wo die so genannte Armutsgrenze verläuft. Andere wichtige Fragen sind auch noch nicht beantwortet: Wer ist von Armut besonders betroffen? Gibt es regionale Unterschiede? Gibt es eine historische Entwicklung – d.h. gibt es mehr oder weniger Armut als früher? usw.

Armut in Deutschland
Von je 100 Haushalten haben ein niedriges Einkommen
(weniger als 50 Prozent des durchschnittlichen ausgabefähigen Einkommens aller privaten Haushalte)

	Westdeutschland	Ostdeutschland
1-Personen-Haushalte	10	2
2-Personen-Haushalte	7	3
3-Personen-Haushalte	9	4
4-Personen-Haushalte	13	13
5-Personen-Haushalte*	27	k.A.

*und mehr
Quelle: Stat. Bundesamt © Globus 4472

Erläuterung zur Grafik: Als arm gilt ein Haushalt, wenn ihm weniger als die Hälfte eines Durchschnittshaushalts zur Verfügung steht. Die Daten stammen aus einer Stichprobenuntersuchung zur Einkommensverteilung von 1993. Westdeutschland und Ostdeutschland wurden in der Studie als getrennte Gebiete behandelt. Der Maßstab waren also getrennt errechnete Durchschnittseinkommen. Daher erklärt sich der Unterschied: In den neuen Bundesländern gab es damals noch eine gleichmäßigere Einkommensverteilung als im früheren Bundesgebiet.

eigentlich Armut?

Definition und Klärung von Begriffen

9 Die Reichen reicher – die Armen ärmer?

IV. Man sucht zunächst alles zusammen, was an zuverlässigen **Zahlen, Daten und Fakten** zum Gegenstand zu finden ist. Dieses gesammelte Material hat einen großen Vorteil: Es wurde meistens von Fachleuten (Sozialwissenschaftlern*) durch Beobachtung, Zählung und Beschreibung gewonnen. Das heißt: Wer es nicht glaubt, kann es nachprüfen – wenigstens theoretisch. Dabei ist immer Vorsicht geboten, denn mit den Mitteln der Statistik können Dinge auch falsch dargestellt werden.

Wie man mit Zahlen und Diagrammen umgeht, seht ihr auf den Seiten 136–137.

V. Die gesammelten Zahlen, Daten und Fakten müssen nun **analysiert, interpretiert und bewertet** werden. Dabei kann es zu sehr unterschiedlichen Ergebnissen und Auffassungen kommen – das wisst ihr aus der Interpretation im Deutschunterricht. In der Politik sind solche Unterschiede sehr bedeutend, weil sich daraus verschiedene politische Meinungen ergeben, die wiederum zu verschiedenen politischen Lösungen führen. Wenn ihr in Gruppen an einer Begriffsklärung arbeitet, können sich große Unterschiede ergeben – ähnlich wie zwischen politischen Parteien.

VI. Definitionen werden schriftlich festgehalten. Und zwar in möglichst präziser Form. Das heißt: Man muss sich **auf das Wesentliche beschränken**. Der Text soll eine möglichst genaue und zugleich nicht zu umfangreiche Antwort auf die Frage nach dem jeweiligen Begriff geben, etwa so wie ein ausführlicher Lexikonartikel. Aber für eine wirklich gute Begriffserklärung von wenigen Sätzen benötigt man ein Vielfaches an Ausgangsmaterial.

Wenn eine Statistik zeigt, dass in Deutschland über eine Million Kinder Sozialhilfe beziehen und dass kinderreiche Familien besonders von Armut bedroht sind, dann ist daran kaum zu zweifeln. Woher bekommt man solche Zahlen und Fakten?

In den beiden Abbildungen auf dieser Doppelseite findet ihr einige Zahlen zur Armut. Doch die allein reichen nicht aus. In diesem Kapitel sind noch viele weitere Daten, Fakten und Zahlen zur „Armut" zu finden, z. B. darüber, wer in Deutschland besonders davon betroffen ist. Ihr könnt noch mehr Informationen beschaffen. Achtet darauf, dass kein Zahlensalat entsteht. Die Kunst liegt in der Auswahl von aussagekräftigen Zahlen.

Es geht also um Aspekte der Armut, die über das Zählen und Messen hinausgehen. Über eine Million Kinder beziehen Sozialhilfe – das steht fest. Aber man kann z. B. darüber streiten, ob Sozialhilfeempfänger arm sind.

Wichtig sind auch die Ursachen und Folgen von Armut: Wie geraten Menschen in Armut? Welche gesellschaftlichen Ursachen stecken dahinter? Was bedeutet Armut für die betroffenen Menschen in ihrem Alltag, besonders für die Kinder? Nicht zuletzt: Wie geht die Politik mit Armut um? Das alles sagen Zahlen und Daten nicht unbedingt von sich aus. Man muss es aus ihnen herauslesen bzw. andere Informationsquellen suchen.

Informationen, vor allem Zahlen und Fakten, erhaltet ihr beim Statistischen Bundesamt und beim Bundesministerium für Arbeit und Sozialordnung:
www.statistik-bund.de
www.bma.bund.de.
Zum Thema „Armut" erhaltet ihr auch viele Informationen bei Gewerkschaften und bei kirchlichen Organisationen:
www.dgb.de
www.caritas.de
www.diakonie.de.

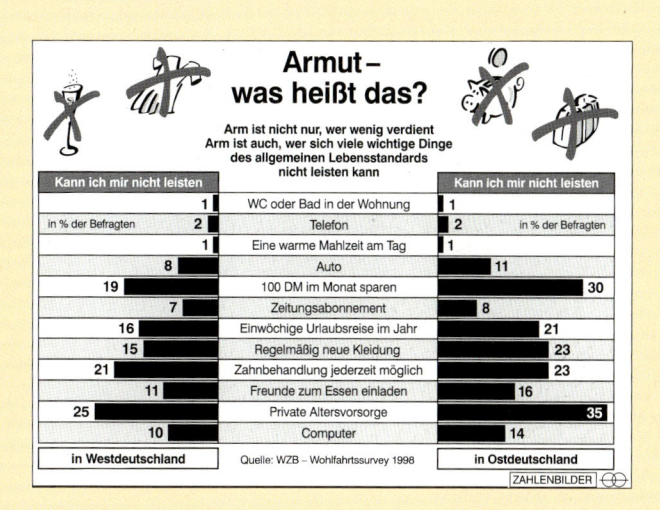

Armut – was heißt das?

Arm ist nicht nur, wer wenig verdient
Arm ist auch, wer sich viele wichtige Dinge des allgemeinen Lebensstandards nicht leisten kann

Kann ich mir nicht leisten (in % der Befragten)		Kann ich mir nicht leisten (in % der Befragten)
1	WC oder Bad in der Wohnung	1
2	Telefon	2
1	Eine warme Mahlzeit am Tag	1
8	Auto	11
19	100 DM im Monat sparen	30
7	Zeitungsabonnement	8
16	Einwöchige Urlaubsreise im Jahr	21
15	Regelmäßig neue Kleidung	23
21	Zahnbehandlung jederzeit möglich	23
11	Freunde zum Essen einladen	16
25	Private Altersvorsorge	35
10	Computer	14
in Westdeutschland	Quelle: WZB – Wohlfahrtssurvey 1998	in Ostdeutschland

ZAHLENBILDER

177

Wenige haben viel –

Deutschland gilt als ein wohlhabendes Land. Im Vergleich zu vielen Ländern dieser Welt stimmt das auch. Aber nicht jeder Mensch, der in Deutschland lebt, ist deshalb wohlhabend oder sogar reich. Wirklich reich sind nur sehr wenige, dagegen sind sehr viele Menschen in Deutschland arm.

Zunehmenden Reichtum bei gleichzeitig wachsender Armut finden viele Menschen nicht gerecht. Sie fordern daher, dass der Staat für Gerechtigkeit sorgen soll. Er könnte z. B. höhere Steuern erheben und dadurch einen Ausgleich schaffen. Das nennt man Umverteilung: Den besser Verdienenden wird von ihrem Einkommen etwas abgezogen, das den Armen zugute kommt.

Andere halten diese Umverteilung für eine falsche Maßnahme. Sie meinen, arme Menschen würden auf Kosten der Reichen leben und hätten keinen Anreiz, selbst etwas zu leisten und damit für sich selbst zu sorgen. Ihrer Auffassung nach hat jeder Mensch in Deutschland die Möglichkeit aus eigener Kraft reich zu werden.

1 Reiche werden reicher, Arme ärmer

In ihrem Sozialwort „Für eine Zukunft in Solidarität und Gerechtigkeit" zogen die Kirchen im Jahre 1997 eine vernichtende Bilanz: „Umverteilung ist häufig Umverteilung des Mangels, weil der Überfluss auf der anderen Seite geschont wird." Veränderungen und Anpassungen dürften nicht nur und auch nicht in erster Linie den gering Verdienenden, den Arbeitslosen und den Sozialhilfeempfängern, zugemutet werden, schrieben sie den Politikern ins Stammbuch.

Gewachsen ist auch die Zahl der Armen: Mehr als sieben Millionen Menschen gehören dazu. Vor vier Jahren (1994) waren es über eine Million weniger. Auch die Zahl der Sozialhilfeempfänger nimmt zu. Sie liegt inzwischen bei über drei Millionen, darunter eine Million Kinder. Vor vier Jahren waren es noch insgesamt 2,3 Millionen. 1982 wurde offiziell gerade erst eine Million gezählt. Die Zahl der Obdachlosen nahm mit ähnlicher Dynamik zu. Inzwischen gibt es mehr als 860 000 Menschen ohne Dach über dem Kopf. Zugenommen hat zugleich aber auch die Zahl der Reichen. In Deutschland gibt es nach Aussagen der Bundesregierung etwa eine Million Vermögensmillionäre. Hierbei ist der Haus- und Grundbesitz mit dem Verkehrswert, also dem derzeitigen Preis des Hauses, bewertet worden. Anfang der Achtzigerjahre waren es rund 230 000. Immer steiler wird dabei die soziale Schieflage zwischen Arm und Reich. Die Einkommen der Selbstständigen (z. B. Ärzte, Anwälte, Geschäftsleute, Handwerker usw.) sind seit 1980 um etwa 130 Prozent gestiegen, die Arbeitnehmereinkommen haben um ein Drittel zugenommen und liegen immer noch auf der Höhe von vor 18 Jahren.

Gekürzt und bearbeitet nach: Rolf-Dietrich Schwartz, Frankfurter Rundschau, 23. 7. 1998.

2 Ungleichheit nimmt ab

Die Stimmung ist schlechter als die Lage. So lässt sich ein Datenreport des Statistischen Bundesamtes zusammenfassen, der mit erstaunlichen Ergebnissen aufwartet. So hat sich die Schere zwischen Arm und Reich im langfristigen Vergleich im Westen keineswegs geöffnet.

Der deutsche Wohlfahrtsstaat steht demnach auf seinem Höhepunkt. Die Lebensumstände sind trotz Arbeitslosigkeit und langsamer steigender Realeinkommen* so gut wie nie zuvor. Doch die Deutschen trauen der Sache nicht so recht, und einige Gruppen der Gesellschaft befürchten aus dem Wohlstandsparadies vertrieben zu werden. Einige Ergebnisse der Datensammlung sind im Vergleich zur öffentlichen Wahrnehmung verblüffend positiv. Das gilt etwa für das Verhältnis von Arm und Reich. „Die Ungleichheit nimmt ab. Sie steigt bis Mitte der Neunzigerjahre stark, dieser Trend setzt sich aber nach 1995 nicht weiter fort", heißt es in der Analyse.

Die pro Kopf zur Verfügung stehende Wohnfläche hat sich von 1960 bis heute verdoppelt. Die Ausstattung mit Konsumgütern wird immer üppiger. Wohl der größte Teil der Menschheit würde vom Schlaraffenland sprechen. Warum hält die Wahrnehmung der gesellschaftlichen Wirklichkeit damit nicht Schritt? Es werde deutlich, „dass die immer weitere Verbesserung der Lebensbedingungen einen sinkenden Grenznutzen hat: Mehr Einkommen, mehr Freizeit und mehr Konsum lassen die Menschen nicht immer zufriedener werden, denn die Ansprüche wachsen mit und die Erwartungen werden größer."

Andreas Geldner in: Stuttgarter Zeitung, 2. 5. 2000, gekürzt.

viele haben wenig

Armut und Reichtum in Deutschland

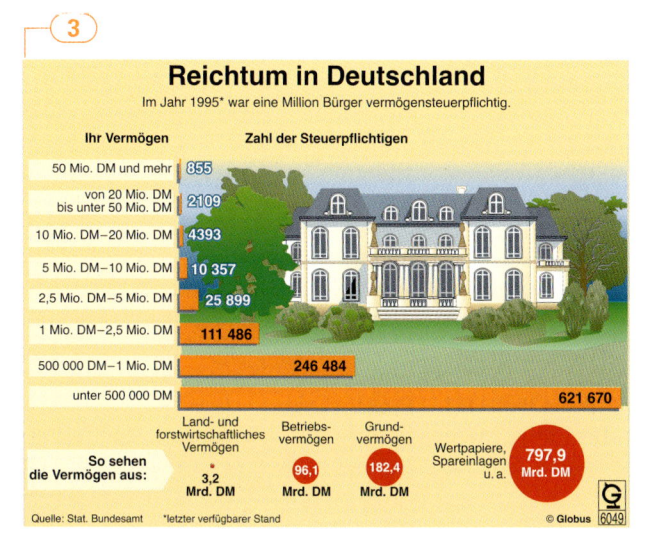

9 Die Reichen reicher – die Armen ärmer?

3

Reichtum in Deutschland
Im Jahr 1995* war eine Million Bürger vermögensteuerpflichtig.

Ihr Vermögen	Zahl der Steuerpflichtigen
50 Mio. DM und mehr	855
von 20 Mio. DM bis unter 50 Mio. DM	2109
10 Mio. DM–20 Mio. DM	4393
5 Mio. DM–10 Mio. DM	10 357
2,5 Mio. DM–5 Mio. DM	25 899
1 Mio. DM–2,5 Mio. DM	111 486
500 000 DM–1 Mio. DM	246 484
unter 500 000 DM	621 670

So sehen die Vermögen aus:
- Land- und forstwirtschaftliches Vermögen: 3,2 Mrd. DM
- Betriebsvermögen: 96,1 Mrd. DM
- Grundvermögen: 182,4 Mrd. DM
- Wertpapiere, Spareinlagen u. a.: 797,9 Mrd. DM

Quelle: Stat. Bundesamt *letzter verfügbarer Stand © Globus 6049

4

Möglichkeiten reich zu werden
- einträglicher Beruf (Arzt, Rechtsanwalt, Steuerberater, Geschäftsführer eines großen Unternehmens usw.)
- Erbschaft
- Börsenspekulation
- Wett- und Spielgewinne (z. B. Lotto)
- Film- und Show-Geschäft (Schauspieler, Spitzensportler usw.)
- Kriminalität (Betrug, Drogenhandel, Wirtschaftskriminalität usw.)
- Geschäfts- oder Unternehmensgründung
- Patente (auf Erfindungen)
- Tantiemen (Bücher, Musik)
- …

5

Ungleichheit ist höchst erfreulich

Ungleichheit ist nicht bedauerlich, sondern höchst erfreulich. Sie ist einfach nötig. Gerade die Unterschiede in der Entlohnung sind es, die den Einzelnen dazu bringen, das zu tun, was den gesellschaftlichen Wohlstand erst entstehen lässt. Er muss sich anstrengen, etwas zu leisten, einen Arbeitsplatz suchen oder sich selbstständig machen. Dadurch nimmt er teil an der Produktion von Waren und Dienstleistungen und schafft etwas für die Gesellschaft. Wenn Vermögen umverteilt werden, dann fallen diese Leistungsanreize weg.

Gekürzt und bearbeitet nach: F. A. Hayek in: Wirtschaftswoche 3/96, S. 16.

6

Ungerechtigkeit muss überwunden werden

Gerechtigkeit ist eine Staatsaufgabe ersten Ranges. Das Bemühen um die Überwindung der Spaltung der Gesellschaft in immer Reichere und immer Ärmere ist eine wesentliche Voraussetzung dafür, dass die Menschen ihren Staat akzeptieren und die Demokratie bejahen. Um Gerechtigkeit herzustellen, muss der Staat den Armen und sozial Schwachen (z. B. kinderreichen Familien, Behinderten, Arbeitslosen, Sozialhilfeempfängern, Obdachlosen usw.) helfen, indem er die hohen Einkommen und Vermögen besteuert und daraus Hilfeleistungen für die Bedürftigen finanziert. Nur so kann eine gerechte Gesellschaft entstehen.

Gekürzt und bearbeitet nach: L. Glaser in: Publik-Forum 4/97, S. 8.

Arbeitsvorschläge

1. Erklärt die Begriffe „Solidarität" und „Gerechtigkeit" in **1**. Wenn ihr Schwierigkeiten habt, schaut in einem Lexikon nach. Warum sind die Kirchen mit der jetzigen Form der Umverteilung nicht einverstanden? Wie ist eure Meinung dazu?

2. Welche Gruppen werden in **1** als „arm" bezeichnet, welche als „reich"? Würdet ihr die Begriffe auch so verwenden?

3. Wie erklärt **2** die wachsende Unzufriedenheit. Was heißt sinkender „Grenznutzen"?

4. Was meint ihr? Trifft eher die Aussage von **1** zu oder von **2**?

5. Hat jeder Mensch aus eigener Kraft die Möglichkeit reich zu werden (**4**)? Begründet eure Meinung.

6. Teilt die Klasse in mehrere A-Gruppen für **5** sowie gleich viele B-Gruppen für Text **6**. Geht Satz für Satz durch und prüft jeweils, ob ihr dem Argument zustimmen könnt oder nicht. Schreibt noch weitere Argumente für die jeweilige Position dazu (siehe auch **1** und **2**). Setzt dann jeweils eine Gruppe A einer Gruppe B gegenüber und führt ein Streitgespräch. Die anderen machen sich Notizen, wenn sie mit einem Argument nicht einverstanden sind. Macht zum Schluss eine Abstimmung über die beiden Positionen.

Arbeitslos, mittellos,

Menschen, die in Armut leben, können meistens eine lange Geschichte erzählen. Keine ist wie die andere.

Manche Leute sagen: „Wer arm ist, ist selber schuld." Doch so einfach ist das nicht. In den meisten Fällen führen unglückliche Umstände und Ereignisse dazu, dass ein Mensch in Armut gerät. Es gibt in manchen Fällen auch Gründe für Verarmung, für die man selbst Verantwortung trägt, z. B. wenn man zu viel Geld ausgegeben und dafür noch Schulden aufgenommen hat.

Allgemein gilt: Es ist sehr schwer, aus der Armut herauszukommen.

Auf dieser Doppelseite findet ihr Beispiele dafür,
– wie Menschen in die Armut geraten sind,
– inwiefern sie z. T. selbst dafür verantwortlich sind,
– was sie unternommen haben, um wieder aus der Armut herauszukommen.

1 Wie man zum „Sozialfall" wird

Helga und Thomas Kremer wohnen am Nordrand von Köln in einem mehrstöckigen Wohnhaus. Die Gegend gilt als „sozialer Brennpunkt". Helga K. ist Hausfrau und kümmert sich um die drei Kinder im Alter von vier, sieben und zwölf. Thomas K. hat keine abgeschlossene Berufsausbildung und arbeitete viele Jahre am Bau. Solange die Bauwirtschaft genügend Aufträge hatte, verdiente er mit Überstunden nicht schlecht. Jedenfalls reichten die 3500 DM [= 1789 €] netto für die fünfköpfige Familie, wenn ein wenig aufs Geld geachtet wurde.

Nun ist Thomas K. bereits seit sieben Jahren arbeitslos. Alle Versuche, eine neue Arbeit zu finden, schlugen fehl. Zunächst bekam Thomas K. Arbeitslosengeld – das waren 68 % vom letzten Lohn. Nach zwei Jahren hatte Herr K. keinen Anspruch auf Arbeitslosengeld mehr und erhielt Arbeitslosenhilfe, d. h. noch 58 % des früheren Nettolohns. Alle Ausgaben aber liefen in der üblichen Höhe weiter. Allein die Wohnung kostet jeden Monat 500 €.

Vor einem halben Jahr wurde Thomas K. zum Arbeitsamt bestellt. Man teilte ihm mit, dass er als Langzeitarbeitsloser mit gesundheitlicher Einschränkung (ein Rückenleiden infolge der schweren körperlichen Arbeit) nicht mehr vermittelbar sei. Zuständig sei daher jetzt das Sozialamt. Nun erhält die Familie 1150 €. Sozialhilfe zum Lebensunterhalt. Allerdings bedrückt sie das Gefühl zum Sozialfall geworden zu sein.

2 Keine Wohnung, keine Arbeit, keine Papiere

„Weißt du, mich gibt es gar nicht", beginnt er seine Geschichte. Tom Weber, erfahre ich im Gespräch, lebt seit drei Jahren illegal. Das heißt, er hat weder Wohnsitz, noch Arbeit, noch gültige Papiere. Als ich ihn frage, wie man illegal wird, antwortet er mir: „Das ist so schleichend passiert. Ich hatte überhaupt keine Interessen mehr. Eines Morgens bin ich einfach nicht mehr auf meine Arbeitsstelle gegangen. Ich hatte einfach keine Lust mehr zu arbeiten."

Nach drei Wochen kam die Kündigung per Einschreiben. Er ging weder zum Arbeitsamt, noch versuchte er auf eigene Faust eine neue Stelle zu finden.

Irgendwann kam die Wohnungskündigung ins Haus. Monatelang hatte er keine Miete mehr gezahlt. Auch das ließ ihn kalt. „Mich hat einfach überhaupt nichts mehr interessiert. Ich wollte auch mit den Menschen nichts mehr zu tun haben."

Schließlich brach er auch mit den wenigen, die trotzdem noch zu ihm hielten, die Verbindung ab. „Irgendwann bin ich morgens aus der Tür gegangen und wusste, dass ich nicht mehr zurückkomme."

Rüdiger Heins, Obdachlosenreport 1993, S. 51 f., gekürzt.

hoffnungslos?

Armutsschicksale und ihre Ursachen

9 Die Reichen reicher – die Armen ärmer?

3 Die Schuldenfalle

Elisabeth M. (38 Jahre) weiß nicht, wie ein Leben ohne Schulden aussieht. Schon mit 20 hat sie ihr Konto bei der Sparkasse überzogen und nie vollständig ausgleichen können.

Ihr Einkommen besteht aus 900 € Unterhalt für sich und zwei Kinder. Bei einer Bank hat sie sich 1000 € für die nötigsten neuen Möbel geliehen, für ein gebrauchtes Auto noch einmal 2000 €. Eigentlich müsste eine Geschäftsbank wissen, dass Elisabeth M. die Schulden nicht abzahlen kann. Bald spürt Frau M. die Folgen. Sie bestellt in einem Versandhaus neue Kleider für die Kinder und kann nicht zahlen. In ihrer Not borgt sie bei einem privaten Kreditgeber weitere 2000 €, um die Zinsen und Mahngebühren der anderen Darlehen zu bedienen …

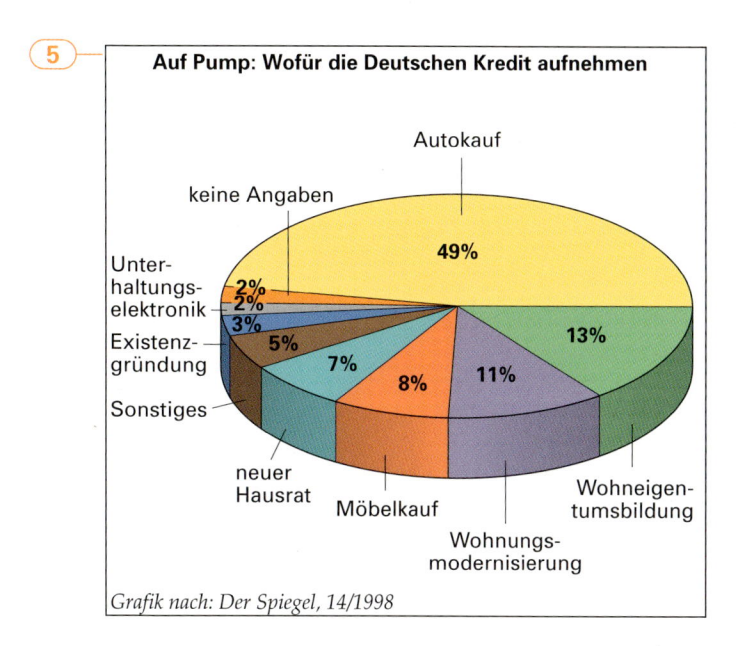

5 Auf Pump: Wofür die Deutschen Kredit aufnehmen

- Autokauf: 49%
- keine Angaben: 2%
- Unterhaltungselektronik: 2%
- Existenzgründung: 3%
- Sonstiges: 5%
- neuer Hausrat: 7%
- Möbelkauf: 8%
- Wohnungsmodernisierung: 11%
- Wohneigentumsbildung: 13%

Grafik nach: Der Spiegel, 14/1998

4 „Jede unvorhergesehene Ausgabe sprengt das Budget"

Silke K., 33, lebt mit ihren beiden Söhnen in einer Hochhaussiedlung in Hamburg. Mit dem Vater war sie nie verheiratet. Unterhalt bezahlt er nicht. Sie arbeitet als ambulante Pflegerin. Der Anspruch auf Unterhaltsvorschuss ist abgelaufen, Kindergeld und Wohngeld schießt der Staat monatlich zu. Die Zweieinhalb-Zimmer-Wohnung kostet knapp 500 € Miete. Jede unvorhergesehene Ausgabe sprengt das Budget: Eine Klassenreise, die Betriebskostennachzahlung, Winterkleidung für die Kinder – jedes Mal ein Bettelgang zum Sozialamt.

Silke K. war mit ihren Söhnen noch nie im Urlaub, und kauft sie sich mal eine CD, kneift das Gewissen. Der tägliche Kampf hat sie müde gemacht. „Ich arbeite, zahle Steuern, erziehe die Kinder und muss allein sehen, wie ich über die Runden komme."

Gekürzt und bearbeitet nach: Caritas-Broschüre „Not sehen und handeln".

Arbeitsvorschläge

1. Untersucht die Fallbeispiele **1–4**: Beschreibt zunächst die Ursachen für die Armut, dann die Folgen für die Betroffenen.

2. Welcher Begriff von „Armut" liegt hier jeweils vor? (Siehe S. 176–177.)

3. Für welche Umstände sind die Menschen in den Fallbeispielen selbst verantwortlich, wofür können sie nichts?

4. Was könnten die Menschen tun, um aus der Armut herauszufinden? Wer könnte ihnen dabei helfen?

5. Fragt bei einer Bank nach, was ein Darlehen an Zinsen kostet. Rechnet aus, was Frau M. (**3**) für die geliehene Summe monatlich aufwenden muss. Kann sie die Schulden tilgen? Beschreibt die Folgen für sie und ihre Kinder.

Rechnet im Mathematikunterricht aus, wie die Schulden nach der Zinseszinsformel im Laufe der Jahre steigen.

6. Zählt die zwei wichtigsten Bereiche auf, für die Menschen Schulden machen (**5**). Habt ihr dafür Verständnis?

7. Erkundigt euch beim Sozialamt, was Silke K. einschließlich Kinder- und Wohngeld ungefähr an Einkommen zu erwarten hätte (**4**). Sind ihre Klagen berechtigt? (Siehe auch S. 186–187.)

Kinderreich

„Kinder sind ein Segen Gottes", so lautet ein altes Sprichwort. Aber es gilt offensichtlich nicht immer, zumindest wenn man die materielle Seite betrachtet. Viele Familien in Deutschland rutschen mit zunehmendem Kinderreichtum unter die Armutsgrenze. In diesem Fall müssen Eltern und Kinder mit Problemen fertig werden, von denen wohlhabende Menschen kaum eine Vorstellung haben.

Deutschland ist eines der reichsten Länder der Welt. Trotzdem tragen in diesem Land Kinder und Jugendliche das höchste Risiko in Armut zu geraten.

1 Beschämendes Armutszeugnis
– Jeder vierte Jugendliche hat keine Arbeit.
– Mehr als eine Million Kinder und Jugendliche beziehen Sozialhilfe.
– Ca. 300 000 Kinder und Jugendliche in Deutschland sind obdachlos.
– Kinder und Jugendliche leiden besonders unter den Folgen des sozialen Abstiegs wie Krankheiten, Schulabbruch, Abbruch der Ausbildung.
– Die Gefahr, in einen Kreislauf von Prostitution, Rauschgiftsucht und Kriminalität zu geraten, nimmt für Kinder und Jugendliche immer mehr zu.

Zusammengestellt nach: Caritas, Not sehen und handeln, 11/1998.

2 Melanie, 14 Jahre

Irgendwie ist es mir peinlich, nach der Schule mit in die Suppenküche zu gehen. Ich habe viele Freunde, die dort in der Nähe wohnen. Die haben mich schon mal daraufhin angesprochen. Ich habe mich geschämt. Das ist schwer zu beschreiben, davon will ich auch nichts erzählen. Vielleicht ist es die Angst, gleich abgestempelt zu werden. Es ist mir nicht leicht gefallen, mit Leuten zusammenzusitzen, die noch ärmer sind als wir, sich da anzupassen. Wenn ich in die Suppenküche gehe, komme ich mir als Außenseiter vor.

Meine Eltern haben dort schon Bekanntschaften geschlossen. Aber ich denke noch immer: „Du bist doch eigentlich ganz anders als die. Da passt du doch gar nicht hin!" Manchmal schlendere ich durch die Straßen, bleibe an den Schaufenstern stehen oder probiere auch mal etwas an. Ich träume dann: „Das würdest du jetzt gern haben. Vielleicht kannst du es dir ja irgendwann einmal kaufen." Oft denke ich auch, dass man nicht alles haben muss. Dann genügt es mir, die Sachen einfach anzugucken und insgeheim zu hoffen, dass sie schnell wieder aus der Mode kommen. So habe ich nichts verpasst. Ich möchte später studieren. Wenn ich mal viel Geld verdiene, möchte ich zuerst meine Familie absichern. Dann würde ich an Stiftungen Geld spenden für die Kinder, die auf der Straße leben. Gern möchte ich einmal verreisen, irgendwohin.

Entnommen aus: Christel Sperlich, Schattenkinder, in: SOS-Dialog, Fachmagazin des SOS-Kinderdorf e. V., Heft 1999: Kinderarmut in Deutschland, S. 17.

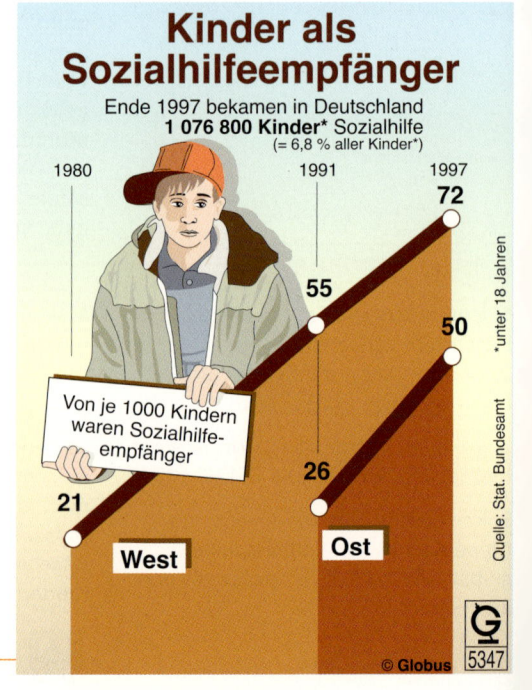

3 Kinder als Sozialhilfeempfänger

Ende 1997 bekamen in Deutschland **1 076 800 Kinder*** Sozialhilfe
(= 6,8 % aller Kinder*)

Von je 1000 Kindern waren Sozialhilfeempfänger

	1980	1991	1997
West	21	55	72
Ost		26	50

*unter 18 Jahren

Quelle: Stat. Bundesamt
© Globus 5347

182

und bettelarm?

9 Die Reichen reicher – die Armen ärmer?

Kinder als Armutsrisiko

4

Jahrelang hatten wir uns überlegt, ob wir uns Kinder anschaffen sollten...

...aber unsere Freiheit und Unabhängigkeit war uns dann doch wichtiger!

5 **Kinderlosigkeit macht Paare reich**

Kinder werden als Armutsrisiko Nummer eins dargestellt. Doch auf die Frage, was zwei Kinder ihre Eltern bis zu ihrem 18. Lebensjahr kosten, erhält man die unterschiedlichsten Antworten: Das Statistische Bundesamt nennt eine Summe von 130 000 Euro.

In den Augen des Landesfamilienrates Baden-Württemberg ist diese Summe viel zu niedrig angesetzt. Geschäftsführer Siegfried Stresing präsentiert seine eigene Berechnung. Nach seinem Modell kosten zwei Kinder bis zur Volljährigkeit über 560 000 Euro. Stresing addiert zu dem von den Statistikern errechneten Aufwand zunächst den Einkommensausfall der Mutter während des sechsjährigen Erziehungsurlaubs hinzu. Abzüglich Kindergeld und Erziehungsgeld gelangt er zu 160 000 Euro. Die Millionenhürde wird durch die Verzinsung des Betrags überschritten: Der Geschäftsführer stellt der Familie ein kinderloses Ehepaar gegenüber, das diese Summe mit vier Prozent Zinsen anlegt. Wenn die Kinder der Familie 18 Jahre sind, hätte das kinderlose Ehepaar bereits 267 000 Euro gespart. Mit vier Prozent verzinst ergibt dies im Alter von 65 Jahren eine Summe von 590 000 Euro. Stresings Schlussfolgerung: Die Kinderlosigkeit hat das Paar reich gemacht.

Petra Krimphove in: Badische Zeitung, 1998, (www.bzol.de), vereinfacht und in Euro umgerechnet.

Arbeitsvorschläge

1. Versucht die Aussagen in **1** zu einer Ursachen-Folgen-Spirale zu verknüpfen. Erläutert die Zusammenhänge anhand von Beispielen.

Ein Beispiel für eine Ursachen-Folgen-Spirale findet ihr auf S. 144–145.

2. Worunter leidet Melanie besonders (**2**)? Wo liegen die Ursachen für die Armut ihrer Familie? (Siehe dazu auch S. 180–181.) Was müsste Melanie haben, um nicht als arm zu gelten? (Siehe S. 176–177.)

3. Beschreibt die in **3** gezeigte Entwicklung. Seht euch noch einmal **5** auf S. 179 an. Was würde Herr Hayek entgegnen? Beachtet auch die anderen Materialien auf diesen Seiten.

4. Findet ihr, dass das Paar in **4** eine richtige Entscheidung getroffen hat?

5. Ihr könnt ein Rollenspiel machen: Bildet Gruppen A (kinderloses Ehepaar) und Gruppen B (Ehepaar mit zwei Kindern). Überlegt euch mithilfe der Texte und Bilder auf dieser Doppelseite Argumente für und gegen Kinder und schreibt sie auf. Achtet besonders darauf, was die Frauen und die Männer sagen! Spielt die Szenen vor und wertet sie aus.

183

Reich und jung

Zum Leben braucht man Geld. Die meisten Menschen sichern ihren Lebensunterhalt durch Arbeit, mit der sie Geld verdienen. Solange man Arbeit hat und diese auch bewältigen kann, geht das auch ganz gut. Aber jeder Mensch wird einmal alt. Die Belastbarkeit lässt nach und der Berufsalltag kann sehr beschwerlich werden. Wer sorgt für das nötige Einkommen, wenn Menschen im Alter nicht mehr arbeiten können? Das Problem ist nicht neu. Zu allen Zeiten und in allen Ländern wurden ganz unterschiedliche Lösungen dafür gefunden. Hier erfahrt ihr etwas darüber, welche Form der Alterssicherung in Deutschland gefunden wurde. Allerdings könnte es sein, dass diese Lösung bald nicht mehr so gut funktioniert wie bisher.

1 Die Solidarität der Generationen in alten Zeiten

Rechts sieht man ein typisches Gruppenbild einer Großfamilie im 19. Jahrhundert. Eltern, Kinder und Großeltern wohnten damals zusammen unter einem Dach. Sie bildeten eine große Wohn-, Arbeits- und Lebensgemeinschaft.

Die mittlere Generation, also die Eltern, hatte die größte Verantwortung. Sie waren sowohl für die Erziehung und Versorgung ihrer Kinder als auch für das Wohlergehen ihrer Eltern zuständig. Es gab noch keine Alters- und Pflegeheime für die Alten und es war selbstverständlich, dass die Großeltern bis zu ihrem Tode im gemeinsamen Haus versorgt und gepflegt wurden. Die Elterngeneration konnte sich wiederum darauf verlassen, dass sie im Alter von ihren Kindern versorgt wird. Und die Kinder, die in einer solchen Großfamilie aufwuchsen, wussten, dass auch sie einmal für ihre Eltern verantwortlich sein würden.

Großfamilie um 1890

Diese gegenseitige Abhängigkeit, das daraus entstandene Zusammengehörigkeitsgefühl und die gemeinsame Verantwortung aller für alle nennt man die „Solidarität der Generationen". Sie beruht auf der Idee eines ungeschriebenen „Generationenvertrags". Solange das funktionierte, waren die Menschen im Alter meistens versorgt. Durch die Industrialisierung im 19. Jahrhundert und die damit einhergehende Veränderung der Lebens- und Arbeitswelt lösten sich diese Versorgungsstrukturen aber allmählich auf.

2 Generationenvertrag heute

Die Anfänge der staatlichen Rentenversicherung liegen in Deutschland über 100 Jahre zurück. Unser heutiges Rentensystem, dem die Idee des Generationenvertrags immer noch zugrunde liegt, beruht auf der Rentenreform im Jahre 1957 und dem „Umlageverfahren". Das funktioniert so: Die heute im Erwerbsleben stehenden Menschen, also die mittlere Generation, finanzieren durch ihre Beiträge zur gesetzlichen Rentenversicherung die Renten der Altengeneration. Die nachwachsende Generation, also die Kinder, muss dann wiederum für die Renten ihrer Eltern aufkommen. Rente erhalten jedoch nur diejenigen, die erwerbstätig waren oder als Hinterbliebene Ansprüche haben.

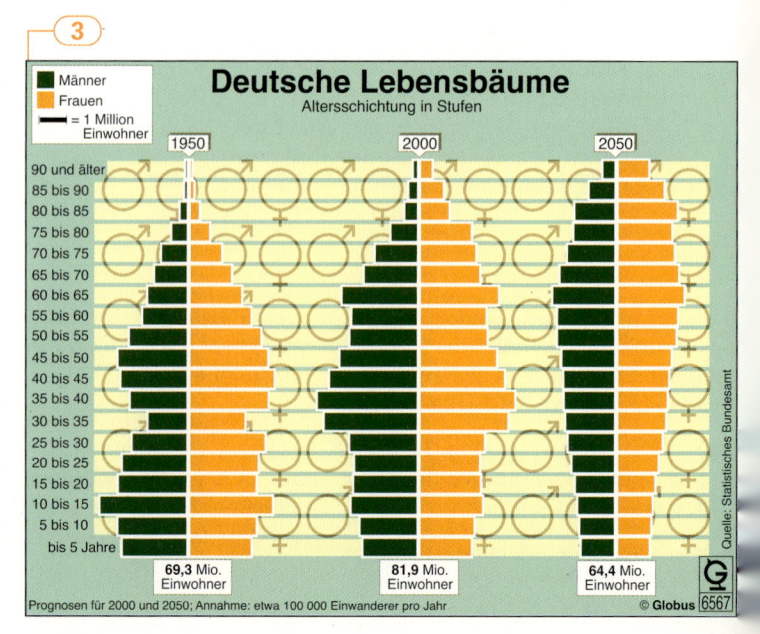

3 Deutsche Lebensbäume

Altersschichtung in Stufen

Männer (grün) / Frauen (orange) / ▌ = 1 Million Einwohner

1950: 69,3 Mio. Einwohner
2000: 81,9 Mio. Einwohner
2050: 64,4 Mio. Einwohner

Prognosen für 2000 und 2050; Annahme: etwa 100 000 Einwanderer pro Jahr

Quelle: Statistisches Bundesamt

© Globus 6567

184

arm und alt?

9 Die Reichen reicher – die Armen ärmer?

Die Krise der Alterssicherung

4 **Generationenvertrag in Zukunft?**
Das moderne Rentensystem wurde 1957 eingeführt. Inzwischen haben sich viele Bedingungen geändert, sodass von einer Krise des Generationenvertrags gesprochen wird:

- Die Lebenserwartung der Deutschen steigt weiterhin stetig an (Männer ca. 74, Frauen ca. 80 Jahre).
- Das durchschnittliche Rentenzugangsalter hat sich nach vorne verlagert (von 65 Jahren auf etwa 60 Jahre).
- Seit den Siebzigerjahren geht die Geburtenzahl stark zurück. Es werden weniger Kinder geboren, als zum Erhalt der Bevölkerung benötigt würden.
- Wegen der gestiegenen Arbeitslosigkeit werden weniger Beiträge in die Rentenkasse gezahlt.
- Die Monatsbeiträge zur Rentenkasse lassen sich kaum weiter erhöhen. Gegenwärtig müssen ca. 20% des Einkommens an die Rentenkasse abgeführt werden.

5 *„Mittelfristig alles o.k. Junge. – Aber den trägst du, wenn du groß bist!"*
12.6.86

Hunderttausende Frauen im Alter von 15 bis 50 haben nach 1945 Millionen von Tonnen Schutt geräumt.

6 „Armut im Alter – Schande für Deutschland" – so stand es auf dem Transparent einer kleinen Demonstration von ehemaligen Trümmerfrauen. Hintergrund: Am 9. Juli 1988 hatte sich die Rentnerin und ehemalige Trümmerfrau Ruth N. erhängt, weil sie die Miete nicht mehr zahlen konnte. Dabei war sie noch einige Wochen zuvor von US-Präsident Reagan offiziell als Trümmerfrau geehrt worden.
Nach: Berliner Morgenpost, 10.7.1999.

Arbeitsvorschläge

1. Gibt es in eurer Klasse oder in eurem Bekanntenkreis noch Familien, bei denen wie in **1** drei oder sogar vier Generationen unter einem Dach wohnen? Wenn ja, berichtet, wie das Zusammenleben aussieht und welche Vor- und Nachteile es hat. Wenn nein, erzählt, wo und wie eure Großeltern leben und ob ihr selbst einmal eine Familie und Kinder haben wollt.

2. Vergleicht die frühere Versorgung der Alten (**1**) mit dem Generationenvertrag (**2**). Worin bestehen Gemeinsamkeiten, worin Unterschiede?

3. Warum gerät der Generationenvertrag in die Krise? Erläutert die Gründe anhand von **3–5**.

Auf der Homepage des Verbands deutscher Rentenversicherungsträger erhaltet ihr aktuelle Daten und auch Informationen zur Rentenreform: www.vdr.de.

4. Versucht Ursachen für die Entwicklung, die in **4** geschildert wird, anzugeben. Seht euch noch einmal S. 182–183 an. Gibt es einen Zusammenhang?

5. Es gab zu allen Zeiten einzelne Menschen, die im bestehenden System der Alterssicherung nicht oder nicht ausreichend versorgt wurden. Was ist z.B. wohl passiert, wenn Menschen nicht in einer Großfamilie aufgehoben waren (**1**)? Seht euch **6** an. Wie erklärt ihr euch, dass viele der so genannten „Trümmerfrauen" in Armut gerieten? Lest noch einmal Text **2**.

Bei solchen Fragen könnt ihr euch an eure/n Geschichtslehrer/in wenden.

Anspruch oder

Jeder Mensch hat Anspruch auf ein menschenwürdiges Leben. So steht es im Grundgesetz*. Nun gibt es immer mehr Menschen, die nicht das nötige Geld haben, um sich täglich satt zu essen und ein Dach über dem Kopf zu haben. Wenn alle Stricke reißen und auch die nächsten Angehörigen nicht helfen können, bleibt nur noch der Weg zum Sozialamt. Dann besteht Anspruch auf Sozialhilfe.

Aber wie viel braucht ein Einzelner oder eine Familie, um ein menschenwürdiges Leben führen zu können? Über diese schwierige Frage streiten sich Politiker und Wissenschaftler immer wieder. Dass man sich ernähren muss und eine Wohnung braucht, ist unstrittig. Aber gehört zu einem menschenwürdigen Leben auch ein Kinobesuch, ein schönes Buch oder eine Flasche Wein?

Bevor ihr solche Fragen stellt, solltet ihr prüfen, wer eigentlich in Deutschland Sozialhilfe bekommt und warum diese Menschen nicht in der Lage sind, ein geregeltes Einkommen zu haben oder selbst für sich zu sorgen.

1 Sozialhilfe – was heißt das?

Jeder Mensch kann in Not oder in eine Situation geraten, in der er öffentlicher Hilfe bedarf. Durch einen Unfall, durch Krankheit, durch eine Behinderung, durch Pflegebedürftigkeit, durch Tod des Partners, durch Arbeitslosigkeit oder zu geringes Erwerbseinkommen, durch irgendein Unglück, wie es jeden von uns treffen kann.

Gegen die Folgen der meisten dieser Fälle sind wir versichert: durch die Krankenkasse, durch die Pflegeversicherung, durch die Unfallversicherung, durch die Arbeitslosenversicherung, durch die Altersversorgung zum Beispiel. Was aber, wenn wir in eine Situation geraten, in der all dies nicht infrage kommt? In eine Notlage, in der uns keine Versicherung, kein Arbeitsamt, keine Bank und kein Verwandter hilft? Dann gibt es immer noch die Sozialhilfe. Sie ist eine staatliche Leistung, auf die jeder Bürger unter bestimmten Voraussetzungen einen Anspruch hat, wie z. B. auf Kindergeld oder Wohngeld. Darum muss auch niemand um Sozialhilfe betteln, sondern kann sie in Anspruch nehmen, als sein gutes Recht, das ihm gesetzlich garantiert ist. Das gilt allerdings nur, wenn und soweit er sich nicht selbst helfen kann und ihm auch kein anderer hilft. Dabei spielt es jedoch keine Rolle, wodurch er in Not geraten ist.

Bundesminister für Arbeit und Sozialordnung, Sozialhilfe 1999, S. 6.

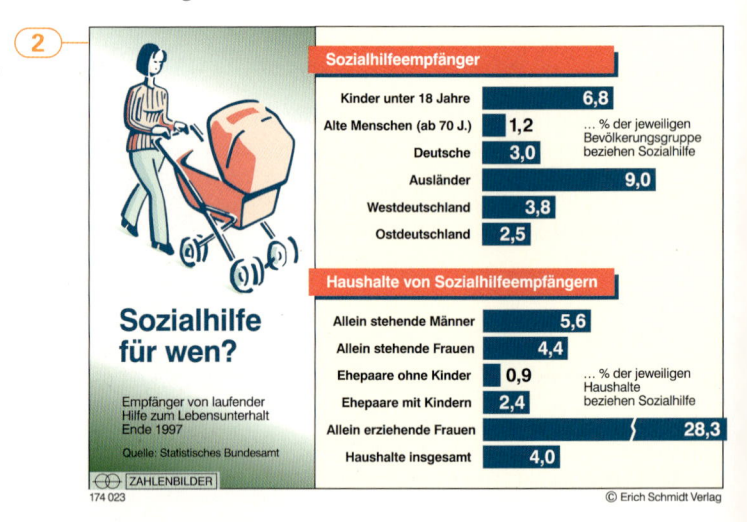

2

Sozialhilfe für wen?
Empfänger von laufender Hilfe zum Lebensunterhalt Ende 1997
Quelle: Statistisches Bundesamt

Sozialhilfeempfänger (… % der jeweiligen Bevölkerungsgruppe beziehen Sozialhilfe)

Kinder unter 18 Jahre	6,8
Alte Menschen (ab 70 J.)	1,2
Deutsche	3,0
Ausländer	9,0
Westdeutschland	3,8
Ostdeutschland	2,5

Haushalte von Sozialhilfeempfängern (… % der jeweiligen Haushalte beziehen Sozialhilfe)

Allein stehende Männer	5,6
Allein stehende Frauen	4,4
Ehepaare ohne Kinder	0,9
Ehepaare mit Kindern	2,4
Allein erziehende Frauen	28,3
Haushalte insgesamt	4,0

© Erich Schmidt Verlag

3 Ansprüche nicht geltend gemacht

Sozialhilfe hat sich offensichtlich immer noch nicht als gutes Recht eines jeden Hilfe Suchenden durchgesetzt. Die so genannte Dunkelziffer derjenigen, die zwar Anspruch auf Sozialhilfe hätten, ihn aber nicht wahrnehmen, ist beachtlich. Dazu einige Erfahrungen der Caritas:

„In der Regel sind Berechtigte, die ihre Ansprüche nicht geltend machen, nicht oder nur unzureichend durch das Sozialamt aufgeklärt über die ihnen rechtlich zustehenden Ansprüche. Zur Gruppe der hier besonders Benachteiligten gehören alte Menschen, allein stehende Frauen, Jugendliche. Weitere Gründe für die Nichtinanspruchnahme von Berechtigten ist Scham bzw. Stolz. Dies trifft vor allen Dingen auf ältere Menschen zu. Auch die Angst, dass ihre Kinder später zur Zurückzahlung verpflichtet sind, hält ältere Menschen davon ab, Sozialhilfe zu beantragen."

Caritas-Report zur Armut, 1987, S. 51 ff., gekürzt.

Almosen?
Die Sozialhilfe

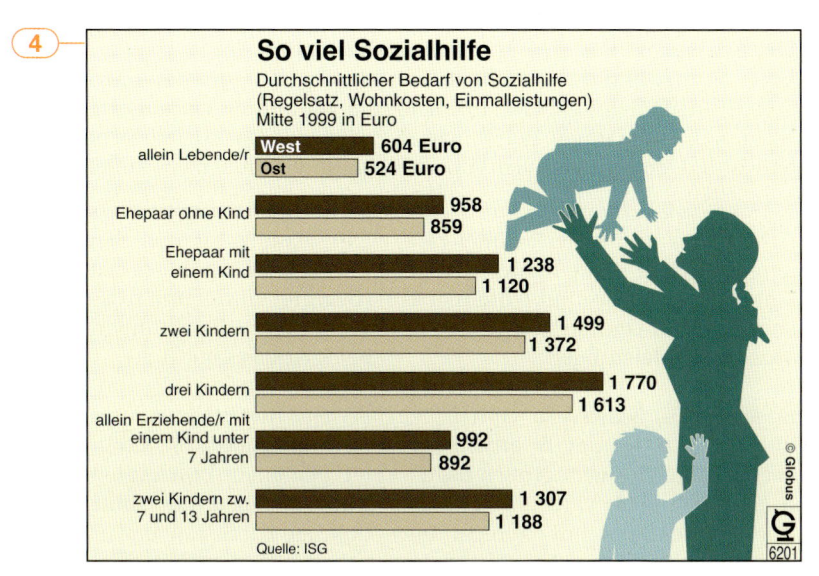

9 Die Reichen reicher – die Armen ärmer?

④ So viel Sozialhilfe
Durchschnittlicher Bedarf von Sozialhilfe (Regelsatz, Wohnkosten, Einmalleistungen) Mitte 1999 in Euro

Haushaltstyp	West	Ost
allein Lebende/r	604 Euro	524 Euro
Ehepaar ohne Kind	958	859
Ehepaar mit einem Kind	1 238	1 120
zwei Kindern	1 499	1 372
drei Kindern	1 770	1 613
allein Erziehende/r mit einem Kind unter 7 Jahren	992	892
zwei Kindern zw. 7 und 13 Jahren	1 307	1 188

Quelle: ISG

⑤ Sozialhilfe: Der Abstand zum Lohn

Familie (drei Kinder) mit **Sozialhilfe** | Familie (drei Kinder) mit **Hilfsarbeitereinkommen**

Westdeutschland

Durchschnittlicher Bedarf an Sozialhilfe (Hilfe zum Lebensunterhalt): **1770 €**
Verfügbares Haushaltseinkommen: **2074 €**

So setzt sich die **Sozialhilfe** zusammen:
- Regelsatz Haushaltsvorstand 279 €
- Regelsatz Ehepartner 223 €
- Regelsatz Kinder 541 €
- Kosten der Unterkunft 470 €
- Heizkosten 65 €
- einmalige Leistungen 191 €

So setzt sich das **Haushaltseinkommen** zusammen (rundungsbedingte Differenzen):
- Bruttoentgelt Hilfsarbeiter, einschl. Weihnachtsgeld u. ä. 2197 €
- Steuern − 151 €
- Sozialversicherung − 455 €
- Nettoentgelt 1592 €
- Kindergeld +409 €
- Wohngeld +73 €

Ostdeutschland

Durchschnittlicher Bedarf an Sozialhilfe (Hilfe zum Lebensunterhalt): **1613 €**
Verfügbares Haushaltseinkommen: **1819 €**

Quelle: ISG — Stand Mitte 1999

⑥ Unser Sozialsystem ist fehlkonstruiert

Unsere Sozialsysteme laden zum Missbrauch ein. Der Kranke steht sich oft besser als der Gesunde, der Arbeitslose in manchen Fällen besser als der Beschäftigte, der Rentner besser als der Aktive. In einer Gesellschaft, die darauf gebaut ist, dass jeder seine eigenen Interessen verfolgt und verfolgen soll, darf man sich nicht darüber wundern, dass die Bürger das auch im Sozialsystem tun. Die Systeme sind fehlkonstruiert, die Menschen muss man nehmen, wie sie sind …

Leistungsanreize fehlen: Die allein erziehende Mutter mit zwei Kindern und ohne Ausbildung steht sich mit der Sozialhilfe fast stets besser als mit regulärer Arbeit. Verdient sie offiziell noch etwas hinzu, wird der Betrag voll auf die Sozialhilfe angerechnet. Anders ausgedrückt: Der Frau wird ihr Arbeitseinkommen zu 100 Prozent genommen.

Nach: W. Engels in: Wirtschaftswoche, 29.1.93, S.122, leicht bearbeitet.

Arbeitsvorschläge

1. Stellt die Gründe in einer Liste zusammen, durch die Menschen in Not geraten können und hilfsbedürftig werden (**1**).

2. Zählt die Gruppen auf, die besonders hilfsbedürftig und dadurch zum Bezug von Sozialhilfe berechtigt sind (**2**)?

3. Was versteht man in diesem Zusammenhang unter „Dunkelziffer" (**3**)? Welche Menschen fallen darunter?

4. Nennt die Gründe, aus denen so viele Menschen ihr Recht auf Sozialhilfe nicht wahrnehmen (**3**). Könnt ihr die Gründe nachvollziehen?

5. Seht euch auf S. 176–177 die Definition von Armut nochmals an und vergleicht die dort genannten Zahlen mit **4**.

6. Vergleicht die Zahlen in **5**. Welches Problem zeigt sich hier?

7. Was haltet ihr von der Kritik in **6**? Beachtet auch **5**, die Seiten 182–183 und **1** auf S. 180.

> Ausführliche Informationen zur Sozialhilfe erhaltet ihr beim Bundesministerium für Arbeit und Sozialordnung: www.bma.bund.de.

Das „soziale Netz"

Das Leben ist voller Risiken. Man kann krank werden, einen Unfall haben, seinen Arbeitsplatz verlieren oder alt und pflegebedürftig werden. Damit Menschen, denen so etwas passiert, nicht in Not geraten, hat der Staat ein so genanntes „soziales Netz" für alle eingerichtet. Das soll sie auffangen und verhindern, dass sie in die Armut geraten.

Dieses System funktioniert so lange gut, wie es genügend Menschen gibt, die Arbeit haben und von ihren Steuern und Beiträgen das soziale Netz finanzieren können. Doch zurzeit sind folgende Schwierigkeiten sichtbar:

– steigende Kosten: Die Menschen werden immer älter, beziehen über längere Zeit Renten und verursachen steigende Kranken- und Pflegekosten. Aufgrund hoher Arbeitslosigkeit gibt es mehr Sozialhilfeempfänger.
– sinkende Beiträge: Es werden immer weniger Kinder geboren, die in Zukunft Steuern und Sozialbeiträge zahlen. Und bei hoher Arbeitslosigkeit gibt es weniger Steuerzahler und weniger sozialversicherungspflichtige Beitragszahler. Deshalb wird in der Politik schon seit vielen Jahren intensiv darüber diskutiert, wie das soziale System in Deutschland neu organisiert werden kann, damit es auch in Zukunft Menschen vor Armut und Not schützt.

1 Der Sozialstaat und das System sozialer Sicherung

Einen Staat, der dafür verantwortlich ist, seine Bürgerinnen und Bürger gegen die Risiken des Lebens abzusichern und dadurch verhindert, dass sie in Not und Elend geraten, nennt man „Sozialstaat". Das soziale Sicherungssystem ist in Deutschland nach drei Prinzipien (Grundsätzen) aufgebaut:

1. Das Versicherungsprinzip
Arbeitgeber und Arbeitnehmer zahlen regelmäßig in die Renten-, Kranken-, Arbeitslosen- und Unfallversicherung ein und erhalten daraus Versorgungsleistungen.

Beispiel: Paul Mattke ist verheiratet und hat zwei Kinder. Er arbeitet als Facharbeiter in einem großen Industriebetrieb und verdient 2128,63 Euro brutto. Seine Lohnabrechnung enthält neben der Lohnsteuer die Abzüge für seine soziale Absicherung.

Bruttolohn (Lohnabkommen in der Metall- und Elektroindustrie NRW)	
	2128,63 €
– Lohnsteuer	259,52 €
– Kirchensteuer	9,15 €
– Solidaritätszuschlag	4,69 €
– Krankenversicherung	**147,83 €**
– Pflegeversicherung	**18,08 €**
– Rentenversicherung	**203,14 €**
– Arbeitslosenvers.	**69,13 €**
Nettolohn	1417,09 €

2. Das Versorgungsprinzip
Der Staat zahlt aus Steuermitteln Leistungen für besondere Dienste (Beamte) und zum Ausgleich von besonderen Belastungen (Kindergeld, Kriegsopfer u. a.).

Beispiel: Berta Schneider ist eine junge Polizeimeisterin, ledig und arbeitet bei einer Polizeidienststelle in Köln. Als Beamtin zahlt sie keine Beiträge zur Sozialversicherung und bekommt später eine Pension vom Land Nordrhein-Westfalen.

Bruttoeinkommen (Beamtenbesoldung A7)	
	1859,54 €
– Lohnsteuer	318,23 €
– Kirchensteuer	28,64 €
– Solidaritätszuschlag	17,50 €
Nettoeinkommen	1495,17 €

3. Das Fürsorgeprinzip
Der Staat gewährt Leistungen aus Steuermitteln für Bedürftige, die sonst keine Mittel zur Existenzsicherung haben (Sozialhilfe und Arbeitslosenhilfe).

Beispiel: Silvia Nettler erzieht ihre drei Kinder im Alter von neun, drei und einem Jahr allein. Der Vater zahlt keinen Unterhalt. Wegen der kleinen Kinder ist es ihr nicht möglich, eine Arbeit anzunehmen. Sie hat Anspruch auf Sozialhilfe und Wohngeld.

Sozialhilfe und Wohngeld	
Haushaltsvorstand	279,00 €
Mehrbedarf f. Alleinerz.	139,00 €
für die drei Kinder	490,00 €
Wohngeld (bei einer Miete von 510 Euro)	223,00 €
Unterstützung insgesamt	1131,00 €

...hat viele Knoten

9 Die Reichen reicher – die Armen ärmer?

Prinzipien der sozialen Sicherung in Deutschland

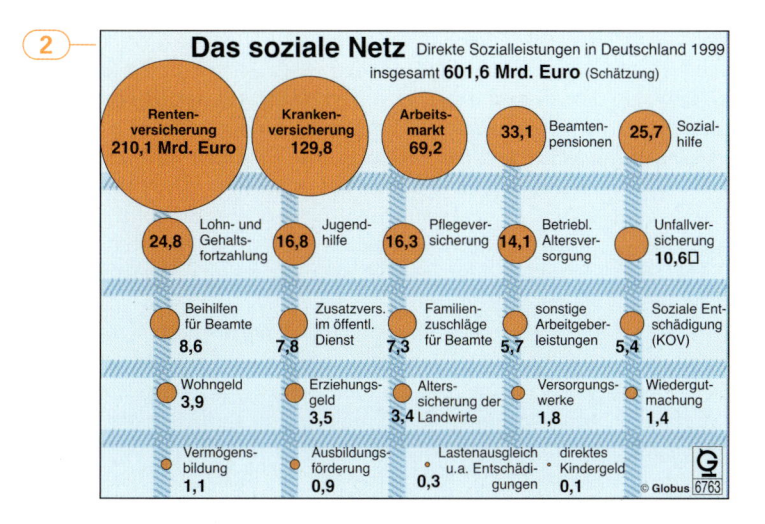

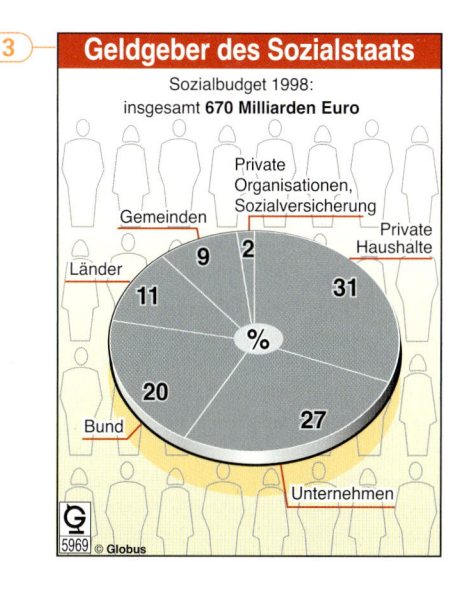

(2) Das soziale Netz — Direkte Sozialleistungen in Deutschland 1999 insgesamt **601,6 Mrd. Euro** (Schätzung)

- Rentenversicherung 210,1 Mrd. Euro
- Krankenversicherung 129,8
- Arbeitsmarkt 69,2
- Beamtenpensionen 33,1
- Sozialhilfe 25,7
- Lohn- und Gehaltsfortzahlung 24,8
- Jugendhilfe 16,8
- Pflegeversicherung 16,3
- Betriebl. Altersversorgung 14,1
- Unfallversicherung 10,6
- Beihilfen für Beamte 8,6
- Zusatzvers. im öffentl. Dienst 7,8
- Familienzuschläge für Beamte 7,3
- sonstige Arbeitgeberleistungen 5,7
- Soziale Entschädigung (KOV) 5,4
- Wohngeld 3,9
- Erziehungsgeld 3,5
- Alterssicherung der Landwirte 3,4
- Versorgungswerke 1,8
- Wiedergutmachung 1,4
- Vermögensbildung 1,1
- Ausbildungsförderung 0,9
- Lastenausgleich u.a. Entschädigungen 0,3
- direktes Kindergeld 0,1

© Globus 6763

(3) Geldgeber des Sozialstaats — Sozialbudget 1998: insgesamt **670 Milliarden Euro**

- Private Organisationen, Sozialversicherung 2 %
- Gemeinden 9 %
- Länder 11 %
- Bund 20 %
- Unternehmen 27 %
- Private Haushalte 31 %

© Globus 5969

(4) Grundlagen der Daseinsvorsorge

Nach welchen Prinzipien (Grundsätzen) soll in einer Gesellschaft sichergestellt werden, dass alle Menschen gegen die Risiken des Lebens geschützt werden, sodass niemand Not leiden muss und in Armut gerät? Es gibt grundsätzlich nur zwei Prinzipien, nach denen dies geschehen kann:

1. Jeder ist für sich selbst verantwortlich und muss deshalb auch selbst dafür sorgen, dass er in Zeiten der Not nicht in Armut gerät und Not leidet (**Individualprinzip**). Das kann so geschehen: z. B. Sparen, Versicherungen abschließen, Wertpapiere kaufen usw.

2. Für die Absicherung der Lebensrisiken soll die Gemeinschaft sorgen – durch den Staat und die Träger der Sozialversicherung (**Sozialprinzip**). Dann muss das Geld erst einmal von denen, die Einkommen und Vermögen haben, eingesammelt werden, damit es dann an die Berechtigten und Bedürftigen verteilt werden kann.

Beide Prinzipien gehen jedoch von einer Voraussetzung aus, die heute für viele Menschen nicht mehr gegeben ist: Dass nämlich alle Menschen Arbeit haben, durch die sie erst die Einkommen erwirtschaften, mit denen entweder sie selbst oder der Staat ihr soziale Sicherung finanzieren.

Arbeitsvorschläge

1. Stellt eine Liste mit den Risiken des Lebens zusammen (Einführungstext) und findet Beispiele aus eurer Erfahrung. Welche Folgen hatten diese Risiken für die Betroffenen und wie sind sie damit fertig geworden?

2. Erläutert mit eigenen Worten die drei Prinzipien des Systems der sozialen Sicherung (**1**).

3. Klärt für diese drei Prinzipien
- wer das Geld dafür aufbringt,
- welche Knoten des sozialen Netzes (**2**) damit finanziert werden,
- welche Lebensrisiken damit abgesichert werden.

4. Schaut euch die Knoten des sozialen Netzes an (**2**). Welche dieser Leistungen sind für das Wohlergehen von Kindern und Jugendlichen besonders wichtig?

5. Findet anhand von **1** und **2** heraus, woher die „Geldgeber des Sozialstaats" (**3**) die Mittel für ihre sozialen Leistungen haben. Stimmt folgender Satz: „Alle Leistungen, die der Staat gewährt, müssen letzten Endes von den Bürgern selbst bezahlt werden."?

6. Diskutiert über die zwei Prinzipien der Daseinsvorsorge in **4**. Welche Vor- und Nachteile hätte die konsequente Durchsetzung jeweils eines dieser Prinzipien? Siehe auch Arbeitsvorschlag 3 auf S. 185.

7. Rechnet einmal aus, wie viel Geld jeder Einwohner Deutschlands (insgesamt ca. 80 Mio.) bekäme, wenn das gesamte „Sozialbudget" (**3**) jährlich verteilt würde. Überlegt, was passieren würde, wenn dieses Geld den Bürgern zur Verfügung gestellt würde, um selbst zu entscheiden, wie sie sich gegen die Risiken des Lebens absichern wollen.

Manchmal gehört mir

In Vesterbro (Dänemark) ist das Leben erschreckend hart. Auf der Istedgade liegen ein Pornoladen und ein Bordell neben dem anderen. Auf dem Strohmarkt prostituieren sich heroinabhängige Mädchen von siebzehn, achtzehn Jahren und älter. In der Umgebung der Mariakirche halten sich die Penner auf, sie sind zwanzig Jahre und älter, sowohl Männer als auch Frauen. Sie haben keine Wohnung und keine Arbeit und sind meistens stark betrunken. Die Arbeitslosigkeit ist sehr hoch und natürlich ist auch die Kriminalität in diesen Vierteln groß. Und genau da lebt ein Teil der Straßenkinder von Kopenhagen. Hier schlafen sie in zugigen, schmutzigen Treppenhäusern, auf Speichern, in Kellern, in alten Autowracks, in ausgedienten Eisenbahnwagen auf dem Bahnhof. Eben überall, wo sie etwas halbwegs Geeignetes finden. Es sind Kinder, die zu Hause rausgeworfen wurden oder abgehauen sind, oder solche, die noch nie ein Zuhause hatten, sondern ihr ganzes Leben in staatlichen Institutionen zugebracht haben.

Es sind Kinder, die so verraten und von den Erwachsenen so schlecht behandelt wurden, dass sie sich lieber dem Hunger, der Gewalt und der Kriminalität auf der Straße aussetzen, als dass sie ein Bett in einem Kinder- oder Erziehungsheim wählen würden. So ein Leben führt man nicht aus Abenteuerlust. Für diese Kinder ist es blutiger Ernst und sie haben keine andere Wahl. Sie gehen nicht auf die Straße, weil es ihnen an Nahrung fehlt. Es fehlt ihnen an Liebe und Fürsorge und es fehlt jemand, dem es wichtig ist, dass es sie überhaupt gibt.

Von einigen dieser Kinder handelt dieses Buch. Die Geschichte ist insofern wahr, als ich reale Berichte als Grundlage verwendet habe und mir dann als Schriftstellerin die Freiheit genommen habe, einen Roman daraus zu machen. Sanne ist also das Produkt aus mehreren Mädchen, die ich kennengelernt habe. Aber alles, was im Buch geschieht, ist irgendeiner von ihnen in Wirklichkeit passiert.

Sanne sinkt an der Hauswand in sich zusammen. Sie ist müde heute Abend. Aber es ist nasskalt, und der eisige Wind zwingt sie, bald wieder weiterzugehen. Wo soll sie bloß hin? Sie war sich so sicher gewesen, bei Lisbeth übernachten zu dürfen, aber um halb zwölf hatte Lisbeths Vater in der Tür gestanden und gesagt, dass es für Sanne jetzt Zeit wäre zu gehen, damit seine Tochter ins Bett käme. Das war also nichts gewesen. Natürlich kann sie immer noch nach Hause gehen. Nach Hause zu Mama und ihrem neuen Kerl. Gestern Abend hat sie offenbar mal wieder eine Eroberung gemacht. Sanne kennt ihn noch nicht, aber sie traf ihren kleinen Bruder Jörgen vor seiner Schule, und er hat ihr erzählt: „Er ist mindestens einen halben Kilometer groß und so mager, dass er mit den Knochen klappert, und er hat unheimliche Augen. Aber Mama ist froh, und ich durfte bis halb eins aufbleiben und Videos gucken."

Die schwere Tür quietscht widerstrebend, als Sanne sie öffnet. Ein durchdringender Uringestank schlägt ihr entgegen, und aus alter Gewohnheit hält sie die Luft an, bis sie auf den Hinterhof hinaustritt. Sie schaut enttäuscht zu den erleuchteten Fenstern im vierten Stock hoch. Insgeheim hatte sie gehofft, dass es dunkel sein würde, dass Mama und Jörgen allein wären und schon schlafen würden und dass sie selbst in ihr Bett kriechen könnte, ohne sich noch stundenlanges Gemecker und Gelaber anhören zu müssen.

Sie bleibt einen Moment stehen und wartet. Alles, was sie von dort oben hört, ist leise Musik. Sanne versteht sehr gut, dass Mama „einen Mann im Haus haben will, der das Elend mit ihr teilt", wie sie immer sagt. Was sie allerdings nicht versteht, ist, warum sie nie einen netten ordentlichen kennen lernt, sondern immer nur diese gewalttätigen, unberechenbaren Typen, mit denen sie sich ständig einlässt. Die kalte und scheußlich ungemütliche Februarnacht bringt Sanne schließlich dazu, trotz allem Richtung Hintertreppe zu gehen. Aber sie ist noch nicht richtig im Haus, als Mamas Falsettstimme durch die Dunkelheit dringt und von einer fremden, lallenden Säuferstimme übertönt wird. Dann geht der Streit unbarmherzig hin und her, es hallt nur so zwischen den Mauern.

Frau Sörensen im Erdgeschoss macht Licht und der Streit wird noch lauter. Sanne treibt es fast wieder auf den Hof hinaus.

Die Sache ist für sie klar. Es kann so kalt sein, wie es will, dort hinauf geht sie auf keinen Fall! Sie wird sich die Nacht über auf den Straßen herumtreiben müssen oder versuchen, ein Treppenhaus zu finden, wo sie sich in einer Ecke verkriechen und ein paar Stunden schlafen kann. Wie schon so oft. Aber das ist ihr immer noch lieber, als in den blödsinnigen Krach da oben hineingezogen zu werden.

Aber kurz bevor die Haustür hinter ihr zuschlägt, hört sie, wie ihre Mutter verzweifelt um Hilfe ruft. Sie erstarrt. Das klang gar nicht gut. Diesmal scheint sie ja einen richtigen Mistkerl erwischt zu haben. Sie rennt wieder auf den Hof und in den Hintereingang hinein, wo sie von der aufgebrachten Frau Sörensen angehalten wird.

„So geht es schon den ganzen Abend", beschwert sich die alte Dame. „Dass deine Mutter nie ein ordentliches Leben führen kann, Sanne!"

Wenn Sanne eins nicht ausstehen kann, dann ist es, wenn die Leute schlecht über ihre Mutter reden. Da kann sie noch so blöd sein.

die ganze Welt

von Mecka Lind

9 Die Reichen reicher – die Armen ärmer?

„Sie haben keine so große Lippe riskiert, als der alte Sörensen noch lebte", sagt sie deshalb frech. „Da ging es hier unten auch ganz schön rund, wenn er von seinen Kneipentouren zurückkam." Wieder schneidet ein schrecklicher Schrei durch die Nacht. Sanne zuckt zusammen und stürzt die Treppen hinauf.

„Und der arme kleine Jörgen!", ruft Frau Sörensen ihr nach. „Der hat schon in der Wiege gelernt, den Kopf einzuziehen", brummt Sanne.

Sie reißt die Küchentür auf. Mama steht zwischen Kühlschrank und Spüle eingeklemmt und hält die Arme schützend über den Kopf. Der Mann wendet Sanne den Rücken zu. Er gleicht einem großen, mageren Kater, der sich gerade auf seine Beute stürzen will, denkt sie, und gerade als er springen will, schreit sie: „Wenn du meine Mutter anrührst, dann bring ich dich um!"

„Sanne, bitte, halte dich raus", kommt es kläglich aus der Ecke neben dem Kühlschrank. „Soll ich vielleicht zusehen, wie er dich totschlägt? Mein Gott, Mama, man hört euch ja in der ganzen Stadt!" „Wer zum Teufel ist dieses Balg?", brüllt das Knochengestell.

„Meine ... meine Tochter", stottert Sannes Mutter entschuldigend. Ihre eine Backe ist feuerrot, bis zum Hals hinunter, die Arme sehen auch misshandelt aus. Es tut Sanne weh, als sie das sieht, aber es tut noch mehr weh, zu begreifen, dass sie sich lieber von diesem fremden Kerl verprügeln lässt, als Hilfe von Sanne anzunehmen. „Und wo hast du diesen Saukerl aufgegabelt?", fragt sie verächtlich.

„Hau ab!", zischt ihre Mutter jetzt wütend. „Du machst alles nur noch schlimmer." „Aber ich habe doch wohl ein größeres Recht, hier zu sein, als er!"

Der Schlag kommt blitzschnell. Etwas explodiert in ihrem Kopf. Ihre Hand greift automatisch ins Gesicht und wird rot von Blut. Er hat sie mit der Faust ins Gesicht geschlagen! Das Blut strömt aus ihrer Nase. Sie weiß nicht, ob es das Blut ist oder sein widerliches höhnisches Grinsen oder dass Mama wieder schreit – sie handelt jetzt nur noch. Sie sieht die Bratpfanne auf dem Herd und hat sie schon in der Hand. Der Mann weicht erstaunt zurück, stolpert über die Türschwelle, fällt hin und bleibt liegen. „Ha! Der ist gut, Mama!", lacht Sanne böse. „Legt sich selber um. Auf den kannst du dich verlassen!"

„Du bist ja total verrückt!", jammert die Mutter und läuft zu dem Kerl hinüber. „Du hättest ihn totschlagen können!"

„Ich habe ihn ja gar nicht getroffen. Und außerdem hat er mich zuerst geschlagen", knurrt Sanne und schaut ihre Mutter böse an, die jetzt ein Handtuch nass macht und dem Typ die Stirn abtupft. Er kommt zu sich, lallt etwas und schläft gleich wieder ein. „Hilf mir, ihn ins Schlafzimmer zu tragen", sagt ihre Mutter und packt ihn unter den Armen.

„Kommt nicht infrage!", murmelt Sanne; sie hat den Kopf in den Nacken gelegt, um das Nasenbluten zu stoppen. „Lass ihn doch liegen. Er ist ja stockbesoffen." Aber die Mutter gibt keine Ruhe, und Sanne greift schließlich widerwillig nach den dünnen Beinen, und gemeinsam schleppen sie ihn ins Schlafzimmer. Schon bald schnarcht er laut im Doppelbett. „Das war das", seufzt die Mutter und dreht sich zu Sanne um. „Und nun zu dir. Ich will mit dir reden. Wir gehen in die Küche."

Als Sanne das Schlafzimmer verlässt, schließt sie die Tür von außen ab. Sie hat nicht die Absicht, sich heute noch einmal überraschen zu lassen.

Ihre Mutter gießt sich ein Wasserglas voll Wein ein. Sie nimmt einen ordentlichen Schluck und schaut Sanne finster an, die immer noch Nasenbluten hat.

„Sie haben heute schon wieder aus der Schule angerufen", sagt sie. „Sie haben gesagt, dass du fast nie hingehst." „Das kann ich ja wohl auch nicht. In diesem Haus kriegt man ja nie seine Ruhe. Zumindest nicht, solange du solche Schweine wie den da drinnen anschleppst."

Die Mutter trinkt den Rest Wein in einem Zug aus und gießt sich noch mal ein. „Sie wollen dich wieder ins Heim schicken und ich bin völlig damit einverstanden. Ich schaffe es nicht mehr mit dir. Ich will auch eine Chance haben mein Leben zu leben."

Mecka Lind, Manchmal gehört mir die ganze Welt, aus dem Schwedischen von Regine Elsässer, Würzburg 1992, S. 8–12.

Erste Welt,

Dritte Welt – Eine Welt?
Probleme der Unterentwicklung

Arm gewesen?

Was heißt eigentlich Dritte Welt? Im zwanzigsten Jahrhundert nannte man die Industrieländer* Westeuropas, Nordamerikas, Australien und Japan die Erste Welt (der „reiche Norden"). Zweite Welt hießen die damaligen sozialistischen Staaten Osteuropas. Und als Dritte Welt bezeichnete man die armen Länder in Afrika, Südamerika und Asien (der „arme Süden"). Wiederum die ärmsten dieser Länder hießen sogar Vierte Welt. Zwischen Erster und Dritter Welt gab es auch immer noch die so genannten Schwellenländer: Länder wie Brasilien, Taiwan, Singapur und Korea, die sich an der Schwelle zur Gruppe der Industrieländer befanden.

Die Einteilung in vier Welten ist spätestens mit dem Zusammenbruch des Ostblocks und damit dem Wegfall der Zweiten Welt problematisch geworden. Auch die unterschwellige Bewertung und die Trennung der Welten konnte nicht mehr aufrecht erhalten werden.

„Wir sprechen von der industrialisierten Welt, von der Dritten und von der Vierten Welt, doch in Wahrheit gibt es nur Eine Welt." (Julius K. Nyerere, ehem. Präsident von Tansania). Denn gerade die ärmeren Länder der Erde sind von Ereignissen und Entscheidungen betroffen, die in den reicheren Ländern getroffen werden.

Doch woher kommt überhaupt der Gegensatz zwischen reicher und armer Welt? Diese Bilder zeigen eine Sichtweise auf die Geschichte des Kolonialismus*.

DER KOLONIALISMUS HÖRT NICHT AUF

HIER ERFAHREN WIR, DASS HUNGER FÜR ARME LÄNDER NICHT „NATÜRLICH" IST. ER IST VIELMEHR DAS ERGEBNIS EINES PROZESSES, IN DEM DIE INDUSTRIELÄNDER EINE WESENTLICHE ROLLE SPIELTEN.

DER MENSCH BETREIBT ACKERBAU SEIT DEM BEGINN SEINER GESCHICHTE. WIR HABEN DIE PROBLEME GELÖST, WARUM WERDEN DIE ANDEREN DAMIT NICHT FERTIG?

DENKST DU TATSÄCHLICH, DASS ES IN DEN ARMEN LÄNDERN IMMER SO WAR?

ZUM BEISPIEL BERICHTETE EIN ENGLISCHER LANDWIRTSCHAFTSEXPERTE 1890 AUS INDIEN...

Nirgendwo könnte man eine bessere Kenntnis der Böden oder eine größere Geschicklichkeit finden als in der indischen Landwirtschaft. Fruchtwechsel, verschiedene Früchte auf einem Feld... Ich habe nie eine bessere Landwirtschaft gesehen als hier.

ABER DIESE VORAUSSETZUNGEN FÜR DIE NAHRUNGSMITTELPRODUKTION SOLLTEN SICH SCHNELL ÄNDERN. JOHN STUART MILL SAGTE ÜBER DIE WESTINDISCHEN INSELN:

MAN KANN SIE EIGENTLICH NICHT ALS „LÄNDER" BETRACHTEN. DORT KÖNNEN DIE ENGLÄNDER GÜNSTIG ZUCKERROHR UND ANDERE TROPISCHE PRODUKTE ANBAUEN.

VOR DER KOLONIALISIERUNG WUCHSEN IN AFRIKA VIELE GRUNDNAHRUNGSMITTEL. ABER DIE KOLONIALHERREN BRAUCHTEN ANDERE DINGE FÜR SICH. DAHER:

- GAMBIA: STATT REIS WURDEN ERDNÜSSE ANGEBAUT.
- GHANA: YAMSWURZELN WURDEN VON KAKAO VERDRÄNGT
- LIBERIA: GUMMIPLANTAGEN
- BENIN: PALMÖL VERDRÄNGTE DIE GRUNDNAHRUNGSMITTEL
- UGANDA: BAUMWOLLE VERDRÄNGTE DIE GRUNDNAHRUNG
- TANSANIA: VON HIRSE ZU SISAL

ALLE DIESE DINGE WAREN FÜR UNS SCHON NÜTZLICH. ABER WIE BRACHTEN WIR DIE BAUERN DAZU, ETWAS ANDERES ANZUBAUEN?

OFT NUR MIT GEWALT. HÄUFIG GENÜGTE ES ABER SCHON, STEUERN AUF HÄUSER, VIEH ODER LANDBESITZ ZU ERHEBEN.

DIE BAUERN MUSSTEN FÜR DEN VERKAUF PRODUZIEREN, UM STEUERN ZAHLEN ZU KÖNNEN.

ABER DAMIT VERDIENTEN SIE NICHT VIEL. ERDNÜSSE KOSTETEN IN LONDON DAS SIEBENFACHE DES PREISES, DEN DIE WESTAFRIKANISCHEN BAUERN ERHIELTEN.

WIR BEKOMMEN ERDNÜSSE, IHR BEKOMMT ERDNÜSSE. DAS IST DOCH NUR GERECHT, ODER?

ABER NICHT NUR DIE KLEINBAUERN BAUEN DIESE NEUEN PFLANZEN AN, SONDERN AUCH DIE KOLONIALHERREN LEGTEN RIESIGE PLANTAGEN AN.

Arm geworden?

Geschichtliche Ursachen der Armut

10 Erste Welt, Dritte Welt – Eine Welt?

Arbeitsvorschläge

1. Stellt in zwei Spalten gegenüber, wie sich die Versorgung mit Gütern in den in der Bildergeschichte genannten Kolonialländern geändert hat und wer daran beteiligt war. Vergleicht z. B. Herkunft und Art der Produkte, die Preisentwicklung. Wer sind die Käufer, wer die Verkäufer? Wer hat Vorteile, wer Nachteile?

2. Nennt die Gründe für die Änderungen der Produktionsweise, die in der Geschichte zur Sprache kommen.

3. Erläutert den Mechanismus der Abhängigkeit und beschreibt den Weg dorthin. Stellt eine Verbindung her zu dem Bild auf S. 192f.

4. Seht euch noch einmal das Bild auf S. 192f. an: Ananas, Apfelsinen und Bananen – Tee, Kaffee und Kakao – diese Rohstoffe* haben eine besondere Bedeutung für den Handel zwischen Industrie- und Entwicklungsländern. Erkundigt euch, warum hierbei oft von unfairem Handel die Rede ist.

Eine Internet-Seite informiert darüber, was fairer Handel ist und wie die Produkte gekennzeichnet sind: www.label-online.de. Auch Eine-Welt-Läden bieten ausführliche Informationen zu diesen Produkten. Ihr könnt Materialhefte bestellen bei: gepa, Gewerbepark Wagner, Bruch 4, 42279 Wuppertal.

© Aktion Dritte Welt e.V., Informationszentrum Dritte Welt, Freiburg i. Breisgau.

Entwicklung oder

Was aber heißt Entwicklung und wann spricht man von einem entwickelten Land? Man könnte denken: Entwickelt sei ein Land, das aussieht wie unseres, also wie Deutschland oder wie ein anderer moderner Staat in Europa, Amerika oder Asien. So ist Japan ein Land mit schönen Städten, vielen Straßen und Autobahnen, mit viel Technik, modernen Bauten, tollen Freizeitangeboten und einem riesigen Angebot von Waren und Dienstleistungen (z. B. Banken und Versicherungen, Ärzten, Rechtsanwälten, Werkstätten, aber auch Müllabfuhr, Straßenreinigung, Versorgung mit Telefon, Strom, Gas und Wasser usw.).

Dann wären alle Länder auf der Welt, bei denen es dies alles nicht oder nur in sehr geringem Maße gibt, unterentwickelt, also Entwicklungsländer. Und alle Länder, bei denen es dies alles gibt, wären schon fertig in ihrer Entwicklung hin zu Industrieländern. Wer so zwischen Entwicklungs- und Industrieländern unterscheidet, vergisst etwas Wichtiges. Er sieht nur den „Reichtum auf den ersten Blick". Doch der kann täuschen. Mithilfe der Texte und Bilder auf diesen Seiten könnt ihr über den schwierigen Begriff der Entwicklung nachdenken.

① Skyline von Abidjan (Elfenbeinküste): Manhattan in Afrika? Das Land galt als Paradebeispiel für eine rasante wirtschaftliche Entwicklung. Doch dann stürzten die Weltmarktpreise für Kaffee und Kakao …

② Festung Elmina (Ghana): Sklavenhändler errichteten 1482 neben dem heutigen Fischerort eine Festung, die eines der größten Zwischenlager für die menschliche Ware wurde. Von hier aus wurden Sklaven anfangs nach Europa und später nach Amerika verschifft.

Unterentwicklung?

10 Erste Welt, Dritte Welt – Eine Welt?

Der schwierige Begriff der Entwicklung

3
Wohlstand ist nicht alles

Menschen wollen vielleicht wohlhabend sein, aber sie wollen möglicherweise auch ein langes und gesundes Leben genießen, ihren Wissensdurst befriedigen, frei am Leben ihrer Gemeinschaft teilnehmen, frische Luft atmen und die einfachen Freuden des Lebens in einer sauberen Umwelt genießen, ebenso wie den inneren Frieden, den sie gefunden haben, weil sie sich zu Hause, am Arbeitsplatz und in ihrer Gesellschaft sicher fühlen können. […]

Entscheidend ist nicht der Wohlstand an sich, sondern wie er von den Staaten genutzt wird. Solange eine Gesellschaft nicht erkennt, dass die Menschen ihr eigentlicher Reichtum sind, kann die ausschließliche Ausrichtung auf die Schaffung von materiellem Wohlstand dem eigentlichen Ziel einer Bereicherung des menschlichen Lebens im Wege stehen. […]

Deshalb besteht die Strategie für eine nachhaltige menschliche Entwicklung darin, alle Arten von Kapital – das physische, das menschliche und das natürliche Kapital – wieder aufzufüllen, sodass auch die künftigen Generationen noch in der Lage sind, ihre Bedürfnisse zumindest im gleichen Maß zu decken wie die heutige Generation. […]

Der Lebensstil der reichen Staaten wird sich zweifellos ändern müssen. Der Norden mit rund einem Fünftel der Weltbevölkerung verfügt über vier Fünftel des Welteinkommens und verbraucht 70 % der Energie unserer Welt, 75 % ihrer Metalle und 85 % ihres Holzes. Wenn die Ökosphäre [= gesamte Umwelt, Klima und Atmosphäre] mit ihrem vollen Preis zu bezahlen und nicht kostenlos wäre, dann wäre ein solches Konsumverhalten nicht mehr möglich.

Nachhaltige menschliche Entwicklung bemüht sich um nachahmenswerte Produktions- und Verbrauchsmuster, die die natürlichen Ressourcen nicht als ein freies Gut betrachten, das nach Gutdünken von jedem Staat, jeder Generation oder jeder Einzelperson geplündert werden kann.

UNDP, Bericht über die menschliche Entwicklung 1994, Bonn 1994, S. 17 ff.

4
Nachhaltigkeit

Der Begriff „Nachhaltigkeit" stammt ursprünglich aus der Forstwirtschaft. Er bezeichnet dort ein Vorgehen, nach dem der Holzeinschlag nicht größer sein darf als die nachwachsende Holzmenge, damit der Wald nicht irgendwann abgeholzt ist und keine Erträge mehr bringt. Wir können uns die Welt als einen riesigen Wald vorstellen. Und wenn die Menschen sich nicht den Ast absägen wollen, auf dem sie sitzen, wird verständlich, dass der „Erdgipfel" der UNO* in Rio de Janeiro das Konzept der Nachhaltigkeit* zu seinem Leitbild gemacht hat.

Arbeitsvorschläge

1. Auf den ersten Blick: Entwickelt oder unterentwickelt? Welchen Eindruck vermitteln die Bilder **1** und **2**?

2. Lassen sich ähnliche Fotos von eurem Heimatort machen? Überlegt, welche Stellen den einen oder den anderen Eindruck erzeugen würden. Warum? Was ist jeweils entwickelt, was nicht?

3. Lest die Texte **3** und **4** und erarbeitet euch einen Entwicklungsbegriff, der sich nicht nur an Wolkenkratzern orientiert. Überlegt, was wir sonst vergessen würden.

Zu viele Menschen

Im Jahr 1999 wurde der sechsmilliardste Erdenbürger begrüßt; im Jahr 2050 wird es der neunmilliardste sein, schätzen die Vereinten Nationen (UN*). Den größten Zuwachs wird es nach ihren Berechnungen in Afrika geben. Hier wird sich die Bevölkerung auf über zwei Milliarden Menschen nahezu verdreifachen. Dagegen soll es in Europa als einzigem Erdteil einen Bevölkerungsrückgang geben – von derzeit etwa 730 Millionen auf rund 640 Millionen Menschen. China wird mit 1,51 Mrd. von Indien mit 1,53 Mrd. Menschen als dem dann bevölkerungsreichsten Land überrundet. Diese Zahlen haben etwas Bedrohliches: Als würde da eine Menschenuhr wie eine Zeitbombe ticken.

Wie können wir damit umgehen? Welche Fragen und Probleme werfen Daten, Fakten, Kurven auf dieser Seite auf? Welcher Zusammenhang besteht zwischen der Entwicklung eines Landes und seinem Bevölkerungszuwachs? Das müssen wir klären, wenn wir auf der Suche sind nach einem menschenwürdigen Leben mit ausreichend sauberem Wasser, genügend Nahrung, Wohnraum, Gesundheitsfürsorge und Bildungsmöglichkeiten für alle Menschen.

① Das ist Elisio. Er lebt in Mosambik, einem der ärmsten Länder Afrikas. Seine Mutter hat sechs Kinder geboren. Zwei sind schon sehr früh an Infektionskrankheiten gestorben. Es gibt keinen Arzt und kein Krankenhaus in seinem Dorf. Elisio kann weder lesen noch schreiben. Sein Vater ist Landarbeiter und verdient etwa 15 Euro im Monat. Aber nicht immer hat er Arbeit. Dann weiß die Familie oft nicht, wie sie satt werden soll. Die Familie wohnt in einer kleinen Hütte am Rande des Dorfes. Es gibt darin nur einen großen Raum, in dem sich alles abspielt. Elisio ist für die Versorgung mit Wasser zuständig. Er muss jeden Tag zwei große Kanister mit Wasser aus einem entfernten Dorfbrunnen holen. Das Wasser ist oft mit Bakterien verseucht, sodass die Menschen krank werden.

Das ist Lisa. Sie lebt in einer Stadt in Nordrhein-Westfalen und hat noch einen kleinen Bruder. Lisa geht zur Realschule. Sie möchte Erzieherin werden. Ihr Vater ist bei der Stadtverwaltung beschäftigt und verdient etwa 2100,00 Euro brutto im Monat. Lisa hatte als Kind Keuchhusten, aber durch zwei Kuren im Schwarzwald und an der Nordsee hat sie keine Beschwerden mehr. Lisas Eltern haben nach der Geburt ihres Bruders eine große Wohnung gemietet, in der sie auch ein eigenes Zimmer hat. Lisa schwimmt gerne und freut sich schon auf den Urlaub auf Mallorca. Dort war sie schon zweimal.

② **Die Gesundheitsrevolution**
Die Lebenserwartung der Menschen in aller Welt ist in den letzten 200 Jahren stark angestiegen. Ursachen hierfür sind u.a. die verbesserte Ernährung, bessere Hygiene und Medikamente gegen viele früher tödliche Krankheiten. So vermehrten sich zwischen 1800 und 1930 die Europäer (und die europäischen Einwanderer in Nordamerika) doppelt so schnell wie die anderen Völker. Der Anstieg der Bevölkerung in den nachholenden Ländern heute ist also nicht allein darauf zurückzuführen, dass die Familien mehr Kinder haben als früher. Vielmehr stiegen die Überlebenschancen und die medizinische Betreuung verbesserte sich. Dieser Anstieg der Lebenserwartung hatte in der Geschichte der industrialisierten Länder erheblich länger gedauert als in den heutigen Entwicklungsländern, sodass genügend Zeit für eine Anpassung der gesellschaftlichen Normen* blieb. In Europa und Nordamerika hatte sich ein Trend zu weniger Kindern ganz allmählich eingestellt – und nicht gleichsam über Nacht. Inzwischen sinkt die Zahl der Geburten auch vielerorts in den wohlhabenden und gebildeten Schichten der Entwicklungsländer.

Zusammengefasst nach: Michael Gleich, Life Counts. Eine globale Bilanz des Lebens, Berling 2000, S. 228f.

auf zu engem Raum?

10 Erste Welt, Dritte Welt – Eine Welt?

Bevölkerungswachstum und Entwicklung

3 Länderdaten im Vergleich

	Mosambik Republik M., Südostafrika	*Deutschland* Bundesrepublik D. Mitteleuropa
Fläche	799 380 km²	357 020,79 km²
Einwohner	16 630 000 = 21 je km²	82 071 000 = 230 je km²
Bruttosozialprodukt* je Einw.	140 $ je Einwohner	28 280 $ je Einwohner
Lebenserwartung	47 Jahre	77 Jahre
Säuglingssterblichkeit	13,0 %	0,5 %
Kindersterblichkeit	20,8 %	0,5 %
Jährl. Bevölkerungswachstum 1990–1997 im Durchschnitt	3,6 %	0,5 %
Analphabetenrate	60 %	unter 5 %

Quelle: Fischer Weltalmanach 2000, S. 163 und S. 543, gekürzt.

4

Bildung der Frauen

Nach der herkömmlichen demographischen Theorie [= Erklärung der Bevölkerungsentwicklung] sind die wirtschaftlichen Verhältnisse entscheidend: Mit der Zunahme des Wohlstands einer Familie oder eines Staates nimmt die Fruchtbarkeit ab – so entstand der Slogan „Entwicklung ist das beste Verhütungsmittel". Es gibt zwar historische Belege, die für diese Theorie sprechen, aber man kennt auch gewichtige Ausnahmen. Die arabischen Staaten gehören zum Beispiel zu den reichsten Ländern der Welt und doch liegen auch ihre Geburtenraten am oberen Ende der Skala; das liegt offenbar daran, dass die Frauen in diesen Kulturen einen sehr niedrigen Status und stark beschränkte Freiheiten haben.

Verbessert sich dagegen die Stellung der Frauen, nimmt die Geburtenrate ohne Ausnahme ab. Das gilt sogar für sehr arme Gebiete wie den indischen Bundesstaat Kerala: Dort sank die Geburtenrate von 44 Geburten je tausend Frauen in den Fünfzigerjahren auf nur noch 17 je tausend im Jahr 1991. Ganz ähnlich ging die Geburtenrate in all den Ländern zurück, in denen die Strategie verfolgt wurde: besserer Zugang zu medizinischer Versorgung für die Kinder und zu Familienplanungsmaßnahmen; Förderung von Alphabetisierung und Schulbildung, insbesondere bei Mädchen und Frauen; und die Umsetzung von Maßnahmen, mit denen die Rolle der Frauen verbessert wurde.

Mark Hertsgaard, Expedition ans Ende der Welt. Auf der Suche nach unserer Zukunft, Frankfurt/Main, S. 302 f.

Arbeitsvorschläge

1. Im Internet findet ihr eine „Weltbevölkerungsuhr", die das Wachstum der Weltbevölkerung anzeigt.

Seht einmal nach: http://www.dsw-online.de/cgi-bin/user/hf1001/count.pl und notiert euch die Zahl. Holt euch genau nach einer Stunde die neue Zahl und rechnet aus, wie viele Menschen in dieser Stunde geboren wurden.

2. Vergleicht die Lebensverhältnisse und Zukunftsperspektiven von Elisio und Lisa (1) und arbeitet die Unterschiede heraus. Stellt sie in einer Tabelle gegenüber.

3. Arbeitet in eure Tabelle nun Länderdaten (3) ein. Sprecht über eure Beobachtungen und Erkenntnisse.

4. „Bevölkerungsentwicklung" und „Gesundheitsrevolution" – klärt mithilfe von Text 2, was man unter diesen Begriffen versteht.

5. Wann sinkt nach Text 4 das Bevölkerungswachstum?

6. Im Hintergrund der Doppelseite seht ihr ein Diagramm mit drei Kurvenverläufen. Die orangefarbene Kurve zeigt das Bevölkerungswachstum auf der gesamten Welt von 1950 bis 2000 an. Die blaue Fläche zeigt den Anteil der Industrieländer, die gelbe Fläche den Anteil der Entwicklungsländer. Beschreibt die Verläufe und bringt sie mit Text 2 und 4 in Zusammenhang. Was müsste passieren, damit sich die gelbe und die blaue Fläche nicht noch weiter auseinander entwickeln, sondern einander annähern?

Wie ihr Diagramme lesen und deuten könnt, erfahrt ihr auf den Seiten 136–137.

Ein Geschäft

Habt ihr schon einmal Schulden gemacht? Dann wisst ihr auch, wie schwer es ist, Schulden zurückzuzahlen. Man kann sich für längere Zeit nichts mehr kaufen und muss vielleicht Sonderdienste zu Hause oder einen Job übernehmen, um sich etwas dazuzuverdienen.

Schlimm wird es, wenn man für das geliehene Geld auch noch Zinsen bezahlen muss. Und noch schlimmer wird es, wenn man die Zinsen nicht bezahlen kann, sodass man neue Zinsen für die alten Zinsen bezahlen muss. Das sind dann die Zinseszinsen. So ähnlich ist es auch, wenn man neue Kredite aufnehmen muss, um wenigstens die Zinsen für die alten Kredite bezahlen zu können. Dann zahlt man zwar Geld zurück, aber die ursprüngliche Schuld wird trotzdem nicht geringer.

Genau so geht es vielen Entwicklungsländern. Was zunächst wie Hilfe der Industrieländer aussieht, ist oft ein gutes „Geschäft mit der Armut" (6) und verhindert dadurch geradezu Entwicklung (3).

Aber warum haben die Entwicklungsländer dann überhaupt Kredite aufgenommen?

1 Gründe für die Verschuldung

Die Verschuldung der Dritten Welt hat eine lange Geschichte. Die Industrieländer, z. B. die USA, aber auch viele europäische Staaten, haben den Entwicklungsländern in den letzten dreißig Jahren immer wieder Kredite eingeräumt, um ihnen beim Aufbau ihrer Wirtschaft zu helfen. Sie erwarten, dass die Entwicklungsländer ihre Produkte am Weltmarkt verkaufen und mit diesen Einnahmen ihre Schulden und Zinsen bezahlen können. Diese Rechnung ging aber nicht auf.

A. Äußere Gründe – von den Geberländern verursacht

Zum Beispiel stiegen in den Jahren 1973 und 1982 die Ölpreise zum Teil um das Doppelte, sodass die Länder, die selbst keine Ölvorräte besitzen, teures Öl importieren mussten. Ferner stiegen in den Achtzigerjahren die Zinsen, so dass die Schuldnerländer immer mehr Geld für Zinszahlungen aufwenden mussten und nicht mehr in der Lage waren, die Kredite auch noch zu tilgen. Und schließlich haben viele Industrieländer durch hohe Zölle und Importbeschränkungen verhindert, dass die Entwicklungsländer ihre Waren auf dem Weltmarkt verkaufen können. So fehlten ihnen die Erlöse von Exporten zur Schuldentilgung. Sie mussten neue Schulden machen, um wenigstens ihre Zinsen bezahlen zu können. So gerieten sie immer mehr in die Abhängigkeit von den Industrieländern und deren Banken und damit in die Schuldenfalle.

B. Innere Gründe – von den Entwicklungsländern verursacht

Viele Staaten sind keine Demokratien, sondern werden von einer korrupten Herrscherelite (z. B. von Militärs) regiert. Diese stecken Gelder in die eigene Tasche, bauen teure Paläste oder kaufen moderne Waffen, um ihre Macht nach innen und außen zu sichern (Bürgerkriege oder Konflikte mit Nachbarstaaten). Die Gelder werden auf diese Weise verbraucht und dienen nicht zur Modernisierung der Wirtschaft. Zum Beispiel für die Ausrüstung mit modernen Maschinen (Investitionen) oder zur Ausbildung von Handwerkern und Facharbeitern, die für eine moderne Industrieproduktion erforderlich sind. So verschärfen sich Armut und Unterentwicklung, weil durch den Zwang zur Zins- und Rückzahlung (Tilgung) drastische Sparmaßnahmen ergriffen werden müssen (z. B. Kürzung von Ausgaben für Bildung und Gesundheit).

2 Länderdaten für die Wirtschaft: Beispiel Mosambik

Währung: 1 US-$ = 12 635 Metical

Bruttoinlandsprodukt 1997: 2405 Mio. $; realer Zuwachs im Durchschnitt 1990–1997: 4,9 %; Anteil der Landwirtschaft 39 %, Industrie 23 %, Dienstleistungen 38 %

Erwerbstätigkeit in der Landwirtschaft 1997: 81,2 %

Inflation im Durchschnitt 1990–1997: 45,9 %

Auslandsverschuldung 1997: 5991 Mio. $

Außenhandel 1996: **Import** 783 Mio. $; Güter: Nahrungsmittel, Erdöl und Erdölprodukte, Maschinen; Länder: 33 % Südafrika, ferner Portugal, Frankreich, Indien; **Export** 234 Mio. $; Güter: Krustentiere, Rohbaumwolle, Cashewnüsse; Länder: 21 % Südafrika, ferner Spanien, USA, Indien

Fischer Weltalmanach 2000, S. 544, gekürzt.

mit der Armut?

Die Entwicklungsländer in der Schuldenfalle

3 Überschuldung verhindert Entwicklung

Eingezwängt zwischen den Forderungen ihrer Gläubiger und Sparmaßnahmen fehlt in vielen Ländern das Geld für die dringlichsten Entwicklungsaufgaben. Die Verschuldung zwingt die Entwicklungsländer, ihre Exporte mit allen Mitteln zu steigern, um Devisen für den Schuldendienst zu verdienen. Unter anderem werden die natürlichen Ressourcen (z. B. Bodenschätze) dafür übermäßig geplündert. Ein funktionierendes Bildungs- und Gesundheitssystem gehört zu den Grundvoraussetzungen für Entwicklung. Doch in Sambia z. B. betragen die staatlichen Gesundheitsausgaben nur ein Viertel des Schuldendienstes.

Nach: epd-Dritte-Welt-Information 13-14/98, S. 5, vereinfacht und gekürzt.

4 Politische Folgen der Überschuldung

Nicht nur die wirtschaftliche und soziale Entwicklung, auch die politische Entwicklung leidet unter der Überschuldung. Neue, demokratische Regierungen wie in Uganda oder Benin finden sich geradezu in „Schuldknechtschaft" wieder: Sie werden auch für solche Kredite, die von Vorgängerregierungen aufgenommen und oftmals für unsinnige Prestigeprojekte, Waffenkäufe oder Luxusgüter, verwendet wurden, haftbar gemacht. Auf einem Neuanfang lastet damit eine schwere Hypothek (Altlast).

Nach: epd-Dritte-Welt-Information 13-14/98, S. 5, vereinfacht und gekürzt.

6 Geschäft mit der Armut

Angaben in Mrd. Dollar

- Zinszahlung aller Entwicklungsländer pro Jahr: 52 (1980), 75 (1990), 101 (1995)
- Entwicklungshilfe der OECD (westl. Industrieländer): 27 (1980), 53 (1990), 63 (1995)
- „Gewinnspanne" für die reichen Länder: pro Jahr 20 bis 40 Mrd. Dollar

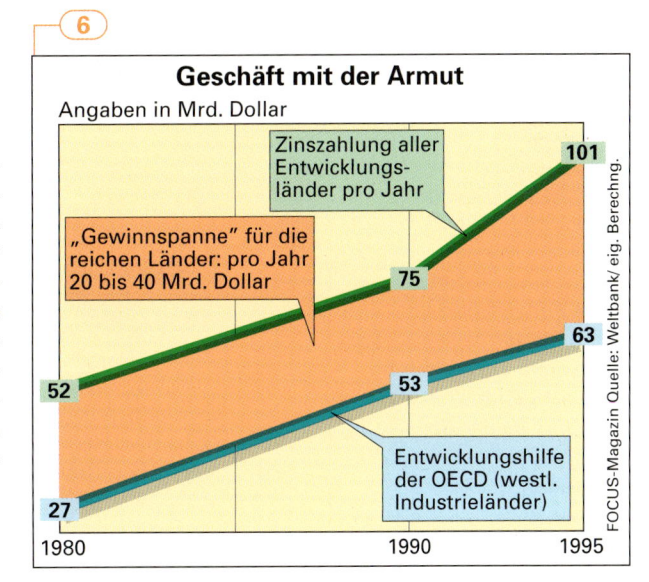

FOCUS-Magazin Quelle: Weltbank/ eig. Berechng.

Arbeitsvorschläge

1. Stellt die Gründe aus **1** zusammen, die viele Entwicklungsländer in die „Schuldenfalle" geraten ließen.

2. Befindet sich auch Mosambik, Elisios Heimat, in der Schuldenfalle? Notiert euch die Wirtschaftsdaten des Landes (**2**) zu Verschuldung, Außenhandel und Handelsgütern und entscheidet die Frage. Errechnet, wie hoch die Verschuldung der 16 630 000 Einwohner 1997 pro Person ist.

Die Schuldenfalle zeigt sich am besten an einer Kurve: Die Berechnung von Zinseszinsen könnt ihr im Mathematikunterricht durchführen.

3. Einen Kredit aufzunehmen, das ist etwas ganz Normales in der Marktwirtschaft – oder wie sieht das der Karikaturist (**5**)? Beachtet den Einführungstext und **1**.

4. Warum kann man bei der Kreditvergabe der Industrie- an die Entwicklungsländer geradezu von einem „Geschäft mit der Armut" sprechen (**6**)?

Zum Beispiel

Wie ein Entwicklungsla...

Könnt ihr euch noch an die nebenstehenden Bilder aus Elisios Heimat erinnern? Im März 2000 ereignete sich in Mosambik eine große Überschwemmungskatastrophe, der viele Tausend Menschen zum Opfer fielen. Hubschrauber waren im Einsatz, um die geflüchteten Menschen von Dächern und Bäumen zu retten. Als die Fluten zurückgingen, standen die meisten Familien vor dem Nichts: zerstörte Dörfer, ertrunkene Tiere, verdorbene Felder.

Mosambik gehörte schon vor dieser Katastrophe zu den ärmsten Ländern der Welt. Ihr habt herausgefunden, dass es in die so genannten Schuldenfalle geraten war. Seine Auslandsschulden sind 1999 auf 7,4 Mrd. Dollar angestiegen. Aus welchen Gründen Mosambik in die Schuldenfalle geraten ist und welche Folgen das für seine Entwicklung hat, könnt ihr auf diesen Seiten erarbeiten. Ob Mosambik es aus eigener Kraft schaffen kann, seiner Bevölkerung ein menschenwürdiges Leben zu sichern?

① **Mosambik: Hoffnung auf eine friedliche Entwicklung**

Als eines der letzten Länder Afrikas wurde Mosambik nach 500 Jahren portugiesischer Kolonialherrschaft und zehnjährigem Befreiungskrieg 1975 endlich unabhängig. Seitdem regierte die ehemalige Befreiungsbewegung *Frelimo*.

Doch schon 1976 brach ein Bürgerkrieg aus. Die von Südafrika unterstützte Rebellenorganisation *Renamo* übte Terror in der Bevölkerung aus. Die sozialen Folgen des 16 Jahre währenden Krieges waren verheerend:
- Über eine Million Menschen wurden im Krieg entweder direkt oder aufgrund von Hunger oder mangelnder medizinischer Versorgung getötet.
- Ein Drittel der Bevölkerung wurde durch Kriegshandlungen zu Flüchtlingen im In- oder Ausland.
- Zwei Drittel der Bevölkerung verfügen kaum über ein Einkommen und leben unterhalb der absoluten Armutsgrenze (ca. 1 Dollar/Tag).

1992 schlossen *Frelimo* und *Renamo* ein Friedensabkommen, das beide Seiten einhielten.

Die *Renamo* wandelte sich mit internationaler Hilfe ebenfalls in eine politische Partei. In den Wahlen im Oktober 1994 ging die *Frelimo* als knapper Sieger hervor. Mosambik hat heute riesige Aufgaben zu bewältigen, was die nationale Versöhnung, die Wiedereingliederung der Flüchtlinge und Soldaten in produktive Tätigkeiten, die Beseitigung von Landminen, die Reparatur und den Ausbau der wirtschaftlichen und sozialen Infrastruktur* betrifft. Diese Aufgabe wird dadurch erschwert, dass das Land durch verfehlte Entwicklungspolitik, Naturkatastrophen und Krieg zahlungsunfähig, hochverschuldet und auf fatale Weise von auswärtiger Hilfe abhängig geworden ist.

Um die Chance zu einer neuen selbstverantworteten Entwicklung zu erlangen, braucht Mosambik eine großzügige Entschuldung seitens der Gläubigerländer und der internationalen Banken.

Faltblatt des Koordinierungs-Kreises Mosambik (KKM), August-Bebel-Str. 16–18, 33602 Bielefeld, vereinfacht u. gekürzt.

Mosambik

die Schuldenfalle geraten ist

10 Erste Welt, Dritte Welt – Eine Welt?

② Gesamtverschuldung von Mosambik in Mio. Dollar (1983–99, 0–7000)

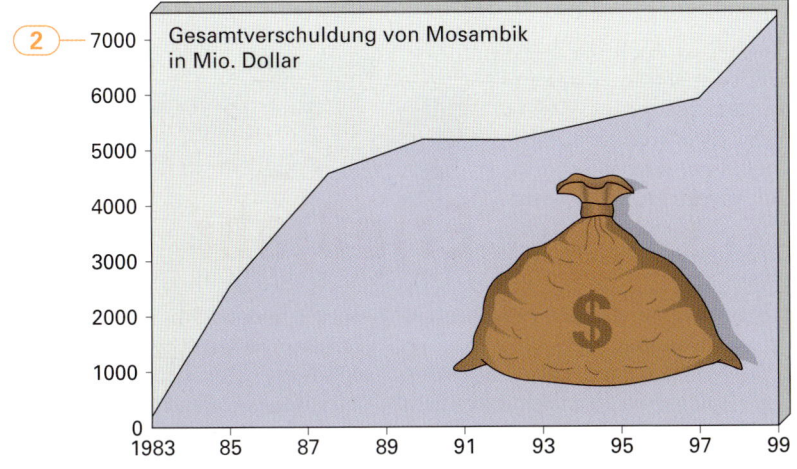

③ Der Schuldendienst Mosambiks war 1994 doppelt so hoch wie die Ausgaben für Bildung und viermal so hoch wie die Ausgaben für das Gesundheitswesen.

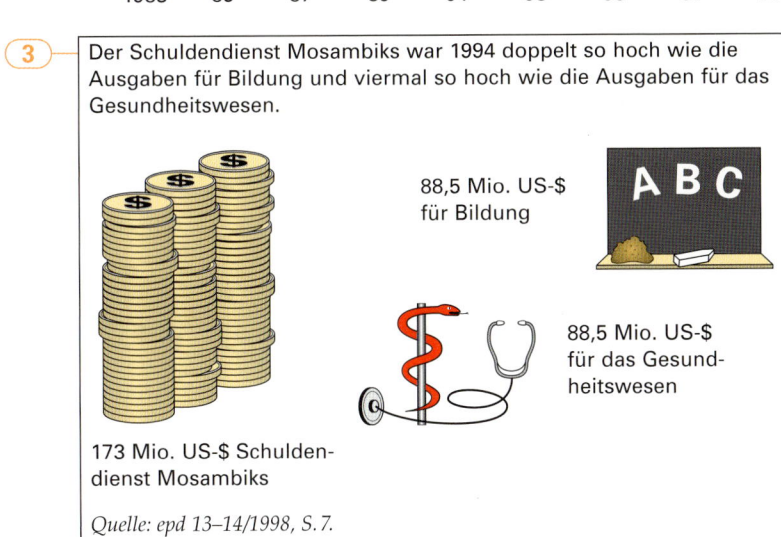

- 88,5 Mio. US-$ für Bildung
- 88,5 Mio. US-$ für das Gesundheitswesen
- 173 Mio. US-$ Schuldendienst Mosambiks

Quelle: epd 13–14/1998, S. 7.

④ Schuldenerlass reicht nicht aus

Mosambik galt von vornherein als einer der ersten Kandidaten für einen Schuldenerlass. Als sich die Gläubiger schließlich nach zähem Ringen und nicht zuletzt deutschem Widerstand auf einen raschen, vorgezogenen Schuldenerlass einigten, stellte sich beim Durchrechnen heraus, dass Mosambik tatsächlich kaum entlastet wird: zum einen, weil es schon jetzt nur einen Teil seiner Verpflichtungen zahlen kann, zum anderen, weil im Rahmen der Initiative nicht alle Schulden, sondern nur Altschulden vor einem Stichdatum berücksichtigt werden. Der Schuldenerlass beseitigt zwar einen großen Teil des unbezahlbaren Schuldenbergs, aber mehr Geld hat Mosambik damit doch nicht. Vielmehr entspricht der Schuldendienst nach durchgeführter Reduzierung ziemlich genau dem tatsächlich geleisteten Schuldendienst vor Beginn des Verfahrens.

Nach: epd-Dritte-Welt-Information 13-14/1998, S. 7, gekürzt.

Arbeitsvorschläge

1. Informiert euch im Internet und bei der unten stehenden Adresse sowie in Bibliotheken eurer Stadt über Geschichte und Entwicklung von Mosambik. Bereitet kurze Referate vor zu Themen wie z. B.:

- Mosambik unter der Kolonialherrschaft,
- der Befreiungskampf Mosambiks,
- die Flutkatastrophe im März 2000,
- Mosambik als Reiseland,
- Wirtschaft und Handel in Mosambik.

Ihr könnt dazu anregen, auch im Erdkundeunterricht über dieses Thema zu sprechen.

Koordinierungskreis Mosambik e. V. (KKM), August-Bebel-Str. 16-18, 33602 Bielefeld, Tel.: 0521/124742.
Im Internet findet man unter www.dse.de zahlreiche Informationen über Land und Leute, Gesellschaft, Wirtschaft und Politik.

2. Erstellt eine Zusammenfassung eurer Referate unter der Fragestellung: Wodurch wurde die Entwicklung des Landes bisher erschwert? Nehmt **1** zu Hilfe.

3. Erklärt mithilfe der Zahlen in **2** und **3**, welche Rolle die Verschuldung für die schlechten Entwicklungschancen des Landes spielten.

4. Ein Schuldenerlass allein reicht nicht aus (**4**). Welche Entwicklungshilfe könnte ein Land wie Mosambik brauchen? Überlegt gemeinsam und diskutiert über eure Hilfsmaßnahmen. Vergleicht sie mit den Vorschlägen auf der nächsten Seite.

Entwicklung braucht

Eine Kampagne* nannte man früher einen Feldzug. Da marschierten Soldaten auf um Krieg zu führen und den Gegner zu besiegen. Heute wird das Wort benutzt, wenn sich Menschen, meistens in Gruppen, aufmachen, um zu demonstrieren und ein politisches Ziel zu erreichen. Mit Kampagnen will man die Öffentlichkeit auf etwas aufmerksam machen. Man hofft, dass viele Menschen die Aktion unterstützen und die Politiker aufmerksam werden. Denn sie sollen die Probleme einer Gesellschaft lösen helfen. Oft klappt das nicht, weil die Politiker das Problem gar nicht sehen oder weil sie es für nicht so wichtig halten.

So ähnlich war das auch mit der Kampagne zur Entschuldung der Dritten Welt. Die Regierungen der reichen Industrieländer, zu denen auch Deutschland gehört, hatten hohe Kredite an die Entwicklungsländer gegeben und wollten diese Gelder auch wieder zurückhaben. Auf den vorigen Seiten habt ihr gesehen, dass das für viele Entwicklungsländer unmöglich geworden war, weil sie die laufenden Zinsen nicht mehr bezahlen konnten.

Daraufhin schlossen sich verschiedene Hilfsorganisationen zusammen zu einer Kampagne mit dem Titel „Erlassjahr 2000".

1 Jugendliche schreiben an den Bundeskanzler

Das hat es noch nie gegeben: Tausende demonstrierten im Juni 1999 in Köln. Es waren politische, kirchliche, gewerkschaftliche und Dritte-Welt-Gruppen, die sich zu einer Großdemonstration unter dem Motto „Entschuldungskampagne 2000" zusammengefunden hatten.

Sie wollten den dort tagenden G-8-Gipfel, eine Konferenz der acht wichtigsten Industriestaaten unter Vorsitz von Bundeskanzler Schröder, dazu bewegen, den ärmsten Entwicklungsländern einen Großteil ihrer Schulden zu erlassen. Die frei werdenden Mittel sollten für Bildung, Gesundheit und den Aufbau einer lebenswichtigen Infrastruktur (Straßen, Wasser, Strom usw.) verwendet werden können.

In einer großen Postkartenaktion, an der auch viele Kinder und Jugendliche teilnahmen, schrieben sie an Bundeskanzler Schröder und forderten ihn auf, „diese Spirale der Armut zu beenden".

Die Postkarte war damals auch im Internet zu finden: www.erlassjahr2000.de.

2 Die Grundannahmen für das „Erlassjahr 2000"

1. Überschuldung* von Personen und Ländern bedroht nicht nur die wirtschaftliche und soziale Entwicklung der Betroffenen, sondern die der ganzen Gesellschaft. Die Regierungen dieser Staaten haben kein Geld, um das Bildungssystem und die Gesundheitsversorgung aufrecht zu erhalten oder dringend notwendige Investitionen* in die Infrastruktur* vorzunehmen. Damit zerstört die Verschuldung die Lebensgrundlagen der heutigen wie der zukünftigen Generationen.
2. Alle bisherigen Versuche der Lösung der Schuldenkrise sind gescheitert. Die vielen Verhandlungen und neuen Abkommen haben bei den meisten Schuldnerländern nur kurzfristig dafür gesorgt, dass die betroffenen Länder für eine Weile Zinsen und Tilgungen zahlen können. Die Schulden waren und sind für viele Staaten zu hoch und können nur durch eine drastische Senkung auf ein tragfähiges Niveau gesenkt werden.
3. Die Verantwortung für das heute untragbar hohe Schuldenniveau vieler Länder des Südens liegt nicht nur bei den Schuldnern, sondern bei Schuldnern und Gläubigern. Deshalb müssen beide Seiten entsprechend ihrer Leistungsfähigkeit dazu beitragen, dass ein Ausweg aus der Schuldenkrise geschaffen wird.
4. Eine dauerhafte Lösung muss auf international verbindliche Vereinbarungen aufgebaut werden. Ähnlich wie auch bei Konkursen von Firmen in Deutschland muss ein Verfahren gefunden werden, durch das die Zahlungsunfähigkeit einzelner Staaten international verbindlich geregelt werden kann.

Global lernen 2/99, S. 6, vereinfacht und gekürzt.

Entschuldung

10 Erste Welt, Dritte Welt – Eine Welt?

Die Entschuldungskampagne „Erlassjahr 2000"

3 — Appell der Kampagne „Erlassjahr 2000"

Ich finde mich nicht damit ab, dass mehr als eine Milliarde Menschen die Jahrtausendwende in lebensbedrohender Armut erleben – während ihre Länder wegen Auslandsschulden riesige Zahlungen an Regierungen und Banken im Norden sowie an die internationalen Finanzinstitutionen leisten.

Ich will, dass diesen Menschen im Jahr 2000 ein Neuanfang ohne erdrückende Schuldenlast ermöglicht wird.

Ich fordere deshalb von den Banken, der Bundesregierung und den internationalen Finanzinstitutionen (Internationaler Währungsfonds und Weltbank) einen umfassenden Erlass der untragbaren Schulden armer Länder für das Jahr 2000.

Ich erwarte, dass die durch den Schuldenerlass frei werdenden Mittel dazu benutzt werden, die Möglichkeiten der Armen zur Selbsthilfe zu stärken.

Ich befürworte ein völkerrechtlich verbindliches Verfahren in Fällen schwerer Verschuldung armer Länder, damit der verhängnisvolle Kreislauf der Verschuldung durchbrochen werden kann.

Entnommen dem Internet: www.muenster.org/ase/index.htm, leicht vereinfacht.

4

Mosambik: Schuldenerlass ermöglicht soziale Entwicklung
Pro-Kopf-Einkommen: 90 US-$
Schuldenstand 1995: 5,8 Mrd. US-$
Schuldendienst (Prognose bis 2000): 28 bis 45% der Exporte
Begrenzung der Zins- und Tilgungszahlungen auf 15% der Exporte ermöglicht…

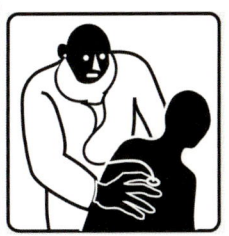

Verdoppelung der Ausgaben für Gesundheit

Renovierung von 12000 im Bürgerkrieg zerstörten Schulen

Beschäftigung von 20000 Lehrern

epd-EP 18/97

Arbeitsvorschläge

1. Es gibt gesetzliche Regelungen dafür, was geschieht wenn:
– eine Privatperson zahlungsunfähig ist,
– ein Betrieb zahlungsunfähig ist.
Seht im Glossar unter Insolvenz* nach: Was kann man daraus für die Entschuldung der Dritten Welt ableiten?

2. Versucht die Grundannahme in **2** in vier einfachen Sätzen zusammenzufassen.

3. Erläutert und begründet die einzelnen Forderungen aus **3** an Beispielen (siehe dazu S. 198–200).

4. In **3** wird vom „Kreislauf der Verschuldung gesprochen". Versuche diesen Kreislauf in einem Schaubild zu zeichnen.

5. Über den Koordinierungskreis Mosambik (Adresse siehe S. 203) könnt ihr herausfinden, ob die „Entschuldungskampagne 2000" in den Jahren 1999 und 2000 für Mosambik etwas gebracht hat. Versucht die neuesten Zahlen über den Schuldenerlass gegenüber Mosambik zu erhalten und vergleicht das Ergebnis mit **4**.

Global denken –

Der Zusammenha[ng]

In vielen Science-Fiction-Filmen sieht man andere Planeten als die Erde, auf denen Menschen und menschenähnliche Lebewesen existieren. Doch in Wirklichkeit hat man bis heute im Universum noch keinen Planeten entdeckt, der Umweltbedingungen wie die Erde hat, sodass Menschen und Tiere darauf überleben können. Allerdings ist die Lebensgrundlage auch auf der Erde in Gefahr – durch die weltweite Umweltzerstörung.

Wenn man Nachrichten hört und Zeitung liest, bekommt man den Eindruck, dass internationale Organisationen von Zeit zu Zeit eine Konferenz zu diesem Thema organisieren, auf der viel diskutiert wird, die aber letztlich ohne Folgen bleibt. Doch selbst wenn die Ergebnisse solcher Umweltkonferenzen manchmal mager ausfallen, so sind es oft kleine Schritte auf dem Weg zu einer weltweiten Verständigung über die globalen Probleme.

Die erste globale Umweltkonferenz fand 1972 in Stockholm statt, die bisher größte 1992 in Rio de Janeiro. Dieser „Erdgipfel" verabschiedete ein Handlungsprogramm, die Agenda 21, in dem sich alle Länder verpflichten, die Lebensbedingungen auf der Erde auch für zukünftige Generationen zu sichern. Das bedeutet Nachhaltigkeit: Unsere Grundbedürfnisse sollen so befriedigt werden, dass auch künftige Generationen ihre Bedürfnisse befriedigen können, damit auch für euch und eure Kinder die Erde noch ein bewohnbarer Planet bleibt.

1 Festgefahren

Die Debatte* über Bevölkerung und Umwelt steckt in einer Sackgasse. Auch durch den UN-Erdgipfel im vergangenen Jahr [1992] in Rio ist es nicht gelungen, die Fronten aufzubrechen. Im Gegenteil: Unversöhnlich stehen sich zwei Positionen gegenüber. Die eine gibt dem Bevölkerungswachstum im Süden die Hauptschuld an der globalen Umweltzerstörung. Die andere sieht in dem hohen Konsumniveau des Nordens den Kern des Übels. „Bevölkerungsbombe" zetern die einen, „Konsumexplosion" kontern die anderen.

Die Fakten lassen sich nicht bestreiten: Seit Mitte des 20. Jahrhunderts verdoppelte sich die Weltbevölkerung. In derselben Zeit jedoch verfünffachte sich weltweit die Produktion von Gütern und Dienstleistungen.

Der Streit über die Ursachen ist gleichzeitig ein Streit darüber, welche politischen Konsequenzen man zu ziehen hat: Ist beim Kampf gegen die ökologische Katastrophe der Einsatz von Verhütungsmitteln das richtige Mittel? Oder lässt sich die notwendige Wende allein durch einen Wandel des Lebensstils im Norden einleiten?

Nach mehreren Jahrzehnten Erfahrung mit Familienplanung ist eine allgemeine Erkenntnis, dass Verhütungsmittel allein jedenfalls nicht die Lösung des Problems bringen. Die Geburtenrate sinkt am ehesten dort, wo wirtschaftliche Erfolge den Armen mehr existenzielle Sicherheit verschaffen, wo die Kindersterblichkeit gesunken und Ausbildungs- und Beschäftigungschancen der Frauen gestiegen sind.

Stark vereinfacht nach: Christa Wichterich in: Frankfurter Rundschau, 15.6.1993.

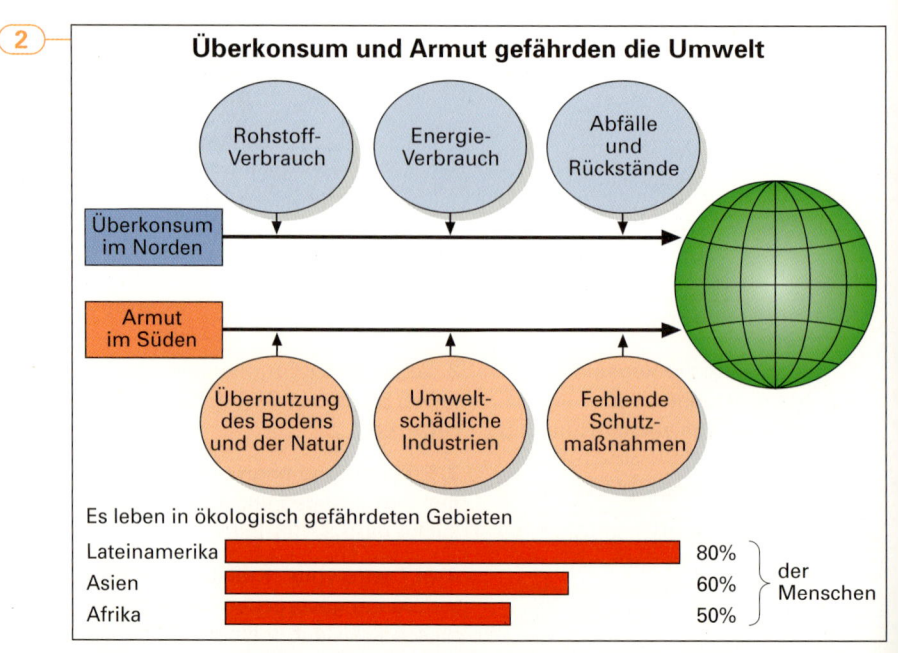

2 Überkonsum und Armut gefährden die Umwelt

- Rohstoff-Verbrauch
- Energie-Verbrauch
- Abfälle und Rückstände

Überkonsum im Norden →

Armut im Süden →

- Übernutzung des Bodens und der Natur
- Umweltschädliche Industrien
- Fehlende Schutzmaßnahmen

Es leben in ökologisch gefährdeten Gebieten:
- Lateinamerika: 80%
- Asien: 60%
- Afrika: 50%

} der Menschen

Grafik nach: Dritte Welt Haus Bielefeld, Atlas der Weltverwicklungen, 1992, S. 44.

lokal handeln

10 Erste Welt, Dritte Welt – Eine Welt?

ischen Umwelt und Entwicklung

3

Global denken ...
Angesichts der verheerenden Überschwemmungen in Mosambik haben Bundesentwicklungsministerin Heidemarie Wieczorek-Zeul und der Exekutivdirektor der UN-Umweltorganisation UNEP, Klaus Töpfer, zu verstärkten weltweiten Anstrengungen bei der Entwicklungszusammenarbeit und beim Umweltschutz aufgerufen. „Die globalen Probleme verlangen globale Lösungen, bei denen Industrie- und Entwicklungsländer eng zusammenarbeiten müssen", erklärten beide auf einer Pressekonferenz. „Die Katastrophe in Mosambik setzt die dramatische Serie der vergangenen Jahre fort", sagte die Entwicklungsministerin. Nach Aussagen Töpfers wurde in den letzten Jahren auf der Erde eine größere Häufigkeit von Umweltkatastrophen, von Stürmen, Fluten und Waldbränden beobachtet. Unter Wissenschaftlern mehrten sich die Stimmen, dass diese anormalen Wetterbedingungen zusammenhängen mit dem vom Menschen bewirkten Klimawandel. Dieser sei eindeutig abhängig vom Verbrauch fossiler Energien [= Brennstoffe] und den damit verbundenen Belastungen durch Kohlendioxid*. Töpfer betonte, dass die Konsum- und Produktionsstrukturen der Industrieländer dafür mitverantwortlich seien. [...] „Leider sind die Länder mit den höchsten CO_2-Emissionen* und den besten Voraussetzungen, diese einzuschränken, nicht die hauptsächlichen Opfer des Klimawandels und daher noch nicht alle motiviert, ihre Produktionsstrukturen zu verändern," sagte Töpfer. „Es sind vor allem die Entwicklungsländer, die am meisten durch zunehmende Wüstenbildung, veränderte Niederschläge und Lebensräume zu verlieren haben. Es ist daher notwendig, diese Länder bei der Verwirklichung eines umweltverträglichen, wirtschaftlichen Entwicklungsprozesses zu unterstützen, der zur Überwindung der Armut dringlich gebraucht wird. Es ist eine Tatsache, dass 14% der Weltbevölkerung in Afrika lebt, aber nur für 3,2% der globalen CO_2-Emissionen verantwortlich ist."

Gekürzt und vereinfacht nach: http://strom-tabelle.de/archiv/Mosambik624.html.

4

... lokal handeln
Fast alles, was du in deinem Leben unternimmst, hat Auswirkungen auf die drei Ecken des grünen Dreiecks. Ein Beispiel: Du isst von nun an viel Fleisch. Das ist schlecht für deine Gesundheit; die Umwelt wird durch intensive Viehzucht geschädigt, und es kostet dich auch viel Geld. Ein weiteres Beispiel: Du gehst von nun an zu Fuß oder fährst mit dem Rad anstatt mit dem Auto. Ergebnis: Es entstehen weniger Abgase – das ist gut für die Umwelt. Rad fahren ist gut für deine Gesundheit und du sparst viel Geld. Überraschend einfach, nicht? Also: Was du auch tust, schau dir erst einmal die Auswirkungen mithilfe des Grünen Dreiecks an.

Rettungsaktion Planet Erde. Kinder der Welt zum Umweltgipfel von Rio, Mannheim 1994, S. 39.

Das grüne Dreieck:

```
        Gesundheit
           /\
          /  \
         /    \
        /      \
       /        \
      /_____\
  Umwelt        Geld
```

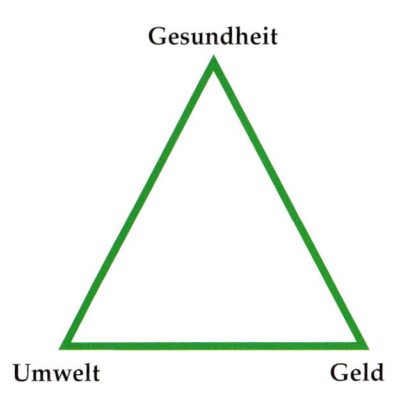

Arbeitsvorschläge

1. Welche gegensätzlichen Positionen vertreten die beiden Lager seit dem UN-Erdgipfel in **1**?

2. Die weltweiten Umweltschäden lassen sich in armuts- und reichtumsbedingte Zerstörungen unterscheiden. Sucht gemeinsam nach Beispielen für die in Schaubild **2** genannten Punkte.

3. Wenn ihr selbst etwas für die nachhaltige Entwicklung und Schonung der Umwelt tun wollt, erarbeitet euch das Motto der Agenda 21 mit den Texten **3** und **4**.
a) Welchen Zusammenhang stellen die Politiker her zwischen unserem Lebensstil im Norden und den Klimakatastrophen im Süden?
b) Wie funktioniert das grüne Dreieck?

Es zeigt euch, dass ihr auch ganz allein einen Beitrag leisten könnt. Es gibt sogar Schulen, die die Agenda 21 in ihr Schulprogramm aufgenommen haben.

Ihr erfahrt mehr über diese Schulen und ihre Aktivitäten im Internet: www.BLK21.de.

Hinweise auf Umweltorganisationen, bei denen auch Jugendliche mitmachen können, findet ihr auf S. 151.

Sollen wir helfen:

Kontroversität – ein Grundelement der Politik

„Warum müsst ihr euch immer streiten?", so hört man Eltern oft sagen. Dabei streiten sie oft selbst. Und das muss auch so sein. Denn die Menschen sind nun einmal verschieden. Sie haben verschiedene Geschmäcker, verschiedene Vorlieben und Abneigungen, unterschiedliche Ansichten und natürlich unterschiedliche Interessen. In der Politik ist es genau so. Überall finden Kontroversen statt. An jedem Stammtisch, im Betrieb, auf der Straße und auch in der Schule gibt es Diskussionen darüber, was denn nun im Hinblick auf bestimmte Fragen und Probleme das Richtige sei. Und da niemand die Wahrheit gepachtet hat und auch niemand alles wissen kann, ist es immer gut, wenn sich Menschen darüber auseinander setzen. Das kann man im Rahmen einer Unterhaltung, in einer Diskussion oder eben in einem Streitgespräch tun. Wenn mehr als zwei Menschen beteiligt sind, dann müssen bestimmte Regeln beachtet werden. Im Fernsehen kann man oft solche Kontroversen in Form von Pro-Kontra-Diskussionen erleben. Hierbei werden politische Positionen und Meinungen klar gegenübergestellt, damit sich die Zuschauer selbst ein Urteil bilden können.

Eine besondere Form der politischen Kontroverse ist die Debatte im Parlament*. Hier sitzen sich in klarer Sitzordnung die Parteien der Regierung* und der Opposition* gegenüber. Sie tauschen in oft hitziger Rede und Gegenrede ihre Argumente aus. Nach Beendigung der Debatte findet dann oft eine Abstimmung statt, durch die eine endgültige Entscheidung über ein politisches Problem getroffen wird. Nur so kann Demokratie funktionieren. Jede Person und jede Gruppe muss grundsätzlich die Chance haben, ihre Interessen öffentlich darzustellen, dafür zu werben und zu kämpfen. Aber um sich durchzusetzen, braucht man Mehrheiten. Und die kann man nur gewinnen, wenn man gute Argumente hat und viele Menschen von der Richtigkeit seiner Position überzeugen kann.

Planung, Durchführung und Auswertung einer Pro-Kontra-Diskussion

Wenn ihr eine Pro-Kontra-Diskussion durchführen wollt, dann müsst ihr wie folgt vorgehen:

I. Festlegung des Diskussionsthemas und des Zeitrahmens
Für ein gutes Streitgespräch eignen sich Themen, die auch in der Gesellschaft, z. B. in der Presse, im Fernsehen, in den Parteien oder im Parlament, kontrovers diskutiert werden. Die Streitfrage sollte groß an die Tafel geschrieben werden, z. B. „Pro und kontra Entwicklungshilfe". Ihr könnt natürlich auch andere Themen bearbeiten, z. B. „Sollen den Entwicklungsländern die Schulden erlassen werden?". Für die gesamte Pro-Kontra-Diskussion braucht ihr etwa 90 Minuten, also zwei Schulstunden.

II. Probeabstimmung
Macht vorher eine Probeabstimmung, damit ihr nach dem Streitgespräch feststellen könnt, ob jemand seine Meinung geändert hat.

III. Vorbereitung
Bildet insgesamt vier Gruppen (zwei Pro- und zwei Kontra-Gruppen) und bestimmt in jeder Gruppe eine/n Gruppensprecher/in. Tragt je nach Gruppe alle Pro- und alle Kontra-Argumente zum Streitthema zusammen. Ein vollständiges Argument besteht aus These, Begründung und Erläuterung und möglichst sogar noch einem Beispiel. Hilfen findet ihr auf der rechten Seite und in diesem Kapitel. In der Gruppe formuliert ihr ein Plädoyer, das sich auf wenige zentrale Argumente stützt. Weitere Argumente haltet ihr für die Diskussion bereit.

IV. Durchführung
Je zwei Gruppensprecher sitzen sich als Pro- und Kontra-Seite gegenüber. Jede Seite bekommt etwa fünf Minuten Zeit um ihre Argumente vorzutragen. Die beiden Gruppensprecher ergänzen sich hierbei. Danach dürfen sich die Zuschauer an der Diskussion beteiligen. Sie sollten auf die Argumente der beiden Parteien eingehen und sie entweder bekräftigen oder widerlegen. Die Diskussion sollte nicht länger als ca. 20 Minuten dauern.

V. Auswertung
Hier sind zwei Gesichtspunkte wichtig: Der Inhalt des Streitgesprächs und die Form der Auseinandersetzung:
- Beim Inhalt geht es um die Frage, ob in der Auseinandersetzung alle wichtigen Gesichtspunkte genannt wurden, sodass eine umfassende Information und Meinungsbildung möglich war.
- Bei der Form geht es um die Art und Weise der Auseinandersetzung, z. B.: Haben die Kontrahenten gut zugehört? Sind sie auf die Argumente des anderen eingegangen? Sind sie immer sachlich geblieben? usw.

VI. Schlussabstimmung
Stimmt noch einmal über die Streitfrage ab, um herauszufinden, ob jemand seine Meinung geändert hat.

ja oder nein?

10 Erste Welt, Dritte Welt – Eine Welt?

Pro-Kontra-Diskussion

Die Diskussionsleitung teilt die Zeit so ein, dass die Vertreter der beiden Parteien gleichberechtigt zu Wort kommen und ihre Argumente vortragen können. In der anschließenden Diskussion nimmt sie Wortmeldungen aus dem Publikum auf. Sie kann auch das Wort entziehen, wenn für die einzelnen Beiträge die Zeit abgelaufen ist oder wenn unsachliche Äußerungen aus dem Publikum kommen.

Der Rest der Klasse sind Zuschauer und Beobachter. Sie achten darauf, dass sich alle Teilnehmer an die Regeln halten (Zeiteinteilung, Reihenfolge) und ob die Diskussionsleitung für ein faires Streitgespräch sorgt. Im Anschluss können sie beurteilen, welche Partei ihre Argumente überzeugender vertreten konnte.

Die Vertreter der Partei „Pro Entwicklungshilfe" versuchen davon zu überzeugen, dass Entwicklungshilfe sinnvoll und notwendig ist.

Die Vertreter der Partei „Kontra Entwicklungshilfe" sind dagegen, dass Deutschland Entwicklungshilfe leistet.

Begründungen: pro und kontra Entwicklungshilfe ...

- kommt bei denen nicht an, die sie wirklich brauchen, z. B. Kleinbauern und Slumbewohnern,
- verhilft den Geberländern zu einem „Geschäft mit der Armut", weil sie für Kreditzinsen verbraucht wird,
- kann die Verschuldung eines Landes noch steigern,
- ändert nichts an den Spielregeln des Weltmarktes,
- ist oftmals die einzige Möglichkeit, Armut und Not zu bekämpfen, besonders nach Katastrophen,
- sichert den Industrieländern Rohstoffe, landwirtschaftliche Produkte und Absatzmöglichkeiten für ihre Produkte,
- hilft die ökologische Zerstörung der Lebensgrundlagen zu verhindern,
- setzt die ehemaligen Kolonialbeziehungen fort, indem sie die Entwicklungsländer von sich abhängig macht,
- zeigt an vielen einzelnen Projekten, wie Zusammenarbeit gelingen kann,
- verhindert die selbstständige Entwicklung eines Landes,
- ersetzt die ehemaligen Kolonialbeziehungen durch Hilfe zur Selbsthilfe,
- drückt unsere gemeinsame Verpflichtung für eine gerecht entwickelte Welt aus.

Bei der Formulierung von vollständigen Argumenten bietet sich die Möglichkeit einer Zusammenarbeit mit dem Deutsch-Unterricht an.

209

Friede war etwas, wovon wir

Ich weiß nicht mehr, wann ich das Wort *mau-mau* zum ersten Mal gehört habe. Vielleicht nach jenem ersten *msako*, als Bwana Ruins Jagdgewehr verschwunden war und es hieß, die *mau-mau* hätten es gestohlen, vielleicht auch schon viel früher. Aber abgesehen davon, dass damals das Wort *mau-mau* überall auf der Farm bekannt wurde, war jenes erste *msako* ein Wendepunkt im Leben der etwa hundert Familien, die auf der Ruin-Farm lebten und arbeiteten.

An jenem schicksalhaften Morgen stellten wir beim Aufwachen fest, dass das Dorf, wo die Farmarbeiter wohnten, von Hunderten schwer bewaffneter weißer Soldaten umstellt war. Einige von ihnen hielten deutsche Schäferhunde an der Leine. Ohne jede Erklärung trieben sie uns alle, Männer, Frauen und Kinder, zusammen und jagten uns in einen Pferch außerhalb des Dorfes, in dem immer die Viehauktionen stattfanden. Dort mussten wir uns in die frischen Kuhfladen setzen und warten, keiner wusste, worauf.

Die Soldaten zogen indessen durch das Dorf, durchsuchten die Hütten, durchstöberten jeden Winkel und klauten, was sie an Geld und anderem Wertvollen fanden. Wie ich später hörte, müssen sie damals alles ratzekahl leer geräumt haben. Die Arbeiter hatten am Tag zuvor den Lohn für einen ganzen Monat bekommen und das Geld wie immer gut versteckt, damit die Familie es nicht finden konnte. Aber die Soldaten fanden alles.

Sie hielten uns im Viehpferch fest, bis die Sonne aufging, glühend heiß, und die Kinder anfingen, über ihren Hunger zu jammern. [...]

Die Kinder jammerten schon gewaltig. Aber obwohl alle murrten, beschwerte sich niemand bei den Soldaten, die dabeistanden, rauchten, Schokolade aßen und Cola tranken. Gegen Mittag kam Bwana Ruin, um mit uns zu reden. Er sah gut gekleidet und wohlgenährt aus, wie er da in Tweedjacke und Reithose daherkam. Um seinen Worten Nachdruck zu verleihen, klopfte er sich mit der Reitgerte in kurzen Schlägen seitlich ans Bein.

„Watus", sagte er. Er gebrauchte das Swahili-Wort für Menschen immer falsch und in abfälliger Weise. „Watus, wenn ihr mir Milch gestohlen habt, habe ich es euch durchgehen lassen. Wenn ihr mir Weizen gestohlen habt, hat es mir nicht viel ausgemacht. Wenn eure Kinder Früchte aus meinem Obstgarten gestohlen haben, bin ich milde mit ihnen verfahren. Aber dieses Mal seid ihr zu weit gegangen!"

Er war ein großer Mann, Bwana Ruin, größer als alle Männer, die ich kannte. Wenn er durch eine Tür ging, musste er sich bücken. Er war breit gebaut und sehr stark. Man sagt, er habe einmal in einem Wutanfall den Obermelker hochgehoben und quer durch den ganzen Stall geschleudert, zur einen Tür rein und zur anderen wieder raus, ohne dass der Obermelker den Boden berührt hätte.

Sein Kopf sah wild und struppig aus. Die Haare hatten den Farbton von reifem Weizen. Der Schnurrbart war säuberlich gestutzt, die Augen waren grün wie bei einer Katze, die auch im Dunkeln sieht. Jetzt drohte er uns mit den Fäusten, wies mit einer vernichtenden Geste auf uns herunter und schwor, keiner von uns würde entkommen, bevor er sein Gewehr wiederhätte. Wie er da so auf dem Podest des Auktionators stand und auf uns herunterdonnerte, erschien er wie die Autorität Gottes persönlich.

Ich war erst dreizehn Jahre alt und verstand kaum die Hälfte von dem, was er sagte. Aber die Art und Weise, wie er sprach, und die Anwesenheit der bewaffneten weißen Soldaten ließen keinen Zweifel darüber aufkommen, dass er es bitterernst meinte.

Bis zum Sonnenuntergang hockten wir im Viehpferch. Die Kinder brüllten sich heiser vor Hunger und Durst. Manche Frauen wurden ohnmächtig. Männer schimpften. Aber niemand wusste etwas von dem verschwundenen Gewehr oder den geheimnisvollen *mau-mau*, von denen Bwana Ruin behauptete, sie zögen stehlend, mordend und Unruhe stiftend durch das Land. Damals wusste ich noch nicht, dass es die gleichen Leute waren, die wir im Flüsterton *andu a mutiku*, Leute des Waldes, nannten und über die wir kaum sprachen.

Um sechs Uhr durften wir endlich in unser geplündertes Dorf zurückkehren. Da sahen wir dann, wie die Soldaten in unseren Hütten gehaust und das Unterste zuoberst gekehrt hatten. Alle Lohntüten, die sie hatten ergattern können, waren verschwunden. Und wie wir am Ende des Monats feststellen mussten, bekam mit Ausnahme derjenigen, die wie mein Vater unentbehrliche Dienste versahen – Hausdiener, Hirten, Melker – auch niemand Geld für jenen Tag, an dem keiner seine Arbeit hatte tun können.

Wir Kinder hatten natürlich die Schule versäumt. Aber dafür sollten wir schon unseren gerechten Lohn bekommen. Wir gingen in der Stadt in einem strohgedeckten Lehmbau zur Schule. Als wir am nächsten Morgen dort eintrafen, in Schuluniform und pünktlich, weil wir fast die ganzen fünf Kilometer dorthin gerannt waren, rief uns der Direktor in

nur träumen konnten

von Meja Mwangi

sein Büro. Er ließ uns alle an der Wand Aufstellung nehmen und verlangte eine Erklärung, weshalb wir am Tag zuvor die Schule versäumt hatten.

Wir nannten unseren Schuldirektor „Information Nr. 1". Mit seinem Rohrstock wirkte er schreckenerregend und er war berüchtigt wegen seiner Kaltblütigkeit. Wir berichteten ihm von der Razzia durch die weißen Soldaten. „So?", sagte er überrascht. „Die Soldaten sind auch in euer Dorf gekommen!" „Ja, Sir", sagten wir eifrig. „Und?" Wir erzählten die ganze Geschichte noch einmal und fügten jede noch so kleine Einzelheit hinzu, die uns vielleicht entlasten konnte. Als wir fertig waren, wiederholte der Direktor: „Und?" Da begriff ich, wie tief wir in der Tinte steckten. Den anderen ging es ebenso, denn plötzlich waren alle sehr still.

„Haben sie euch umgebracht?", fragte der Direktor. „Nein, Sir", sagten wir. „Und?"

Ich erwog ernsthaft, aus dem Fenster zu springen und diese Schule nie wieder zu betreten. Aber dann überlegte ich mir, dass mein Vater mir in diesem Fall das Fell über die Ohren ziehen und den Körper wie immer zur Schule schicken würde, in Schuluniform und pünktlich. Der Direktor stünde dann noch immer da und würde auf mich warten.

Zack! sauste des Direktors berüchtigter Rohrstock auf den Tisch herab, sodass wir alle einen Satz machten. „Information Nr. 1", sagte er. „Hier in Majengo war auch eine Razzia. Aber die Jungen kamen zur Schule wie immer, in ihrer Schuluniform."

Zack! fuhr der Rohrstock wieder herab. Die Ängstlichen unter uns machten schon hörbar in die Hose. „Noch nicht!", teilte er ihnen mit. Zack! „Information Nr. 2", sagte er. „Auf Bwana Koros Farm gab es ebenfalls eine Razzia. Aber die Jungen von dort kamen zur Schule wie immer, in ihrer Schuluniform. Sie meldeten sich zwar erst um vier Uhr, aber immerhin, sie kamen! Also?"

Er lächelte uns überaus freundlich an. Aber nur ein Dummkopf hätte das für ein gutes Zeichen gehalten. „Also erklärt mir noch einmal, warum ihr gestern nicht wie immer zur Schule gekommen seid!", sagte er. Keiner traute sich.

„Muss ich davon ausgehen, ihr hättet keinen Grund gehabt?"

„Ja, Sir", sagten wir.

„Ihr seid also gestern nur deshalb nicht wie immer zur Schule gekommen, weil ihr faule, dreckige und dumme *ihiis* seid?"

„Ja, Sir." „Lauter!" „Ja, Sir."

Als *ihiis* oder unbeschnittene Jungen führten wir in der Majengo-Grundschule in jeder Hinsicht ein Leben in Angst und Schrecken. Friede war etwas, wovon wir nur träumen konnten.

„Aha!", sagte der Direktor. „Ihr gesteht also, dass ihr alle Sünder seid?" „Ja, Sir."

„Ihr kennt den Lohn der Sünde?" „Ja, Sir."

„Was ist der Lohn der Sünde?" „Der Tod."

„Wiederholen!" „Der Tod." „Lauter!" „Der Tod!"

„Gut", sagte er. „Dreht euch alle um, Gesicht zur Wand, und bückt euch für euren Lohn."

Er gab uns hier von der besten Sorte. Ein Zack seines Rohrstocks war so viel wert wie zehn von jedem anderen Lehrer. Wir zählten laut mit, während wir unseren Lohn kassierten. Danach waren wir wie betäubt vom Kopf bis zu den Zehen, unfähig, zu denken, unfähig, auch nur eine Träne zu vergießen. […]

Wir stürzten aus seinem Büro und suchten unsere verschiedenen Klassenzimmer auf. Dort passierte nicht mehr viel, denn es war der letzte Schultag. Nur allgemeines Saubermachen und das Begleichen alter Rechnungen zwischen den Jungen verschiedener Banden. Es gab an der Schule mehrere sich bekämpfende Rowdy-Gruppen: eine üble Bande aus der Stadt, bestehend aus den wildesten Waisenkindern und Straßenlümmeln, sowie mindestens eine Gruppe von jeder Farm in und um die Stadt Nanyuki herum. Das machte gut zehn gegnerische Gruppen, wenn nicht mehr. Alle noch offenen Rechnungen wurden am letzten Schultag beglichen. Die verschiedenen Banden lauerten einander auf dem Heimweg auf und trugen ihre Kämpfe gnadenlos aus.

Aus verschiedenen Gründen gehörte ich keiner Gruppe an. Erstens wusste ich nicht, wie ich hätte kämpfen können, ohne jemanden zu verletzen oder selbst verletzt nach Hause zu kommen. Hätte ich einen anderen verletzt, so würde mich mein Vater verprügeln, dass mir Hören und Sehen verginge. Käme ich aber selbst verletzt nach Hause, so schlüge er mich erst recht windelweich. Also konnte ich niemals gewinnen. Aber das heißt nicht, dass ich verschont blieb. Hin und wieder rotteten sich ein paar Jungen der einen oder anderen Bande zusammen und verdroschen mich einfach so, aus Spaß. Doch damit konnte ich leben. Ab und zu erwischte ich einen Einzelnen von ihnen und stieß ihn tüchtig mit der Nase in den Dreck. Dann fing alles wieder von vorne an. Friede war etwas, wovon wir nur träumen konnten. Als die Schule aus war, ergriff ich jede erdenkliche Vorsichtsmaßregel, um nicht in einen Bandenkrieg verwickelt zu werden. Ich mied die Jungen aus meinem Dorf, die allesamt hitzige Bandenmitglieder waren, und schloss mich einigen Nicht-Mitgliedern von der Koro-Farm an. Sie hatten einen dermaßen langen Schulweg, dass sie gar keine Zeit hatten, sich auf Kämpfe einzulassen.

Meja Mwangi, Kariuki und sein weißer Freund, Göttingen 1991, S. 9–18.

Glossar

Abgeordnete
Abgeordnete sind von den Bürgern gewählte Mitglieder eines →Parlaments. Man spricht auch von gewählten Vertretern oder Repräsentanten des Volkes, daher der Begriff „repräsentative Demokratie". In aller Regel sind Abgeordnete Mitglieder von →Parteien.

Anthropologie/Anthropologe
Die Anthropologie ist die Wissenschaft vom Menschen und seiner Entwicklung. Anthropologen untersuchen z. B. die stammesgeschichtliche Entwicklung des Menschen von den Anfängen bis heute. Sie beschäftigt sich aber auch mit der kulturellen und sozialen Entwicklung von Einzelmenschen, von Volksgruppen oder der gesamten Menschheit – besonders mit der Erforschung der Sitten und Bräuche.

Asyl
Manchmal werden Menschen in ihrem Heimatland wegen ihrer Religion, Rasse, Nationalität oder politischen Überzeugung verfolgt. Solchen politisch verfolgten Menschen kann ein anderer Staat Asyl, d. h. Zuflucht und Schutz, gewähren. Das →Grundgesetz der Bundesrepublik Deutschland garantiert in Art. 16a politisch Verfolgten das Recht auf Asyl (siehe dazu S. 86–87).

Ausschüsse
Im politischen Leben ist ein Ausschuss ein Kreis ausgewählter Personen aus einem →Parlament oder der →Gemeindevertretung, der mit bestimmten Aufgaben betraut ist. Man sagt oft, dass in den Ausschüssen die eigentliche Arbeit geleistet und die wesentlichen Entscheidungen getroffen werden. Denn die Diskussion von komplizierten Problemen würde in großen Parlamenten viel zu lange dauern. Im deutschen →Bundestag sind die Fachausschüsse z. B. mit der Beratung von →Gesetzen beschäftigt, bevor diese beschlossen werden. In der Gemeindevertretung spielen die Fachausschüsse eine wichtige Rolle bei der Vorbereitung kommunalpolitischer Entscheidungen (siehe S. 162–163).

Binnenmarkt
Mit Binnenmarkt bezeichnet man einen gemeinsamen Wirtschaftsraum ohne Zollgrenzen. Ein einzelner Staat ist also immer ein Binnenmarkt. Es gibt aber auch Zusammenschlüsse zwischen Staaten zu einem gemeinsamen Binnenmarkt. Berühmtes Beispiel ist die →Europäische Union, früher Europäische Gemeinschaft. Hier bedeutet Binnenmarkt, dass Waren und Dienstleistungen in allen Mitgliedsländern frei gekauft und verkauft werden können. Dadurch vergrößert sich das Angebot. Es entsteht mehr Wettbewerb (→Konkurrenz) zwischen den Unternehmen.

Bruttosozialprodukt
Das Bruttosozialprodukt (BSP) ist eine Größe, die als Summe anzeigt, was die Menschen in einem Staat innerhalb eines bestimmten Zeitraums produziert haben – und zwar an Gütern und an Dienstleistungen. Diese Größe wird als Geldsumme ausgedrückt: Alle Güter und Dienstleistungen, die innerhalb eines Jahres in einer Volkswirtschaft hergestellt und verkauft werden, gehen (als Euro-Werte) darin ein. Das bedeutet gleichzeitig, dass viele Arbeitsleistungen durch das Bruttosozialprodukt nicht erfasst werden: z. B. Hausarbeit, Schularbeit, Schwarzarbeit. Das Bruttosozialprodukt gilt als Messgröße für die wirtschaftliche Leistungsfähigkeit eines Landes. Die →Industrieländer (z. B. Deutschland) haben also in der Regel ein recht hohes, →Entwicklungsländer (z. B. Mosambik) ein sehr niedriges Bruttosozialprodukt. Das BSP zeigt auch, ob ein Land reich oder arm ist.

Bund und Länder
Die Bundesrepublik Deutschland ist ein Bundesstaat und besteht aus sechzehn Bundesländern (siehe →Grundgesetz). Die staatlichen Aufgaben werden zwischen Bund und Ländern aufgeteilt. Man spricht hier auch von Föderalismus. Zentrale staatliche Aufgaben wie die Außenpolitik und die Verteidigungspolitik sind Sache des Bundes. Aber z. B. die Schulpolitik ist in Deutschland nicht zentral geregelt, sondern fällt in die Zuständigkeit der Länder. Das bedeutet, dass jedes Bundesland das Schulsystem eigenständig gestalten kann. Auch die Gemeindeordnungen werden von den Ländern bestimmt. Daher kommen die vielen unterschiedlichen Bezeichnungen für →Gemeindevertretung.

Bundestag
Der Deutsche Bundestag ist das wichtigste →Parlament der Bundesrepublik. Die Bundestagsabgeordneten werden alle vier Jahre vom deutschen Volk gewählt (→Wahlen). Ihre wichtigste Aufgabe besteht darin, die Gesetzesvorlagen (→Gesetze) zu beraten und zu beschließen.

Bündnis 90/Die Grünen
Die Partei der Grünen ist ursprünglich aus einer politischen Bewegung für den Umweltschutz hervorgegangen. 1993 schloss sie sich mit der Partei Bündnis 90 zusammen, die nach der Wiedervereinigung der beiden deutschen Staaten aus einer Bürgerbewegung in den neuen Bundesländern entstanden ist.

Bürger
Nicht jede/r Einwohner/in eines Staates oder einer Gemeinde ist Bürgerin oder Bürger, sondern nur diejenigen, die die vollen Bürgerrechte besitzen. Dafür müssen sie die deutsche Staatsangehörigkeit besitzen und volljährig sein. Bürger haben bestimmte politische Rechte (z. B. das

Wahlrecht), aber auch Pflichten (z.B. Übernahme von Ehrenämtern wie Wahlhelfer oder Schöffe, wenn man dazu bestimmt wird).

CDU/CSU

Die CDU (Christlich-Demokratische Union) und die CSU (Christlich-Soziale Union) werden als Union oder Schwesterparteien bezeichnet. Die CSU tritt nur in Bayern zur Wahl an, die CDU im gesamten übrigen Bundesgebiet. Als Union bilden sie neben der → SPD eine der beiden großen Volksparteien (→ Partei). Im Allgemeinen wird die Union als eine bürgerliche oder konservative (von lat. conservare = bewahren, erhalten) Partei bezeichnet.

Debatte

Mit Debatte bezeichnet man meistens eine Aussprache in einem → Parlament. Die → Abgeordneten äußern ihre unterschiedlichen Auffassungen z. B. über politische Maßnahmen oder Gesetzesvorschläge, bevor darüber abgestimmt wird. Auch auf Konferenzen gibt es Debatten. Auf einer Konferenz der → EU oder der → UNO z. B. verteidigen die Vertreter der einzelnen Länder die Interessen ihres Landes. Das Ziel einer Debatte ist es sich zu einigen. Solche Einigungen führen in der Regel zu → Kompromissen.

Demokratie

Demokratie heißt wörtlich: Herrschaft des Volkes. Das heißt jedoch nicht, dass die gesamte Bevölkerung direkt an der Regierung beteiligt ist. In einer Demokratie wählen die → Bürger ihre → Abgeordneten, die dann als Volksvertreter → Gesetze beschließen (**freie Wahlen**). Dabei entscheidet die Mehrheit der Abgeordneten, ob ein Gesetzesvorschlag angenommen wird (**Mehrheitsprinzip**). Der Begriff Demokratie wird oft im Unterschied zu dem der Diktatur verwendet, in der ein Einzelner oder eine kleine Gruppe über ein Volk herrscht. Neben freien Wahlen und dem Mehrheitsprinzip ist ein wesentliches Kennzeichen einer modernen Demokratie die **Gewaltenteilung**, d. h. die Trennung zwischen gesetzgebender Gewalt (→ Parlament), ausführender Gewalt (→ Regierung und → Verwaltung) sowie der Rechtsprechung. In Art. 20(2) des → Grundgesetzes heißt es: „Alle Staatsgewalt geht vom Volke aus. Sie wird vom Volke in Wahlen und Abstimmungen und durch besondere Organe der Gesetzgebung, der vollziehenden Gewalt und der Rechtsprechung ausgeübt."

Diagramm

Ein Diagramm stellt Zahlengruppen und die Entwicklung von Zahlen grafisch (zeichnerisch) dar. Man unterscheidet hauptsächlich Säulen-, Kurven- und Kreisdiagramm. Säulen- und Kurvendiagramme sind geeignet, um einen Verlauf oder eine Entwicklung darzustellen. Kreisdiagramme zeigen dagegen meistens prozentuale Anteile zu einem bestimmten Zeitpunkt (ausführlich dazu siehe S. 134–135).

Emission

Emission ist das Ausströmen von Schadstoffen, die die Luft verunreinigen. Der Begriff wird besonders im Zusammenhang mit → Kohlendioxid (CO_2) verwendet.

Entwicklungsländer

In der zweiten Hälfte des 20. Jahrhunderts unterteilte man die Länder der Erde nach Wohlstand und nach dem Stand ihrer Entwicklung. Erste Welt hießen die reichen Länder in Westeuropa und Nordamerika sowie Australien (→ Industrieländer). Als Zweite Welt bezeichnete man die ehemaligen sozialistischen Staaten Osteuropas. Die meisten Länder in Mittel- und Südamerika, Afrika und Asien wurden als Dritte Welt bezeichnet (siehe S. 194). Man spricht auch von → Entwicklungsländern, da dort noch vieles entwickelt oder ausgebaut wird, z. B. das Gesundheits- und Bildungssystem, die Verkehrswege und die industrielle Produktion von hochwertigen und teuren Gütern. Den Menschen in den ärmsten Entwicklungsländern fehlen oft die Mittel, um ihre → Grundbedürfnisse zu befriedigen.

Euro

Der Euro ist die gemeinsame Währung von zunächst elf europäischen Staaten. Der Wechselkurs zu den Landeswährungen der Teilnehmerstaaten (das ist der Preis für einen Euro in Gulden, Lira, Francs usw.) steht seit 1999 fest. Für unsere Währung gilt: 1 Euro = 1,95583 DM.

Europäische Union (EU)

Als Europäische Union (EU) wird der Zusammenschluss von derzeit 15 europäischen Staaten bezeichnet. Die EU-Länder arbeiten vor allem im Bereich der Wirtschaft eng zusammen; sie haben einen gemeinsamen → Binnenmarkt. Elf Mitgliedsländer haben sich auf eine gemeinsame Währung geeinigt, den → Euro. Die EU-Staaten streben aber auch eine enge Abstimmung in anderen politischen Bereichen an, z. B. in der Außen- und Sicherheitspolitik. Seit dem Schengener Abkommen wurden die Grenzkontrollen zwischen den meisten EU-Staaten abgebaut (siehe dazu S. 88–89). Die Bürger der EU-Staaten können sich innerhalb der EU frei bewegen, z. B. auch ihren Arbeitsplatz frei wählen.

fairer Handel

Einige besondere Handelsorganisationen kaufen Produkte wie Kaffee, Kakao, Tee und Honig direkt bei Bauern und Handwerkern in den → Entwicklungsländern zu einem fest verabredeten Preis. Dieser liegt in aller Regel über den im Welthandel üblichen Preisen. Man spricht von einem fairen Preis, weil die Arbeit der Erzeuger mit dem höheren Preis eher angemessen entlohnt wird. Diese Waren haben hier in den Geschäften demzufolge auch höhere Preise und sind mit einem TransFair-Logo gekennzeichnet.

F.D.P.

Die F.D.P. (Freie Demokratische Partei) bezeichnet sich auch als die „Liberalen" und versteht sich als Verfechterin der bürgerlichen Freiheiten. Dazu gehören z. B. das Recht auf freie Entfaltung der Persönlichkeit, freie Meinungsäußerung, Schutz und Freiheit des Eigentums, Versammlungsfreiheit. Auch als kleine Partei hat die F.D.P. großen politischen Einfluss gewonnen, weil sie über →Koalitionen mit einer der beiden großen Volksparteien (→SPD, →CDU/CSU) sehr häufig an der →Regierung beteiligt war.

Fraktion

Als Fraktion bezeichnet man die Gruppe der →Abgeordneten eines →Parlaments oder einer →Gemeindevertretung, die derselben Partei angehören. So gehören z. B. alle Bundestagsabgeordneten, die Mitglieder der →CDU oder CSU sind, der CDU/CSU-Bundestagsfraktion an. Die Stärke einer Fraktion entscheidet darüber, wie viele Sitze sie in den →Ausschüssen erhält und wie viele Redner an den →Debatten teilnehmen dürfen. Bei der Beratung und Abstimmung über →Gesetze wird von allen Fraktionsmitgliedern erwartet, dass sie nach dem Mehrheitsbeschluss innerhalb der Fraktion abstimmen, auch wenn sie selbst anderer Meinung sind. Das nennt man Fraktionsdisziplin (→Mandat).

Gemeindevertretung

Die Gemeindevertretung wird häufig als das →Parlament der Gemeinde bezeichnet. Je nach Bundesland und je nach Größe der Gemeinde heißt die Gemeindevertretung auch Rat, Gemeinderat, Stadtrat, Stadtverordnetenversammlung. Hier werden die Dinge beraten und entschieden, die unmittelbar die Interessen der Bürgerinnen und Bürger am Ort berühren. Dazu gehören z. B. der Bau und die Unterhaltung von Sport- und Spielplätzen und von Schulen. Politik, die in der Gemeindevertretung stattfindet, heißt Kommunalpolitik (von →Kommune).

Generationenvertrag

Unter Generationenvertrag versteht man eine Art Vereinbarung zwischen Generationen, die zwar nicht förmlich abgeschlossen ist, aber als politischer Grundsatz gültig ist. Diese Vereinbarung verspricht den heute Berufstätigen eine Versorgung im Alter, wenn sie im Ruhestand sind. Das geschieht in Deutschland nach dem so genannten Umlageverfahren: Berufstätige zahlen Beiträge in die gesetzliche Rentenversicherung ein, aus denen dann die Renten der Alten gezahlt werden. Darüber, wie dieser Generationenvertrags in Zukunft noch funktionieren kann, wird seit Jahren diskutiert (siehe S. 184–185). Nicht alle Berufsgruppen sind über die gesetzliche Rentenversicherung abgesichert. Selbstständige müssen sich privat versichern. Beamte werden im Alter vom Staat (über Steuermittel) versorgt.

Genfer Flüchtlingskonvention

Die Genfer Flüchtlingskonvention ist eine Übereinkunft, die 1951 getroffen wurde und der im Jahr 2001 134 Staaten angehören. Diese Länder verpflichten sich zur Einhaltung bestimmter Regeln im Umgang mit Flüchtlingen, z. B. dazu, unter bestimmten Voraussetzungen Flüchtlinge nicht abzuschieben (siehe dazu Artikel 33 auf S. 86). Die Bundesrepublik Deutschland hat sich 1953 durch ein Gesetz zur Einhaltung der Genfer Flüchtlingskonvention verpflichtet.

Gesetz

Gesetze sind allgemein gültige Regeln, an die sich die Menschen in einem Staat halten müssen. Es können Gebote oder Verbote sein. Wer gegen ein Gesetz verstößt, kann durch ein Gericht dafür bestraft werden, wenn das Gesetz es bestimmt. In der Bundesrepublik Deutschland werden die Gesetze durch die →Parlamente beschlossen. Gesetze der Länder regeln z. B. die allgemeine Schulpflicht.

Grundbedürfnisse

Als menschliche Grundbedürfnisse bezeichnet man Bedürfnisse nach den Dingen, die für Menschen zum Leben notwendig sind: Nahrung, Wasser, Kleidung, Wohnraum. Dazu gehören aber auch Bedürfnisse nach menschlicher Nähe, nach Geborgenheit und Schutz durch die Gemeinschaft. Zu den Grundbedürfnissen können auch medizinische Versorgung und Schulbildung gezählt werden. Die Erfüllung der Grundbedürfnisse ist notwendig, um in der heutigen Welt als eigenständige Persönlichkeit sein Leben zu führen.

Grundgesetz

Im Grundgesetz der Bundesrepublik Deutschland sind die wichtigsten Rechte der hier lebenden Menschen sowie die Grundsätze der staatlichen Ordnung Deutschlands festgeschrieben: Artikel 20(1): „Die Bundesrepublik Deutschland ist ein demokratischer und sozialer Bundesstaat." Das Grundgesetz regelt somit die Grundlagen des Zusammenlebens in unserem Staat. Man bezeichnet das Grundgesetz deshalb auch als Verfassung der Bundesrepublik Deutschland.

Immission
Einwirkung von Luftverschmutzung, von Geräuschen oder Strahlen auf die Umwelt.

Industrieländer
Man spricht von Industrieländern meistens in Abgrenzung von den so genannten → Entwicklungsländern, die sich überwiegend auf der Südhalbkugel der Erde befinden. Die größten Industrieländer befinden sich auf der Nordhalbkugel. Daher ist auch oft vom Nord-Süd-Gegensatz die Rede. Industrieländer zeichnen sich durch eine bestimmte Wirtschaftsweise aus: maschinelle, massenhafte Herstellung von Gütern, viele automatisierte Arbeitsabläufe und in letzter Zeit ein zunehmender Einsatz von Computertechnik. Die Lebensweise der Menschen in den Industrieländern ist von hohem → Konsum geprägt.

Infrastruktur
Infrastruktur bedeutet „Unterbau". Mit der Infrastruktur eines Landes werden Einrichtungen bezeichnet, die es Menschen ermöglichen zusammen zu leben, zu wohnen und zu arbeiten. Dazu gehören das Verkehrsnetz (Straßen, Schienen, Flugplätze, Kanäle), das Versorgungsnetz (Rohrleitungen für Wasser und Abwässer, Gas- und Stromleitungen) und das Kommunikationsnetz (Rundfunk- und Fernsehnetz, Telefon, Internetanbindung). Zur Infrastruktur gehören außerdem Einrichtungen, die der Bildung, der Gesundheit und der Erholung dienen, z. B. Schulen, Universitäten, Krankenhäuser, Schwimmbäder, Museen und Kinos. → Industrieländer verfügen über eine stark ausgebaute, moderne Infrastruktur. In → Entwicklungsländern ist die Infrastruktur meistens schwach entwickelt.

Initiative
Initiative ist so etwas wie ein „erster Schritt". Wenn z. B. ein Schüler den „ersten Schritt" macht, um einen lang anhaltenden Streit mit einem Mitschüler zu beenden und sich zu versöhnen, ergreift er die Initiative. Auch Bürger einer Stadt können Initiativen entwickeln, z. B. indem sie die Einrichtung eines Jugendzentrums oder eine verkehrsberuhigte Zone in ihrem Wohngebiet verlangen. Dazu können sie sich mit Briefen an die Verwaltung ihrer Stadt oder Gemeinde wenden, Unterschriften sammeln oder die Presse informieren. Die Aktivitäten von Bürgern, die für sich und andere Menschen etwas erreichen wollen, nennt man Bürgerinitiativen.

Insolvenz
(früher: Konkurs) Wenn ein Betrieb – z. B. ein Handwerksunternehmen – die Rechnungen für Lieferungen, die Löhne seiner Angestellten oder die Kreditzinsen an die Bank nicht mehr zahlen kann, ist er zahlungsunfähig und überschuldet. Seine Gläubiger (Banken, Zulieferer) haben dann die Möglichkeit ein Insolvenzverfahren zu beantragen (man benutzt auch heute noch die früher geltende Formulierung Konkurs). Bei einem Insolvenzverfahren wird das gesamte Vermögen des Betriebs – dazu gehören z. B. Gebäude, alle Einrichtungsgegenstände, Lagerbestände – aufgelistet und verwertet. Dieses Vermögen wird verkauft, und der Erlös wird unter den Gläubigern verteilt. Der Betrieb existiert damit nicht mehr. Auch gegen Privatpersonen, die sich überschuldet haben, kann ein Insolvenzverfahren eingeleitet werden. Dann wird das gesamte Vermögen des Schuldners gepfändet und an die Gläubiger verteilt. Wenn nach Abschluss des Verfahrens die Forderungen der Gläubiger nicht gedeckt werden konnten, kann der Schuldner eine Restschuldbefreiung beantragen. Er muss erklären, dass er über sieben Jahre hinweg den ganzen pfändbaren Anteil seines Einkommens abtritt.

Integration
Integration heißt wörtlich Eingliederung. Der Begriff Integration wird meistens verwendet, wenn es um die Eingliederung von Menschen in bereits bestehende Gruppen geht. Das kann ein schwieriger Vorgang sein. Beispiele sind die Integration von Ausländern in die deutsche Gesellschaft oder die Integration behinderter Kinder in die Regelschule.

Internationaler Währungsfonds (IWF)
Der Internationale Währungsfonds (auch Weltwährungsfonds) wurde 1945 als Einrichtung der → Vereinten Nationen gegründet. Ihm gehören fast alle Staaten der Welt an. Die Organisation hat sich die Aufgabe gestellt, den Handel zwischen allen Staaten zu erleichtern. Dafür wurden ihre Währungen aufeinander abgestimmt, sodass man heute z. B. ohne Schwierigkeiten Euro gegen amerikanische Dollar tauschen kann. Außerdem zahlen alle Mitgliedsländer Geld in einen gemeinsamen Fonds (= ein verfügbarer Geldvorrat). Daraus kann ein Mitgliedsland unterstützt werden, wenn es vorübergehend in Schwierigkeiten gerät. Dafür gelten allerdings sehr strenge Maßstäbe. Hoch verschuldete Länder können z. B. eine Unterstützung aus diesem Fonds nur erhalten, wenn sie aufzeigen, wie sie langfristig und aus eigener Kraft ohne Überschuldung wirtschaften können.

Internet
Die moderne Computertechnik ermöglicht einen blitzschnellen Austausch von Informationen. Millionen von Computern in aller Welt stehen über ein riesiges elektronisches Netzwerk, das Internet, miteinander in Verbindung. Um ins Internet zu gelangen, benötigt man eine spezielle Software (Browser) und einen Zugang. Dieser Zugang zum Internet wird von Anbietern (Servern) zur Verfügung gestellt.

Investition
Eine Investition ist eine Geldausgabe für einen späteren Nutzen. Beispiel: Ein Bäcker baut sein Geschäft zu einem Cafe aus und gibt dafür Geld aus. Er investiert zunächst, um dann später mit dem Cafe-Betrieb wieder mehr Geld zu verdienen. Unternehmen investieren z. B. in verbesserte Software und neue Maschinen. Neben der Wirtschaft tätigt auch der Staat Investitionen, z. B. in eine moderne →Infrastruktur. Solche Investitionen dienen dem Allgemeinwohl, da sie Nutzen für alle Bürger bringen.

Kampagne
Das Wort Kampagne wurde früher für einen militärischen Feldzug gebraucht. Heute hört man es meistens im Zusammenhang mit Werbung oder mit einer politischen Aktion. Durch eine Werbekampagne wird eine gewisse Zeit lang auf ein bestimmtes Produkt aufmerksam gemacht. Ziel ist es, die →Verbraucher zum Kauf des Produkts anzuregen (siehe dazu S. 34–35). In Wahlkampagnen möchten politische Parteien die Wähler davon überzeugen, ihrer Partei die Stimme zu geben. Daneben führen auch Umwelt- oder Menschenrechtsorganisationen immer wieder Kampagnen durch, um die Öffentlichkeit auf ein bestimmtes Problem aufmerksam zu machen und zum Handeln zu bewegen (siehe S. 204–205).

Koalition
→Parteien können, um eine Mehrheit im →Parlament zu bilden, einen Vertrag aushandeln und für eine bestimmte Zeit ein Bündnis schließen. Mit der so gewonnenen Mehrheit kann eine Koalition die →Regierung stellen.

Kohlendioxid
Kohlendioxid (CO_2) ist ein Abfallprodukt, das aus der Verbrennung fossiler Energien (z. B. Kohle, Erdöl) entsteht. Es ist mitverantwortlich für die weltweite Umweltzerstörung.

Kolonialismus
Kolonialismus kommt von Kolonie. Als Kolonien werden auswärtige Besitzungen eines Staates bezeichnet. Seit dem 16. Jahrhundert eroberten einige europäische Staaten – Spanien, Portugal, England, Frankreich, die Niederlande, Belgien, Italien, Deutschland, Russland – Gebiete außerhalb Europas in Amerika, Afrika und Asien. Dieses Vorgehen bezeichnet man als Kolonialismus. Die europäischen Länder benutzten die Kolonien hauptsächlich dazu, wertvolle exotische →Rohstoffe (Kaffee, Kakao usw.) günstig zu beziehen. Im zwanzigsten Jahrhundert erlangten die letzten Kolonien – oft erst nach langen Befreiungskriegen – die Unabhängigkeit von den so genannten Mutterländern.

Kommune
Kommune ist eine andere Bezeichnung für Gemeinde (Dorf oder Stadt). Entsprechend versteht man unter Kommunalpolitik die politischen Vorgänge, die die Kommune betreffen (→Gemeindevertretung).

Kompromiss
Ein Kompromiss ist eine Vereinbarung zwischen Menschen oder Staaten, die durch ein gewisses Nachgeben auf beiden Seiten erreicht wurde. Beispiel: Ihr wollt am Samstagabend bis elf Uhr wegbleiben, eure Eltern verlangen aber, dass ihr um sieben zu Hause seid. Wenn ihr euch dann in einem Gespräch auf neun Uhr einigt, habt ihr gemeinsam einen Kompromiss geschlossen. Auch in politischen Auseinandersetzungen müssen ständig Kompromisse eingegangen werden.

Konkurrenz
Mit Konkurrenz bezeichnet man den Wettbewerb, insbesondere den Wettbewerb zwischen Wirtschaftsunternehmen. Der Begriff wird auch auf Wettbewerb im Alltag angewendet. Es können z. B. zwei Schüler oder Schülerinnen um das Amt des Klassensprechers bzw. der Klassensprecherin konkurrieren.

Konsum
Konsum bedeutet →Verbrauch. Die Menschen, die etwas verbrauchen, heißen Konsumenten. Da die Menschen in den westlichen →Industrieländern viel Energie und große Mengen von →Rohstoffen und Nahrungsmitteln verbrauchen, gilt Konsum heute als Kennzeichen dieser Gesellschaften. Man spricht deshalb vielfach von der Konsumgesellschaft.

Landtag
Deutschland ist ein Bundesstaat. Dieser Bund besteht aus sechzehn Bundesländern. Jedes dieser Bundesländer hat ein eigenes →Parlament, das in den Flächenstaaten Landtag heißt, in den Stadtstaaten (Hamburg, Bremen) Bürgerschaft oder Abgeordnetenhaus (Berlin). Der Landtag wird je nach Bundesland alle vier oder fünf Jahre neu gewählt (→Wahlen). Er berät und entscheidet über →Gesetze zu Bereichen, für die das Land zuständig ist, z. B. die Schul- und Bildungspolitik.

Legal/illegal
Legal heißt gesetzlich. Wer legal handelt, hält sich an die Gesetze eines Landes. Wer gegen die geltenden Gesetze verstößt, handelt illegal.

Magistrat
In Hessen gilt die so genannte Magistratsverfassung. Es gibt hier eine klare Gewaltenteilung zwischen →Gemein-

devertretung (Stadtverordnetenversammlung) und → Verwaltung (Magistrat). Die Stadtverordnetenversammlung wählt zum Vorsitzenden eine/n Stadtverordnetenvorsteher/in. Der Magistrat besteht aus den Beigeordneten, die von der Stadtverordnetenversammlung gewählt werden, und dem/r von den Bürgern direkt gewählten (Ober-)Bürgermeister/in an der Spitze.

Mandant

Ein Mandant ist ein Auftraggeber, insbesondere der eines Rechtsanwalts. Bei Strafgerichtsprozessen ist der Mandant des Verteidigers also der Angeklagte.

Mandat

Mit Mandat bezeichnet man in der Politik den Sitz und den Auftrag eines → Abgeordneten in einer Volksvertretung (→ Gemeindevertretung, → Landtag, → Bundestag). „Die Abgeordneten ... sind ... an Aufträge und Weisungen nicht gebunden und nur ihrem Gewissen unterworfen." (Art. 38(1), Grundgesetz). Sie haben ein **freies Mandat**. Sie sollen nicht nur ihre eigenen Wähler vertreten, sondern auch den Nutzen aller im Auge haben und auch Minderheiteninteressen berücksichtigen. Ein **imperatives Mandat** bedeutet demgegenüber, dass die Gewählten an Weisungen ihrer Wähler gebunden sind. Sie sind ihren Wählern dauernd rechenschaftspflichtig und können von diesen jederzeit abgewählt werden. Ein solcher Versuch, den Volksvertreter stärker an seine Wähler zu binden, würde den Politikern das Schließen von → Kompromissen sowie Meinungsänderungen bei neuen Problemlagen fast unmöglich machen. Das imperative Mandat hat sich nicht durchgesetzt. Dennoch sind die Volksvertreter auch bei freiem Mandat in den Abstimmungen nicht völlig frei. Sie unterliegen der Fraktionsdisziplin. → Partei und → Fraktion erwarten von ihnen, dass sie sich bei Abstimmungen an Programme sowie andere Parteibeschlüsse halten. Missachtet ein/e Abgeordnete/r diesen so genannten Fraktionszwang, können die Fraktion und Partei ihn/sie ausschließen. Das Mandat bleibt dem/r Abgeordneten aber in jedem Falle bis zur nächsten Wahl erhalten.

Markt

Ein Markt ist ein öffentlicher Platz, auf dem Handel stattfindet. Käufer und Verkäufer tauschen Güter aus, normalerweise Geld gegen Ware. Auf dem Wochenmarkt (oder im Supermarkt) könnt ihr z.B. 1 kg Kirschen für 4 Euro kaufen. Kennzeichen eines freien Marktes ist, dass er nicht zentral (staatlich) reguliert wird, sondern dass ein freier Wettbewerb herrscht und dass sich die Preise für Waren nach Angebot und Nachfrage richten. Wenn also die Ernte schlecht war, steigt der Preis für die Kirschen, weil das Angebot klein und die Nachfrage gleichbleibend groß ist. Mit Markt bezeichnet man auch einen übergeordneten Wirtschaftsraum – den deutschen und den europäischen Markt (→ Binnenmarkt) –, in dem Unternehmen ihre Waren anbieten.

Medien

Ein Medium ist ein Mittel, das der Verständigung oder der Übermittlung von Informationen dient. Ein Buch ist also genauso ein Medium wie das Radio oder die Zeitung. Wenn man heute von „den Medien" spricht, meint man meistens Massenmedien, also Zeitungen, Fernsehen, Hörfunk und Internet, die Informationen für ein breites Publikum („Massen") übertragen.

Migration/Migrant

Mit Migration bezeichnet man Wanderungen von einzelnen Menschen, Gruppen oder ganzen Völkern in eine andere Stadt, eine andere Region oder ein anderes Land. Dazu zählen zum einen Umzüge, Ein- und Auswanderungen, zum anderen aber auch Flucht, Vertreibung und Umsiedlung.

multikulturelle Gesellschaft

Bereits in den Achtzigerjahren und besonders dann in den Neunzigerjahren des zwanzigsten Jahrhunderts tauchte in Deutschland der Begriff multikulturelle Gesellschaft auf, der in der Folge immer wieder heftig umstritten war. Hinter dem Begriff steht die Vorstellung eines friedlichen Zusammenlebens von Menschen verschiedener kultureller Herkunft unter Bewahrung ihrer eigenen Lebensweisen und Bräuche. Eine multikulturelle Gesellschaft setzt vor allem Offenheit und Toleranz voraus: Man darf sich dann also z.B. nicht daran stören, dass eine Moschee im eigenen Stadtviertel steht, oder daran, dass muslimische Frauen Kopftücher tragen.

Nachhaltigkeit

Nachhaltig bedeutet in etwa das Gegenteil von kurzfristig. Der Begriff der Nachhaltigkeit ist besonders wichtig im Zusammenhang mit dem Verbrauch von Umwelt. Wenn man z.B. einen Wald vollständig abholzt, dauert es mindestens 30 Jahre, bis wieder Bäume nachgewachsen sind. Bei einer nachhaltigen Forstwirtschaft würde man dagegen jedes Jahr nur so viele Bäume fällen, wie zur gleichen Zeit neu angepflanzt werden. Auf diese Weise kann das Holz von vielen Generationen genutzt werden. Auch für andere →Rohstoffe ist Nachhaltigkeit ein wichtiges Prinzip der Zukunftssicherung (z.B. in der Fischerei, Energieproduktion).

NATO

NATO ist die Abkürzung für „North Atlantic Treaty Organization" (Nordatlantischer Beistandspakt). Die NATO ist ein Verteidigungsbündnis, das 1949 in den USA gegründet wurde und in den Jahren des so genannten Kalten Krieges gegen das östliche Verteidigungsbündnis

Warschauer Pakt gerichtet war. Die Mitglieder der NATO haben sich zu gegenseitiger Hilfe verpflichtet, falls eines von ihnen militärisch angegriffen wird. Nach Ende des Kalten Krieges und der Auflösung des Warschauer Pakts versteht sich die NATO immer mehr als ein Bündnis, das weltweit für Sicherheit sorgen soll. In den Neunzigerjahren des zwanzigsten Jahrhunderts hat sie daher in den Bürgerkrieg im ehemaligen Jugoslawien eingegriffen.

Normen

Das Wort Norm bedeutet Regel, Richtschnur oder auch Rechtssatz. Normen sind Maßstäbe, nach denen menschliches Verhalten als gut oder schlecht, als tragbar oder untragbar bewertet wird. Zum einen gibt es die Rechtsnormen, nach denen das Verhalten einzelner Bürger oder eines Staates als legal oder illegal beurteilt wird. Daneben gibt es aber auch gesellschaftliche Normen, die vorschreiben, was man tun soll oder nicht tun darf, um als „normal" zu gelten (siehe S. 15).

Ökosystem

Mit Ökosystem bezeichnet man das Zusammenleben und -wirken pflanzlicher und tierischer Organismen mit dem Lebensraum (Klima und Boden). Ein Wald ist ein Ökosystem, auch das Wattenmeer an der Nordsee.

Opposition

In einem →Parlament stehen sich in der Regel zwei Lager gegenüber. Das eine Lager bildet die Regierungspartei (es können auch mehrere sein →Koalition), das andere die Opposition. Ihre Aufgabe besteht in der kritischen Mitarbeit bei Beratungen und Entscheidungen über Vorlagen für neue →Gesetze und in der Kontrolle der Regierungsarbeit (→Regierung). Durch überzeugende Arbeit versucht die Opposition die Bürgerinnen und Bürger dazu zu bewegen, bei den nächsten →Wahlen für sie zu stimmen. Dann würde aus der Opposition die Regierungspartei.

Ozon

Ozon ist ein Gas, das sich unter Sonneneinstrahlung durch photochemische Umwandlung aus Stickoxiden und Kohlenwasserstoffen bildet. Ozon, das am Boden entsteht, ist umwelt- und gesundheitsschädlich. Es kann Augen und Atemwege reizen. Ozon ist Bestandteil des Sommersmogs. Davon zu unterscheiden ist die Ozonschicht, die in der oberen Erdatmosphäre die gefährliche Ultraviolett-Einstrahlung der Sonne filtert.

Parlament

(von frz. parler = sprechen) Das Parlament ist der Ort, an dem die gewählten →Abgeordneten zusammenkommen, um über politische Probleme zu sprechen. In Deutschland gibt es zwei Arten von Parlament, den →Bundestag und die →Landtage. Zu den wichtigsten Aufgaben eines Parlamentes gehört der Beschluss über neue →Gesetze. Die →Gemeindevertretungen werden auch oft als Parlament bezeichnet, obwohl sie keine Gesetze beschließen.

Partei

Jede Bürgerin und jeder Bürger kann einer Partei beitreten oder sogar eine Partei selber gründen. Eine Partei setzt sich für ganz bestimmte Ideen und Interessen ein und versucht diese politisch durchzusetzen. Während kleine Parteien sich oft speziellen Problemen zuwenden, machen die großen Volksparteien nahezu alle politischen Probleme zu ihrem Thema und sprechen so einen großen Teil der Bevölkerung an.

PDS

Die PDS (Partei des demokratischen Sozialismus) vertritt sozialistische Positionen. Sie entstand in der Zeit der Wiedervereinigung (1990) in den neuen Bundesländern als neue Partei. In ihr fanden zahlreiche Politikerinnen und Politiker aus der früheren Sozialistischen Einheitspartei Deutschlands (SED) der DDR eine neue politische Heimat. Die PDS hat ihre Wählerschaft daher hauptsächlich in Ostdeutschland.

Plädoyer

Ein Plädoyer ist der abschließende Vortrag eines Staatsanwalts bzw. eines Verteidigers am Ende einer Gerichtsverhandlung. Ein Plädoyer kann aber auch eine Rede sein, in der jemand für oder gegen eine Sache eintritt.

Plebiszit → Volksentscheid

Produkt

Meistens wird der Begriff Produkt für eine Ware verwendet, die z. B. in einer Fabrik oder einem Betrieb hergestellt, in einem Geschäft verkauft und dann eine Zeit lang benutzt wird. Produkte können also Dinge wie Spielzeug, Kleidung, Möbel oder Lebensmittel sein. Produkte sind nicht immer Gegenstände: Auch Strom ist ein Produkt, das erzeugt, verkauft und verbraucht wird. Man kann sogar Gedanken oder Ideen als Produkte bezeichnen, nämlich wenn sie das Ergebnis geistiger oder künstlerischer Arbeit sind.

Quote

Von Quote spricht man im Zusammenhang mit Statistiken. Eine Quote ist der Anteil an einem Gesamten, das auf eine Einheit entfällt. Beispiel: Beim Fernsehen berechnet man Einschaltquoten. Eine Einschaltquote besagt, wie viel Prozent der Fernsehzuschauer an einem Abend eine bestimmte Sendung gesehen haben (siehe S. 118).

Rassismus/Rassist

Ein Rassist ist jemand, der Menschen mit einer anderen Hautfarbe, aus einem anderen Land oder einer anderen Kultur verachtet und ungerecht behandelt. Im schlimmsten Fall führt Rassismus dazu, dass diese Menschen bedroht, verfolgt und ermordet werden, wie z. B. die jüdischen Bürger in der Zeit des Nationalsozialismus oder auch einzelne Asylbewerber und Ausländer im heutigen Deutschland. Der Rassismus gründet auf der Theorie, dass Menschen aufgrund biologischer Unterscheidungsmerkmale (Hautfarbe) in höherwertige und minderwertige Gruppen einzuteilen sind. Eine solche Einteilung ist wissenschaftlich nicht haltbar.

Realeinkommen

Mit Realeinkommen bezeichnet man das Einkommen, d. h. den Lohn oder das Gehalt, gemessen an dem, was man sich von diesem Einkommen tatsächlich kaufen kann (Kaufkraft). Steigen z. B. die Einkommen in einem Jahr um 3 %, die Preise für bestimmte Waren im selben Zeitraum aber um 5 %, können die Leute von ihrem Lohn in Wirklichkeit weniger Güter und Dienstleistungen kaufen als im Vorjahr.

Rechtsstaat

Voraussetzungen für einen Rechtsstaat sind eine (meist schriftlich niedergelegte) Verfassung, die Zusicherung von Grundrechten an die Bürger, Gewaltenteilung und Gesetzmäßigkeit der Verwaltung. In einem Rechtsstaat wie der Bundesrepublik Deutschland ist z. B. durch das → Grundgesetz genau bestimmt, welche Rechte jeder Bürger hat, welche Aufgaben die → Regierung und das → Parlament haben und wie sie aufgebaut sind. Gewaltenteilung bedeutet, dass die gesetzgebende Gewalt, die ausführende Gewalt und die Rechtsprechung voneinander unabhängig sind und sich gegenseitig überwachen. So heißt es im Grundgesetz Art. 20 (3): „Die Gesetzgebung ist an die verfassungsmäßige Ordnung, die vollziehende Gewalt und die Rechtsprechung sind an Recht und Gesetz gebunden."

Referendum → Volksentscheid

Regierung

Die Regierung ist maßgeblich für die politische Gestaltung in Bund, Land oder → Kommune verantwortlich. Sie ist Teil der ausführenden Gewalt (Exekutive). Manche Leute meinen, eine Regierung könne nach Belieben → Gesetze erlassen. Das ist aber nicht so. Eine Regierung kann (wie übrigens auch eine → Partei) einen Gesetzentwurf vorlegen, über den dann im → Parlament beraten und entschieden wird. Sie hat allerdings einen großen Vorteil: Die Regierungsparteien verfügen im Parlament in aller Regel über die Mehrheit, sodass die Gesetzesvorlagen der Regierung die besten Chancen haben, beschlossen zu werden.

repräsentativ

Repräsentativ heißt übersetzt: stellvertretend. In einer repräsentativen Umfrage wird z. B. eine Auswahl von Menschen befragt, die man als stellvertretend für die gesamte Bevölkerung betrachtet. In einer repräsentativen → Demokratie entscheiden die gewählten → Abgeordneten stellvertretend für das Volk über → Gesetze.

Rohstoffe

(von roh = unverarbeitet) Für die Herstellung von Fertigwaren werden Rohstoffe verschiedenster Art benötigt. Es gibt Rohstoffe, die Energie liefern (Erdöl, Erdgas und Kohle), Rohstoffe, die zu Nahrungsmitteln werden (Zuckerrohr, Mais, Soja-, Kakao-, Kaffeebohnen) und Rohstoffe, die für die Herstellung hochwertiger materieller Güter benötigt werden (Baumwolle, Mineralien, Metalle, Öl). Während die → Industrieländer ihren Wohlstand der Herstellung und dem Verkauf von Fertigwaren verdanken, sind die → Entwicklungsländer vielfach auf den Verkauf ihrer Rohstoffe angewiesen.

Rolle

Das Wort Rolle kommt aus dem Schauspiel. Schauspieler übernehmen in einem Theaterstück oder Film eine Rolle. Rollen gibt es aber auch im täglichen Leben. Jeder Mensch füllt im Leben gleichzeitig mehrere Rollen aus, z. B.: Kind, große Schwester, Schülerin und Freundin. Diese Rollen bestimmen die Verhaltensweisen, die z. B. Eltern, Geschwister, Lehrer und Freunde von einem erwarten (mehr dazu auf S. 24–25).

Schadstoffemission → Emission

Schwefeldioxid

Schwefeldioxid (SO_2) ist ein stechend riechendes Gas aus der chemischen Verbindung von Schwefel und Sauerstoff. Es wird vor allem durch Auto- und Industrieabgase freigesetzt und belastet als Schadstoff sowohl die Luft als auch die menschliche Gesundheit (Reizung der Schleimhäute). Schwefeldioxid ist ein Hauptverursacher des Waldsterbens.

soziale Kompetenzen

Soziale Kompetenzen sind die Fähigkeiten eines Menschen, die sich in der Begegnung mit anderen Menschen zeigen, also in der Schule, am Arbeitsplatz, unter Freunden. Zu den sozialen Kompetenzen, die am Arbeitsplatz wichtig sind, gehören Toleranz, gute Umgangsformen, die Fähigkeit Konflikte auszuhalten und friedlich auszutragen, die Fähigkeit zur Zusammenarbeit mit anderen.

Sozialhilfe
Wenn in Deutschland Menschen in Not geraten und aus eigener Kraft nicht genügend Einkommen für ihren Lebensunterhalt haben, erhalten sie vom Staat über das Sozialamt Unterstützung. Die Sozialhilfe umfasst Hilfen zum Lebensunterhalt (→ Grundbedürfnisse) sowie Hilfen in besonderen Lebenslagen, z. B. bei Krankheit oder Behinderung (siehe S. 186–187).

Sozialisation
Das Wort bezeichnet den Prozess, in dem der Mensch in die ihn umgebende Gesellschaft und Kultur hineinwächst, also ein eigenständiges handlungsfähiges soziales Wesen wird. Dieser Prozess beginnt damit, dass man die Verständigung mit anderen Menschen sowie die grundlegenden Regeln, Werte und → Normen des Zusammenlebens lernt.

Sozialstaat
Laut → Grundgesetz ist Deutschland ein „demokratischer und sozialer Bundesstaat". Ein Sozialstaat verpflichtet sich, die soziale Absicherung aller im Land lebenden Menschen zu gewährleisten. Man spricht hier von einem sozialen Netz, das alle Bürger im Notfall auffängt. Menschen, die in wirtschaftliche Not geraten, werden durch → Sozialhilfe unterstützt (S. 186–187). Weiterhin gibt es in einem Sozialstaat Einrichtungen zur Vorsorge: Die gesetzliche Sozialversicherung sorgt dafür, dass die Menschen im Alter, bei Krankheit, nach einem Unfall oder bei Arbeitslosigkeit versorgt sind (siehe dazu S. 188–189).

Sozialwissenschaften/Sozialwissenschaftler
Sozialwissenschaften ist eine Sammelbezeichnung für die Wissenschaftsbereiche, die sich damit beschäftigen, wie Menschen miteinander leben, wie Gesellschaften aufgebaut sind, welche Institutionen, Gruppen, Lebensformen und → Normen es gibt und wie das Zusammenleben „funktioniert". Zu den verschiedenen Forschungsbereichen gehören neben der → Soziologie z. B. auch die Politikwissenschaft, die Erziehungswissenschaft, die Psychologie, die Volkswirtschaftslehre.

Soziologie/Soziologe
Soziologen untersuchen und beschreiben folgende Bereiche des menschlichen Zusammenlebens: das soziale Handeln (d. h. wie Menschen miteinander umgehen, welche Einstellungen, Normen, Werte und Rollen es gibt), soziale Vorgänge (z. B. Konflikte und Veränderungen), soziale Lebensbereiche (Familie und Schule, Stadt und Land) und soziale Gruppen (z. B. Jugendliche oder Behinderte), Organisationen (Vereine) und Institutionen (z. B. die Kirchen). Diese Untersuchungen sollen den Menschen helfen, ihre Gesellschaft besser zu verstehen, zu planen und zu steuern. So lässt sich aufgrund von soziologischen Erkenntnissen z. B. erklären, warum manche Schüler in einer Klasse zu Außenseitern werden und was man dagegen tun kann, oder wie sich Konflikte zwischen Gruppen ohne Gewalt lösen lassen.

SPD
Die SPD (Sozialdemokratische Partei Deutschlands) ist aus der Arbeiterbewegung des 19. Jahrhunderts hervorgegangen und versteht sich auch heute noch als die → Partei, die die Interessen der Arbeitnehmerinnen und Arbeitnehmer vertritt. Neben der CDU/CSU ist die SPD eine der beiden großen Volksparteien in Deutschland.

Sponsor
Wer etwas verwirklichen möchte, wofür er nicht das nötige Geld hat, kann sich einen Sponsor, also einen Geldgeber, suchen. Dies tun z. B. zahlreiche Sportler. Aber auch Schulen und Schulklassen können versuchen, für bestimmte Vorhaben Sponsoren zu finden. Ein Sponsor will seinerseits in der Öffentlichkeit erwähnt werden und verspricht sich davon Werbewirkung (siehe S. 41).

Stadtrat → Gemeindevertretung

Stadtverordnetenversammlung → Gemeindevertretung

Steuern
Bürger und Unternehmen müssen Steuern zahlen. Steuern sind die wichtigste Einnahmequelle des Staates. Sie versetzen → Bund, Länder und Gemeinden in die Lage, ihre staatlichen Aufgaben wahrzunehmen. Folgende Steuerarten sind für die Finanzierung der Gemeinde besonders wichtig:
1. Die Einkommensteuer ist die ertragreichste Steuer, weil Bürgerinnen und Bürger ihr Einkommen (z. B. Lohn) ab einer bestimmten Höhe regelmäßig versteuern müssen. Die Einnahmen werden auf Bund, Länder und Gemeinden verteilt. Die Höhe der Einkommensteuer wird gesetzlich → Gesetz geregelt und kann also nicht von der einzelnen Gemeinde verändert werden.
2. Die Gewerbesteuer wird auf Gewinne von Gewerbebetrieben erhoben. Sie kommt den Gemeinden zugute und kann von der → Gemeindevertretung durch einen so genannten Hebesatz erhöht oder gesenkt werden.
3. Die Grundsteuer wird auf Grundstücke erhoben und kommt ebenfalls der Gemeinde zugute. Sie kann durch einen Beschluss der Gemeindevertretung beeinflusst werden.

Stickoxid
Stickoxide (NO_x) sind Stickstoffverbindungen, die hauptsächlich durch Autoverkehr und Industrieabgase

verursacht werden. Stickoxide tragen zur Vergilbung der Blätter und damit zu Waldschäden bei.

Szenario

Bei einem Szenario fragt man: „Was wäre, wenn …?" Man versucht sich vorzustellen, was passiert, wenn sich bestimmte Zustände verändern. Die Frage für ein Szenario könnte z. B. lauten: „Was würde passieren, wenn im Jahr 2020 jeder Erdbewohner ein Auto fahren würde?"

Überschuldung

Eine Person kann bei der Bank einen Kredit aufnehmen, um ein Haus zu bauen oder ein Auto zu kaufen. Sie wird damit zum Schuldner bei der Bank, muss Zinsen zahlen und den Kredit zurückzahlen. Wenn die Schulden so hoch werden, dass die Person sie nicht mehr zurückzahlen kann, ist sie überschuldet. Auch Unternehmen können sich überschulden. Wenn eine Person oder ein Unternehmen überschuldet und damit zahlungsunfähig werden, kann ein Gläubiger ein Insolvenzverfahren beantragen (→ Insolvenz).

UN/UNO → Vereinte Nationen/UNO

Verbrauch/Verbraucher

Verbraucher ist jemand, der eine Ware oder Dienstleistung gebraucht oder verbraucht. Während einige Menschen für ihren täglichen Lebensunterhalt nur die lebensnotwendigen Dinge verbrauchen (Luft, Wasser, Nahrung, Kleidung, Wohnung), haben sich die meisten Menschen in den → Industrieländern an einen hohen täglichen Verbrauch (→ Konsum) gewöhnt. Dieser Verbrauch geht weit über die Sicherung der → Grundbedürfnisse hinaus. So besitzen viele Konsumenten heutzutage mehrere Autos, viele Paar Schuhe, kaufen öfter neue CDs, fahren mehrmals im Jahr in den Urlaub usw.

Vereinte Nationen/UNO

Die UNO (United Nations Organization) ist die Organisation der Vereinten Nationen und wurde 1945 gegründet. Ihr gehören mittlerweile fast alle Staaten der Welt an. Aufgabe der UNO ist es, Frieden und Sicherheit auf der ganzen Welt zu erhalten, freundschaftliche Beziehungen zwischen den Staaten aufzubauen sowie sich weltweit für die Einhaltung der Menschenrechte einzusetzen.

Verwaltung

Eine Verwaltung sorgt dafür, dass Aufgaben, die ein Betrieb oder ein Staat zu leisten haben, ausgeführt werden. Die Verwaltung eines Staates heißt öffentliche Verwaltung, an deren Spitze die → Regierung steht. Sie ist Teil der ausführenden Gewalt (Exekutive). Die obersten Verwaltungsbehörden in der Bundesrepublik Deutschland sind die Ministerien (z. B. das Bundesinnenministerium). Sie führen mithilfe von Behörden (z. B. Polizei) die → Gesetze aus. Auf kommunaler Ebene gibt es die Gemeindeverwaltung (siehe S. 162–163).

Volksentscheid

Über einen Volksentscheid können die Bürgerinnen und Bürger direkt an politischen Entscheidungen mitwirken. Man spricht auch von Referendum oder Plebiszit. In einer repräsentativen → Demokratie ist es normalerweise die → Regierung, die Beschlüsse fasst, und das → Parlament, das Gesetze verabschiedet. Möglichkeiten der direkten Bürgerbeteiligung über Einzelfragen sind in einer Gemeinde z. B. das Bürgerbegehren und der Bürgerentscheid (siehe dazu S. 168–169).

Volksvertretung → Parlament

Wahlen

Wahlen sind die wichtigste Form der politischen Beteiligung von Bürgerinnen und Bürgern in einer Demokratie. In der Bundesrepublik Deutschland spielen die Wahlen zu den verschiedenen → Parlamenten eine besondere Rolle. Freie, allgemeine, gleiche und geheime Wahlen sind als Grundsatz der politischen Ordnung Deutschlands im → Grundgesetz festgelegt (in den Artikeln 20, 28 und 38). Auch in vielen Verbänden, Organisationen und Einrichtungen (Vereine, Gewerkschaften, Unternehmen, Schulen usw.) gibt es Wahlen. Durch Wahlen wird ein Einzelner oder eine Gruppe von Menschen bestimmt, für die Interessen der gesamten Wählerinnen und Wähler einzutreten. In Schulklassen werden z. B. Klassensprecher gewählt, die die Interessen der Schülerinnen und Schüler einer Klasse vertreten sollen und in der → Schülervertretung mitwirken.

Zielgruppe

Begriff aus der Werbeindustrie und auch der → Soziologie. Damit ist ein bestimmter Teil der Bevölkerung gemeint, der z. B. mit einer Werbekampagne angesprochen oder bei einer soziologischen Untersuchung betrachtet werden soll. Zielgruppen können z. B. die Bewohner der Stadt Düsseldorf, Jugendliche im Alter von 13 bis 18 Jahren, Internet-Nutzer oder auch eine bestimmte Berufsgruppe sein. Besonders Jugendliche und junge Erwachsene sind für die Werbeindustrie und die Medien eine sehr interessante und gefragte Zielgruppe.

Stichwortverzeichnis

A
Abstammungsprinzip 84
Abstumpfungstheorie 131
Agenda 21, 206
AIDA (attention, interest, desire, action) 36
Alkohol 96, 98, 100f., 106, 110; -ismus 100ff., 107
Alterssicherung 184f.
Antiaggressivitätstraining 83
Arbeitslosigkeit 78, 82, 180, 185f., 188
Armut 176–183, 185, 188f., 195, 200f., 204, 206; absolute - 176; relative - 176
Asyl* 86f.; -recht 87; -verfahren 89
Auflagen 60
Ausländer 73–79, 88; -politik 78

B
Bebauungsplan 166f.
Benetton 48
Berufung 65
„Bevölkerungsbombe" 206
Bevölkerungswachstum 199
Bewährung 60
Biografieforschung (Methode) 74f.
Bürger; -begehren 168ff.; -entscheid 168ff.; -krieg 202
BUND (Bund für Umwelt- und Naturschutz) 139, 151

C
Clique 20
Cross Promotion 40

D
Definition 176f.
Deutsche Staatsangehörigkeit 84
Deutscher Werberat 46
Dritte Welt 193f., 200, 204
Drogen 95–101, 105ff.; -missbrauch 96f., 107; -politik 110f. -sucht 95, 100; -szene 106
Duales System 118

E
Ecstasy 96, 104f.
Einbürgerung 78, 84f.
Einschaltquote 118
Einwanderung 73, 79, 90; -sgesetz 78; -sland 79
Einzelfallhilfe 69
EMNID (Meinungsforschungsinstitut) 14
EnBW (Energie Baden-Württemberg AG) 34f.
Entwicklung 196ff., 201f., 207; -shilfe 209; -sländer* 196, 200, 204, 207
Erlassjahr 2000 204f.
Erste Welt 192f.
Erziehung 18; -sziele 14f.
Europäische Union (EU) 88
Existenzminimum 176
Expertenbefragung (Methode) 97f.

F
Familie 20f.; -nplanung 206
Fernsehen 118, 122f.; öffentlich-rechtliches - 118f.; privates - 118f.
Flächennutzungsplan 166f.
Flüchtlinge 86
Fraktion* 159, 162, 164
freier Markt* 34
Freies Mandat* 165

Freizügigkeit 88
Fremdbild 28f.
Fremdenfeindlichkeit 80–84
Freundesgruppe 20f.
Fürsorgeprinzip 188

G
G-8-Gipfel 204
Gastarbeiter 78f.
Gemeinde 156, 160ff., 168; -politik 160; - vertretung 156, 159, 164
Generationenvertrag 184f.
Gerechtigkeit 179
Geschlechter; -forschung 22; -rollen 13, 23
Gesellschaft 9, 13, 16, 57
Gewalt 130f.
GfK (Gesellschaft für Konsumforschung) 118
global 206f.
Grafik 136f.
Green Card 78f.
Grünes Dreieck 207
Grundgesetz* 186

H
Haschisch 96, 111
Höhn, Bärbel (Umweltministerin NRW) 138
Holz 140, 146

I
Identität 13, 25
IHK (Industrie- und Handelskammer) 16
illegale Droge 96
Individualprinzip 189
Industrieländer* 194, 196, 200, 204, 207
Informationsquelle 122
Integration* 76, 78, 84
Interessengemeinschaft 165, 167
Internet 6f., 38, 126f.

J
Jugendarrest 60
Jugendgerichtsgesetz (JGG) 58-61, 71
Jugendliche 10, 14, 44f., 52–55, 57ff., 68, 71, 95, 105, 126f., 150, 170, 182
Jugendkriminalität 53–57, 67
Jugendstrafe 60
Jungen 22ff.

K
Kinderreichtum 182
Kinder- und Jugendstadtrat 172f.
Klischee 24f.
Koedukation 26f.
Kolonialismus* 194
Kommunalpolitik 155f.
Kommunalwahl 156f., 168, 170
Konkurrenz* 34f., 46
Konsument 41
„Konsumexplosion" 206
Kontrast-Collage (Methode) 42f.

L
Ladendiebstahl 52, 54, 56f.
Läuterungstheorie 131
Lebenserwartung 198

Lebenslauf 74f.
legale Droge 96

M
Mädchen 22ff.
Manipulation 136f.
Marke 34, 36; -nzeichen 34
Markt 36, 38; -forscher 44; -studien 44; -wirtschaft 33
Medien* 34, 38f., 41, 49, 116, 122; -kompetenz 129; -nutzung 117; Bild- 120f.; Massen- 46
Meinungsumfrage 10f.14, 16
melting pot 90f.
Merchandising 40
Migranten* 74
Milieutheorie 131
Monopol 34
Mosambik 202f., 205
multikulturelle Gesellschaft* 91

N
Nachahmungstheorie 131
Nachhaltigkeit* 140, 197, 206
Nachrichten 122
Nachtragshaushalt 160–162
Normen* 15, 25
Note 19; Kopf- 19

Ökosystem* 139, 142, 149
Ozon* 142f.

P
Partei* 10, 49, 157f.
Peer Group 20
Planspiel (Methode) 156ff.
Pro-Asyl 87
Pro-Kontra-Diskussion (Methode) 208f.
Product Placement 40
Produkt 34, 36, 38, 42, 45

R
Rassismus* 80
Rausch- und Genussmittel 98f., 101
Rechtsextremismus 80
Rechtsstaat 53
Rechtswidrigkeit 58
Reichtum 178f.
Reklame 32
Renten 188; -system 184f.; -versicherung 184
Revision 65
Robin Wood 143, 151
Rohstoff* 140; -quelle 140
Rolle 25, 62f.; -nkarte 62ff.; -nkonflikt 25; -spiel 68, 100, 166
RWE 34f.

S
Schengener Abkommen 89
Schulden 200; -erlass 203, 205; -falle 181, 201ff.
Schule 8, 16-20, 26f., 30f.
Schwefeldioxid* 142f.
Schwellenländer 194
SDW (Schutzgemeinschaft Deutscher Wald) 148
Selbstbild 28f.
Simulationsspiel (Methode) 62f.

soziale Kompetenz* 26; -s Netz 188f.; - Sicherung 189
sozialer Trainingskurs (STK) 68
Sozialisation* 12f., 20
Sozialhilfe 177, 182, 185ff.
Sozialprinzip 189
Sozialstaat* 175, 188
Sozialsystem 187
Soziologen* 10, 15
Sponsoring 40f.
Staatsbürgerschaftsrecht 85
Stadt 156, 170
Statistik 136f., 177
Stickoxid 142f.
Steuern* 160, 178, 188
Strafgesetzbuch (StGB) 54, 58f.
Straftat 54, 58ff., 66; -ziele 60
Suchmaschine (Internet) 6f.
Sucht 106ff.; -mittel 101
Summerhill 31

T
Täter-Opfer-Ausgleich 66f.
Tageszeitung 122
Technoszene 104f.
Territorialprinzip 84

U
Umverteilung 178
Umwelt 206; -gruppe 138; -politik 148; -verschmutzung 142, 148, 206
UN-Erdgipfel (Rio de Janeiro) 206
Ursachen-Folge-Spirale 142ff.

V
Versicherungsprinzip 188
Versorgungsprinzip 188
Verwaltung 162
Video-Feature (Methode) 124f.
Vierte Welt 194

W
Wahlalter 170f.
Wahlkampf 158f.
Wald 135, 140f.; -nutzen 146f.; -politik 148f.; -sterben 135–139; -zustandsbericht 149
Weisungen 60
Werbeethik 47
Werbekampagne 35, 47
Werberecht 47
Werbewirtschaft 38
Werbung 32, 35–49; Image-36, Leitbild- 36, Produkt-36
Werte 15, 18f.
Wettbewerb 34
Wirklichkeit 43,121
Wohlfahrtsstaat 178

Yello 34f.

Zweite Welt 194

* Alle Begriffe, die mit einem Sternchen gekennzeichnet sind, werden im Glossar erklärt.

223

Bildquellen

Umschlag
Peter Nierhoff, Köln
Jörg Müller: Hier fällt ein Haus, dort steht ein Kran, und ewig droht der Baggerzahn oder Die Veränderung der Stadt, © 1976 by Verlag Sauerländer, Aarau und Frankfurt am Main
dpa Stuttgart
Agentur Reuters, Berlin
Robert Harding/David Poole, London
Peter Nierhoff, Köln
Marcus Frey, Mainz
plus 49/Visum/Thomas Pflaum, Hamburg
8 mit freundlicher Genehmigung des Egmont Pestalozzi Verlages
9 mit freundlicher Genehmigung des Egmont Pestalozzi Verlages
13 Cinetext Frankfurt/Main
17 ©2000 Watterson/Bulls Pressedienst, Frankfurt/Main
19 BPK, Berlin
20 Peter Nierhoff, Köln
22 Globus Infografik GmbH, Hamburg
23 Graffiti, Stuttgart
24 Cinetext, Frankfurt/Main
26 Gerhard Mester/CCC,www.c5.net
30 Ullstein Bilderdienst, Berlin
31 Focus Bildagentur, Hamburg
32 Michael Conrad & Leo Burnett GmbH, Frankfurt
Cummins & Partners, St. Kilda, Australien
Loeffler Ketchum Mountjoy/Jon Silla, Charlotte, North Carolina/USA
33 Circle Ten Council, Dallas/Texas: Boy Scouts of America/Writers: Wade Alger, Kevin Sutton/ Art Director: Jay Russell/Photographer: John Katz.
34 Yello Strom, Köln/Kreutz & Partner, Düsseldorf
35 Yello Strom, Köln/Kreutz & Partner, Düsseldorf
36 Axel Springer Verlag, Hamburg
37 AEG Hausgeräte GmbH, Nürnberg
Lürzers Archiv, 3/99
40 Wilkinson Sword GmbH, Solingen
action press, Hamburg
43 Elena Engels, Schülerin, Niederkassel-Rheidt
44 Kesselskramer, Amsterdam für Hans Brinker Budget Hotel, Amsterdam
46 ©Kerstan Consult
Zentralverband der deutschen Werbewirtschaft
47 start advertising, München
Lürzers Archiv, 2/99
48 Benetton Group S.p.A., München/O. Toscani
Meldepress, Berlin
49 Die Zeit,Fred Dott, Hamburg/Sipa, Paris
52 action press, Hamburg
laif, Andreas Fechner, Köln
53 action press, Hamburg
54 Mauritius Stuttgart
56 Thomas Plaßmann/CCC,www.c5.net
57 Ernsting, Volker, Bremen
58 Baaske, Erick Liebermann, München
61 action press, Hamburg
68 Frank Römhild, Verein Kinder- und Jugendhilfe, Frankfurt am Main
72 Die Beauftragte der Bundesregierung für Ausländerfragen Berlin/Hansen Kommunikation, Köln
73 Gerhard Mester/CCC,www.c5.net
75 Herzau, Andreas, Hamburg
77 dpa, Stuttgart
78 dpa, Stuttgart
79 Globus Infografik GmbH, Hamburg
Hilliger, Gero, Berlin
80 Jan Tomaschoff/CCC,www.c5.net
82 Mandzel/CCC,www.c5.net
83 Klaus Stuttmann/CCC,www.c5.net
84 Globus Infografik GmbH, Hamburg
85 Omurca, Muhsin, Ulm
86 Erich Schmidt Verlag, Berlin
87 Gerhard Mester/CCC,www.c5.net
Globus Infografik GmbH, Hamburg
88 Globus Infografik GmbH, Hamburg
89 © by Europäische Gemeinschaft 1998 aus „Der Krieg ums Himbeereis"
90 Holger Peters, Frankfurt/Main
91 Silke Hensel, Campus Verlag GmbH, Frankfurt/Main
94 action press, Hamburg
Helga Lade Fotoagentur, Frankfurt/Main
95 Klaus Mond, Mönchengladbach
98 Mauritius, Stuttgart
Helga Lade Fotoagentur, Frankfurt/Main
action press, Hamburg
Okapia/Michael Breuer, Frankfurt/Main
99 action press, Hamburg
Sächsisches Staatsministerium für Soziales, Gesundheit, Jugend und Familie
Focus/Garry Watson/Science Photo Library, Hamburg
100 Bundeszentrale für gesundheitliche Aufklärung, Köln/Mordillo
101 Baaske, Thomas Plassmann, München
102 plus 49/Visum Gerd Ludwig, Hamburg
106 Bundeszentrale für gesundheitliche Aufklärung, Köln/Mordillo
107 Bundeszentrale für gesundheitliche Aufklärung, Köln/Mordillo
108 Ministerium für Arbeit Gesellschaft und Soziales NRW/Agentur Hansen, Köln
109 Ministerium für Arbeit Gesellschaft und Soziales NRW/Agentur Hansen, Köln
110 Fromberg, Erik/Foto: Haike Germann, Utrecht (NL)
111 dpa, Stuttgart
Andreas Varnhorn, Frankfurt/Main
Focus GmbH, Hamburg
Hüllinghorst, Rolf/Deutsche Hauptstelle gegen die Suchtgefahren e.V., Hamm
113 Picture Press,Stern-Syndication, Hamburg
117 Rauschenbach/CCC,www.c5.net
120 dpa, Stuttgart
Bulls Press, Frankfurt/Main
Agentur Reuters, Berlin
pwe, Hamburg
123 Agentur Reuters, Berlin
AP + Frankfurt/Main
126 dpa, Stuttgart
130 Fred Marcus, Nijmegen (NL)
131 pwe, Hamburg
134 Freimut Wössner/CCC,www.c5.net
135 ©Tilman Wischuf, Tamm
138 Martin Erl/CCC,www.c5.net
140 ©Tilman Wischuf, Tamm
dpa Stuttgart
141 laenderpress, Mainz
143 dpa, Stuttgart
Erich Schmidt Verlag, Berlin
144 Weber, Dr. Michael, München
Matoff, Noel, Hamburg
145 ©Tilman Wischuf, Tamm
dpa, Stuttgart
147 Mussil/CCC,www.c5.net
148 plus 49/Visum/Thomas Pflaum, Hamburg
150 Josef Kreutz, Köln
151 Stiftung Wald in Not, Bonn
Robin Wood, Hamburg
BUND Jugend, Berlin
154 Jörg Müller: Hier fällt ein Haus, dort steht ein Kran, und ewig droht der Baggerzahn oder Die Veränderung der Stadt, © 1976 by Verlag Sauerländer, Aarau und Frankfurt am Main
155 Jörg Müller: Hier fällt ein Haus, dort steht ein Kran, und ewig droht der Baggerzahn oder Die Veränderung der Stadt, © 1976 by Verlag Sauerländer, Aarau und Frankfurt am Main
160 Erich Schmidt Verlag, Berlin
161 Globus Infografik GmbH, Hamburg
171 Baaske, Martin Guhl, München
172 Stadt Willich, Geschäftsbereich „Jugend und Soziales"
173 Werner Königs, Kempen
176 Globus Infografik GmbH, Hamburg
177 Erich Schmidt Verlag, Berlin
179 Globus Infografik GmbH, Hamburg
180 New Eyes, Hamburg
182 Globus Infografik GmbH, Hamburg
183 Detlef Kersten/CCC,www.c5.net
184 Globus Infografik GmbH, Hamburg
AKG Berlin
185 Schöpper, Rudolf, Münster-Roxel
Bildarchiv Preußischer Kulturbesitz, Berlin
186 Erich Schmidt Verlag, Berlin
187 Globus GmbH, Hamburg
Erich Schmidt Verlag, Berlin
189 Globus Infografik GmbH, Hamburg
191 Arena Verlag, Würzburg
192 Jules Stauber/CCC,www.c5.net
193 Noel Matoff, Hamburg
194 Aktion Dritte Welt e.V./Frances Moore Lappé und Joseph Collins
196 Studio X/Gamma, Limours
Robert Harding/David Poole, London
198 KoordinierungsKreis Mosambik e.V., Bielefeld
Bavaria, München
201 Gerhard Mester/CCC,www.c5.net
202 dpa, Stuttgart
204 Erlaßjahr 2000 c/o Südwind e.V., Siegburg
205 epd, Frankfurt/Main

Nicht in allen Fällen war es uns möglich, den Rechteinhaber der Bilder ausfindig zu machen. Berechtigte Ansprüche werden selbstverständlich im Rahmen der üblichen Vereinbarungen abgegolten.